Jens Newig · Symbolische Umweltgesetzgebung

Schriftenreihe zur
Rechtssoziologie und Rechtstatsachenforschung

Begründet von Prof. Dr. Dr. h. c. Ernst E. Hirsch
Herausgegeben von Prof. Dr. Manfred Rehbinder

Band 84

Symbolische Umweltgesetzgebung

Rechtssoziologische Untersuchungen am Beispiel des
Ozongesetzes, des Kreislaufwirtschafts- und Abfallgesetzes
sowie der Großfeuerungsanlagenverordnung

Von

Jens Newig

Duncker & Humblot · Berlin

Gefördert von der Volkswagen-Stiftung

Die Rechtswissenschaftliche Fakultät der TU Dresden hat diese Arbeit
im Jahre 2002 als Dissertation angenommen.

Bibliografische Information Der Deutschen Bibliothek

Die Deutsche Bibliothek verzeichnet diese Publikation in
der Deutschen Nationalbibliografie; detaillierte bibliografische
Daten sind im Internet über <http://dnb.ddb.de> abrufbar.

Alle Rechte vorbehalten
© 2003 Duncker & Humblot GmbH, Berlin
Fremddatenübernahme und Druck:
Berliner Buchdruckerei Union GmbH, Berlin
Printed in Germany

ISSN 0720-7514
ISBN 3-428-11008-0

Gedruckt auf alterungsbeständigem (säurefreiem) Papier
entsprechend ISO 9706 ∞

Vorwort

Wer von symbolischer Gesetzgebung spricht, tut dies meist, um dem Gesetzgeber mangelnde Wirksamkeit seiner Tätigkeit, Täuschung des Bürgers oder Verschleierung wahrer Absichten vorzuhalten. Das Thema berührt damit zahlreiche rechtstheoretische und rechtssoziologische Aspekte, etwa die gesetzgeberischen Intentionen, die Effektivität von Gesetzen und ihre Wahrnehmung durch die Bürger. Hinzu kommt die Frage nach den Entstehungsbedingungen des Phänomens symbolischer Gesetzgebung, die tief in die Materien des politischen Prozesses und der Ausprägung politisch relevanter gesellschaftlicher Interessen hineinreicht.

Die damit aufgeworfenen Probleme sind nicht spezifisch rechtlicher Natur: Sie betreffen nicht die innere Struktur des Rechts, sondern seine Entstehung und Wirkung im gesellschaftlichen Kontext. Für diese Untersuchung wird daher eine – auf das Recht bezogen – externe Perspektive eingenommen und das Recht mit dem Blick des Soziologen analysiert. Die vorliegende Arbeit versteht sich daher in erster Linie als ein Beitrag zur Rechtssoziologie.

Anders als in bestehenden Untersuchungen soll vorliegend der Versuch unternommen werden, eine theoretische Erklärung symbolischer im Unterschied zu nicht symbolischer Gesetzgebung zu leisten und diese zugleich anhand dreier Fallstudien aus dem deutschen Umweltrecht zu exemplifizieren. Die Basis dafür bildet die Ökonomische Theorie der Politik, die in ihrem Kern das Verhalten gesetzgebungsrelevanter Akteure durch deren rationale, eigennutzorientierte Überlegungen (Rational Choice) zu erklären sucht. Schlüsselvariablen des Erklärungsmodells umfassen die Struktur des umweltrechtlichen Regelungsproblems, Kosten und Nutzen eines Umweltproblems wie auch der geplanten Gesetzgebung, die öffentliche Aufmerksamkeit an einem gesetzgebungsrelevanten Thema, dessen Komplexität, die Interessen und Machtpositionen beteiligter Akteure sowie die Komplexität des Adressatenkreises. Ein so breites Variablenspektrum zwingt zu einer interdisziplinären Analyse. Neben klassisch rechtssoziologischer Vorgehensweise finden auch Methoden und Erkenntnisse der allgemeinen Soziologie, der Politologie, der Umweltökonomie sowie der jeweils umweltrechtlich relevanten Naturwissenschaften Eingang; nicht zuletzt spielt auch die Rechtsdogmatik bei der Auslegung von Gesetzesvorschriften eine Rolle. Der Erfolg der vorliegenden Analyse – so es denn einer ist – beruht ganz wesentlich auf dieser Integration von Nachbarwissenschaften in die Rechtssoziologie.

Die vorliegende Arbeit entstand in den Jahren 1999 bis 2001 am Institut für Technik- und Umweltrecht der Technischen Universität Dresden und wurde im darauffolgenden Jahr an der Rechtswissenschaftlichen Fakultät der TU Dresden als

Dissertation angenommen. Die Umstände ihrer Entstehung hätten kaum besser sein können. Mein Doktorvater, Professor Martin Schulte, gewährte mir alle nur erdenklichen Spielräume, das Thema auf meine Weise anzugehen – auch da, wo wir in theoretischer Hinsicht unterschiedlicher Auffassung sind. Für diese Offenheit, allein auch für seine Bereitschaft, einen diplomierten Geoökologen als Doktoranden anzunehmen, schulde ich ihm großem Dank. Meinem Zweitgutachter, Professor Knut Amelung (TU Dresden), und meinem Drittgutachter, Professor Bernd Hansjürgens (Umweltforschungszentrum Leipzig / Halle), danke ich für ihre wertvollen Anregungen.

Die Volkswagen-Stiftung, Hannover, hat diese Arbeit als Forschungsprojekt in ihrem Förderschwerpunkt „Recht und Verhalten" mit einem zweijährigen Doktorandenstipendium und einer Druckkostenbeihilfe gefördert. Auch ihr gebührt mein Dank – besonders Herrn Dr. Hagen Hof, der dem Projekt mit Rat und Tat (wissenschaftlich wie praktisch) zur Seite stand. Im Rahmen des Forschungsprojektes konnte im März 2001 ein interdisziplinärer Workshop zu symbolischer Umweltgesetzgebung in Dresden stattfinden, auf dem Juristen, Ökonomen, Soziologen, Politologen und Praktiker der Umweltverwaltung das ihre dazu beitrugen, die theoretische und empirische Basis der Arbeit zu verbessern.

Die vorliegende Arbeit wäre nicht entstanden ohne die zahlreichen Anregungen, die ich während dreier Sommerakademien als Stipendiat der Studienstiftung des deutschen Volkes zu verschiedenen rechtswissenschaftlichen Themen erhalten habe und die mein Interesse für die Juristerei erst geweckt und dann weiter befördert haben. Der Studienstiftung und den Referenten der Sommerakademien sei dafür noch einmal herzlich gedankt.

Zahlreiche Personen haben durch Gespräche, Diskussionen und kritische Kommentare meiner Ideen dazu beigetragen, das Profil der Arbeit zu schärfen. Herzlich danken möchte ich Professor Antonis Chanos (Pantheon-Universität, Athen), Regierungsdirektor Dr. Harald Keiter (Umweltbundesamt, Berlin), Professor Joachim Lege (TU Dresden), Regierungsdirektor Dr. Hans-Heinrich Lindemann (Umweltbundesamt, Berlin), Professor Marcelo Neves (Universität Flensburg), Dr. Rainer Schröder (TU Dresden), Dr. Michael Tietze (Dresden), Professor Rüdiger Voigt (Universität der Bundeswehr, München) sowie Dr. Steffen Wesche (Karlsruhe).

Meinen Eltern danke ich für ihre finanzielle Unterstützung. Herzlich danken möchte ich auch meiner Freundin Antje Schulze für ihre Geduld an arbeitsreichen Tagen; ihre Beharrlichkeit, die Zahl der Fremdwörter und die Länge der Sätze nicht noch weiter auszudehnen und für vieles andere, das sich in Worten nicht ausdrücken läßt.

Nicht zuletzt gilt mein Dank den zahlreichen, hier nicht namentlich genannten Experten aus Politik und Verwaltung, die mir ihre Zeit für ausführliche und sehr fruchtbare persönliche Gespräche zur Verfügung stellten und die damit wesentlich zum Ertrag der empirischen Untersuchung beigetragen haben.

Osnabrück, im Dezember 2002   *Jens Newig*

Inhaltsübersicht

Teil 1

Einleitung   25

A. Das Problem symbolischer Umweltgesetzgebung 25

B. Zielsetzung und Gang der Untersuchung 27

Teil 2

Zum Begriff symbolischer Gesetzgebung   32

A. Rechtstheoretische Vorüberlegungen 34

B. Symbolische Gesetzgebung als zweidimensionales Phänomen 40

C. Erscheinungsformen und Typen symbolischer Gesetzgebung 49

D. Exkurs: Zur Methodologie der empirischen Sozialforschung 55

E. Empirische Kriterien für symbolische Gesetzgebung 58

Teil 3

Ansätze zu einer Theorie symbolischer Umweltgesetzgebung   83

A. Ein polit-ökonomisches Modell zur Erklärung symbolischer Umweltgesetzgebung .. 85

B. Entstehungsbedingungen und Auswirkungen symbolischer Umweltgesetzgebung – Hypothesen 111

C. Entstehungsbedingungen symbolischer Umweltgesetzgebung – Variablen 116

D. Auswirkungen symbolischer Umweltgesetzgebung – Variablen 137

Teil 4

Empirische Fallstudien   143

A. Zur Datengewinnung 143

B. Das Ozongesetz und die Sommersmogproblematik 149

C. Der Vorrang der Abfallvermeidung und die Abfall(vermeidungs)problematik 207

D. Die Großfeuerungsanlagenverordnung und die Luftreinhalte- und Waldschadensproblematik 259

Teil 5

Schlußfolgerungen und Ausblick   292

A. Konzepte und Hypothesen zur symbolischen Umweltgesetzgebung vor dem Hintergrund der Fallstudienergebnisse 292

B. Kritischer Rück- und Ausblick 303

Literaturverzeichnis 305

Personen- und Sachregister 325

Inhaltsverzeichnis

Teil 1

Einleitung   25

A. Das Problem symbolischer Umweltgesetzgebung 25

B. Zielsetzung und Gang der Untersuchung 27

Teil 2

Zum Begriff symbolischer Gesetzgebung   32

A. Rechtstheoretische Vorüberlegungen 34
    I. Gesetzgebung als politische Handlung 34
    II. Gesetze als Instrumente gesellschaftlicher Steuerung 36
    III. Kausalität versus Funktionalität 38

B. Symbolische Gesetzgebung als zweidimensionales Phänomen 40
    I. Antizipative sachliche Ineffektivität und die Intention des Gesetzgebers 41
    II. Antizipative symbolische Wirksamkeit 43
    III. Symbolische versus nicht-symbolische Gesetzgebung 47
    IV. Definition 49

C. Erscheinungsformen und Typen symbolischer Gesetzgebung 49
    I. Alibi-Gesetzgebung 51
    II. Kompromiß-Gesetzgebung 52
    III. Appellative Gesetzgebung 53
    IV. Programmiertes Vollzugsdefizit 55

D. Exkurs: Zur Methodologie der empirischen Sozialforschung 55
    I. Definition von Variablen 56
    II. Bestimmung der Variablenwerte mit Hilfe von Indikatoren 57

E. Empirische Kriterien für symbolische Gesetzgebung	58
I. Vorüberlegungen	59
1. Effektivität, Wirksamkeit und Geltung	59
2. Anwendbarkeit des Effektivitätsbegriffs	60
3. Effektivität als quantitatives Merkmal	62
4. Objektive und subjektive Indikatoren	65
II. Antizipative rechtsnormativ-sachliche Effektivität (ARSE)	66
1. Objektive Indikatoren für die ARSE	66
a) Zielkonformität	68
b) Materielle Geeignetheit	71
c) Normdurchsetzbarkeit	72
d) Geltungschance	73
e) Zusammenfassung	75
2. Subjektive Indikatoren für die ARSE	76
III. Antizipative symbolisch-politische Effektivität (ASPE)	77
1. Objektive Indikatoren für die ASPE	79
a) Befreiung von politischem Handlungsdruck und Erzielung einer höheren politischen Akzeptanz	79
b) Sonstige politisch-strategische Zwecke	81
c) Zusammenfassung	82
2. Subjektive Indikatoren für die ASPE	82

Teil 3

Ansätze zu einer Theorie symbolischer Umweltgesetzgebung 83

A. Ein polit-ökonomisches Modell zur Erklärung symbolischer Umweltgesetzgebung	85
I. Basisannahmen	85
1. Methodologischer Individualismus	85
2. Rationalitäts-Eigennutz-Paradigma	88
3. Umweltgesetzgebung auf dem Markt politischer Güter	90
II. Elemente einer Ökonomischen Theorie der Umweltpolitik	93
1. Ökonomische Theorie der Demokratie	94
2. Ökonomische Theorie der Interessengruppen	97
a) Wirtschaftliche Interessen	97
b) Umweltschutz-Interessen	100
3. Ökonomische Theorie der Bürokratie	101

	4. Modell des Interessendreiecks der Umweltpolitik	102
III.	Akteure der Umweltgesetzgebung	104
	1. Wähler (Öffentlichkeit)	105
	2. Unternehmen	106
	3. Staatliche Akteure I: Politik und Ministerialbürokratie	107
	4. Staatliche Akteure II: Länder und Kommunen	109

B. Entstehungsbedingungen und Auswirkungen symbolischer Umweltgesetzgebung – Hypothesen ... 111

    I. Symbolische Gesetzgebung als Folge eines Widerspruchs zwischen Problemwahrnehmung und Lösungsoptionen (Hypothesen 1 und 2) ... 111

    II. Symbolische Gesetzgebung als Folge selektiver Bedienung konfligierender Interessen (Hypothesen 3 und 4) ... 113

    III. Symbolische Gesetzgebung als Folge hoher Problemkomplexität und Transaktionskosten (Hypothesen 5 und 6) ... 114

    IV. Kurz- und langfristige Folgen symbolischer Gesetzgebung (Hypothesen 7 bis 9) ... 115

C. Entstehungsbedingungen symbolischer Umweltgesetzgebung – Variablen ... 116

    I. Objektive Problemsituation – Kosten des Umweltproblems ... 118

    II. Verfügbare Lösungsoptionen – Kosten der Regelung ... 121

    III. Komplexität der Regelungsmaterie ... 121

    IV. Öffentliche Aufmerksamkeit ... 124

        1. Entstehung und Dynamik öffentlicher Aufmerksamkeit ... 125

            a) Belastungs-Reaktions-These ... 125

            b) Kapazitäts-These ... 125

            c) Selbstläufer-These ... 127

        2. Indikatoren ... 130

    V. Interessen der relevanten Akteure ... 133

    VI. Machtpositionen der relevanten Akteure ... 135

    VII. Adressatenstruktur ... 137

D. Auswirkungen symbolischer Umweltgesetzgebung – Variablen ... 137

    I. Rechtsnormativ-sachliche Effektivität (RSE) ... 138

        1. Direkte Wirkungen ... 138

        2. Indirekte Wirkungen ... 139

        3. „Gratiseffekte" ... 140

Inhaltsverzeichnis

II. Symbolisch-politische Effektivität (SPE) 140

III. Nicht intendierte Wirkungen (Nebenwirkungen) 142

Teil 4

Empirische Fallstudien 143

A. Zur Datengewinnung 143

    I. Dokumentenanalyse 143

    II. Experteninterviews 144

B. Das Ozongesetz und die Sommersmogproblematik 149

    I. Das Problem hoher Ozonkonzentrationen 149

        1. Bildung von Ozon 150

        2. Schadwirkungen von Ozon 152

    II. Rechtliche Ausgangslage 154

        1. Kurzfristmaßnahmen 154

            a) Warnwerte 154

            b) Einschränkungen des Kraftfahrzeugverkehrs 155

                aa) § 40 Abs. 2 S. 1 BImSchG 155

                bb) § 40 Abs. 1 BImSchG 156

            c) Anlagenbetriebsbeschränkungen nach § 49 Abs. 2 BImSchG 157

            d) Subjektive Rechte: Anspruch auf staatliches Handeln? 157

        2. Langfristmaßnahmen 157

            a) Internationale Zielfestlegungen 157

            b) Emissionsbegrenzung von Stickoxiden nach GFAnlV und TA Luft 1986 158

            c) Einführung des Abgaskatalysators 158

    III. Entstehungsgeschichte des Ozongesetzes vor dem Hintergrund der Sommersmogdebatte 159

        1. Latenzphase (ca. 1975 bis 1987) 159

        2. Politisierung – Suchen nach geeigneten Problemlösungen (1988 bis 1992) 160

        3. Gesetzgebung ausschließlich auf Länderebene (1993 bis Herbst 1994) 162

        4. Gesetzgebung auf Bundesebene (Herbst 1994 bis Juli 1995) 164

        5. Rechtsfragen und Novellierungsabsichten 168

    IV. Das Ozongesetz – symbolische Gesetzgebung? 170

        1. Antizipative rechtsnormativ-sachliche Effektivität (ARSE) 170

            a) Objektive Indikatoren 170

                aa) Politische Zielsetzung 170

Inhaltsverzeichnis 13

	bb) Zielsetzung und materielle Regelung im Gesetz	171
	cc) Kontroll- und Sanktionsmöglichkeiten	174
	dd) Antizipative Einhaltung und Anwendung von Primär- und Sekundärnorm	175
	ee) Ergebnis	176
b) Subjektive Indikatoren		177
	aa) Handlungsbedarf	177
	bb) Intendierte rechtsnormativ-sachliche Zielsetzung	178
	cc) Intendierte und antizipierte rechtsnormativ-sachliche Effektivität	179
	dd) Ergebnis	180
2. Antizipative symbolisch-politische Effektivität (ASPE)		181
a) Objektive Indikatoren		181
	aa) Befreiung von politischem Handlungsdruck und Erzielung einer höheren politischen Akzeptanz	181
	bb) Sonstige politisch-strategische Zwecke	184
b) Subjektive Indikatoren		184
	aa) Handlungsbedarf	184
	bb) Intendierte symbolisch-politische Zielsetzung	185
	cc) Intendierte und antizipierte symbolisch-politische Effektivität	186

V. Analyse der Entstehungsvoraussetzungen 186
   1. Objektive Problemsituation – Kosten des Problems, Nutzen einer Regelung 186
   2. Verfügbare Lösungsoptionen – Kosten einer Regelung 191
      a) Langfristmaßnahmen 191
      b) Kurzfristmaßnahmen 191
   3. Komplexität der Regelungsmaterie 194
   4. Öffentliche Aufmerksamkeit 196
   5. Interessen der relevanten Akteure 199
      a) Unternehmen 199
      b) Wähler 200
      c) Politik und Ministerialbürokratie 201
      d) Wissenschaft 202
   6. Machtpositionen der relevanten Akteure 202
      a) Unternehmen 202
      b) Wähler 203
   7. Adressatenstruktur 204

VI. Analyse der Folgen und Wirkungen 204
   1. Rechtsnormativ-sachliche Effektivität (RSE) 204
      a) Direkte Wirkungen 204
      b) Indirekte Wirkungen 204
      c) „Gratiseffekte" 205

Inhaltsverzeichnis

    2. Symbolisch-politische Effektivität (SPE) 205

VII. Zwischenfazit 206

C. Der Vorrang der Abfallvermeidung und die Abfall(vermeidungs)problematik 207

    I. Abfallvermeidung als Lösung der Abfall- und Ressourcenproblematik 207

        1. Ressourcenproblematik: Verknappung natürlicher Rohstoffe 207

        2. Senkenproblematik: Ökologische Schäden durch Abfälle 209

            a) Probleme der Deponierung 209

            b) Probleme der Abfallverbrennung und sonstiger Abfallbehandlungsmethoden 211

        3. Entsorgen – Verwerten – Vermeiden: Was ist „Abfallvermeidung"? 212

    II. Rechtliche Ausgangslage 214

        1. Abfallvermeidung nach dem BImSchG 214

        2. Abfallvermeidung nach dem AbfG von 1986 214

        3. Rechtsverordnungen auf Grund von § 14 AbfG: Die VerpackV 215

        4. Abfallvermeidung nach europäischem Abfallrecht 216

    III. Entstehungsgeschichte des Abfallvermeidungsgebotes im Rahmen der fünften abfallrechtlichen Novelle 217

        1. Phase der Problemdefinition und Zielfindung (1990 bis Mai 1992) 217

        2. Vorparlamentarische Phase: drei Regierungsentwürfe (Mai 1992 bis April 1993) 219

        3. Parlamentarische Phase (April 1993 bis September 1994) 223

        4. Verordnungsgebung nach Erlaß des KrW-/AbfG 227

    IV. Das Abfallvermeidungsgebot – symbolische Gesetzgebung? 227

        1. Antizipative rechtsnormativ-sachliche Effektivität (ARSE) 227

            a) Objektive Indikatoren 227

                aa) Politische Zielsetzung 227

                bb) Zielsetzung des Gesetzes 229

                cc) Materielle Regelung im Gesetz 231

                dd) Kontroll- und Sanktionsmöglichkeiten 234

                ee) Antizipative Einhaltung und Anwendung von Primär- und Sekundärnorm 235

                ff) Ergebnis 235

            b) Subjektive Indikatoren 236

                aa) Handlungsbedarf 236

                bb) Intendierte rechtsnormativ-sachliche Zielsetzung 237

                cc) Intendierte und antizipierte rechtsnormativ-sachliche Effektivität .. 238

Inhaltsverzeichnis

2. Antizipative symbolisch-politische Effektivität (ASPE) 238
   a) Objektive Indikatoren 238
   b) Subjektive Indikatoren 240
      aa) Handlungsbedarf 240
      bb) Intendierte symbolisch-politische Zielsetzung 240
      cc) Intendierte und antizipierte symbolisch-politische Effektivität 241

V. Analyse der Entstehungsvoraussetzungen 242
  1. Objektive Problemsituation – Kosten des Problems, Nutzen einer Regelung 242
  2. Verfügbare Lösungsoptionen – Kosten einer Regelung 246
  3. Komplexität der Regelungsmaterie 248
  4. Öffentliche Aufmerksamkeit 250
  5. Interessen der relevanten Akteure 251
   a) Unternehmen 252
   b) Kommunen 253
   c) Wähler 254
   d) Politik und Ministerialbürokratie 255
  6. Machtpositionen der relevanten Akteure 256
   a) Unternehmen 256
   b) Wähler 256
  7. Adressatenstruktur 256

VI. Analyse der Folgen und Wirkungen 257
  1. Rechtsnormativ-sachliche Effektivität (RSE) 257
  2. Symbolisch-politische Effektivität (SPE) 258

VII. Zwischenfazit 258

D. Die Großfeuerungsanlagenverordnung und die Luftreinhalte- und Waldschadensproblematik 259

I. „Waldsterben" und Luftschadstoffe 259
  1. Das Phänomen „neuartiger Waldschäden" 259
  2. Ursachen des „Waldsterbens" – die Rolle von Luftschadstoffen und „saurem Regen", insbesondere von SO_2 260

II. Rechtliche Ausgangslage 262
  1. BImSchG 262
  2. TA Luft 263
  3. Brennstoffentschwefelung 263

Inhaltsverzeichnis

III. Entstehungsgeschichte der GFAnlV im Kontext der Waldschadensdebatte 264

    1. Latenzphase: wissenschaftliche Entdeckung von „saurem Regen" und „Waldsterben", wachsender internationaler Druck (ca. 1970 bis Frühjahr 1981) 264

    2. Erste Vorentwürfe zu einer GFAnlV (ab November 1977) 266

    3. Politisierung (ca. Frühjahr 1981 bis September 1982) 267

    4. Verordnungsgebung (September 1982 bis Juli 1983) 268

    5. Umsetzung der GFAnlV 269

IV. Die GFAnlV – symbolische Gesetzgebung? 270

    1. Antizipative rechtsnormativ-sachliche Effektivität (ARSE) 270

        a) Objektive Indikatoren 270

            aa) Politische Zielsetzung 270

            bb) Materielle Regelung im Gesetz 271

            cc) Kontroll- und Sanktionsmöglichkeiten 272

            dd) Antizipative Einhaltung und Anwendung von Primär- und Sekundärnorm 273

            ee) Ergebnis 273

        b) Subjektive Indikatoren 274

            aa) Handlungsbedarf 274

            bb) Intendierte rechtsnormativ-sachliche Zielsetzung und antizipierte Effektivität 274

    2. Antizipative symbolisch-politische Effektivität (ASPE) 274

        a) Objektive Indikatoren 274

            aa) Symbolisch-politische Zielsetzungen 274

            bb) Symbolisch-politische Geeignetheit 275

        b) Subjektive Indikatoren 276

            aa) Handlungsbedarf 276

            bb) Intendierte symbolisch-politische Zielsetzung und antizipierte Effektivität 276

V. Analyse der Entstehungsvoraussetzungen 277

    1. Objektive Problemsituation – Kosten des Umweltproblems 277

    2. Verfügbare Lösungsoptionen – Kosten einer Regelung 279

    3. Komplexität der Regelungsmaterie 279

    4. Öffentliche Aufmerksamkeit 280

    5. Interessen der relevanten Akteure 282

        a) Land- und Forstwirtschaft 282

        b) Unternehmen 282

        c) Wähler 284

        d) Politik und Ministerialbürokratie 285

Inhaltsverzeichnis 17

  6. Machtpositionen der relevanten Akteure 286

    a) Verursacherinteressen: Energieversorger, BMWi 286

    b) Betroffeneninteressen: Land- und Forstwirtschaft, Wähler, Umweltverbände, BML, BMI, Bundesrat 287

  7. Adressatenstruktur 287

 VI. Analyse der Folgen und Wirkungen 288

  1. Rechtsnormativ-sachliche Effektivität (RSE) 288

    a) Direkte Wirkungen 288

    b) Indirekte Wirkungen und „Gratiseffekte" 290

    c) Nebenwirkungen 290

  2. Symbolisch-politische Effektivität (SPE) 290

 VII. Zwischenfazit 291

Teil 5

Schlußfolgerungen und Ausblick   292

A. Konzepte und Hypothesen zur symbolischen Umweltgesetzgebung vor dem Hintergrund der Fallstudienergebnisse 292

 I. Dimensionen symbolischer Umweltgesetzgebung 292

 II. Hypothesen zu den Entstehungsbedingungen symbolischer (Umwelt-)Gesetzgebung 294

  1. Problemdruck (Hypothese 1) 295

  2. Regelungskosten größer als Nutzen (Hypothese 2) 296

  3. Selektive Bedienung konfligierender Interessen (Hypothesen 3 und 4) 298

  4. Problemkomplexität und (Wähler-)Interessen (Hypothese 5) 299

  5. Großer und heterogener Adressatenkreis (Hypothese 6) 300

 III. Hypothesen zu den Folgen und Wirkungen symbolischer (Umwelt-)Gesetzgebung 301

  1. Kurzfristige Auswirkungen im Sinne der gesetzgeberischen Intentionen (Hypothese 7) 301

  2. Re- bzw. De-Thematisierung bei Verbesserung der Lösungsmöglichkeiten bzw. bei Verschwinden der Problemsituation (Hypothesen 8 und 9) 302

B. Kritischer Rück- und Ausblick 303

Literaturverzeichnis 305

Personen- und Sachregister 325

Verzeichnis der Tabellen

Tab. 1:	Typologie symbolischer Gesetzgebung nach Art der beteiligten Interessengruppen und der gesetzgeberischen Ziele sowie nach der Ebene der rechtsnormativ-sachlichen Wirksamkeitsdefizite	50
Tab. 2:	Kreuztabelle der einzelnen Typen symbolischer Gesetzgebung mit Referenz zu gut untersuchten Beispielen	51
Tab. 3:	Beispiele für rechtsnormativ-sachliche und symbolisch-politische Aspekte von Umweltgesetzgebung	78
Tab. 4:	Befragte Akteure und deren relevante Funktionen	145

Verzeichnis der Abbildungen

Abb. 1:	Gesetzgebung unter dem Blickwinkel von antizipativer und tatsächlicher rechtsnormativer / sachlicher Effektivität	43
Abb. 2:	Gesetzgebung unter dem Blickwinkel von symbolisch-politischer und rechtsnormativ-sachlicher Dimension	48
Abb. 3:	Konzeption und Operationalisierung des Begriffes symbolischer Gesetzgebung	58
Abb. 4:	Zielhierarchie und Ebenen der Analyse antizipativer rechtsnormativ-sachlicher Effektivität (ARSE)	68
Abb. 5:	Elemente des Normvollzuges	74
Abb. 6:	Typologie von Akteuren der Umweltgesetzgebung	104
Abb. 7:	Erfolgreiche und nicht erfolgreiche Gesetze in den Augen der befragten Akteure aus Politik und Ministerialbürokratie	148
Abb. 8:	Das materielle Regelungsproblem Ozon / Sommersmog im Überblick ...	150
Abb. 9:	Emissionen von Kohlenwasserstoffen (NM-VOC) und Stickoxiden (NO_x) in Gesamtdeutschland	151
Abb. 10:	Anzahl der Tage, an denen mindestens eine Meßstation in Deutschland Überschreitungen der Ozonkonzentration von 180 $\mu g/m^3$ bzw. 240 $\mu g/m^3$ nach EU-Meßverfahren feststellt	187
Abb. 11:	Anzahl der Stunden mit Überschreitungen einer Ozonkonzentration von 180 $\mu g/m^3$ bzw. 240 $\mu g/m^3$ nach EU-Meßverfahren	187
Abb. 12:	Faktoren der Ozonbildung. Jährliche Emissionen der Ozon-Vorläufersubstanzen NM-VOC und NO_x (Ost- und Westdeutschland), die durchschnittliche Anzahl von jährlichen Sommertagen in Deutschland sowie zum Vergleich ein kumulierter Index über die Höhe der Ozonbelastung	188
Abb. 13:	Entwicklung des Bestandes schadstoffreduzierter Kfz in Deutschland ...	189
Abb. 14:	Öffentliche Aufmerksamkeit zum Thema Ozon / Sommersmog. Monatliche Anzahl von Presseberichten zum Thema Ozon / Sommersmog bis zum Folgejahr der Gesetzesverabschiedung im Juli 1995	197
Abb. 15:	Jährliche Anzahl von Presseberichten zum Thema Ozon / Sommersmog. Jährliche Anzahl von Berichten in großen deutschen Tageszeitungen zum Thema Ozon / Sommersmog sowie zum Vergleich der Ozon-Index (vgl. Abb. 12)	198

Verzeichnis der Abbildungen

Abb. 16: Das materielle Regelungsproblem Abfall / Abfallvermeidung im Überblick 208

Abb. 17: Abfallaufkommen in Deutschland. An öffentliche Anlagen in Deutschland angelieferte Abfallmengen nach Abfallarten 243

Abb. 18: Aufkommen besonders überwachungsbedürftiger Abfälle 244

Abb. 19: Voraussichtliche Restlaufzeiten von Hausmülldeponien in Deutschland 245

Abb. 20: Öffentliche Aufmerksamkeit zu abfallpolitischen Themen. Jährliche Anzahl von Presseberichten zu den Themen Abfall- / Müllvermeidung und Kreislaufwirtschaft 250

Abb. 21: Öffentliche Aufmerksamkeit zu abfallpolitischen Themen. Jährliche Anzahl von Presseberichten zu den Themen Deponierung und Verbrennung von Abfällen 251

Abb. 22: Das materielle Regelungsproblem Waldschäden / Großfeuerungsanlagen im Überblick 260

Abb. 23: Jährliche SO_2-Emissionen in Westdeutschland nach Sektoren 278

Abb. 24: Öffentliche Aufmerksamkeit zum Thema „Waldsterben". Jährliche Anzahl von Presseberichten zum Thema „Waldsterben" 281

Abb. 25: Jährliche Emissionen von Schwefeldioxid (SO_3) und Stickoxiden (NOx) aus öffentlichen Wärmekraftwerken in Westdeutschland 289

Abb. 26: Die untersuchten Gesetze unter dem Blickwinkel von symbolisch-politischer und rechtsnormativ-sachlicher Dimension 293

Verzeichnis der verwendeten Abkürzungen

μg	Mikrogramm
AbfAG	Abfallabgabengesetz
Abg.	Abgeordnete, Abgeordneter
ADWV	Arbeitsgemeinschaft Deutscher Waldbesitzerverbände
AfUmwelt	Bundestags-Umweltausschuß
AFZ	Allgemeine Forstzeitschrift
AGV	Arbeitsgemeinschaft der Verbraucher
ARSE	antizipative rechtsnormativ-sachliche Effektivität eines Gesetzes
ASPE	antizipative symbolisch-politische Effektivität eines Gesetzes
BBU	Bundesverband Bürgerinitiativen Umweltschutz
BDF	Bundesverband des Deutschen Güterferverkehrs
BDI	Bundesverband der deutschen Industrie
BGA	Bundesgesundheitsamt
BGBl.	Bundesgesetzblatt
BImSchG	Bundesimmissionsschutzgesetz
BImSchV	Verordnung zur Durchführung des Bundesimmissionsschutzgesetzes
BMI	Bundesminister(ium) des Innern
BML	Bundesminister(ium) für Landwirtschaft, Ernährung und Forsten
BMU	Bundesminister(ium) für Umwelt, Naturschutz und Reaktorsicherheit
BMV	Bundesminister(ium) für Verkehr
BMWi	Bundesminister(ium) der Wirtschaft
BR	Bundesrat
BT	Bundestag
BUND	Bund für Umwelt und Naturschutz Deutschland
CO_2	Kohlenstoffdioxid, kurz Kohlendioxid
DFWR	Deutscher Forstwirtschaftsrat
DIHT	Deutscher Industrie- und Handelstag
DIN	Deutsches Institut für Normung
DNR	Deutscher Naturschutzring
Drs.	Drucksache
DVBl.	Deutsches Verwaltungsblatt

Verzeichnis der verwendeten Abkürzungen

EPA	Environmental Protection Agency, oberste US-amerikanische Umweltbehörde
E-RAWG	Entwurf eines Rückstands- und Abfallwirtschaftsgesetzes (später das KrW- / AbfG)
EuGH	Europäischer Gerichtshof
FAZ	Frankfurter Allgemeine Zeitung
FDBR	Fachverband des Dampfkessel, Behälter- und Rohrleitungsbaus
FR	Frankfurter Rundschau
GFAnlV	Dreizehnte Verordnung zur Durchführung des Bundes-Immissionsschutzgesetzes (Verordnung über Großfeuerungsanlagen – 13. BImSchV)
GMBl	Gemeinsames Ministerialblatt
HB	Handelsblatt (Düsseldorf)
HWWA	Hamburgisches Welt-Wirtschafts-Archiv
InnenA	Bundestags-Innenausschuß
KrW- / AbfG	Gesetz zur Förderung der Kreislaufwirtschaft und Sicherung der umweltverträglichen Beseitigung von Abfällen (Kreislaufwirtschafts- und Abfallgesetz)
LAI	Länderausschuß für Immissionsschutz
m^3	Kubikmeter
MAK	maximale Arbeitsplatzkonzentration
MIK	maximale Immissionskonzentration
MWV	Mineralölwirtschaftsverband
NM-VOC	Kohlenwasserstoffe ohne Methan (Non-Methane Volatile Organic Compounds)
NO_x	Sammelbezeichnung für die gasförmigen Stickstoffoxide (kurz Stickoxide) Stickstoffmonoxid (NO) und Stickstoffdioxid (NO_2)
NVwZ	Neue Zeitschrift für Verwaltungsrecht
ÖB	Ökologische Briefe (erscheinen wöchentlich)
ÖPNV	Öffentlicher Personennahverkehr
Pl.Prot.	Plenarprotokoll
RE	Rechtsnormative Effektivität eines Gesetzes
Rs.	Rechtssache
Rspr.	Rechtsprechung
RWE	Rheinisch-Westfälische Elektrizitätswerke
SO_2	Schwefeldioxid
SRU	Rat von Sachverständigen für Umweltfragen
SZ	Süddeutsche Zeitung (München)
taz	die tageszeitung (Berlin)
TVK	Technische Vereinigung der Großkraftwerksbetreiber

Verzeichnis der verwendeten Abkürzungen

Tz.	Teilziffer
UBA	Umweltbundesamt
UMK	Umweltministerkonferenz
VCI	Verband der Chemischen Industrie
VDA	Verband der Automobilindustrie
VDEW	Vereinigung deutscher Elektrizitätswerke
VDI	Verein deutscher Ingenieure
VDI-N	VDI-Nachrichten (erscheinen wöchentlich)
VDMA	Verband Deutscher Maschinen- und Anlagenbau
VIK	Vereinigung Industrieller Kraftwirtschaft
VOC	flüchtige Kohlenwasserstoffe (Volatile Organic Compounds)
WHO	Weltgesundheitsorganisation (World Health Organisation)
WirtschA	Bundestags-Wirtschaftsausschuß
WiVerw	Wirtschaft und Verwaltung
ZfU	Zeitschrift für Umweltpolitik und Umweltrecht
ZUR	Zeitschrift für Umweltrecht

Teil 1

Einleitung

A. Das Problem symbolischer Umweltgesetzgebung

Obwohl das Umweltrecht der letzten Jahrzehnte sicherlich zu einer allgemeinen Verbesserung der Umweltqualität in Deutschland beigetragen hat[1], werden zahlreiche Umweltprobleme[2] nicht oder zumindest nicht wirksam rechtlich geregelt. Dabei mangelt es nicht an Gesetzen: Das Umweltrecht stellt inzwischen ein extrem komplexes juristisches Regelwerk dar, und die Zahl der jährlich hinzukommenden Normen zeugt nach wie vor von einer intensiven gesetzgeberischen Tätigkeit[3]. Es scheint vielmehr, daß einige der erlassenen Gesetze ihren oft anspruchsvollen Zielen nicht gerecht werden, etwa weil die nötigen Durchführungsbestimmungen fehlen oder die vorhandenen schlecht umsetzbar sind. Oftmals entsteht dabei der Eindruck, daß diese Unwirksamkeit vom Gesetzgeber durchaus gewollt ist oder zumindest in Kauf genommen wird, daß es ihm also eher darauf ankommt, den Anschein von Handlungsfähigkeit zu erwecken, als die vorliegenden Probleme wirklich zu lösen.

Vorausgesetzt, dieses allgemein unter dem Begriff „symbolische Gesetzgebung" zusammengefaßte Phänomen tritt im Umweltrecht tatsächlich gehäuft auf, so ist dies doch in gewisser Weise verständlich. Angesichts der vielschichtigen naturwissenschaftlichen, technischen, sozialen, politischen, juristischen und wirtschaftlichen Implikationen der „Umweltproblematik" wird es für Laien zunehmend schwierig, die Ursachen der heutigen Umweltprobleme sowie die Auswirkungen

---

[1] So ging die Belastung der Luft mit Staub und Schwefeldioxid erheblich zurück; die Qualität von Fließgewässern (z. B. gemessen am Artenreichtum) ist deutlich angestiegen. Vgl. UBA (1997), S. 147, 262.

[2] Erinnert sei nur an den weiterhin steigenden Ausstoß von Treibhausgasen durch die Verbrennung fossiler Energieträger und an die schleichende Belastung des Bodens und des Grundwassers mit Dünge- und Pflanzenschutzmitteln aus der Landwirtschaft sowie mit organischen und anorganischen Giften aus den Sickerwässern von Mülldeponien. Vgl. UBA (1997), S. 94, 270 ff., 77.

[3] Die Anzahl der Gesetzgebungsvorhaben (einschließlich Rechtsverordnungen und Allgemeinen Verwaltungsvorschriften) im Umweltrecht betrug allein auf Bundesebene in der 8. Wahlperiode 19, in den folgenden Wahlperioden jeweils 8, 39, 59, 68 und schließlich 41 in der 13. Wahlperiode (Quelle: DIP – Das Informationssystem für Parlamentarische Vorgänge; http://dip.bundestag.de).

rechtlicher Regelungen auf die Umweltqualität beurteilen zu können[4]. Außerdem ist das Themenfeld Umweltverschmutzung / Umweltschutz durch eine stark emotional geführte öffentliche Debatte[5], zumal im oft erwähnten Spannungsfeld Ökonomie – Ökologie, geprägt. Beides motiviert die Verwendung verkürzender und vereinfachender Symbole, um die Bedürfnisse bestimmter Interessengruppen bzw. der Öffentlichkeit insgesamt zu befriedigen.

Symbolische Gesetzgebung wird jedoch in erster Linie als *Problem* wahrgenommen und demzufolge in der Literatur unter dem Rubrum „mißglücktes Gesetz"[6] oder „gesetzgeberische Fehlleistung"[7] thematisiert. Sie sei „in hohem Maße ideologieanfällig" und könne manipulative Handlungsenergie freisetzen[8]. In der Tat darf bezweifelt werden, ob ein Gesetz, das in täuschender Weise etwas anderes vorgibt zu bewirken, als tatsächlich intendiert ist, noch grundlegenden rechtsstaatlichen Prinzipien genügt. Denn der Rechtsstaat soll den Bürger gerade vor einer „Instrumentalisierung des Rechts für falsche Suggestionen" schützen[9]. Auch scheint es fraglich, ob Gesetze, deren rechtsnormative Ineffektivität bereits vom Gesetzgeber antizipiert wird, noch dem Grundsatz der Verhältnismäßigkeit entsprechen, der ja eine Geeignetheit der getroffenen Maßnahme zur Erreichung des postulierten Ziels verlangt[10]. Und schließlich kann auch das Verfassungsgebot der Wirtschaftlichkeit[11] verletzt sein, wenn der Gesetzgeber wider besseres Wissen absehbar wirkungslose Regelungen verabschiedet, wobei schon das Gesetzgebungsverfahren, mehr aber noch der im Zuge einer versuchten Umsetzung durch die Vollzugsbehörden entstehende Verwaltungsaufwand Kosten verursacht[12]. Ob vor dem Hintergrund dieser Überlegungen symbolische Gesetze generell als verfas-

---

4 „Wenn unter Durchschnittsbürgern Öko-Fragen erörtert werden und über die Ursachen der Umweltzerstörung debattiert wird, herrschen allenthalben Verwirrung und Ratlosigkeit. Da mischen sich Fernsehaufnahmen, eigene Beobachtungen und Zeitungsnotizen zu einer Melange aus fragmentiertem Wissen und diffusen Ängsten. War das Kratzen im Hals letzten Sommer eine gesundheitliche Reaktion auf den grassierenden Ozonsmog? Wird das Waldsterben mittlerweile nicht schon in dem zerrupften Kiefernhain am Stadtrand sichtbar? (...) Auf die meisten dieser Fragen gibt es keine klaren Antworten – weder im Großen noch im Kleinen. Denn quer durch alle Disziplinen, ob unter Atomexperten, Toxikologen oder Medizinern, toben Glaubenskriege, die besorgte Bürger vollends verunsichern müssen" (Der Spiegel, 25. 09. 1995, S. 42). Grundlegend bereits Beck (1986).

5 „Environment (...) is the trees and the bees and the many symbolic and actual dependencies we have on them; even more grandly ‚environment' signifies the political and cultural conflicts over the interpretation and values placed upon the material world we inhabit" (Berkhout 1999, p. 209).

6 Diederichsen (1997), S. 165.

7 Pawlowski (1986), S. 353.

8 Kindermann (1989), S. 259.

9 Siehe hierzu Lübbe-Wolff (2000b), S. 231 f.

10 Lübbe-Wolff (2000b), S. 233.

11 Vgl. Fischer-Menshausen (1996), Art. 114, Rn. 17.

12 Hierzu Peter (1998).

sungswidrig abzuqualifizieren sind, mag hier dahinstehen[13]; jedenfalls erscheinen sie unter rechtlichen Gesichtspunkten als höchst problematisch.

Neben diesen spezifisch rechtlichen Aspekten stellt symbolische Gesetzgebung auch aus der Sicht des Umweltschutzes[14] ein offenkundiges Problem dar. Außer dem absehbaren Wirkungsdefizit symbolischer Umweltgesetzgebung (das jedoch auch auf andere ineffektive, nicht spezifisch symbolische, Gesetzgebung zutrifft) ist vor allem deren Verhinderungswirkung von Belang: Dadurch, daß Umweltprobleme als gelöst scheinen oder zumindest als in Angriff genommen, sinkt möglicherweise die Neigung, effektive Maßnahmen zu ergreifen, die in der Lage wären, vorliegende Mißstände tatsächlich zu verbessern.

B. Zielsetzung und Gang der Untersuchung

Der Erkenntnisgegenstand der vorliegenden Untersuchung ist aus zwei Perspektiven zu beleuchten: In rechtswissenschaftlicher Perspektive ist es von großem Interesse, über die Entstehung und Wirkung von Normen zu erfahren, die sich angesichts ihrer intendierten Wirkungslosigkeit zumindest am Rande der Verfassungsmäßigkeit bewegen. Der Fokus liegt somit auf dem einzelnen Gesetz, seiner Entstehungsgeschichte und seinen Folgen. Aus (umwelt-)politikwissenschaftlicher Warte liegt das Hauptaugenmerk auf den bedingenden Faktoren mehr oder weniger „erfolgreicher" Umweltpolitik[15]. Der Blickwinkel ist insofern ein weiterer, als nach den gesamtgesellschaftlichen Voraussetzungen für das Zustandekommen tatsächlicher Verbesserungen der Umweltqualität gefragt wird. Das einzelne Gesetz kann hierbei, muß aber nicht, eine entscheidende Rolle spielen; vielmehr wird die Rolle von Gesetzgebung selbst zum Gegenstand der Frage.

Beide Perspektiven überschneiden sich in einem weiten Bereich des Erkenntnisinteresses und sind – davon wird hier ausgegangen – auch methodisch weitgehend miteinander vereinbar[16]. Für das Vorgehen bedeutet dies konkret, daß, ausgehend von zwei Fällen mutmaßlich ineffektiv-symbolischer und einem Fall mutmaßlich effektiver Gesetzgebung, diese Gesetzgebungsvorhaben jeweils in einem größeren gesellschaftlichen Kontext umweltpolitischer Problemwahrnehmung und -verarbeitung analysiert werden, der zeitlich vom Auftreten der Problemursachen bis

---

[13] Ein direkter Nachweis der Verfassungswidrigkeit wird in den allermeisten Fällen scheitern; vgl. etwa Lübbe-Wolff (2000b), S. 234 f.; bejahend zum Ozongesetz aber Schlette (1996), S. 327 ff. sowie Beaucamp (1999), S. 172.

[14] Der Begriff Umweltschutz soll hier in einem weiteren Sinne verwendet werden. Er umfaßt sowohl den Schutz der belebten und unbelebten Umwelt des Menschen als auch – mehr oder weniger direkt – den Schutz der menschlichen Gesundheit, etwa vor Verunreinigungen der Atemluft und der Nahrungsmittel.

[15] Vgl. Jänicke / Weidner (1995), S. 13 ff.

[16] Zu einem mehrperspektivischen Zugang zum Recht vgl. Schulte (1993), S. 325 ff.

zu dem heutigen Stand der Entwicklung der Umweltqualität sowie der gesellschaftlichen Thematisierung reicht.

Symbolische Gesetzgebung sei, so wird zugespitzt formuliert, „keine harmlosanalytische, sondern eine normativ-kämpferische Bezeichnung, sie meint nicht nur Beschreibung, sie meint auch Kritik"[17]. Von einer solchen Position möchte sich die vorliegende Arbeit gleichwohl lösen. Das aus rechtlicher und aus der Sicht des Umweltschutzes Problematische an dem Phänomen symbolischer Gesetzgebung bietet zwar den Anlaß für die Untersuchung und wird die hier vertretene Begrifflichkeit prägen. Zielsetzung ist es jedoch nicht, die möglichen Vor- und Nachteile symbolischer Gesetzgebung zu erörtern[18]. Es sollen auch nicht alle oder möglichst viele mit dem Thema symbolische Gesetzgebung in Zusammenhang stehenden Konzepte erläutert oder gar aufgegriffen werden. Schließlich geht es auch nicht darum, die Natur von Gesetzgebung, Politik oder Recht allgemein als mehr oder weniger symbolisch zu beschreiben[19].

Primäre Motivation und Zielsetzung ist es vielmehr, ein spezifisches, aus einem modernen, rechtsstaatlichen Verständnis von Gesetzgebung heraus problematisches Phänomen begrifflich präzise zu fassen und mit empirischen Tatbeständen abzugleichen, um sodann nach plausiblen, möglichst empirisch stichhaltigen Erklärungen für sein Auftreten (bzw. auch: sein Nicht-Auftreten) zu suchen und das Spektrum seiner möglichen Folgen zu charakterisieren. Daraus ergeben sich zwei zentrale Forschungsfragen:

Forschungsfrage 1: Die rechtssoziologische Literatur zu symbolischer Gesetzgebung läßt bislang eine klare bzw. allgemein akzeptierte Begrifflichkeit vermissen[20]. Die erste Aufgabe der vorliegenden Arbeit besteht folglich darin, zunächst ein Grundverständnis symbolischer Gesetzgebung zu entwickeln, auf dessen Basis Kriterien erarbeitet werden, die es gestatten, Gesetze empirisch auf ihren symbolischen Charakter zu analysieren (Teil 2)[21].

Forschungsfrage 2: Warum und unter welchen Voraussetzungen kommt es zu symbolischer (Umwelt-)Gesetzgebung? Gibt es empirisch ermittelbare Einflußfaktoren, welche die Entstehung begünstigen? Umgekehrt formuliert: Welche Bedingungen führen zu erfolgreichen, effektiven Regelungen im Recht des Umweltschutzes? Hierzu soll zunächst ein in sich schlüssiges theoretisches Modell konzipiert werden (Teil 3), das sodann anhand von Fallbeispielen (Teil 4) empirisch überprüft wird (Teil 5).

---

17 Vgl. Hassemer (1989), S. 556.
18 Vgl. aber Voß (1989); Hansjürgens / Lübbe-Wolff (2000), S. 12 f. u. passim.
19 Vgl. mit ebendieser Zielsetzung Zielcke (1980); Berger / Luckmann (1966).
20 Kreissl (1993, S. 152 f.) spricht diesbezüglich gar von „babylonischen Verhältnissen".
21 Da symbolische Gesetzgebung als allgemeines, potentiell alle Rechtsbereiche betreffendes Problem auftritt, soll der Blick hier zunächst nicht auf den Bereich des Umweltschutzes beschränkt werden.

B. Zielsetzung und Gang der Untersuchung 29

Um den Blickwinkel noch etwas zu erweitern, soll schließlich auch den Folgen und Auswirkungen symbolischer Umweltgesetzgebung nachgegangen werden. Interessant ist zum einen, ob sich eventuell doch eine gewisse rechtsnormative Wirksamkeit feststellen läßt, oder ob symbolische Gesetzgebung im Gegenteil wirksame Lösungen gerade konterkariert. Zum anderen wird es darum gehen, die (intendierten) nicht-rechtlichen Folgen herauszuarbeiten: Erweist sich symbolische Gesetzgebung möglicherweise als durchaus effektiv im Sinne ihrer tatsächlichen – symbolischen – Intentionen?

Die Analyse dieser Fragen bringt es mit sich, daß eine – auf das Recht bezogen – externe Perspektive eingenommen wird, sind doch die hier aufgeworfenen Probleme nicht spezifisch *rechtlicher* Natur und betreffen nicht die innere Struktur des Rechts, die Rechtsdogmatik[22], sondern die Entstehung und Wirkung von Recht im *gesellschaftlichen* Kontext. Das Recht wird hier folglich mit dem Blick des Soziologen analysiert[23]. Die vorliegende Arbeit versteht sich als ein Beitrag zur Rechtssoziologie.

Theorie und Empirie[24] greifen ineinander bei der Bestimmung und der Analyse von Einflußfaktoren und Auswirkungen symbolischer Umweltgesetzgebung. In theoretischer Hinsicht soll zunächst geklärt werden, welche sozialen oder sonstigen Parameter überhaupt von Belang sein könnten. Dies geschieht durch das Aufstellen von Hypothesen über Ursache-Wirkungs-Zusammenhänge, die im Anschluß empirisch zu überprüfen sind. Sie lassen sich aus den unterschiedlichsten Theoriezusammenhängen ableiten: Nicht nur in der „klassischen" Rechtssoziologie, sondern auch in Politologie, allgemeiner Soziologie, politischer Ökonomie und Sozialpsychologie finden sich Ansätze zur Beschreibung und Erklärung des Phänomens symbolischer Umweltgesetzgebung.

Bisher jedoch, so scheint es, liegt noch kein kohärentes theoretisches Konzept vor, welches das Auftreten symbolischer Gesetzgebung – verstanden als Problembegriff – überzeugend zu erklären vermöchte: Politikwissenschaftliche Theorien zur Entstehung von Gesetzgebung blenden das Problem symbolischer Handlungen häufig aus; sie orientieren sich klassischerweise an einem „heuristischen" Phasenmodell[25], welches über die Problemwahrnehmung und -definition bis zur Formu-

---

[22] Zum Verhältnis und zur Abgrenzung von Rechtsdogmatik, Rechtstheorie und ihrer Nachbarwissenschaften im Rahmen eines mehrperspektivischen Zugangs zum Recht vgl. Schulte (1993), S. 325 ff. Vgl. auch Kaufmann/Hassemer (1996), S. 444 f. m. w. N.

[23] Weber (1972, S. 1) versteht unter „Soziologie (im hier verstandenen Sinn dieses sehr vieldeutig gebrauchten Wortes) (...) eine Wissenschaft, welche soziales Handeln deutend verstehen und dadurch in seinem Ablauf und in seinen Wirkungen ursächlich erklären will". Vgl. auch Noll (1973), S. 67.

[24] Zur Rechtssoziologie als empirischer Wissenschaft vgl. Rottleuthner (1987), S. 1 u. passim.

[25] Vgl. Mayntz (1980), S. 238 ff. Wenngleich auch auf den hypothetischen Charakter des dargestellten Politikzyklus, das realiter geringe Interesse des Gesetzgebers an zielgerichteter Implementation und selbst auf die Möglichkeit symbolischer Politik hingewiesen wird (ebd.,

lierung politischer Programme und deren Umsetzung und Nachkontrolle führt und damit nur den durch klare, öffentliche Zwecke definierten Problemlösungsprozeß beleuchtet. Strategisches Verhalten, nicht offengelegte Zielsetzungen und eben auch rein symbolische Handlungen bleiben hierbei konzeptbedingt außen vor. Im Gegensatz dazu betrachten andere Theorien Politik und Gesetzgebung als per se symbolische Erscheinungen[26] bzw. führen Gründe an, warum es zwingend zu symbolischer (Umwelt-)Gesetzgebung komme, etwa als strukturelles Phänomen der modernen Mediendemokratie[27]. Unbestreitbares Verdienst dieser Ansätze ist, den Blick auf die symbolischen und latenten Eigenschaften von Gesetzgebung gelenkt zu haben. Sie vermögen jedoch nicht das Auftreten symbolischer neben nicht-symbolischer Gesetzgebung zu erklären.

Ausgangspunkt des hier verfolgten Ansatzes ist die in Rechtssoziologie und Gesetzgebungslehre verbreitete Unterscheidung in „instrumentelle" (sachliche) und „symbolische" (politische) Intentionen des Gesetzgebers[28]. Sie unterstellt diesem – wenn auch implizit – ein strategisches Verhalten, insofern als er neben den offiziell proklamierten Sachzielen noch andere, verdeckte, vornehmlich politische Ziele verfolgt. Diese Konzeption wird hier aufgegriffen und konsequent weitergeführt, indem das strategische Verhalten des Gesetzgebers im Rahmen eines institutionenökonomischen Ansatzes modelliert wird. Die Grundlage hierfür bildet die Theorie rationaler Wahlhandlungen (Rational Choice), die in den Sozial- und Wirtschaftswissenschaften ein breites Echo gefunden hat. Sie führte zur Entwicklung einer politischen Theorie – der Ökonomischen Theorie der Politik –, die sich in ihrem Kern auf das rationale Eigeninteresse der handelnden Akteure stützt. Die Bevorzugung eines solchen theoretischen Rahmens gegenüber anderen[29] ergibt sich im wesentlichen aus drei Gründen. 1.) Strategisches Verhalten im Sinne rationaler Nutzenmaximierung bildet ein Kernaxiom der Rational-Choice-Theorie, die folglich mit einer Grundeigenschaft symbolischer Gesetzgebung kompatibel ist. 2.) Umweltprobleme, so darf vermutet werden, hängen eng mit den (Neben-)Folgen menschlichen Wirtschaftens zusammen. Es scheint daher plausibel, daß wirtschaftliche Erwägungen und wirtschaftliche Interessen auch eine Rolle bei der politischen Willensbildung spielen[30], symbolische Umweltgesetzgebung einge-

---

S. 241), werden diese Einschränkungen dennoch nicht konzeptuell verarbeitet. Klassisch zum Politikzyklus auch Windhoff-Héritier (1987), S. 64 ff. sowie v. Prittwitz (1994), S. 57 ff.

[26] Vgl. nur Edelman (1976), S. 16: „[D]ie wichtigsten ‚demokratischen' Institutionen [gemeint sind Wahlen, politische Diskussionen, Gesetzgebung, Gerichte, Verwaltung – d. Verf.] [sind] ihrer Funktion nach symbolisch und expressiv". Vgl. daneben auch den Ansatz der „symbolischen Sinnwelten" bei Berger/Luckmann (1966) sowie die Konzeption des Rechts als symbolisch generalisierte Verhaltenserwartungen bei N. Luhmann (1997).

[27] Vgl. Sarcinelli (1989); Kepplinger (1998), S. 159 ff.

[28] Vgl. Hegenbarth (1981), S. 201; Kindermann (1988), S. 222.

[29] Hier seien nur der Ansatz der Politiknetzwerke – vgl. hierzu Héritier (1993) oder Staeck (1999), S. 35 ff. – sowie die Theorie autopoietischer Systeme – grundlegend N. Luhmann (1987) – genannt.

[30] Eingehend und kritisch hierzu Rey (1990).

schlossen. Diese Interessen werden – neben anderen – in der Ökonomischen Theorie der Politik angemessen berücksichtigt. 3.) Schließlich muß eine Theorie, die das Phänomen symbolischer Gesetzgebung im Lichte der aufgeworfenen Forschungsfragen erhellen möchte, auf eine kausale Erklärbarkeit sozialer Tatsachen ausgerichtet sein. Genau dies leistet die Ökonomische Theorie der Politik. In leicht modifizierter Form und um einige Aspekte erweitert, lassen sich aus ihr Hypothesen zur Entstehung symbolischer Gesetzgebung ableiten. Die so ausgemachten Einflußvariablen müssen sodann – unter Rückgriff auf das methodische Instrumentarium der empirischen Sozialforschung – operationalisiert, d. h. für eine empirische Anwendbarkeit hinreichend konkretisiert werden.

Ausgerüstet mit diesem analytischen Handwerkszeug sollen die herausdestillierten potentiellen Einflußfaktoren und Wirkungen symbolischer Umweltgesetzgebung empirisch anhand dreier Umweltgesetze überprüft und möglicherweise um weitere ergänzt werden. Untersucht werden das mittlerweile außer Kraft getretene Ozongesetz (§§ 40a bis 40e, 62a BImSchG), das in § 4 Abs. 1 KrW-/AbfG normierte Gebot der Abfallvermeidung sowie die Großfeuerungsanlagenverordnung (13. BImSchV, GFAnlV). Die Beschränkung auf diese überschaubare Anzahl von Fallbeispielen soll einerseits eine genügende analytische Tiefe gewährleisten, so daß der prozeßhafte Charakter jedes Gesetzgebungsvorhabens einschließlich seiner Auswirkungen offenbar wird. Dies erlaubt es, Ursache-Wirkungs-Beziehungen plausibel herauszuarbeiten und nicht lediglich – wie es bei Massenuntersuchungen oft unumgänglich ist – statistische Zusammenhänge zu beziffern[31]. Andererseits ermöglicht der Vergleich dreier Fälle bereits eine gewisse Generalisierung im Hinblick auf die in Hypothesen formulierten Einflußfaktoren und Auswirkungen symbolischer Gesetzgebung. Da es sich durchweg um bundesdeutsche Gesetze[32] auf Bundesebene handelt, sollte eine hinreichende Vergleichbarkeit der Fälle gewährleistet sein. Um das Phänomen symbolischer Gesetzgebung empirisch klar von nicht-symbolischer Gesetzgebung abzugrenzen, wurde mit der GFAnlV – gleichsam als Referenz-Maßstab[33] – eine mutmaßlich besonders effektiv angelegte und erfolgreiche Regelung herangezogen. Auf diese Weise sollen die für symbolische Gesetzgebung *spezifischen* Einflußfaktoren und Folgen deutlicher zu Tage treten.

Abschließend erfolgt ein Vergleich der gewonnenen Ergebnisse, der auf eine Bestätigung oder gegebenenfalls Re-Formulierung der eingangs aufgestellten Hypothesen abzielt. Mit diesem letzten Punkt ist zugleich ein Beitrag zur Theoriebildung angepeilt: Vielleicht gelingt es, die bislang unbefriedigende theoretische Erklärbarkeit symbolischer im Gegensatz zu nicht-symbolischer Gesetzgebung ein Stück weit voranzubringen.

---

31 Ausführlich hierzu Dose (1997), S. 115 ff.; Zeh (1984), S. 33 ff; beide m. w. N.

32 Unter Gesetzen werden hier stets solche im *materiellen* Sinn verstanden.

33 Zum Problem der Wahl einer geeigneten Referenzsituation mit Blick auf symbolische Gesetzgebung siehe Hansjürgens (2000), S. 148 f.

Teil 2

Zum Begriff symbolischer Gesetzgebung

Der Begriff „symbolische Gesetzgebung" wurde in der Rechtssoziologie und in der Gesetzgebungslehre geprägt[1]. Besonders die Strafrechtssoziologie hat sich des Phänomens intensiv angenommen, vermutlich, da dem Strafrecht von vielen Seiten ein hoher Symbolcharakter attestiert wird[2]. Auch die aktuelle Diskussion[3] rekurriert nach wie vor auf das Fundament, welches durch die hauptsächlich aus den 1970er und 1980er Jahren stammenden deutschsprachigen Arbeiten gelegt wurde. Dabei ist die Debatte um symbolische Gesetzgebung keinesfalls neu: Schon im 18. Jahrhundert wurde etwa der Erlaß von Strafgesetzen diskutiert, deren Maßnahmen gegenüber der Öffentlichkeit härter scheinen sollten als sie in Wirklichkeit waren[4]. Interessanterweise scheint die Diskussion über symbolische *Gesetzgebung* (im Unterschied zu der über symbolische *Politik* bzw. symbolisches *Recht* allgemein) nur im deutschsprachigen Raum stattzufinden. Möglicherweise hängt dies mit der herausragenden Stellung des Gesetzes in der deutschen Tradition zusammen, die etwa im common law nicht in der Weise gegeben ist. In der französischen Literatur scheint die Gesetzgebungslehre überhaupt eine untergeordnete Rolle zu spielen[5]. Inzwischen hat das Thema auch Eingang in die einschlägigen Lehrbücher zur Rechtssoziologie gefunden[6]. Nahezu die gesamte neuere Literatur bezieht sich auf drei stark rezipierte Arbeiten der amerikanischen Politologen Arnold, Gusfield und Edelman[7] sowie die empirische Untersuchung Auberts zum norwegischen Hausangestelltengesetz[8]. Insofern ist der ideengeschichtliche Hintergrund aller zitierter Arbeiten als relativ homogen anzusehen.

Dennoch differieren die Vorstellungen darüber, was mit symbolischer Gesetzgebung denn gemeint ist und ob sie – wie mehrheitlich angenommen wird – abzu-

---

[1] Vgl. grundlegend: Noll (1973), S. 157 ff.; Blankenburg (1977), S. 31; Amelung (1980), S. 57 ff.; Noll (1981), S. 347; Hegenbarth (1981); Pawlowski (1986); Kindermann (1988); Schmehl (1991); J. Chr. Müller (1993).

[2] Amelung (1980), S. 55. Vgl. auch Voß (1989); Hassemer (1989); Seelmann (1992).

[3] Vgl. z. B. Neves (1998); Lübbe-Wolff (2000a).

[4] Vgl. Seelmann (1992), S. 461 ff. m. w. N.

[5] Morand (1985), S. X. Eine erste Beschäftigung mit der Materie findet sich bei Carbonnier (1974), S. 268 ff.

[6] Vgl. Ryffel (1974), S. 255 ff., Röhl (1987), S. 249; M. Rehbinder (2000), S. 125, 202.

[7] Vgl. Arnold (1962); Gusfield (1963) sowie Edelman (1976).

[8] Vgl. Aubert (1967).

lehnen sei oder ob sie nicht doch eine vitale gesellschaftliche „Funktion" erfülle. Eine nähere Begriffsbestimmung für die in dieser Arbeit verfolgte Zielsetzung ist daher angebracht. Hierbei geht es nicht darum, einen etwaigen Meinungsstreit um die „korrekte" Definition weiterzuführen oder gar zu beenden[9]; ausschlaggebend für das hier gewählte Vorgehen ist allein die Geeignetheit der Abgrenzung im Hinblick auf die empirische Erklärung eines bestimmten, gesellschaftlich – vor allem rechtlich – wahrgenommenen Problems, wie es einleitend dargestellt wurde. Die Herangehensweise ist also eine *problemorientierte*[10] und *empirische*.

Um symbolische Gesetzgebung empirisch zu analysieren, bedarf es eines unvoreingenommenen Blickes auf das untersuchte Phänomen. Symbolische Gesetzgebung wird daher als soziale Tatsache und damit als vollkommen wertfreier Begriff konzipiert.

Methodisch bestehen grundsätzlich zwei Möglichkeiten der Strukturierung der tragenden Begrifflichkeit: die semantische und die dimensionale Analyse[11]. Während erstere einen gegebenen Begriff hinsichtlich seiner für die Forschungsfrage möglichen Bedeutungen (Realitätsbezüge) betrachtet, geht letztere umgekehrt von einem realen Gegenstandsbereich aus und strukturiert diesen hinsichtlich seiner Eigenschaftsdimensionen. Viele Arbeiten wählen den ersten Weg und versuchen zunächst herauszufinden, was mit symbolischer Gesetzgebung gemeint sein *könnte*. Dabei besteht die Gefahr, mitunter abwegige Bedeutungsmöglichkeiten zu erörtern, die zwar sprachlich mit dem Begriffsfeld „Symbol" und „symbolisch" zu tun haben, für das zu erklärende Phänomen aber gänzlich irrelevant sind[12]. Hier soll umgekehrt verfahren werden: Ausgehend von einem gesellschaftlich und rechtlich relevanten Problem werden dessen verschiedene Dimensionen herausgearbeitet und in einer adäquaten Begrifflichkeit formuliert.

---

[9] Vgl. aber Lübbe-Wolff (2000a), S. 25 f. m. w. N.

[10] N. Luhmann (1984, S. 33) differenziert zwischen *Problem-* und *Merkmals*begriffen und entscheidet sich auf der allgemeinsten Analyseebene seiner Theorie für erstere. Hier soll zwar eine problemorientierte Abgrenzung erfolgen, die jedoch zugleich empirisch überprüfbare Merkmale definiert.

[11] Hierzu und zum Folgenden vgl. Kromrey (1998), S. 141 ff. Schnell/Hill/Esser (1993, S. 130) sprechen statt von „dimensionaler Analyse" von „Konzeptspezifikation".

[12] Eine ausführliche semantische Analyse nimmt etwa Neves (1998, S. 15 ff.) vor, bevor er schließlich einräumt, daß der überwiegende Teil der untersuchten Bedeutungen von „symbolisch" mit dem Begriff „symbolische Gesetzgebung" unvereinbar sei (ebd., S. 27).

A. Rechtstheoretische Vorüberlegungen

I. Gesetzgebung als politische Handlung

Bisher wurde im Zusammenhang mit Gesetzgebung immer auch von Politik und von Recht gesprochen. Um Mißverständnisse – auch mit der Terminologie anderer Arbeiten – zu vermeiden, ist eine begriffliche Abgrenzung angebracht.

In einer klassischen Sichtweise wird die Gesetzgebung eher dem Recht als der Politik zugeordnet oder zumindest jenem näherstehend als dieser. So versteht sich etwa auch die Gesetzgebungslehre als rechts- und nicht als politikwissenschaftliche Disziplin[13]. Der Hintergrund dieser Einordnung mag in der Auffassung von Gesetzgebung als Recht-Setzung, gleichsam: als Kodifizierung von Gerechtigkeit, liegen. Mit dem hier vertretenen Verständnis von Gesetzgebung als gesellschaftlicher Steuerung, als Mittel zur Gestaltung der Realität, rückt sie näher in den Bereich der Politik[14]. Insoweit Gesetzgebung zur gesellschaftlichen Steuerung eingesetzt wird, *ist* sie Politik: Rechtspolitik. Das Thema dieser Arbeit könnte also auch lauten: symbolische Umweltrechtspolitik[15].

Gesetzgebung ist aber nur eine Form von Politik unter vielen anderen. Koalitionsvereinbarungen, Presseerklärungen und andere politische Äußerungen, die keine rechtlichen Wirkungen bezwecken, gehören ebenso zum Spektrum politischer Handlungsformen. Insbesondere ist Gesetzgebung – auch als allgemeine Setzung von Rechtsnormen aufgefaßt[16] – immer hoheitliches Handeln. Damit unterscheidet sich der Begriff der symbolischen Gesetzgebung insofern maßgeblich von dem der symbolischen Politik, als dieser prinzipiell alle politischen Symbolhandlungen, auch und gerade von nicht-staatlichen Trägern öffentlicher Willensbildung, vor allem den Verbänden, umfaßt. (Besonders im Zusammenhang mit Umweltverbänden wie Greenpeace wird symbolische Umweltpolitik thematisiert[17]).

Gesetzgebung kann – zusammenfassend – in diesem Sinne definiert werden als *politische Handlung* mit intendierten rechtlichen Wirkungen[18]. Weder das Recht

---

[13] Zur Einordnung der Gesetzgebungslehre als Bestandteil der Rechtswissenschaft siehe etwa Weinberger (1976), S. 186 ff.

[14] So auch Zeh (1984), S. 19. Nach Ryffel (1972, S. 471) hat „in der Rechtsordnung (...) eine bestimmte Politik ihren Niederschlag gefunden". Vgl. ebenso Penski (1986), S. 37.

[15] Diese Bezeichnung findet sich etwa bei Lübbe-Wolff (1993), S. 395; dies. (2000a).

[16] Gesetzgebung im hier verwendeten Sinne umfaßt neben der Verabschiedung parlamentarischer Gesetze auch die Setzung von Rechtsverordnungen und auch von Verwaltungsvorschriften, soweit sie im hier betrachteten Kontext – und das ist gerade im Umweltrecht oft der Fall – relevante rechtliche Wirkungen entfalten.

[17] Th. Meyer (1992, S. 185) verwendet hierfür den Ausdruck „symbolische Politik von unten".

[18] Daß rechtliche Wirkungen auftreten können, setzt selbstverständlich die Durchführung des durch die Verfassung vorgegebenen formellen Gesetzgebungsverfahrens sowie eine gewisse Übereinstimmung mit den materiellen Verfassungssätzen voraus. Die im juristischen

noch die Politik als solche können also Gegenstand der vorliegenden Untersuchung über symbolische Gesetzgebung sein. Es geht immer um eine spezielle Form politischen Handelns vor dem Hintergrund ihrer rechtlichen Wirkungen.

Gibt es aber symbolische *Gesetze?* Das Gesetz soll hier verstanden werden als Teil der Gesetzgebung, als deren Produkt. Wenn von symbolischen Gesetzen die Rede ist, wird also durchweg auf den engen Zusammenhang zum politischen Akt der Gesetzgebung abgehoben[19]. Nicht gemeint sind daher Gesetze, die – was durchaus denkbar ist – im Nachhinein eine Symbolwirkung entfalten[20], welche sich nicht auf den Gesetzgebungsprozeß zurückführen läßt. Daß Gesetze sich im Laufe der Zeit vom Gesetzgebungsprozeß ablösen und ein Eigenleben führen, ist oft thematisiert worden. So heißt es etwa, das Gesetz sei klüger als seine Schöpfer[21]. Dies ist im Hinblick auf eine (Neu-)Interpretation eines länger bestehenden Gesetzes angesichts veränderter Rahmenbedingungen sicher plausibel, führt aber im Kontext der symbolischen Gesetzgebung nicht weiter. Vom symbolischen Gesetz kann daher nur gesprochen werden, wenn der Bezug zum Gesetzgebungsverfahren und damit auch zur politischen Diskussion um das Gesetz noch hergestellt werden kann.

Wenn nun für die symbolische Gesetzgebung in erster Linie die gesellschaftliche Diskussion und der politische Prozeß kennzeichnend sind, wie sind dann *abgebrochene* Gesetzgebungsverfahren, d. h. Nichtentscheidungen zu behandeln? Im Sinne des hier entwickelten problemorientierten Begriffs gehören sie nicht zur symbolischen Gesetzgebung, schließlich geht es um Wirkung von Gesetzen und nicht von Nicht-Gesetzen. In einem erweiterten Zusammenhang sind Nichtentscheidungen gleichwohl von Interesse: nämlich bei der Analyse der allgemeinen Entstehungsvoraussetzungen (symbolischer) Gesetze, beim Aufkommen und Wiederabklingen gesellschaftlicher Themen[22].

Was den Symbolcharakter von Gesetzgebung im Vergleich zu dem sonstiger Politik betrifft, so lassen sich zwei Überlegungen anführen. Einerseits könnte Politik tendenziell stärker symbolisch beschaffen sein, da ihr nicht der offizielle Charakter rechtlicher Regelungen zukommt. Gesetzgebung wäre demnach eine „ernstere" Angelegenheit; parlamentarische Verfahren und verfassungsmäßige Hürden hielten die politisch Verantwortlichen davon ab, bloße Symbolik in glei-

---

Sinne formelle und materielle Verfassungsmäßigkeit ist hingegen keine empirische Voraussetzung für das Vorliegen eines Gesetzgebungsaktes; andernfalls würde die Unterscheidung in verfassungsmäßige und verfassungswidrige Gesetze ja ad absurdum geführt. – Zum Konzept der Verfassung als „struktureller Kopplung" zwischen Recht und Politik siehe N. Luhmann (1997), S. 450 f.

[19] Vgl. auch Voß (1989), S. 23 f.
[20] So erscheint es möglich, daß ein von der Öffentlichkeit jahrelang weitgehend unbeachtetes Gesetz plötzlich eine symbolische Bedeutung erlangt, weil es in spektakulärer Weise angewendet wird und sich daran eine fulminante Diskussion über das Gesetz entzündet.
[21] Binding (1885), S. 456.
[22] Vgl. Teil 3: C.IV. Zur Bedeutsamkeit von Nichtentscheidungen vgl. v. Beyme (1997), S. 58 ff.

chem Maße wie bei anderen Gesten und Handlungen einzusetzen. Andererseits läßt sich anführen, daß Gesetzgebung als staatlichem Akt immer schon einen gewisser Symbolwert innewohnt – hier wäre mit Smend[23] auf die „integrative Funktion" des Rechts zu verweisen.

II. Gesetze als Instrumente gesellschaftlicher Steuerung

Gesetzgebung als politische Handlung läßt sich aus rechtssoziologischer Perspektive in unterschiedlicher Weise beleuchten. Die unterstellten – und als problematisch erachteten – Wirksamkeitsdefizite symbolischer Gesetzgebung lenken den Blick insbesondere auf die *Effektivität* bzw. *Ineffektivität* von Gesetzgebung und Gesetzen. Diese für die vorliegende Untersuchung wesentliche Leitunterscheidung beruht auf einem Verständnis von Gesetzgebung als Instrument zur Steuerung bestimmter Zustände: Nur wenn eine Änderung von einem Ist-Zustand in einen Soll-Zustand – mit Hilfe eines Gesetzes – angestrebt wird, kann überhaupt von dessen Effektivität gesprochen werden.

Ein solches Verständnis von Gesetzen zur Steuerung gesellschaftlicher Zustände im demokratischen Rechtsstaat ist in Rechtssoziologie und Gesetzgebungslehre heute weitestgehend üblich[24], hat sich allerdings erst in neuerer Zeit entwickelt[25]. Zwar mag dieser Steuerungsanspruch für einige Rechtsbereiche[26] überhaupt nicht angemessen sein: Für das Privatrecht etwa wird angenommen, daß es keine Steuerung bezwecken, sondern lediglich Regelungsangebote für soziale Beziehungen zur Verfügung stellen soll[27]. Das Umweltordnungsrecht hingegen kann geradezu

---

[23] Vgl. Smend (1928).

[24] Vgl. nur Schuppert (1998), S. 105: „Auf eine kurze Formel gebracht, kann man vom *Steuerungsanspruch des Gesetzes* im demokratischen Rechtsstaat sprechen" (Hervorhebung im Original); Röhl (1987), S. 248: „Es ist ein *Kennzeichen des modernen Rechts,* daß sich mit ihm regelmäßig bestimmte Zwecke verbinden, also eine bewußte *Absicht, bestimmte Zustände in der Gesellschaft zu verändern oder gegen Veränderung zu schützen"* (Hervorhebung im Original); Noll (1973), S. 63: „Die Gesetzgebungslehre geht von der Frage aus: *Wie können mit gesetzlichen Normen soziale Zustände in einem erwünschten Sinne beeinflußt werden?"* (Hervorhebung im Original). Vgl. aus politik- bzw. verwaltungswissenschaftlicher Perspektive Voigt (1986), S. 7, 15; Zeh (1984), S. 18 ff. m. w. N.

[25] Das Verständnis von Recht als Steuerungsinstrument scheint etwa im 18. Jahrhundert aufzukommen. So schrieb Christian Thomasius in seinen Lectiones de prudentia legislatoria, Kap. XII, § 2 (1702): [Die Prudentia] sei dazu bestimmt, „die verderbten Sitten der im Staat lebenden Bürger durch wirksame Gesetze zu verbessern" (zitiert nach Heyen 1986, S. 14). Demgegenüber setzt Rottleuthner (1987, S. 37 f.) den Übergang von einem weitgehend „expressiven" zu einem „instrumentellen" Rechtsverständnis mit der Entstehung der Nationalstaaten Mitte des 19. Jahrhunderts an: „Gesetze werden nicht mehr als organischer Ausdruck vorzufindender Verhältnisse (...) angesehen, sondern als bewußt einsetzbares Instrument der sozialen Reform und Steuerung" (ebd., S. 37).

[26] Der Begriff Recht wird hier im Sinne von Gesetzesrecht verstanden.

[27] Siehe näher Teil 2: E.I.2.

A. Rechtstheoretische Vorüberlegungen

als paradigmatischer Ausfluß des gesetzgeberischen Steuerungsanspruches begriffen werden – was sich unter anderem darin zeigt, daß sich in nahezu allen wichtigen Umweltgesetzen zu Beginn eine Zweckbestimmung findet, in der die Steuerungsziele expliziert werden[28].

Steuerung im hier verstandenen Sinn umfaßt folgende Elemente:

- Vorausgesetzt wird sowohl ein Steuerungssubjekt (ein Steuerungsakteur) als auch ein Steuerungsobjekt[29]. Anders ausgedrückt: Es wird von einer „Sender-" und einer „Empfängerperspektive" gesetzgeberischen Handelns ausgegangen[30]. Beide Akteure können – und das ist der Regelfall – auch soziale Kollektive darstellen[31].
- Steuerung bedarf zudem einer „Intention bzw. ein(es) Steuerungsziels", des „Einsatzes von Maßnahmen, um das Steuerungsziel zu verwirklichen" sowie „eine(r) Vorstellung der Wirkungsbeziehungen zwischen Steuerungsaktivitäten und -ergebnissen", also: einer zweckrationalen Orientierung des Gesetzgebers[32].

Wenn hier von Steuerung gesprochen wird, so ist damit gleichwohl noch nichts darüber ausgesagt, wer *letztlich* wen steuert: der Gesetzgeber die Rechtsunterworfenen oder die Gesellschaft sich selbst[33]. In dieser Arbeit erscheint Gesetzgebung weniger als hierarchische Führung; vielmehr wird der Gesetzgeber als Makler zwischen divergierenden Interessen gesehen, die er mit unterschiedlichen Mitteln zu bedienen sucht[34]. Insofern also gesellschaftliche Interessen in der Gesetzgebung Berücksichtigung finden (und alles andere wäre unwahrscheinlich), kann Steuerung problemlos mit gesellschaftlicher „Selbststeuerung" gleichgesetzt werden. Entscheidend für die vorliegende Studie ist die Annahme, daß der von einem Gesetz ausgehende rechtsnormative Zwang wie auch gewisse nicht-rechtsnormative, symbolische Momente hinsichtlich ihrer Wirksamkeit auf die Adressaten bzw. Rezipienten der Gesetzgebung untersucht werden können.

---

[28] Solche finden sich etwa in § 1 UVPG, § 1 UIG, § 1 Abs. 1 BNatSchG, § 1 BBodSchG, § 1 KrW-/AbfG, § 1 BImSchG, § 1 ChemG sowie in vielen modernen Verwaltungsgesetzen (vgl. Dreier 1997, S. 13).

[29] Es wird mithin eine akteurs- bzw. handlungstheoretische Sichtweise eingenommen (Mayntz 1987, S. 92).

[30] Hierzu auch Hegenbarth 1981, S. 203. Daß sich diese Unterscheidung mit Blick auf *gesamtgesellschaftliche* Rückkoppelungen relativiert (insofern etwa der Gesetzgeber seinerseits durch die Meinungen und Interessen der Normadressaten „gesteuert" wird), soll nicht bestritten werden. Für den betrachteten Wirklichkeitsausschnitt ist sie dennoch unerläßlich.

[31] Vgl. Mayntz (1987), S. 93 f.; Scharpf (1989), S. 14 f. Voigt (1986, S. 15) definiert Steuerung aus einer kybernetischen Perspektive noch allgemeiner als „Einflußnahme eines gesellschaftlichen Teilsystems auf ein anderes".

[32] Alle Zitate Mayntz (1987), S. 94.

[33] Hierzu aus rechtsrealistischer Perspektive Schulte (1998a), S. 94 ff.

[34] Vgl. ausführlich unten Teil 3: A.II.1.

In der Realität finden sich Beispiele für mehr oder weniger effektive Gesetze, und die Rechtssoziologie hat sich intensiv ihrer Untersuchung angenommen[35]. Unwirksame, ineffektive Gesetzgebung hat die verschiedensten Ursachen und tritt in unterschiedlichen Ausprägungen auf. Eine davon ist die symbolische Gesetzgebung. Manche Autoren verwenden beide Begriffe synonym und sprechen bereits von symbolischer Gesetzgebung, wenn nur die mangelnde Wirksamkeit, etwa aufgrund von Vollzugsdefiziten, beklagt wird[36]. Oft verbindet sich damit der implizite oder explizite Vorwurf, der Gesetzgeber habe wider besseres Wissen gehandelt, etwa durch Nichtausschöpfen seines Handlungsspielraumes[37].

III. Kausalität versus Funktionalität

Sowohl der Steuerungsanspruch mittels Gesetzgebung als auch die Analyse ihrer Effektivität implizieren Kausalität. Die Diskussion um die kausal-ursächliche Steuerbarkeit durch Gesetzgebung, Recht bzw. Politik wird seit den 1970er Jahren – vor allem in der Soziologie und der Politologie – intensiv geführt[38]. Dabei reichen die Vorstellungen von einer an die technische Kybernetik angelehnten kausaldeterministischen Steuerung[39] über eine weniger kausal geprägte Annahme gesellschaftlicher Selbststeuerung[40] bis zu den Konzepten der autopoietischen Systemtheorie, die bezüglich komplexer sozialer Einheiten keine Fremdsteuerung mehr kennt[41]. Worauf es indes jeweils ankommt, ist die Wahl eines geeigneten, da zweckmäßigen Bezugsrahmens[42], der von dem untersuchten Gegenstand, der Fragestellung und der theoretischen Reichweite[43] abhängt. Dem hier relevanten Kon-

---

[35] Siehe nur Ryffel (1974), S. 243 ff.; Blankenburg (1977); Pawlowski (1986). In der politischen Soziologie dreht sich die Diskussion um Steuerungsfähigkeit, Steuerungsdefizite, Steuerungspessimismus und Staatsversagen, siehe hierzu Görlitz (1994), S. 65; Mayntz (1987), S. 95 ff., Scharpf (1989), S. 18.

[36] So etwa Schink (1992), S. 5 f.; Gutmann (1994), S. 114; Kuhlen (1986), S. 549; Schulze-Fielitz (1998), S. 259; Vierhaus (1992), S. 83; Stollmann (1994).

[37] Kindermann (1988), S. 227.

[38] Einen systematischen Überblick gibt Görlitz (1994), S. 57 ff.

[39] So etwa Mayntz (1987), S. 92 f.

[40] Teubner / Willke (1985), S. 17. Diese Konzeption, die auf der Autopoiesis-Konzeption N. Luhmanns aufbaut, wird freilich von Luhmann selbst als nicht autopoiesis-kompatibel zurückgewiesen, vgl. Görlitz (1994), S. 72.

[41] N. Luhmann (1989, S. 4 f.) begründet die Nicht-Steuerbarkeit komplexer sozialer Einheiten insbesondere damit, daß Steuerung, aufgefaßt als Differenzminderung, den Grundlagen der modernen Gesellschaft, nämlich der Erhaltung und Verstärkung von Differenzen, zuwiderlaufe. Immerhin wird auch von Vertretern dieser steuerungsskeptischen Sicht die *Möglichkeit* staatlicher Steuerung nicht grundsätzlich geleugnet oder „von vornherein als bloße Don-Quichotterie" abgetan – so Schulte (1998a, S. 95 f.) mit Blick auf Steuerung und Steuerbarkeit im Umweltrecht.

[42] In diesem Sinne Schulte (1995), S. 28 f.

text der Untersuchung von Entstehungsvoraussetzungen und Folgen symbolischer Umweltgesetzgebung ist eine kausal-deterministische Perspektive geradezu inhärent. Schon die Fragestellung impliziert Kausalzusammenhänge, zudem ist der Gegenstand – wie noch zu zeigen sein wird – relativ eng gefaßt, die Reichweite der theoretischen Überlegungen schließlich als höchstens von „mittlerer Reichweite"[44] zu klassifizieren.

Es wird also in dieser Arbeit die Kausalität von Ereignissen angenommen. Damit ist methodisch noch nichts darüber gesagt, inwieweit Entstehungsfaktoren und Folgen von Ereignissen (hier konkret: von Gesetzgebung) vollständig aufdeckbar bzw. isolierbar wären. Insbesondere bei vernetzten gesellschaftlichen Strukturen – und damit einer Vielzahl von Wirkungsbeziehungen – muß davon ausgegangen werden, daß sich letztlich immer nur *gerichtete Einflüsse* bestimmter Größen ausmachen lassen. Ein kausales Verhältnis kann allgemein dann angenommen werden, wenn

– mutmaßliche Ursachen und mutmaßliche Wirkungen empirisch miteinander korrelieren,

– die Ursache der Wirkung zeitlich vorausgeht,

– mögliche „Störfaktoren", welche die beobachtete Wirkung (mit) herbeiführen, ausgeschlossen werden können,

– sowohl Ursachen als auch Wirkungen zutreffend empirisch erfaßt werden können[45].

Diese Bedingungen sind jedoch regelmäßig nur in „stabilen" gesellschaftlichen Kontexten gegeben; in Phasen von Umbrüchen, Revolutionen etc. lassen sich Ursache-Wirkungs-Beziehungen – im Sinne des Konzeptes der „schwachen Kausalität" in chaotischen Regimes[46] – noch weitaus schwieriger ausmachen.

Da sich die Ursachen von Phänomenen niemals direkt beobachten lassen, werden als „analytisches Pendant"[47] zu kausalen Ursache-Wirkungs-Beziehungen häufig auch „Funktionen"[48] untersucht und die beobachteten Phänomene so „aus

---

[43] Zur Unterscheidung von Theorien verschiedener Reichweite siehe Merton (1957), S. 5.; für einen Überblick vgl. Röhl (1987), S. 525. Betrachtet man etwa die Systemtheorie qua ihres universalistischen Anspruchs als Theorie großer Reichweite, so überrascht es nicht, daß hier kausal-deterministische Bezüge keine wesentliche Rolle spielen; vgl. etwa N. Luhmann (1987), S. 26.

[44] „Theories of the middle range" sind nach Merton (1957, S. 5 f.) „intermediate to the minor working hypotheses evolved in abundance during the day-by-day routines of research, and the all-inclusive speculations comprising a master conceptual scheme from which it is hoped to derive a very large number of empirically observed uniformities of social behavior".

[45] Vgl. Schnell / Hill / Esser (1999), S. 56.

[46] Vgl. etwa Seifritz (1987), S. 85 ff.

[47] Hierzu und zum folgenden vgl. Wesche (2001), S. 132 ff. m. w. N.

[48] Vgl. bereits Merton (1957), S. 20 ff.; Aubert (1967), S. 284 sowie Hegenbarth (1981), passim.

ihrem (näher zu definierenden) Nutzen für einen (näher zu definierenden) Nutzenempfänger erklärt"[49]. Aber auch diese funktionale Vorgehensweise beruht auf Annahmen über die Realität, die sich letztlich nicht klar empirisch absichern lassen[50]. Zudem vermittelt der Begriff der Funktion eine teleologische Gerichtetheit[51], wenn nicht gar eine teleologische oder normative Implikation etwa in dem Sinne, daß ein Gesetz dieses oder jenes leisten möge. Funktionale Bezüge werden meist dann bemüht, wenn ein Bezug auf ein übergeordnetes Ganzes gemeint ist, wie es etwa bei der Funktion von Organen für lebende Organismen der Fall ist. „Funktion" ist daher ein zentraler Begriff solcher Theorien, die soziale Systeme mit Organismen vergleichen[52]. Problematisch für die vorliegende Analyse erscheint der Begriff der Funktion vor allem deshalb, weil er voraussetzungsvoller[53] ist als der Begriff der Kausalität: Während für das Vorliegen von Funktionen eben (organische) Systeme oder zumindest bestimmte Nutzen gegeben sein müssen, lassen sich Kausalbezüge unabhängig davon für jedes zu beobachtende Phänomen untersuchen[54]. Angesichts dieser Schwierigkeiten werden daher vorliegend keine funktionalen Analysen unternommen.

B. Symbolische Gesetzgebung als zweidimensionales Phänomen

Grundlegend für die Behandlung des Themas symbolische Gesetzgebung ist die Unterscheidung in „instrumentelle" und „symbolische" Gesetzgebung. Die Unterscheidung stammt von Gusfield[55] und wird in vielen Arbeiten zur symbolischen Gesetzgebung aufgenommen[56]. Unter „instrumentell" wird verstanden, daß und wie ein Gesetz einen manifesten, expliziten Zweck verfolgt, zu dessen Erreichung es als Instrument dient und der sich unmittelbar auf eine bestimmte rechtliche Geltung (Rechtsnormativität), mittelbar und eigentlich auf die Veränderung bestimmter – im weiteren Sinne gesellschaftlicher – Zustände bezieht[57]. Demgegenüber

---

49 Wesche (2001), S. 132.

50 Vgl. hierzu Winfried Schulz (1997), S. 31.

51 So etwa bei Radcliffe-Brown (1935, S. 395 f.); vgl. Esser (1993), S. 368 f.

52 Einen historischen Überblick von Plato über Durkheim bis Malinowski gibt Esser (1993), S. 366 ff. Zur funktionalen Analyse in der autopoietischen Systemtheorie vgl. N. Luhmann (1987), S. 83 ff. Zur Organismus-Analogie vgl. ebd. (S. 17, 507) bei deutlichen Vorbehalten bezüglich der Reichweite dieser Analogie.

53 Vgl. Esser (1993), S. 360 f.

54 Zur funktionalen Analyse als Spezialfall der „normalen" nomologischen Erklärung Esser (1993), S. 373.

55 Gusfield (1963).

56 Vgl. nur Hegenbarth (1981), S. 201; Kindermann (1988), S. 222.

57 Rechtsnormative und sachliche Intentionen, Ziele und Wirkungen werden hier insofern als Einheit betrachtet, als sie dieselbe Dimension staatlichen Handelns bilden. Differenzie-

werden mit „symbolisch" unterschiedliche, weniger offenbare, gleichwohl ebenso intendierte Zielrichtungen verstanden, die auf rein politische Wirkungen abzielen. Politische Wirkungen können etwa in einer öffentlichen Thematisierung oder De-Thematisierung von Diskussionsgegenständen oder in einer Erhöhung der Akzeptanz für die eigene Person oder Partei bestehen. Da unter der Annahme rationalen Akteurshandelns auch symbolische Maßnahmen den Charakter eines Instrumentes zur Erreichung konkreter (politischer) Ziele tragen[58], wird die traditionell als „instrumentell" bezeichnete Eigenschaft hier mit Blick auf ihre intendierte rechtliche und sachliche Wirksamkeit präziser als *rechtsnormativ-sachlich*[59], die „symbolische" wegen ihrer vornehmlich politischen Zielsetzung als *symbolisch-politisch* bezeichnet.

I. Antizipative sachliche Ineffektivität und die Intention des Gesetzgebers

Symbolische Gesetzgebung zeichnet sich durch eine rechtsnormativ-sachliche Dimension aus[60], sie schafft jedoch nicht die Voraussetzungen für ihr Wirksamwerden. Das heißt: Symbolische Gesetze weisen zwar einen bestimmten (bzw. bestimmbaren) Zweck auf, dieser ist aber durch das rechtliche Instrumentarium nicht umsetzbar.

Dies impliziert auch, daß *tatsächliche* rechtsnormativ-sachbezogene Ineffektivität keine hinreichende oder auch nur notwendige Voraussetzung für das Vorliegen symbolischer Gesetzgebung darstellt. Sie ist zwar eine wahrscheinliche, keineswegs aber definitionsgemäß zwingende Folge symbolischer Gesetzgebung[61]. Viel-

---

rend zur Gesetzgebung Lübbe-Wolff (1981), zum Verwaltungshandeln Schulte (1995), S. 20 ff.

58 Vgl. v. Rosenstiel (1992); Hansjürgens (2000), S. 165.

59 Bezogen auf die Umweltgesetzgebung ist die sachliche Dimension eine „ökologische". Dabei knüpft diese Bezeichnung an deren umgangssprachliche Bedeutung an. Anders als im – engeren – naturwissenschaftlichen Verständnis, wonach unter Ökologie die „Lehre vom Haushalt der Natur", „die Wissenschaft von den Wechselwirkungen und Wechselbeziehungen der Organismen untereinander und zu ihrer unbelebten Umwelt" (Schubert 1991, S. 17) verstanden wird, ist hier mit „ökologischer Wirksamkeit" die Wirksamkeit mit Blick auf eine Verbesserung der Qualität der belebten oder unbelebten Umwelt des Menschen – sei es aus anthropo- oder aus ökozentrischer Sicht – gemeint. Vgl. auch Bartel (1994), S. 37; Steurer (1998), S. 29 f.

60 Dies wird in der Literatur mitunter anders gesehen; so können symbolische Gesetze nach Hugger (1983, S. 45) nicht mit dem Maßstab der Wirkungsoptimalität gemessen werden. Dann aber könnte symbolische Gesetzgebung auch nicht als ineffektiv bezeichnet werden und wäre insofern kein Problem. In dieser Arbeit geht es aber gerade um den problematischen Aspekt symbolischer Gesetzgebung, genauer: um das *Problem* symbolische Gesetzgebung.

61 So ist es durchaus denkbar, daß auch eine symbolische Norm mit der Zeit instrumentelle Effektivität entfaltet. Vgl. hierzu Röhl (1987), S. 246, 300 sowie Kindermann (1988), S. 257 ff.

mehr kommt es darauf an, daß zum Zeitpunkt der Gesetzesverabschiedung die Ineffektivität absehbar ist[62]. Wäre tatsächliche Ineffektivität definitorischer Bestandteil symbolischer Gesetzgebung, ließe sich deren Vorliegen immer erst in einer Ex-Post-Analyse diagnostizieren. Davon ist die hier vorgenommene Definition somit unabhängig. Kriterium ist also eine *antizipative* rechtsnormativ-sachliche Ineffektivität des zu verabschiedenden Gesetzes[63].

Umgekehrt betrachtet folgt daraus: Ist die Ineffektivität einer gesetzgeberischen Maßnahme bei ihrer Verabschiedung noch nicht absehbar, tritt später tatsächlich aber ein, so kann nicht von symbolischer Gesetzgebung gesprochen werden[64]. In solchen Fällen mangelte es dem Gesetzgeber offenbar an Wissen, er ging von falschen Annahmen über die Wirksamkeit der Maßnahme aus[65] (siehe Abb. 1). Sie sind gesellschaftlich gewiß ebenso problematisch; um ihnen abzuhelfen, bedürfte es aber eines grundsätzlich anderen Ansatzes als in bezug auf die symbolische Gesetzgebung[66].

Symbolische Gesetzgebung liegt offenbar nur dann vor, wenn der Gesetzgeber *wider besseres Wissen* handelt[67]. Ungeachtet der methodischen Probleme, dies empirisch herauszufinden[68], muß davon ausgegangen werden, daß der Gesetzgeber die zu erwartende Ineffektivität entweder beabsichtigt oder doch wissend in Kauf nimmt. Damit ist die Intention des Gesetzgebers ein entscheidendes Kriterium für das Vorliegen symbolischer Gesetzgebung[69]. Daß symbolische Gesetzgebung als solche intendiert ist, heißt freilich noch nicht, daß diese von vornherein als „schlecht" abzuqualifizieren ist[70]. Wie noch zu zeigen sein wird, kann auch eine

---

[62] Vgl. Voß (1989), S. 69.

[63] Raiser (1999, S. 261) führt hierzu mit Bezug auf Geiger aus: „Die tatsächliche Geltung einer Norm läßt sich rechnerisch exakt nur für die Vergangenheit und für einen abgeschlossenen Sachverhalt feststellen. Ihr können wir die Geltungschance gegenüberstellen, das heißt die Prognose darüber, in welchem Ausmaß eine Vorschrift künftig voraussichtlich befolgt werden wird oder durchgesetzt werden kann". Beide Aspekte werden in der Literatur gleichwohl oft miteinander vermengt. Diese begriffliche Verwirrung zeigt sich in analoger Weise beispielhaft an der Diskussion um die Definition des Verwaltungsrealaktes, der einmal als „dasjenige Verwaltungshandeln verstanden [wird], das nicht auf einen Rechtserfolg, sondern auf einen tatsächlichen Erfolg *gerichtet* ist, während nach anderer Ansicht der Verwaltungsrealakt *nicht auf* einen *Rechtserfolg gerichtet* ist, sondern nur einen *tatsächlichen Erfolg herbeiführt*" (Schulte 1995, S. 20, Hervorhebung im Original).

[64] Siehe bereits Blankenburg (1980), S. 45.

[65] So etwa im Falle des Zertifikatesystems im Schweizer Kanton Basel, das insofern völlig wirkungslos blieb, als überhaupt kein Zertifikatehandel zustandekam; vgl. Hansjürgens (2000), S. 150 f. m. w. N.

[66] Anzusetzen wäre etwa bei einer besseren Wissensunterstützung von Parlament und Regierung.

[67] Hansjürgens (2000), S. 151.

[68] Siehe unten Teil 4: A.II.

[69] So dezidiert Noll (1981), S. 355. Noch einen Schritt weiter geht Kindermann (1988, S. 225), der als Kriterium sogar eine manifest symbolische Funktion fordert.

[70] Anderer Ansicht ist beispielsweise Lübbe-Wolff (2000a), S. 25.

bewußt symbolhaft-ineffektive Regelung aus den verschiedensten Gründen „sinnvoll" sein.

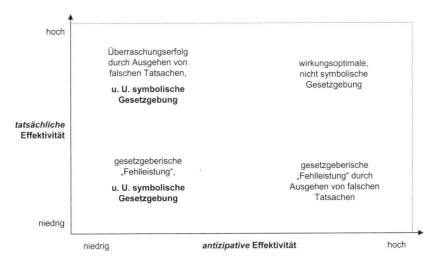

Abb.1: Gesetzgebung unter dem Blickwinkel von antizipativer und tatsächlicher rechtsnormativer / sachlicher Effektivität

II. Antizipative symbolische Wirksamkeit

Mit dem Kriterium der mangelnden antizipativen rechtsnormativ-sachlichen Effektivität (ARSE) konnte symbolische Gesetzgebung bereits als spezifisches Phänomen aus einer Reihe anderer rechtssoziologisch interessanter Problemfälle herausgefiltert werden. Dieses allein macht aber noch nicht symbolische Gesetzgebung aus[71]. Denn ein solcher Begriff, der sämtliche Arten von absehbar rechtsnormativ-sachlich wirkungsloser Gesetzgebung umfaßte, ginge weit über das hier behandelte Problem hinaus. Es mag Gesetze geben, die absehbar und absichtlich wirkungslos sind und doch keinerlei Symbolcharakter aufweisen[72], etwa, weil sie als solche gesellschaftlich praktisch irrelevant sind und damit keinerlei (öffentliches) Interesse finden, wie etwa die Titandioxid-Verordnung (siehe unten).

---

[71] Erstaunlicherweise beschäftigt sich jedoch ein erheblicher Teil der (rechts-)soziologischen Literatur zu symbolischer Gesetzgebung überhaupt nicht mit der symbolischen Dimension, sondern beschränkt sich auf die Feststellung von Ineffektivitäten, namentlich von Vollzugsdefiziten, verbunden mit einer Täuschungsabsicht. So wird etwa „Umweltrecht (...) als symbolisch bezeichnet, sofern es nicht als Instrument der Steuerung fungiert, sondern als Medium zur Vermittlung der Botschaft, daß gesteuert werde" (Lübbe-Wolff 2000a, S. 25). Vgl. in diesem Sinne auch die Nachweise in Fn. 36 auf S. 38.

[72] So z. B. im Falle solcher Gesetze, die eine bereits in anderen Gesetzen ausreichend behandelte Materie regeln, vgl. Neves (1998), S. 35 f.

Konstitutiver Bestandteil symbolischer Gesetzgebung ist ein symbolisches Element. Wie läßt sich dieses näher charakterisieren? Ohne Zweifel wird der Begriff des Symbolischen in den unterschiedlichsten Zusammenhängen gebraucht[73]. Allgemein wird als Symbol „ein wahrnehmbares Zeichen bzw. Sinnbild (Gegenstand, Handlung, Vorgang), das stellvertretend für etwas nicht Wahrnehmbares (auch Gedachtes bzw. Geglaubtes) steht, in dem also Wahrnehmbares und Nichtwahrnehmbares zusammentreffen (gr. symbállein)", bezeichnet[74]. Bei dem Symbolisierten kann es sich um klar abgrenzbare Einheiten (z. B. die durch ein Piktogramm vermittelte Aufforderung, nicht zu rauchen) bis zu ganzen Komplexen unterschiedlicher, zum Teil diffuser, Tatsachen, Werte und Emotionen handeln. In der Terminologie Edelmans, die auf Sapir zurückgeht, werden erstere als *Verweisungs*-, letztere als *Verdichtungs*symbole bezeichnet[75]. Einzelne Symbole, wie etwa die Bundesflagge, können den Charakter von beiden tragen: Als Verweisungssymbol repräsentiert sie im internationalen Verkehr das Land Deutschland; als Verdichtungssymbol evoziert sie für viele Bürger das gesamte politische und gesellschaftliche System der Bundesrepublik und die damit – positiv wie negativ – assoziierten Werte.

Da in dieser Arbeit von einer Differenz zwischen symbolischer und nicht-symbolischer bzw. mehr oder weniger symbolischer Gesetzgebung ausgegangen wird, fallen aus der Vielzahl von Begriffen des Symbolischen bereits alle diejenigen heraus, die Recht und Gesetzgebung[76], Politik[77] oder allgemein soziale bzw. sozialpsychologische Vorgänge[78] als von prinzipiell symbolischer Natur charakterisieren. Vorliegend wird das Symbolische vielmehr als ein „anstelle von" gebraucht: Anstatt – wie vorgetäuscht – auf rechtlich-sachliche Effektivität abzuzielen, werden (heimlich) andere, politische Zwecke verfolgt: „Kennzeichnend für die ‚symbolische Gesetzgebung' ist also die (politisch veranlaßte) mangelnde Offenlegung ihres Bedeutungsgehalts"[79]. Dabei fungiert dieser „Ersatz" vorgegebener durch reale Ziele weniger im Sinne einer Eins-zu-eins-Zuordnung (Verweisungssymbol), sondern eher als Verdichtungssymbol, das die unterschiedlichsten Zielsetzungen und Emotionen individueller und kollektiver Akteure vereint. Dies wird auch deshalb möglich, da sie oft unausgesprochen bleiben.

---

[73] Vgl. Neves (1988), S. 13 ff.

[74] Bibliographisches Institut (1978); vgl. auch Eliade (1952).

[75] Edelman (1976), S. 5 f.

[76] Die erste explizite Formulierung dieser Sichtweise, bezogen auf das Recht als ganzes, findet sich bei Arnold (1962), S. 34: „The principles of law are supposed to control society, because such an assumption is necessary to the logic of the dream. Yet [...] the function of law is not so much to guide society, as to comfort it. [...] ‚Law' is primarily a great reservoir of emotionally important social symbols". Auch in der soziologischen Systemtheorie wird die „Funktion" des Rechts als symbolisch-generalisierte Verhaltenserwartungen definiert, vgl. N. Luhmann (1997), S. 129 f.; Zielcke (1980).

[77] So die Auffassung von Edelman (1976). Vgl. Hierzu auch Neves (1998), S. 29 f.

[78] Vgl. Berger/Luckmann (1966).

[79] Pawlowski (1986), S. 355.

B. Symbolische Gesetzgebung als zweidimensionales Phänomen

Das Symbolische in symbolischer Gesetzgebung bezieht sich also – wie schon die sprachliche Konstruktion nahelegt – auf das staatliche Handeln, auf den Akt der Gesetzgebung, nicht aber notwendig und schon gar nicht ausschließlich auf das Gesetz selbst. Läßt sich symbolische Gesetzgebung als Unterfall *symbolischer Politik* betrachten, so ist sie doch zu unterscheiden von *politischer Symbolik*. Letztere bezeichnet Politik mit Symbolen, die „optischen, akustischen oder sprachlichen Stimuli, mit denen Politik vermittelt wird oder über die Politik vermittelt wahrgenommen wird"[80], Handlungen also wie etwa der Kniefall Willi Brandts 1970 vor dem Grabmal des Unbekannten Soldaten im Warschauer Ghetto, die zwar von hohem symbolischen Wert (im Sinne eines Verdichtungssymbols) sind, die aber nicht – wie ein Gesetz – beanspruchen, rechtsnormative Wirkungen zu zeitigen[81]. Symbolische Politik dagegen ist „symbolisches Handeln zu politischen Zwecken. Aber nicht das Handeln mit Symbolen, sondern als Symbol. Symbolische Politik braucht sich im Zweifel gerade keiner Symbole zu bedienen, weil sie selbst in die Rolle des Symbols schlüpft"[82].

Da die politischen Zwecke symbolischer Gesetzgebung wie erwähnt oft unausgesprochen bleiben bzw. zumindest nicht an die Öffentlichkeit dringen (sollen), läge es nahe, sie als „latent" zu charakterisieren[83]. Latentes bezeichnet nach Merton etwas nicht Erkanntes oder Gewolltes[84]. Angesichts der strategisch-instrumentellen Verwendung symbolischer Gesetzgebung[85] im hier definierten Sinne erscheint eine solche Zuordnung gleichwohl wenig hilfreich. Jedenfalls ließen sich latente Zwecke mit dem hier verfolgten analytischen Ansatz nicht detektieren[86]. Daß die symbolisch-politischen Zielsetzungen gewissermaßen verborgen bleiben, da sie nicht publik gemacht werden, ist vielmehr darauf zurückzuführen, daß eine Offenlegung der tatsächlichen gesetzgeberischen Intentionen dem politisch-strategischen Vorgehen nur schaden würde.

Entscheidendes Merkmal des Symbolischen in symbolischer Gesetzgebung ist, daß die Gesetzgebung Ziele verfolgt, die nichts mit ihrer vorgeblich angestrebten rechtlichen und sachlichen Wirkung zu tun haben[87]: „Was nun die symbolische

---

80 Sarcinelli (1989), S. 295.

81 Als politische Symbolik ist wohl auch das Phänomen des „Symbolischen als politischer Ernstfall" (Sarcinelli 1995, S. 325), d. h. die emotionale Auseinandersetzung über Symbole (hier am Beispiel von Christos Reichstagsverhüllung) ohne Bezug zu materiellichen Momenten, zu sehen.

82 Th. Meyer (1992), S. 62.

83 Vgl. etwa Neves (1998, S. 28) mit Bezug auf Gusfield.

84 Merton (1957), S. 63.

85 Schild (1986, S. 198), spricht von „handfesten" Zielen symbolischer Gesetze.

86 Eine Unterscheidung nach manifesten und latenten Zwecken bzw. „Funktionen" scheint aus einer verhaltenswissenschaftlichen, evolutionsbiologischen Perspektive sinnvoll: So ließen sich als „manifest" die unmittelbaren, proximaten Ursachen untersuchter Phänomene, die „dahinterliegenden", ultimaten Ursachen hingegen als latent charakterisieren. Vgl. grundlegend Mayr (1961), Horan (1989).

Gesetzgebung unterscheidet, ist (...) das Übergewicht ihrer (...) ‚politisch-ideologischen' Bedeutung zu Lasten ihres scheinbaren rechtsnormativen Sinns"[88]. Symbolische Gesetzgebung läßt sich demnach „als Produktion von Texten" verstehen, „deren manifester Bezug auf die Wirklichkeit rechtsnormativ ist, die tatsächlich aber primär und hypertroph politischen Zwecken nicht spezifisch rechtsnormativen Charakters dienen"[89]. Die staatlichen Akteure nutzen symbolische Gesetzgebung als Instrument für politische Zielsetzungen[90]. Der so verstandene Begriff symbolischer Gesetzgebung steht damit im Zusammenhang mit Überlegungen zu „symbolischer Führung"[91] sowie mit der instrumentellen und „sozialtechnischen" Sichtweise des strategischen Marketings durch symbolische Politik[92] und ist schließlich mit der Konzeption symbolischer Politik in der Ökonomischen Theorie der Politik[93] vereinbar. Beispielsweise kann der Akt der Gesetzgebung den Gesetzgeber von politischem Druck befreien und politischen Erfolg beweisen, kann emotionalen Bedürfnissen der Bevölkerung entgegenkommen und viele weitere Zwecke verfolgen, die möglicherweise keinerlei rechtliche Auswirkungen haben und damit auch nicht zur „instrumentellen" Steuerung beitragen.

Symbolische Gesetzgebung ist damit nicht per se durch ein absehbares Wirkungsdefizit gekennzeichnet, denn es fehlt ihren Initiatoren „keineswegs an der konkreten Absicht, auf die Gesellschaft einwirken zu wollen – vielmehr ist gerade bei der symbolischen Gesetzgebung diese Absicht meist besonders ausgeprägt"[94]. Einer antizipativen sachlich-materiellen *Ineffektivität* auf der einen Seite steht eine ebenso antizipative und intendierte *Effektivität* auf symbolisch-politischer Ebene gegenüber. Nur durch eine getrennte Betrachtung dieser beiden Dimensionen gelingt es, das Phänomen symbolischer Gesetzgebung – auch empirisch – treffend zu beschreiben[95].

---

[87] Unberücksichtigt bleiben dabei sogenannte „expressive" Elemente, die mit der für die an der Gesetzgebung Beteiligten befriedigenden Wirkung zusammenhängen, da dies für praktisch alle verabschiedeten Gesetze gelten muß. Zu einer entsprechenden „Psychologie" des Gesetzgebers siehe die Hinweise bei Schild (1986), S. 201 f. Vgl. zur „expressiven Funktion" auch Neves (1998), S. 26–29.

[88] Neves (1998), S. 32 f.

[89] Neves (1998), S. 42 f. Auch Schmehl (1991, S. 252) hebt auf die politische Dimension symbolischer Gesetzgebung ab.

[90] Anders etwa Gusfield (1963, S. 176 f.), wonach eine symbolische Haltung nicht auf eine lineare Zweck / Mittel-Relation hin orientiert sei.

[91] Vgl. v. Rosenstiel (1992), S. 55–58.

[92] Dombrowski (1997, S. 3, 67 ff.) unterscheidet Beeinflussungsziele symbolischer Politik zur „Erzielung diffuser Zustimmung bzw. Akzeptanz für politische Grundwerte und staatliche Institutionen", zu „Aufbau und Pflege von Images bzw. Akzeptanz für politische Akteure" sowie zur „Akzeptanz für politische Vorhaben und Entscheidungen".

[93] Vgl. Hansjürgens (2000), S. 165.

[94] Kindermann (1988), S. 223 f.

[95] Welche begrifflichen Probleme es bereitet, wenn diese Unterscheidung unterbleibt, zeigt das von Voß (1989) geäußerte Unverständnis, wie denn Alibigesetze (ebd., S. 32) oder

III. Symbolische versus nicht-symbolische Gesetzgebung

Durch die Getrenntbetrachtung von rechtsnormativ-sachlicher und symbolisch-politischer Dimension läßt sich das Phänomen symbolischer Gesetzgebung anschaulich von nicht-symbolischer Gesetzgebung abgrenzen.

Nach der hier vorgeschlagenen Definition läßt sich Gesetzgebung allgemein bezüglich ihres Symbolcharakters als zweidimensionales soziales Phänomen auffassen. Dies bedeutet, daß jedem Gesetz ein gewisses Maß an antizipativer rechtsnormativ-sachlicher Effektivität (bzw. Ineffektivität) und – unabhängig davon – ein gewisses Maß an antizipativer symbolisch-politischer Effektivität zugeordnet werden kann. Graphisch veranschaulicht, wird durch die beiden Dimensionen eine Fläche aufgespannt (Abb. 2). Hier läßt sich jedem Gesetz entsprechend der Stärke seiner rechtsnormativ-sachlichen und seiner symbolisch-politischen Dimension – idealiter – ein bestimmter Punkt zuordnen[96]. Beispielhaft lassen sich vier Extremtypen von Gesetzgebung unterscheiden:

I. Zum einen solche Gesetze, die eine hohe rechtliche Effektivität erwarten lassen, die aber mit keinerlei symbolisch-politischen Intentionen verbunden sind. Als Beispiel wären hier zahlreiche Normen des Bauplanungsrechts[97], des Atomrechts[98] oder die immissionsschutzrechtlichen Betreiberpflichten[99] zu nennen. Bei diesen lassen sich dem Gesetzgeber keinerlei symbolischen Intentionen unterstellen. Solche Gesetze sollen für ein reibungsloses Miteinander sorgen und werden hier etwas salopp als „Arbeitspferde des Rechts" bezeichnet. Sie erscheinen, weil unproblematisch, rechtssoziologisch vergleichsweise uninteressant.

II. Dann gibt es die – vermutlich seltenen – Fälle, in denen weder symbolisch-politische Ziele eine Rolle spielen noch eine durchschlagende rechtliche bzw. sachliche Wirkung angestrebt wird: Gesetze also, die lediglich „für die Akten" erlassen werden, wie beispielsweise die erwähnte Titandioxid-Verordnung[100], die lediglich dazu diente, in Deutschland längst eingehaltene Emissionsgrenz-

---

Kompromißgesetze (ebd., S. 34) als symbolische Akte zu sehen seien, wenn sie doch im Hinblick auf angestrebte Ziele wie die Beschwichtigung der Bevölkerung oder die Befriedigung von Kompromißbedürfnissen als durchaus wirksam bezeichnet werden müßten.

[96] Dieses Vorgehen setzt eine prinzipielle Quantifizierbarkeit der symbolischen und der rechtsnormativen Dimension voraus. Bezüglich der damit zusammenhängenden methodischen Fragen siehe Teil 2: E.

[97] Vgl. etwa die §§ 29 ff. BauGB in der Fassung der Bekanntmachung vom 18. 08. 1997, BGBl. I, S. 2081.

[98] Vgl. §§ 3 ff. AtG in der Fassung der Bekanntmachung vom 15. 07. 1985, BGBl. I, S. 1565.

[99] Vgl. §§ 5, 22 BImSchG in der Fassung der Bekanntmachung vom 14. 05. 1990, BGBl. I, S. 880.

[100] Fünfundzwanzigste Verordnung zur Durchführung des Bundesimmissionsschutzgesetzes vom 08. 11. 1996, BGBl. I Nr. 59 (20. 11. 1996), S. 1722.

48   Teil 2: Zum Begriff symbolischer Gesetzgebung

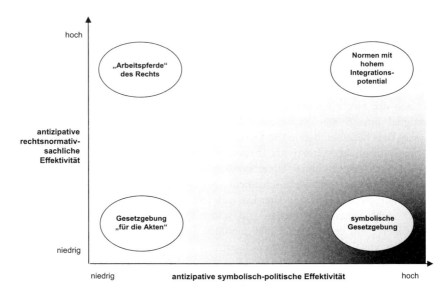

Abb. 2: Gesetzgebung unter dem Blickwinkel von symbolisch-politischer und rechtsnormativ-sachlicher Dimension

Symbolische Gesetzgebung ist durch den Bereich dunkler Schraffur dargestellt. Der fließende Verlauf hebt den graduellen Charakter des Phänomens hervor.

werte[101] aufgrund europarechtlicher Vorgaben[102] rechtsverbindlich – und nicht nur, wie bis dato, per Verwaltungsvorschrift (TA Luft[103]) – zu kodifizieren.

III. In genauem Gegensatz dazu stehen Gesetze, mit denen der Gesetzgeber sowohl rechtlich-sachliche als auch symbolisch-politische Ziele verfolgt. Sie lassen eine effektive Steuerung in einem gesellschaftlichen Bereich von hohem öffentlichen Interesses erwarten. Ein solches Beispiel ist die GFAnlV, die im empirischen Teil eingehend untersucht wird. Wegen der Vielzahl verfolgter Zwecke könnte man hier von Normen mit hohem Integrationspotential sprechen[104].

---

[101] Interview BMU, 25. 06. 2000; vgl. auch die Gesetzesbegründung in BT-Drs. 13/3575.

[102] Umsetzung der Richtlinie 92/112/EWG vom 15. 12. 1992 über die Modalitäten zur Vereinheitlichung der Programme zur Verringerung und der späteren Unterbindung der Verschmutzung durch Abfälle der Titandioxid-Industrie (ABl. EG Nr. L 409, S. 11) aufgrund zweier EuGH-Entscheidungen vom 30. 05. 1991 (Rs. C-361/88, Begründungserwägung 20 f.; Rs. C-59/89, Begründungserwägung 23 f.), nach denen die Umsetzung der Titandioxid-Richtlinie durch die TA Luft bisher unzureichend gewesen sei. Die Anforderungen der Verordnung gehen nicht über die Anforderungen der TA Luft hinaus (BT-Drs. 13/3575).

[103] Erste Allgemeine Verwaltungsvorschrift zur Durchführung des BImSchG (= Technische Anleitung zur Reinhaltung der Luft) vom 27. 02. 1986, GMBl. S. 95, 202.

[104] Vgl. auch das bei Noll (1981, S. 355) angeführte Beispiel der 1980 in der Schweiz eingeführten Gurttragepflicht für Autofahrer, die als effektiv und – weil um Grundpositionen der

IV. Symbolische Gesetzgebung im hier definierten Sinne ist in Abb. 2 durch die dunkle Schraffur dargestellt. Wir haben es hier mit einer Gesetzgebung zu tun, die nicht ernsthaft rechtliche oder sachliche Ziele verfolgt, die also eine geringe rechtlich-sachliche Effektivität erwarten läßt, die wohl aber – anders als die Gesetzgebung „für die Akten" – bestimmten politischen Zwecken dienen soll.

IV. Definition

Symbolische Gesetzgebung kann zusammenfassend definiert werden als eine Gesetzgebung, die sich durch eine niedrige antizipative rechtsnormative und sachlich-materielle – speziell: ökologische – Effektivität (ARSE) sowie eine hohe antizipative symbolisch-politische Effektivität (ASPE) auszeichnet[105]. Da beide Merkmale graduellen Charakter aufweisen, ist auch symbolische Gesetzgebung eine graduelle Bezeichnung[106]: Gesetzgebung kann mehr oder weniger „symbolisch" sein.

C. Erscheinungsformen und Typen symbolischer Gesetzgebung

Das Phänomen symbolischer Gesetzgebung wird in der Literatur wiederum in unterschiedliche Typen aufgegliedert. Meist wird unterschieden zwischen Alibi-Gesetzgebung, Kompromiß-Gesetzgebung, Formelkompromissen, Deklarationen und gesetzgeberischen Wertbekenntnissen. Auch das programmierte Vollzugsdefizit wird oft hierzu gezählt. Obwohl sich diese Typologie[107] – trotz gewisser Unterschiede im einzelnen – weitgehend durchgesetzt hat, bleibt sie aus theoretischer Perspektive unbefriedigend, da sie auf kein einheitliches Schema, keine expliziten Ordnungskriterien Bezug nimmt[108]. Beim näheren Betrachten lassen sich aber zwei Kategorien erkennen, welche dieser Typologie implizit zugrundeliegen (vgl. Tab. 1):

– Alibi- und Kompromißgesetze werden dadurch unterschieden, welche Interessen jeweils bedient werden sollen: die Öffentlichkeit als ganzes oder aber bestimmte (organisierte) Interessen, die mit anderen im politischen Widerstreit stehen. Die

---

individuellen Freiheit einerseits und der Verkehrssicherheit andererseits gefochten wurde – zugleich als symbolreich angesehen wird.
105 So der Sache nach auch Neves (1998), S. 34.
106 So auch Lübbe-Wolff (2000a), S. 27.
107 Vgl. Noll (1973), S. 157 ff.; Amelung (1980), S. 54 f.
108 Dies hängt nach Kindermann (1988, S. 220) mit der – zum damaligen Zeitpunkt – ungenügenden Verfügbarkeit empirischer Untersuchungen und mangelnden theoretischen Durchdringung des Gegenstandes zusammen.

Zuordnung eines symbolischen Gesetzes zu einem dieser Typen sagt jedoch nichts darüber aus, wie sich seine antizipative sachliche Ineffektivität äußert.

– Deklarationen, gesetzgeberische Wertbekenntnisse und Appellgesetze auf der einen Seite und programmierte Vollzugsdefizite auf der anderen Seite unterscheiden sich nach der Ebene, auf der die rechtsnormativ-sachlichen Wirksamkeitsdefizite angelegt sind.

Tabelle 1

Typologie symbolischer Gesetzgebung nach Art der beteiligten Interessengruppen und der gesetzgeberischen Ziele (oben) sowie nach der Ebene der rechtsnormativ-sachlichen Wirksamkeitsdefizite (unten)

	Alibi-Gesetzgebung	Kompromiß-Gesetzgebung	
Interessengegensätze	Gesetzgeber versus Öffentlichkeit	widerstreitende – insbesondere: organisierte – Interessen auf der Ebene des Gesetzgebungsprozesses	
gesetzgeberische Ziele	symbolische Befriedigung des Interesses der Öffentlichkeit	symbolische Befriedigung des einen, rechtsnormative Befriedigung des anderen Interesses (oder jeweils teils/teils)	„dilatorische Formeln": Vertagung der Entscheidung

	Deklarationen und Appell-Gesetze	Programmiertes Vollzugsdefizit
rechtliche Verbindlichkeit	von vornherein niedrig	mittel oder hoch
tatsächliche Vollzugschance	mangels rechtlicher Verbindlichkeit nicht gegeben	gering

Diese beiden Unterscheidungen sind prinzipiell unabhängig voneinander; ein Alibi- oder Kompromißgesetz kann also sowohl in Form eines Appellgesetzes als auch in der Form eines programmierten Vollzugsdefizites auftreten (vgl. Tab. 2).

Tabelle 2

Kreuztabelle der einzelnen Typen symbolischer Gesetzgebung mit Referenz zu gut untersuchten Beispielen

	Alibi-Gesetzgebung	Kompromiß-Gesetzgebung
Deklarationen und Appellgesetze	Straftatbestand der Abgeordnetenbestechung	Gebot der Abfallvermeidung*)
Programmiertes Vollzugsdefizit	Ozongesetz**)	Norwegisches Hausangestelltengesetz

*) Vgl. Teil 4: C.IV. **) Vgl. Teil 4: B.IV.

I. Alibi-Gesetzgebung

Alibigesetze werden verabschiedet, um die Öffentlichkeit als ganzes symbolisch zu befriedigen. Die Bevölkerung soll beschwichtigt werden, indem der Staat gesetzgeberische Handlungsmacht demonstriert und sich damit vom politischen Druck entlastet. „Dem Bürger soll das Gefühl vermittelt werden, die ‚Verantwortlichen' hätten die Lage im Griff; vor allem, wenn das nicht der Fall ist"[109]. Der Bevölkerung soll gezeigt werden, daß „etwas unternommen wird"[110]. Zwar kann die Alibi-Gesetzgebung allgemein dazu dienen, das Vertrauen in die staatlichen Organe zu stärken bzw. (in Krisensituationen) wiederherzustellen[111]. In der Regel wird jedoch der politische Handlungsdruck, welcher aus der Unzufriedenheit der Bevölkerung in einer bestimmten politischen Frage resultiert, der Auslöser für ein Alibigesetz sein[112].

Paradigmatisches Beispiel ist die Einführung des Straftatbestandes der Abgeordnetenbestechung (§ 108e StGB)[113]. Erklärtes Ziel der Norm war es laut Gesetzesbegründung[114], die Gefahr der unredlichen Einflußnahme auf die Volksvertreter durch Bestechung, Korruption etc. einzudämmen, ohne dabei jedoch akzeptierte Praktiken der Kooperation mit Interessenvertretern ebenfalls zu kriminalisieren. Als Folge der Schwierigkeiten der Grenzziehung zwischen erwünschter und unerwünschter Kooperation bzw. Einflußnahme von außen wurde der Straftatbestand extrem eng ausgestaltet. So wird nach § 108e Abs. 1 StGB nur derjenige bestraft, der es unternimmt, für eine Wahl oder Abstimmung im Europäischen Parlament oder in einer Volksvertretung des Bundes, der Länder, Gemeinden oder Gemeindeverbände *eine*

---

[109] Kindermann (1988), S. 234.
[110] Noll (1981), S. 361, bezeichnet dies – unter Rekurs auf Befunde Konrad Lorenz' zum Sozialverhalten von Tieren – als „Ersatzreaktionen" des Gesetzgebers.
[111] Vgl. Kindermann (1988), S. 234.
[112] Vgl. Neves (1998), S. 39.
[113] Eingeführt durch das 28. Strafrechtsänderungsgesetz vom 13. 01. 1994, BGBl. I, S. 84.
[114] BT-Drs. 12/5927, S. 5 ff.

Stimme zu kaufen oder zu verkaufen. Damit unterliegen nur ganz offensichtliche, unüblich gewordene Formen der Bestechung der Strafbarkeit[115]; zudem läßt sich die Strafvorschrift mühelos umgehen[116]. Schon bei der Gesetzesverabschiedung war daher absehbar, daß es in der Praxis wohl kaum zu Verurteilungen kommen würde[117]; in der Tat wurden solche bislang nicht bekannt[118]. Nach einigen Vorkommnissen, „die das Ansehen der parlamentarischen Demokratie schwer schädigten"[119] sollte der Öffentlichkeit aber signalisiert werden, es werde gehandelt[120].

II. Kompromiß-Gesetzgebung

Kompromißgesetze sind demgegenüber Ausdruck eines der Sache nach unentschiedenen politischen Widerstreites[121]. Der Kompromiß äußert sich darin, daß die eine Gruppe mit einem ihren materiellen Interessen entsprechenden Ziel (und zugleich mit dem damit verbundenen symbolischen Wert sowie der Hoffnung auf Durchsetzbarkeit), die andere Gruppe hingegen mit der Nichtdurchsetzbarkeit dieses Zieles befriedigt wird[122]. Die sich im Gesetz niederschlagende Folge ist die gleichzeitige Ansteuerung entgegengesetzter Ziele[123] („gesetzgeberischer double talk"[124]). Auch bei diesem Typus symbolischer Gesetzgebung sieht sich der Gesetzgeber durch politischen Druck zum Handeln gezwungen[125].

Ein Spezialfall dieses Typus' sind „dilatorische Formelkompromisse"[126], die einen Interessenstreit nur scheinbar lösen, in Wirklichkeit die Entscheidung aber vertagen bzw. untergeordneten Entscheidungsträgern überlassen. Oft bedient sich der Gesetzgeber hierzu unbestimmter Rechtsbegriffe[127], deren Auslegung der Verwaltung oder den Gerichten obliegt, was den Gesetzesvollzug mitunter erheblich verzögert[128]. Insofern steht dieser Subtypus dem „programmierten Vollzugsdefizit"

---

[115] Vgl. Tröndle / Fischer (2001), § 108e, Rn. 1; Barton (1994), S. 1099 f.
[116] Vgl. Tröndle / Fischer (2001), § 108e, Rn. 10.
[117] Vgl. Barton (1994), S. 1099 f.; Epp (1997).
[118] Vgl. Tröndle / Fischer (2001), § 108e, Rn. 1.
[119] Vgl. Tröndle / Fischer (2001), § 108e, Rn. 3.
[120] Vgl. Barton (1994); Epp (1997).
[121] Vgl. Noll (1973), S. 158.
[122] Vgl. Kindermann (1988), S. 239.
[123] Vgl. Hegenbarth (1981), S. 202.
[124] Vgl. Blankenburg (1986), S. 112.
[125] Amelung (1980), S. 55.
[126] Der Ausdruck geht zurück auf Carl Schmitt (1928), S. 31 f. Vgl. auch Noll (1973), S. 158.
[127] Hegenbarth (1981, S. 202) nennt unter anderem: „zwingende Erfordernisse", „ordnungsgemäße Beseitigung", „erhebliche Nachteile, Gefahren und Belästigungen", „überwiegende Gründe der Gesamtwirtschaft und des Gemeinwohls".
[128] Vgl. auch Schulze-Fielitz (1988), S. 428.

(siehe unten) sehr nahe bzw. läßt sich als „Kreuzung" von Kompromißgesetz und programmiertem Vollzugsdefizit beschreiben.

Bekanntestes Beispiel ist das von Aubert[129] untersuchte norwegische Hausangestelltengesetz von 1948. Es hatte zum Ziel, die Arbeitsbedingungen von Hausmädchen zu verbessern und ihre Rechte zu stärken. Der Verabschiedung des Gesetzes war eine intensive Debatte zwischen zwei konträren Interessengruppen vorausgegangen: Während die arbeitgebenden Hausfrauen und die konservative Fraktion im Parlament an einer Beibehaltung der schwachen rechtlichen Stellung der Hausangestellten interessiert waren, ging es der liberalen Fraktion um eine Stärkung derselben (niedrigere Arbeitszeit, Kündigungsschutz usw.). Der Streit endete de facto mit einem Kompromiß: Zwar wurden in dem Gesetz – dem Wortlaut nach – die Interessen der Hausangestellten (so z. B. eine Begrenzung des Arbeitstages auf zehn Stunden, ein Mindestlohn für Überstunden, einen freien Nachmittag in der Woche und alle zwei Wochen einen freien Sonntag) festgeschrieben und eine Mißachtung unter Strafe gestellt. Jedoch wurden keine effektiven Kontrollmöglichkeiten vorgesehen, so daß die Durchsetzung des Gesetzes im Falle der Übertretung einer Klage durch die Hausangestellten bedurft hätte. Auf diese Weise kam das Gesetz beiden Parteien entgegen: Während die Reformbefürworter einen entsprechenden Gesetzesinhalt erreicht hatten, wurden die Reformgegner durch die bewußt unwirksam ausgestaltete Strafregelung befriedigt. Erstere wurden durch den Symbolgehalt des Gesetzes, letztere durch dessen rechtsnormative und damit sachliche Unwirksamkeit[130] zufriedengestellt.

III. Appellative Gesetzgebung

Ziel von Gesetzen, speziell von Verfassungen, kann es sein, gesellschaftliche Werte zu kodifizieren, ohne dies mit konkret umsetzbaren, rechtsverbindlichen Einzelzielen zu verbinden. Zu diesem Typus von Gesetzen gehören auch gesetzgeberische „Deklarationen"[131], „Wertbekenntnisse" bzw. „Gesetze mit moralischem Appellcharakter"[132], in denen der Gesetzgeber seine moralischen und ethischen Werte zum Ausdruck bringt. Nach einer Entscheidung des Bundesverfassungsgerichts ist das Gesetz „nicht nur Instrument zur Steuerung gesellschaftlicher Prozesse nach soziologischen Erkenntnissen und Prognosen, es ist auch bleibender Ausdruck sozialethischer und – ihr folgend – rechtlicher Bewertung einer Handlung: es soll sagen, was für den einzelnen Recht und Unrecht ist"[133].

---

[129] Vgl. Aubert (1967).
[130] Zur näheren Abgrenzung von Wirksamkeit, Effektivität und Geltung vgl. Teil 2: E.I.1.
[131] Noll (1981), S. 356 f.
[132] Noll (1981), S. 357 f. Vgl. auch Voß (1989), S. 28 ff.
[133] BVerfGE 39, 1975. Die Bezeichnung „Recht und Unrecht" ist gleichwohl irreführend, da es ja gerade nicht um die wirksame rechtliche Verankerung, sondern nur um die *Signalisierung* sozialethischer Werte geht.

Gemeinsam ist allen diesen Gesetzen ihr offen programmatischer, rechtsunverbindlicher Charakter. Damit stellt sich allerdings die Frage, ob derlei Gesetze überhaupt noch zur symbolischen Gesetzgebung zu zählen sind. Denn ein Gesetz, das – auch nach außen – keine Rechtsnormativität beansprucht, kann schwerlich mit dem Maßstab rechtsnormativer Effektivität gemessen werden. Ihm kann damit auch keine antizipative rechtsnormative Ineffektivität zugesprochen werden, womit eine der Voraussetzungen für das Vorliegen symbolischer Gesetzgebung unerfüllt bliebe. Anders ausgedrückt: Je eher die offene gesetzgeberische Zielsetzung eine bloß symbolische ist, desto mehr nähert sich die rechtsnormativ-sachliche Dimension des Gesetzes der symbolisch-politischen an. Unter Rückgriff auf das Schema in Abb. 2 ließe sich diese Situation so darstellen: Diejenige Koordinate, welche die rechtsnormativ-sachliche Dimension beschreibt, neigt sich um so mehr zur Achse der symbolisch-politischen Dimension, je mehr die offenen gesetzgeberischen Zielsetzungen rein symbolische Züge tragen. Im Extremfall verschwindet die rechtsnormativ-sachliche Dimension vollkommen.

Ob ein Gesetzgebungsakt noch als symbolisch charakterisiert werden kann, hängt also u. a. davon ab, wie stark seine rechtsnormativ-sachliche Dimension ausgeprägt ist. Bei reinen gesetzgeberischen Wertentscheidungen, die keinerlei Rechtsnormativität beanspruchen, wird dies nicht mehr der Fall sein[134]. Fraglich ist allerdings, ob solche überhaupt existieren. So wird die von Gusfield[135] als Beispiel herangezogene amerikanische Gesetzgebung zur Alkoholprohibition teils dahingehend kritisiert, den Befürwortern der Prohibition sei es, anders als von Gusfield angenommen, nicht nur um einen symbolischen Sieg, sondern sehr wohl darum gegangen, dem Alkoholmißbrauch ein Ende zu bereiten[136]. Nur eine sorgfältige empirische Analyse der gesetzgeberischen Intentionen kann in solchen Zweifelsfällen weiterhelfen. Anders als die reinen gesetzgeberischen Deklarationen bezwecken Gesetze mit Appellcharakter dagegen durchaus – zumindest vorgeblich – eine Einstellungsänderung und sind damit durch eine sachliche Dimension ausgezeichnet. Kurz: Immer dann, wenn vorgetäuscht wird, es werde durch die Gesetzgebung effektiv zugunsten proklamierter sachlicher Ziele gehandelt, ist das Vorliegen symbolischer Gesetzgebung indiziert[137].

---

[134] Im Gegensatz dazu nennt etwa Driendl (1983, S. 37 f., 63) eine Strafgesetzgebung, die sich damit begnüge, zu sagen, was für den einzelnen Recht und Unrecht ist, ohne den Bezug zur Steuerung menschlichen Verhaltens herzustellen, ebenfalls symbolisch.

[135] Vgl. Gusfield (1963), S. 176 ff.

[136] Vgl. Kindermann (1988), S. 224 m. w. N.

[137] So auch Lübbe-Wolff (2000a), S. 42.

IV. Programmiertes Vollzugsdefizit

Die antizipative rechtsnormativ-sachliche Ineffektivität symbolischer Gesetzgebung kann sich schließlich auch in einem sogenannten „programmierten Vollzugsdefizit"[138] äußern. Damit sind solche Gesetze gemeint, die von vornherein darauf angelegt sind, nicht oder nur schwer vollziehbar zu sein, oder deren mangelhafter Vollzug vom Gesetzgeber zumindest „billigend in Kauf genommen" wird. Dies äußert sich darin, daß die rechtlichen (und tatsächlichen) Voraussetzungen zur Erreichung der Gesetzesziele nicht ausreichend geschaffen werden. Gerade Gesetzen im Bereich des Umweltverwaltungsrechtes, die oft umfangreiche Regelungen zum Verwaltungsvollzug beinhalten, wird häufig ein programmiertes Vollzugsdefizit nachgesagt[139]. Dies kann entweder bei dilatorischen Formelkompromissen wie dem norwegischen Hausangestelltengesetz der Fall sein, aber auch bei Alibigesetzen wie etwa dem Ozongesetz.

D. Exkurs: Zur Methodologie der empirischen Sozialforschung

Die vorliegende Arbeit versteht sich als Rechtstatsachenforschung[140] (empirische Rechtsforschung)[141]. Die oben entwickelten theoretischen Konstrukte müssen daher soweit konkretisiert werden, daß ein Abgleich mit der beobachteten Realität möglich ist. Dies betrifft sowohl die bisher erarbeitete Begrifflichkeit symbolischer Gesetzgebung als auch die theoretisch abgeleiteten Einflußfaktoren und Auswirkungen symbolischer Gesetzgebung.

Dies ist ein keineswegs leichtes Unterfangen. Denn mit zunehmender begrifflicher Konkretisierung geht notgedrungen ein Teil möglicher oder ursprünglich vorhandener Bedeutungen verloren. „Untersuchungsobjekte können niemals in ihrer Gesamtheit empirisch erfaßt werden; sie können immer nur im Hinblick auf bestimmte, für die Fragestellung relevante Eigenschaften beschrieben werden"[142]. Diese Abstraktion (Komplexitätsreduktion) aber ermöglicht erst ein hypothesengestütztes Arbeiten.

---

[138] Vgl. näher Lahl (1993).

[139] Lübbe-Wolff (2000a, S. 28 ff.) bezeichnet das programmierte Vollzugsdefizit als „wichtigste Erscheinungsform symbolischer Umweltrechtspolitik".

[140] Der Begriff wurde geprägt von Nußbaum (1914). Zur Entwicklung dieser Disziplin v. Falckenstein (1985).

[141] Zum Zusammenhang von empirischer Rechtsforschung, Rechtswirksamkeitsforschung und Rechtssoziologie vgl. Ziegert (1984).

[142] Kromrey (1998), S. 214.

I. Definition von Variablen

Im einzelnen wird dabei wie folgt vorgegangen: Zunächst müssen die grundlegenden (theoretischen) Begriffe, die mit der empirischen Realität in Zusammenhang gebracht werden sollen, definiert werden. Das Ergebnis dieser Operationalisierung[143] sind empirische *Variablen,* i. e. „begrifflich definierte *Merkmale* (Eigenschaften) von Objekten, die mehrere *Ausprägungen* (mehrere verschiedene Zustände hinsichtlich der interessierenden Eigenschaft) annehmen können"[144]. Beispielsweise besitzt die empirische Variable RECHTSNORMATIV-SACHLICHE EFFEKTIVITÄT[145] einen Merkmalsraum von 0 bis 100 Prozent (Effektivitätsquote). Das untersuchte Objekt (Gesetz, Gesetzgebungsakt), kann also Variablenwerte (Merkmalsausprägungen) in dem angegebenen Zahlenbereich annehmen. Der Merkmalsraum (Merkmalsbereich) ist in diesem Fall kontinuierlich, d. h. alle Werte zwischen 0 und 100 können auftreten. Der Merkmalsraum ist hier zugleich intervallskaliert[146], i. e. beliebigen gleichgroßen Intervallen auf der Zahlenskala von 0 bis 100 entsprechen auch gleichgroße Intervalle in der Realität. Anders ist dies bei Merkmalsbereichen auf Ordinalskalenniveau. Hier geben die Skalenwerte nur Auskunft über eine bestimmte Rangfolge, nicht aber über die Meßabstände[147].

Im Rahmen des gesamten Untersuchungsablaufs gilt es, abhängige und unabhängige Variablen zu unterscheiden. Als „unabhängige" Variable werden diejenigen bezeichnet, von denen man annimmt, daß sie als Ursachen bzw. Einflußfaktoren wirken, während die „abhängigen" Variablen kausal von anderen, unabhängigen Variablen abhängen und als deren Folgen bzw. Effekte auftreten[148]. Als unabhängig gelten in der vorliegenden Untersuchung die in Teil 3: C aufgeführten sieben Variablen zu den Entstehungsbedingungen symbolischer Gesetzgebung; die beiden Dimensionen symbolischer Gesetzgebung sind in Bezug darauf als abhängige Variablen konzipiert. Bezüglich der zweiten Forschungsfrage sind die Variablen, welche die Folgen und Wirkungen symbolischer Gesetzgebung charakterisieren, die abhängigen, während sowohl die Dimensionen als auch die Entstehungsbedingungen als unabhängige Variablen fungieren. Allerdings muß betont werden,

---

[143] Unter der Operationalisierung eines Begriffes verstehen Schnell / Hill / Esser (1999, S. 123) „die Angabe einer Anweisung, wie Objekten mit Eigenschaften (Merkmalen), die der theoretische Begriff bezeichnet, beobachtbare Sachverhalte zugeordnet werden können".

[144] Kromrey (1998), S. 214, Hervorhebung vom Verf. Vgl. auch Friedrichs (1980), S. 94.

[145] Zur besseren Kennzeichnung werden Variablennamen in dieser Arbeit stets in Kapitälchen gedruckt.

[146] Vgl. Kromrey (1998), S. 231 ff. Zu Skalen und Skalenniveaus allgemein vgl. Friedrichs (1980), S. 172 ff.

[147] Typisches Beispiel für ordinal skalierte Werte sind Schulnoten. Ihrem Skalenniveau entsprechend ist somit nichts darüber gesagt, ob die Differenz etwa zwischen erbrachten Leistungen mit den Noten 4 und 5 dieselbe ist wie die zwischen Leistungen, welche mit 1 bzw. 2 bewertet wurden. Streng genommen ist daher auch das Bilden von Notendurchschnitten unzulässig, da dies intervallskalierte Werte voraussetzt.

[148] Vgl. Friedrichs (1980), S. 94 f.; Kromrey (1998), S. 450.

daß der dieser Einteilung jeweils zugrundeliegende kausale Zusammenhang nicht a priori vorgegeben ist; er wird vielmehr gerade im Zuge der Hypothesenformulierung erst als solcher – hypothetisch – hergestellt und muß sich im Verlaufe der empirischen Analyse als plausibel erweisen.

I. Bestimmung der Variablenwerte mit Hilfe von Indikatoren

Da die meisten der verwendeten Variablen den Charakter eines theoretischen Konstruktes tragen, sind deren Ausprägungen nicht direkt empirisch wahrnehmbar. So läßt sich etwa die KOMPLEXITÄT einer politischen Regelungsmaterie aus keiner Tabelle o. ä. direkt ablesen, vielmehr bedarf es indirekter Beobachtungsinstrumente. Die Variablenausprägungen werden daher vermittels bestimmter *Indikatoren* mit entsprechend ausgearbeiteten Datenerhebungsmethoden gemessen. Dies ist der zweite Schritt der Operationalisierung. Indikatoren[149] stellen Größen dar, deren Ausprägungen unter Hinzuziehung entsprechenden empirischen Materials mehr oder weniger direkt beobachtbar sind. Beispielsweise kann eine Variable ÖFFENTLICHE AUFMERKSAMKEIT über die Anzahl der Presseberichte zu dem jeweiligen Thema gemessen werden. Die Festlegung der Indikatoren ist allerdings oft nicht unproblematisch, da sich diese nicht logisch-deduktiv aus Variablen ableiten lassen. Die notwendige zusätzliche Information über die Beziehung zwischen Variable und Indikator ist im Grunde selbst eine Hypothese[150], die aber nicht falsifizierbar ist, da es ja keine anderen Anhaltspunkte für die Ausprägung der Variable außer eben den Indikatoren gibt. Umgehen läßt sich das Problem allerdings durch eine veränderte Betrachtungsweise: Sieht man die Indikatoren als unterste Konkretisierung der *Definition* der Variablen, so benötigt man keine Hypothesen mehr, da die Indikatoren per definitionem die Ausprägung der Variablen messen.

Die Schwierigkeit der Auswahl adäquater Indikatoren bleibt dennoch bestehen. Soweit möglich, werden für jede Variable mehrere Indikatoren definiert. Idealerweise sollten diese jeweils dasselbe messen (Annahme eines homogenen Indikatorenuniversums[151], für möglichst zuverlässige Aussagen sind jedoch mehrere Indikatoren von Vorteil. Weichen die Werte der Indikatoren ein- und derselben Variable wider Erwarten signifikant voneinander ab, so deutet dies auf eine höhere als die angenommene Dimensionalität der Variable (in der Regel werden Variablen als eindimensional angenommen). Unter Umständen mag es auch Gruppen von Indikatoren geben, die ausdrücklich nicht dasselbe messen, sondern beispielsweise auf verschiedenen Ebenen einer Variable angesiedelt sind, so etwa bei den hierarchischen Abstufungen der Effektivität; in diesem Falle wird dann von einer mehrdimensionalen Variable ausgegangen.

---

[149] Vgl. hierzu Kromrey (1998), S. 166 ff., besonders S. 168.
[150] Vgl. Kromrey (1998), S. 168.
[151] Vgl. Schnell / Hill / Esser (1999), S. 127 ff.

Der letzte Schritt der Operationalisierung besteht in der Angabe der Datenerhebungsinstrumente[152]. Teils ergeben diese sich unmittelbar aus den Indikatoren (z. B. Presseartikel), teils ist – wie etwa bei Experteninterviews – eine Präzisierung der prozeßhaften Vorgehensweise erforderlich.

E. Empirische Kriterien für symbolische Gesetzgebung

Wie läßt sich der symbolische Charakter eines Gesetzes bzw. eines Gesetzgebungsaktes empirisch ermitteln? Ausgangspunkt bilden die beiden herausgearbeiteten Dimensionen: die rechtsnormativ-sachliche und die symbolisch-politische, die sich jeweils als Variablen im Sinne einer antizipativen Effektivität auffassen lassen (vgl. Abb. 3). Da die Ausprägungen dieser Variablen nicht direkt beobachtbar sind, müssen geeignete Indikatoren gefunden werden. Ziel des vorliegenden Kapitels ist es, für jede der beiden Dimensionen empirisch beobachtbare Indikatoren zu erhalten, die einen direkten Vergleich unterschiedlicher Gesetzgebungsvorhaben bzw. Gesetze ermöglichen und gleichzeitig den Gegenstandsbereich weiter strukturieren.

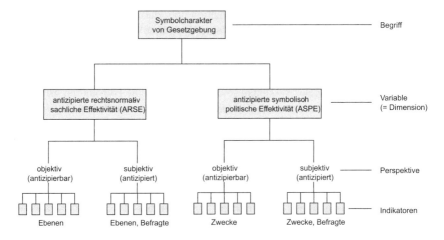

Abb. 3: Konzeption und Operationalisierung des Begriffes symbolischer Gesetzgebung

Die beiden Dimensionen werden als empirische Variablen konzipiert, welche jeweils durch ein Set von objektiven und ein Set von subjektiven Indikatoren gemessen werden.

---

[152] Vgl. Kromrey (1998), S. 178 ff.

E. Empirische Kriterien für symbolische Gesetzgebung   59

I. Vorüberlegungen

1. Effektivität, Wirksamkeit und Geltung

Effektivität – synonym: Wirksamkeit[153] – bezeichnet den Grad der Zielerreichung, den eine bestimmte Regelung bewirkt. Sie ist ein Maß für das Verhältnis von tatsächlichem Ist (das Erreichte) und dem durch die Norm proklamierten Soll (das Ziel)[154]. Unberücksichtigt bleibt hingegen der dafür nötige Aufwand. Dies ist der Unterschied zur *Effizienz*, welche die Relation zwischen Zielerreichung und eingesetzten Mitteln bezeichnet und für die vorliegende Untersuchung unerheblich ist[155]. Ausdrücklich wird damit auch auf die faktische (sachliche, politische...), nicht lediglich auf die juristische Wirksamkeit (Geltung) abgehoben[156]. Während die juristische (i. e. rechtsdogmatische) Perspektive faktische Wirksamkeit mehr oder minder unterstellt und sich im Kern mit rechtlicher Wirksamkeit im Sinne von Gültigkeit, d. h. dem rechtmäßigen Zustandekommen der Norm und ihrer Übereinstimmung mit sonstigem – insbesondere höherrangigem – Recht beschäftigt, ist es bei der hier relevanten rechtssoziologischen Perspektive umgekehrt: Die rechtliche Gültigkeit vorausgesetzt, wird nach der rechtlichen Verbindlichkeit und nach der faktischen Wirksamkeit des Gesetzes gefragt[157].

Gleichwohl gibt es Überschneidungen: Zwar ist es keineswegs ausgeschlossen, daß auch eine rechtlich ungültige Norm faktische Effektivität entfaltet[158] (ebenso wie ja häufig bereits die Ankündigung eines Gesetzes eine Wirkung im Sinne desselben zeitigt), aber dies liegt dann eigentlich außerhalb des Forschungsbereiches der *Rechts*soziologie (sic!) – ganz abgesehen davon, daß solche Wirkungen vermutlich weniger nachhaltig ausfallen als wenn eine rechtsgültige Regelung besteht. Insofern ist auch rechtliche Gültigkeit für die rechtssoziologische Frage nach Effektivität nicht gänzlich irrelevant[159].

---

[153] Die terminologische Gleichsetzung von Effektivität und Wirksamkeit ist in der Rechtssoziologie usus – vgl. nur Röhl (1987), S. 244 ff.; Rottleuthner (1981); Blankenburg (1977); Hugger (1983), S. 41; abweichend jedoch Neves (1998, S. 46), der beide Begriffe auf unterschiedlichen Stufen ansiedelt.

[154] Vgl. etwa Ule / Laubinger (1978), S. B13; Leidig (1986); Kindermann (1980), S. 226.

[155] Vgl. etwa Hugger (1983), S. 48.

[156] Dies ist ein Grund, warum in dieser Arbeit der Begriff Effektivität dem der Wirksamkeit bevorzugt wird: Er vermeidet weitgehend die Verwechslung mit rechtlicher Wirksamkeit bzw. Geltung.

[157] Pointiert Rottleuthner (1981), S. 96. Abweichend bezieht N. Luhmann (1969, S. 43) ebenfalls aus rechtssoziologischer Sicht „soziale Geltung" auf die Verhaltenserwartungen der Normadressaten „unabhängig von der faktischen Erfüllung oder Nichterfüllung der Norm". Offensichtlich redet man hier aneinander vorbei: Die Vorstellung N. Luhmanns mag angemessen sein für das Strafrecht, auf das – wie noch zu zeigen sein wird – der Begriff der faktischen Effektivität schwer anwendbar ist (siehe Teil 2: E.I.2), nicht aber für verwaltungsrechtliche Normen mit einem klaren sachlichen Zweck wie etwa das Ozongesetz.

[158] Vgl. Rottleuthner (1981), S. 92.

2. Anwendbarkeit des Effektivitätsbegriffs

Es sei nochmals betont, daß der hier entwickelte und vertretene Effektivitätsbegriff grundsätzlich nur auf solche Gesetze anwendbar ist, denen überhaupt eine verhaltenssteuernde Intention zugrunde liegt und damit eine rechtsnormativ-sachliche Dimension zukommt. Für weite Teile des Rechts ist dies nämlich nicht der Fall; hier mag „Effektivität" etwas anderes bedeuten oder gar nicht als mögliche Charakterisierung in Betracht kommen. Beispielhaft und ohne Anspruch auf Vollständigkeit seien folgende Regelungstypen[160] benannt:

I. Legaldefinitionen. Sie schaffen rechtliche Gebilde, haben aber *per se* keinen außerrechtlichen (instrumentellen) Zweck[161].

II. Koordinationsnormen[162] wie beispielsweise das Rechtsfahrgebot nach § 2 StVO verfolgen ebenfalls *per se* keinen sachlichen Steuerungszweck. Um bei dem Beispiel zu bleiben: Ob man sich auf die linke oder die rechte Straßenseite einigt, ist grundsätzlich gleichgültig, wichtig ist nur, *daß* stets dieselbe Straßenseite benutzt wird.

III. Regelungsangebote. Weite Teile des Privatrechts entsprechen diesem Typus, der ebenfalls keinen instrumentellen Zweck verfolgt. Effektivität würde sich hier lediglich auf die Annahme oder Nicht-Annahme der Regelungsangebote beziehen[163].

IV. Prozedurale Regelungen. Hierzu gehört eine Vielzahl von Regelungen, von denen z. B. das Planfeststellungsverfahren oder genormte Verfahren wie Öko-Audit und Umweltbilanzen[164] umweltrechtliche Relevanz besitzen. Sie dienen zwar oft bestimmten Zwecken, versuchen diese aber nicht über eine direkte Verhaltenssteuerung und meist auch nicht unter Angabe bestimmter Zielgrößen zu erreichen[165].

---

[159] Umgekehrt ist auch die faktische Effektivität für die Rechtsgültigkeit insofern von Belang, als eine gänzlich ineffektive Norm durchaus die Frage nach deren rechtlicher Gültigkeit aufwirft. So schreibt Kelsen (1934, S. 10): „Eine Norm, die nirgends und niemals angewendet und befolgt wird, d. h. eine Norm, die – wie man zu sagen pflegt – nicht bis zu einem gewissen Grade wirksam ist, wird nicht als gültige Rechtsnorm angesehen. Ein Minimum an sogenannter Wirksamkeit ist eine Bedingung ihrer Geltung."

[160] Unberücksichtigt bleiben hier Formen des kooperativen, informalen Staatshandelns, da sie zwar oft mit Steuerungszwecken verbunden sind, aber gerade keine *Regelungen* darstellen. Näher Schulte (1995), passim; ders. (1998), S. 89 ff.

[161] Korrespondieren in etwa mit „existence laws" nach Honoré (1977), S. 99.

[162] Für diesen Normtypus existierte bisher – soweit ersichtlich – noch kein etablierter Begriff. Der z. B. bei Lewis (1969, Kap. I 4) verwendete Begriff der Konvention kollidiert mit dem rechtssoziologischen Begriff für informelle Regeln.

[163] Vgl. ausführlich Blankenburg (1977), S. 37; ferner Röhl (1987), S. 210, 246 f.

[164] Hierzu und insbesondere zum prozeduralen Charakter dieser Instrumente vgl. Schulte (1998b), S. 451 ff.

[165] Röhl (1987) S. 211.

E. Empirische Kriterien für symbolische Gesetzgebung 61

V. Anreizregelungen. Hierzu gehören Subventionen (positive Anreize wie etwa die Einspeisevergütung für erneuerbare Energien) ebenso wie Lenkungsabgaben (negative Anreize wie die Abwasserabgabe, Sonderabfallabgaben der Länder oder die Ökosteuer)[166]. Der rechtsnormativ-sachliche Zweck dieser Regelungen ist zwar oft eindeutig; insofern aber kein „Soll-Zustand" definiert wird, ist die Angabe einer Effektivität kaum möglich. Hinzu kommen oft Unklarheiten in der Zwecksetzung: Zielt beispielsweise die Ökosteuer auf eine Senkung des Energieverbrauchs oder der Lohnnebenkosten ab? Beide Ziele verhalten sich konträr und bilden ein Nullsummenspiel: Je nach Verhalten der Normadressaten wird eher das eine oder das andere Ziel erreicht, jedoch stets auf Kosten des jeweils anderen.

VI. Gesetzgeberische Wertbekenntnisse. Beispiele sind etwa die Zielsetzungen des Stabilitätsgesetzes oder des Staatsziels „Umweltschutz" des Art. 20 a GG. Sie geben zwar eine gewisse rechtsnormativ-sachliche Zielrichtung vor, bleiben aber materiell zu allgemein, als daß sie für einen Soll-Ist-Vergleich herangezogen werden könnten[167]. Zudem fehlt ihnen hinreichende rechtliche Verbindlichkeit. Man könnte sie auch als „logische Vorstufe" zur rechtsnormativ-sachlichen Gesetzgebung ansehen, insofern als die durch sie vorgegebenen Werte bzw. Zielrichtungen als Auslegungsmaßstab für andere Regelungen dienen können[168].

VII. Normen mit rechtsnormativ-sachlichem Regelungsanspruch. Meist in Form von Ge- bzw. Verboten beanspruchen sie eine konkrete rechtliche Steuerung mit einem erklärten oder zumindest offensichtlichen Ziel. Beispiele sind große Teile des Verwaltungs- und damit auch des Umweltrechts. Sie fordern eine Effektivitätsanalyse geradezu heraus. Daß gerade Regelungen von diesem Typ häufig ob ihrer (mutmaßlichen) Ineffektivität attackiert werden (Stichwort u. a.: Vollzugsdefizit), hebt die Möglichkeit einer solchen Analyse, aber auch das Interesse an ihr hervor. Die drei in dieser Arbeit untersuchten Regelungen entsprechen sämtlich – weitgehend – diesem Typus.

VIII. Strafrechtliche Normen. Auch sie enthalten meist Ge- bzw. Verbote, besitzen aber regelmäßig (zumindest was das Kernstrafrecht betrifft) nicht denselben sachlichen Steuerungsanspruch wie Regelungen des Typs VII. Zwar soll das Strafrecht – auch – Straftaten verhindern helfen, wobei die Wirksamkeit des Strafrechts immer wieder in Frage gestellt wird[169]; allerdings existieren im Strafrecht in den seltensten Fällen Zielvorgaben, und gerade im Kernstrafrecht fehlt oft der Vergleich zu einer strafrechtslosen Situation, so daß die Effektivität dieser seit langem bestehenden Gesetze kaum gemessen werden kann[170]. Anders liegt die Situation freilich bei neu geschaffenen Straftatbeständen wie etwa dem Umweltstrafrecht;

---

[166] Vgl. auch Röhl (1987), S. 210.
[167] Zu Art. 20 a GG vgl. Scholz (1996), Kloepfer (1997). Murswiek (1996) mißt der Regelung dagegen einen weitgehend materiellen Charakter bei.
[168] Hierzu bereits oben Teil 2: C.III.
[169] Vgl. nur Voß (1989).
[170] Siehe hierzu auch den folgenden Abschnitt.

62 Teil 2: Zum Begriff symbolischer Gesetzgebung

sie eignen sich grundsätzlich durchaus für eine Effektivitätsanalyse. Sie sind dann eher als Regelungen des Typs VII einzustufen (wie im übrigen die Verwaltungsakzessorität etwa des Umweltstrafrechts nahelegt).

Diese kurze Skizze von Regelungstypen darf bezüglich ihrer Aussagen zum instrumentellen Charakter nicht absolut gesetzt werden, dafür ist sie zu vage, und letztlich wird immer der Einzelfall ausschlaggebend sein. Sie soll aber den Blick dafür schärfen, wann eine Effektivitätsanalyse sinnvoll sein kann und wann nicht.

3. Effektivität als quantitatives Merkmal

Das in dieser Arbeit vertretene Grundverständnis von Effektivität geht von der idealisierten Vorstellung aus, daß Effektivität als graduelles Merkmal[171] sich im Sinne einer „Quote" quantifizieren läßt. Ob dies im Einzelfall immer möglich ist, wird sich im Verlauf der Untersuchung zeigen. Vielmehr steht zu befürchten, daß Effektivität in vielen Fällen in dieser anspruchsvollen Form nicht meßbar – i. e. operationalisierbar – sein wird, da der Gesetzgeber nur selten einen präzisen Soll-Zustand vorgibt. Es soll aber verdeutlicht werden, wie Effektivität idealiter zu verstehen ist.

Die Effektivität E eines Gesetzgebungsaktes ergibt sich als Quotient der tatsächlichen (Ist) und der angestrebten (Soll) Wirkung W:

$$E = \frac{W_{\text{Ist}}}{W_{\text{Soll}}} .$$

Wirkung vollzieht sich in der Zeit[172]. Sie ist stets auf einen Ausgangszustand bezogen. D. h., die Effektivität einer Regelung kann immer nur unter Bezugnahme auf den Zustand vor ihrem Inkrafttreten bestimmt werden. Es macht also keinen Sinn, lediglich festzustellen, inwieweit eine Regelung erfüllt wird, solange unbekannt ist, wie der Stand vor der Regelung aussah[173]. Dies ist genau das Problem der Effektivitätsquote Geigers[174], die in diesem letztgenannten Sinne definiert ist und nur den Ist-*Zustand* mit dem Soll-*Zustand* vergleicht, nicht aber auf *Wirkungen* abhebt. Sie läßt sich als statisches Maß charakterisieren, das hier eingeführte hingegen als dynamisches. Sicher mag es Fälle geben, in denen die Geigersche Effektivitätsquote auch sinnvolle Resultate liefert: nämlich genau dann, wenn der Ausgangszustand „0" ist, d. h. wenn praktisch kein normerfüllendes Verhalten vorliegt. Als Beispiel sei der Fall einer neu aufgestellten Parkuhr genannt: Die Effektivität

---

[171] Vgl. etwa Neves (1998), S. 47, 50 m. w. N.

[172] Auf die Relevanz der Zeitdimension für die Eigenheiten des Rechts weist wiederholt N. Luhmann hin; vgl. bereits ders. (1974), passim; neuerdings ders. (1997), S. 125 ff.

[173] Hierzu aus Sicht der (Straf-)Gesetzgebungslehre Amelung (1980), S. 25 f.

[174] Th. Geiger (1964), S. 71.

E. Empirische Kriterien für symbolische Gesetzgebung 63

der Parkuhr im Hinblick auf das normkonforme Verhalten der hier parkenden Autofahrer sei durch den Quotienten aus der Zahl der zahlenden Parker[175] und der Gesamtzahl parkender Autos gegeben. Hier ist die Geigersche Effektivitätsquote anwendbar, da vor dem Aufstellen der Parkuhr (d. h. dem „Inkrafttreten" der Norm) kein normkonformes Verhalten stattfinden konnte. Für die meisten Regelungen im Umweltrecht trifft eine solche Situation jedoch nicht zu: Hier hat man es typischerweise mit einer vorliegenden Umweltbelastung zu tun, die durch die gesetzgeberische Maßnahme gesenkt werden soll[176]. Es muß also eine dynamisch definierte Effektivität angewendet werden.

Nahezu unmöglich ist die Angabe einer Effektivität bei bereits lange bestehenden Normen, zumal wenn sie fest im öffentlichen Bewußtsein verankert sind[177]. So läßt sich kaum herausfinden, wie effektiv die Strafbarkeit des Mordes im Hinblick auf eine Senkung der Mordfälle ist, da ein Zustand ohne diese Regelung wenn nicht undenkbar, so doch jedenfalls kaum rekonstruierbar ist. Aber es geht in dieser Untersuchung um die Effektivität von Gesetz*gebung* und nicht um die von seit jeher bestehenden Gesetzen, so daß dieses Problem hier von geringer Relevanz ist.

Eine vollständige Effektivitätsanalyse setzt eine Zielbestimmung voraus, die – wie etwa das unten dargestellte Beispiel der CO_2-Minderung – neben der präzisen Angabe des Soll-Zustandes auch eine Vorgabe zum Zeitpunkt der Erreichung desselben enthält[178]. Zwar läßt sich auch ohne zeitliche Komponente ein Zielerreichungsgrad bzw. eine Effektivität bestimmen (siehe unten), er erhält dann jedoch eine andere Qualität.

Wie läßt sich Wirkung und damit Effektivität von Gesetzgebung quantitativ konzeptualisieren? Wirkung sei hier verstanden als kausale Veränderung: Die beobachteten oder erwarteten Zustände (rechtliche, gesellschaftliche, ökologische oder sonstige) müssen ursächlich auf die Gesetzgebung zurückzuführen sein[179]. Andernfalls hätte man es mit sogenannten „Gratiseffekten" zu tun, die zwar im Sinne der Regelung, aber aufgrund anderer Faktoren zustandegekommen sind. Sicherlich ist es enorm schwierig, wenn nicht unmöglich, Kausalität in sozialen Zusammenhängen zweifelsfrei nachzuweisen[180], denn für tatsächlich eingetretene Veränderungen lassen sich oft die verschiedensten Ursachen ausmachen (Multikausali-

---

[175] Geiger zählt hier noch die Fälle erfolgter Sanktionierung (hier: Strafzettel) hinzu (vgl. ders. 1964, S. 70 f.).
[176] Beispiele: Schadstoffkonzentrationen (Immissionen) in Luft, Boden, Wasser etc., Schadstoffausstöße (Emissionen) in dieselben Medien, oder auch Abfallmengen, Verwertungsquoten für Reststoffe (Papier, Kunststoff...) usw. usf.
[177] Vgl. hierzu Friedman (1972), S. 210 ff.
[178] Hugger (1979), S. 210.
[179] Demgegenüber stellt die sog. „Impactforschung" lediglich Soll und Ist gegenüber, ohne aber auf kausale Erklärung abzuheben. Vgl. Hugger (1979), S. 208.
[180] Vgl. auch Friedman (1972), S. 213 f. sowie Hugger (1979), S. 208, Fn. 22.

tät)[181]. Als notwendige Bedingung[182] für kausale Gesetzeswirkungen kann zumindest gelten, daß

- der Gesetzgebungsakt (bzw. die Diskussion um ein geplantes Gesetz) den beobachteten Veränderungen zeitlich vorausgeht, daß
- die getroffenen regulativen Maßnahmen zur Erfüllung des gewünschten Zweckes geeignet sind (dazu sogleich näher im nächsten Abschnitt) und daß
- andere Einflußfaktoren, welche die beobachteten Veränderungen erklären könnten, weitgehend ausgeschlossen werden.

Ansonsten ist man darauf angewiesen, Plausibilitätsvermutungen anzustellen, die von Fall zu Fall variieren.

Für die folgenden Betrachtungen sei Kausalität vorausgesetzt, so daß Veränderungen mit Wirkungen gleichgesetzt werden. Unter Wirkung wird dann die Differenz zwischen einem erwünschten bzw. tatsächlichen Zustand X_{Soll} bzw. X_{Ist} zu einem Zeitpunkt t_1 und einem Ausgangszustand X_0 zum Zeitpunkt t_0 (Gesetzesverabschiedung oder weiter zurückliegender Referenzzustand) verstanden:

$$W_{\text{Soll}}(t_1) = X_{\text{Soll}}(t_1) - X_0(t_0) \ ;$$
$$W_{\text{Ist}}(t_1) = X_{\text{Ist}}(t_1) - X_0(t_0) \ .$$

Als Beispiel sei der Beschluß der Bundesregierung vom November 1990 genannt, den gesamtdeutschen Ausstoß des Treibhausgases Kohlendioxid (CO_2) von ca. 1000 Megatonnen (Mt) im Jahre $t_0 = 1990$ bis zum Jahr $t_1 = 2005$ um mindestens 25 Prozent (= 250 Mt) zu reduzieren[183]. Angenommen, es werde damit gerechnet, daß im Jahr 2005 noch 800 Mt emittiert würden. Es sind dann:

$$W_{\text{Soll}}(2005) = X_{\text{Soll}}(2005) - X(1990) = -250 \text{ Mt} \ ; \text{ also } -25\% \text{ bezogen auf } X(1990)$$
$$W_{\text{Ist}}(2005) = X_{\text{Ist}}(2005) - X(1990) = -200 \text{ Mt} \ ; \text{ also } -20\% \text{ bezogen auf } X(1990) \ .$$

Die antizipative Effektivität der Maßnahme ist dann:

$$E = W_{\text{Ist}}/W_{\text{Soll}} = -200 \text{ Mt}/-250 \text{ Mt} = 80\% \ .$$

Natürlich läßt sich diese Rechnung in gleicher Weise für eine tatsächliche Effektivität durchführen. Wie bereits angedeutet, ergibt sich eine etwas andere Aussagequalität, wenn die Zielvorgabe keine zeitliche Angabe enthält. Angenommen, das CO_2-Minderungsziel wäre zwar betragsmäßig, nicht aber zeitlich festgelegt wor-

---

[181] Vgl. Blankenburg (1986), S. 110 f.
[182] Siehe oben Teil 2: A.III.
[183] Zwar kommt diesem Beschluß keine Gesetzeskraft zu, er stellt aber wegen seiner klaren Zielvorgabe ein illustratives Beispiel dar.

den. Würden die Emissionen nun beispielsweise bis zum Jahr 2010 um 25 Prozent reduziert, so hieße das eine hundertprozentige Zielerreichung. Im Ursprungsbeispiel wäre diese Angabe nicht zulässig, da sich das Minderungsziel auf das Jahr 2005 bezieht und somit eine etwaige spätere Reduktion nicht mehr betrachtet würde.

Wurden in einem Gesetz (oder auch in seiner Begründung[184]) derart eindeutige Zielvorgaben getroffen und sind die entsprechenden Daten über den Ist- und Ausgangszustand verfügbar, so ist die Analyse der Zielerreichung, wie gesehen, problemlos möglich.

4. Objektive und subjektive Indikatoren

Die Frage, ob der symbolische Charakter von Gesetzgebung und damit die antizipative Effektivität in symbolisch-politischer wie in rechtsnormativ-sachlicher Hinsicht eher „objektiv" oder „subjektiv" bestimmt werden soll, ist in der rechtssoziologischen Literatur umstritten. „Objektive" Befunde zielen darauf ab, was der Gesetzgeber aus der Perspektive eines externen Beobachters hätte wissen und annehmen können; „subjektive" Befunde geben wieder, was die verantwortlichen Akteure tatsächlich wußten und annahmen. Kindermann konstatiert:

> Von symbolischer Gesetzgebung darf gesprochen werden, wenn es den verantwortlichen Akteuren bei der Beschlußfassung des Gesetzes um die symbolische Dimension der intendierten Regelung ging oder sie doch zumindest in Kenntnis dieser Dimension handelten. (...) Der Absicht des Gesetzgebers kommt danach eine Schlüsselfunktion zu[185].

Demgegenüber heißt es bei Hassemer:

> Meistens schweigt der Gesetzgeber über seine Absichten, häufig verschleiert er sie, und durchweg ist er sich über seine Intentionen selber nicht im klaren. (...) Man sollte die Begriffsbestimmungen deshalb objektiv fundieren: statt auf „Erwartung" auf „Erwartbarkeit", statt auf Intentionen der Gesetzeswirkung auf das Vorhandensein objektiver Voraussetzungen und auf Wahrscheinlichkeiten einer Wirkung abstellen[186].

Der Streit um die „richtige" Perspektive soll an dieser Stelle nicht entschieden werden. Beide weisen möglicherweise spezifische Vorteile auf, die es auszunutzen gilt. Daher werden in dieser Arbeit kumulativ sowohl „objektive" als auch „subjektive" Indikatoren herangezogen. Es sei vorweggenommen, daß insbesondere die gegenüber der subjektiven Perspektive vorgetragenen methodischen Zweifel nicht bestätigt werden konnten: Die durchgeführten persönlichen Beteiligteninterviews haben grundsätzlich gezeigt, daß es möglich ist, gesetzgeberische Intentionen plausibel zu ermitteln.

---

[184] Zur Wahl einer geeigneten Quelle der einschlägigen Zielvorgabe siehe Teil 2: E.II.1.a).
[185] Kindermann (1988), S. 225.
[186] Hassemer (1989), S. 555.

Die Operationalisierung der objektiven und subjektiven Aspekte der einzelnen Variablen impliziert eine gewisse Strukturierungs-Asymmetrie, die aus der Differenz von externem Beobachter und beobachtetem Akteur resultiert. Während die für den externen Beobachter „objektiv" erkennbaren Teildimensionen einer Variable hier in entsprechender Differenziertheit dargestellt werden können, ist dies für die nur „subjektiv" von den jeweiligen Akteuren wahrgenommenen Differenzierungen nicht möglich. Sie werden erst über Befragungen und dann – schon aus Gründen der „Forschungsökonomie" (insbesondere Zeitknappheit) – nur unvollständig erfaßt und können im voraus lediglich grob vorstrukturiert werden. Der Erörterung der objektiven Aspekte gebührt daher im folgenden der Schwerpunkt der Ausführungen.

II. Antizipative rechtsnormativ-sachliche Effektivität (ARSE)

Die ARSE ist als Dimension symbolischer Gesetzgebung eine empirische Variable. Ihre Meßbarkeit setzt zunächst voraus, daß sich die Frage der Wirksamkeit bzw. Unwirksamkeit eines Gesetzgebungsvorhabens überhaupt stellt. Dies ist erst mit der Eröffnung einer sachlichen Problemdimension gegeben: Es muß zumindest die logische *Möglichkeit* der instrumentellen Steuerung erkennbar sein, d. h. es muß überhaupt ein gesellschaftliches *Problem* im Sinne einer Abweichung des Ist-Zustandes zu dem durch das Normziel definierten Soll-Zustand vorliegen.

1. Objektive Indikatoren für die ARSE

Objektive Indikatoren der antizipativen rechtsnormativ-sachlichen Effektivität (ARSE) messen die zu erwartende Effektivität einer gesetzgeberischen Maßnahme, wie sie sich bei juristischer Auslegung des Gesetzes und unter Heranziehung der zum Zeitpunkt der Gesetzesverabschiedung der Fachöffentlichkeit zugänglichen Informationen über Problemzustand und Wirkungsmechanismen im zu regelnden Problemfeld[187] darstellt.

Die Frage lautet also: Wie effektiv wird eine Regelung aller Voraussicht nach sein? Hierzu soll der Begriff rechtsnormativ-sachlicher Effektivität analytisch in verschiedene Ebenen der Zielkonkretisierung untergliedert werden. Zweierlei Arten von Information sind dabei grundsätzlich nötig: Auf der Sachebene wird eine natur- bzw. sozialwissenschaftliche Vorstellung (ein Modell) über die Wirkung der Regelung benötigt, etwa – um bei dem Kohlendioxid-Beispiel[188] zu bleiben – eine

---

[187] Beispielsweise Informationen darüber, inwieweit ein Grenzwert von $X \mu g$ Ozon für den Umweltschutz relevant ist, welche Reduktion an Ozon durch Fahrverbote inkl. der vorgesehenen Ausnahmen tatsächlich zu erwarten ist usw.

[188] Allerdings ist das CO_2-Minderungsziel der Bundesregierung keine Regelung, sondern nur eine Zielvorgabe, zu deren Umsetzung keine Rechtsnorm erlassen wurde; um ebendies

E. Empirische Kriterien für symbolische Gesetzgebung 67

begründete Abschätzung über den deutschen CO_2-Ausstoß im Jahre 2005. Um die Effektivität im natur- bzw. sozialwissenschaftlichen Sinn abschätzen zu können, muß auf der Ebene der Rechtsnormativität – dies ist die zweite Art von Information – klar sein, mit welcher Art von Maßnahmen und mit welcher Rechtsverbindlichkeit das Ziel erreicht werden soll. Es muß also geprüft werden, inwieweit die Regelung überhaupt zur Zielerreichung geeignet ist[189].

In den meisten Fällen stellt der Gesetz- oder Verordnungsgeber eine mehr oder weniger explizite Zielhierarchie[190] auf, die von einem übergeordneten politischen Ziel über konkretisierende Zwischenziele bis gegebenenfalls hinunter zu Kontroll- und Sanktionsmöglichkeiten bei Nichtbefolgung reicht[191]. Dabei läßt sich „jedes abstrakte Oberziel (...) in Unter-Ziele und Unter-Unter-Ziele aufspalten, die ihrerseits zugleich Mittel auf dem Wege zur Verwirklichung des höherrangigen (Zwischen-)Zieles sind. Die Unterscheidung in Zweck und Mittel hat daher nur die relative Bedeutung einer abgestuften Skala"[192]. Diese kann bei komplexen Problemstellungen sehr ausdifferenziert, bei simplen auch stark verkürzt ausfallen. Sie erstreckt sich oft über mehrere Normebenen (etwa: parlamentarisches Gesetz – Rechtsverordnung – Verwaltungsvorschrift), muß es aber nicht[193].

Für die hier vorzunehmende Analyse von Gesetzgebungsvorhaben im Umweltverwaltungsrecht wurde ein Fünf-Ebenen-Modell, wie in Abb. 4 dargestellt, gewählt[194]. Die vergleichsweise große Zahl von Abstufungen soll gewährleisten, daß keine wesentlichen Zwischenziele vernachlässigt werden; eher wird in Kauf genommen, daß die eine oder andere Ebene bei der empirischen Analyse eines Gesetzes gar nicht auftaucht.

Durch den Soll-Ist-Vergleich der verschiedenen Ebenen gelangt man zu einer um eins geringeren Zahl von Indikatoren. Sie ermöglichen eine differenzierte Analyse der ARSE dahingehend, daß deutlich wird, an welcher Stelle der Zielkonkretisierung möglicherweise Ineffektivitäten bestehen. Diese können sich darin zeigen,

---

zu verhindern, ist die deutsche Industrie 1996 eine Selbstverpflichtung mit einer vergleichbaren Zielsetzung eingegangen; vgl. Lübbe-Wolff (2000a), S. 47 f.

189 Aus Sicht der Rechtsadressaten bedeutet die Geeignetheit der Regelung dasselbe wie Erfüllbarkeit durch die Normadressaten.

190 Vgl. Zeh (1984), S. 44 f. m. w. N.

191 Einer der Gründe für die Bevorzugung von Zielhierarchien im Gegensatz zu einzelnen, direkt umsetzbaren Regelungen liegt in der zeitlichen Flexibilisierung: Die hierarchisch höchste Norm ist gewöhnlich die am schwersten änderbare. Mit den verschiedenen Hierarchieebenen korrespondieren somit unterschiedliche Zeithorizonte der Geltung bzw. umgekehrt der Änderbarkeit. Vgl. Kirste (1998), S. 370 f. m. w. N.

192 Schulze-Fielitz (1988), S. 427; vgl. auch Zeh (1984), S. 47.

193 Zum Problem der Ermittlung gesetzgeberischer Ziele siehe ausführlich Zeh (1984), S. 43 ff.

194 Andere Einteilungen sind ebenso denkbar; so diskutiert etwa Blankenburg (1986), S. 110 f.) ein Drei-Ebenen-Modell; Salzwedel (1985, S. 27 ff.) behandelt ebenfalls drei Ebenen möglicher Ineffektivität (dort als Vollzugsdefizite i. w. S. bezeichnet).

daß die gesetzten Ziele ungenügend in materielles Recht umgesetzt wurden, aber auch darin, daß das materielle Recht zwar geeignet ist, aber entsprechende Kontroll- und Sanktionsmöglichkeiten fehlen; und schließlich kann ein Gesetz erst dann effektiv werden, wenn abzusehen ist, daß seine diversen Bestimmungen auch tatsächlich eingehalten werden.

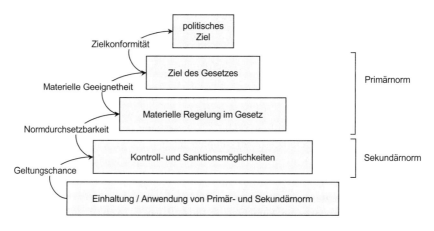

Abb. 4: Zielhierarchie und Ebenen der Analyse antizipativer rechtsnormativ-sachlicher Effektivität (ARSE)

Die Stufen der „Pyramide" stellen die gesetzgeberischen Ziele, Unterziele – untergliedert in Primär- und Sekundärnorm – und Mittel dar. Aus dem Vergleich zweier angrenzender Stufen ergibt sich jeweils ein Indikator für die ARSE, hier auf der linken Seite dargestellt. Zur Unterscheidung von Primär- und Sekundärnorm vgl. Abschnitt b).

a) Zielkonformität

Die oberste Ebene der Effektivitätsanalyse ist der Abgleich des Gesetzesziels (soweit vorhanden) mit dem für die rechtsnormativ-sachliche Effektivität maßgeblichen Regelungszweck. Ist die Zielvorgabe nicht – wie etwa beim CO_2-Beispiel – eindeutig vorgegeben, so liegt der erste Schritt darin zu klären, welcher Regelungszweck überhaupt maßgeblich ist. Da Gesetzgebung, wie oben geschildert, hier im Kontext des gesamten politischen Prozesses zu sehen ist, müssen die im Gesetzgebungsverfahren von seiten der staatlichen Akteure geäußerten Zielsetzungen miteinbezogen werden. Oft sind diese weitaus konkreter als die im Gesetz normativ verankerten Ziele[195] und werden von den Normadressaten und / oder -rezipienten[196] über die entsprechende Presseberichterstattung in weitaus stärkerem Maße wahrgenommen als der tatsächliche Gesetzestext. So weist Zeh darauf hin, daß es förderlich für die Ziele eines Gesetzes sein kann, „wenn diese als solche – also

---

[195] So dezidiert die Einschätzung bei Hugger (1979), S. 209.
[196] Zum Begriff des *Rezipienten* vgl. Teil 2: E.III.

nicht ihre Formulierung im Gesetzestext, sondern ihr Inhalt – in der Öffentlichkeit bekannt sind und (...) diskutiert werden"[197]. Die öffentliche Bewertung eines Gesetzes – so die hier vorgenommene Unterstellung – orientiert sich stärker an den politischen Versprechungen als am Gesetzestext selbst. Ähnliches gilt für die Perspektive der politisch Verantwortlichen: „Die Frage der Wirksamkeit von Gesetzen bezieht sich auf ihre intendierten Ziele (...): Der Gesetzgeber kontrolliert den Erfolg seiner *Politik* und nicht nur die *Einhaltung von Gesetzen*"[198]. Es ist daher angebracht, die politische Zielsetzung an die Spitze der Hierarchie zu stellen.

Diese Vorgehensweise wirft freilich einige methodische Schwierigkeiten auf. Im Gegensatz zum schriftlich fixierten – wenngleich keineswegs immer unmißverständlichen und eindeutigen – Gesetzestext zeigt sich die politische Zielsetzung weniger homogen. „Politiker pflegen viel zu sagen"[199]. Es stellt sich also die Frage, welche Quellen hierzu herangezogen werden sollen. Als politische Zielsetzung mit bereits gewissem rechtsnormativem Charakter zählen zunächst die dem Gesetzesentwurf (bzw. den Entwürfen) beigegebenen Begründungen[200]. Sie haben den Vorteil, als parlamentarische Drucksachen allgemein zugänglich zu sein und vergleichsweise differenziert auf das zu regelnde Problemfeld einzugehen, werden jedoch, ähnlich wie der Gesetzestext selbst, von Nicht-Fachleuten, vor allem der Öffentlichkeit, wenig rezipiert. Als weitere Quellen kommen grundsätzlich alle im Zusammenhang mit dem Gesetzgebungsvorhaben stehenden Erklärungen der hierfür verantwortlichen staatlichen Akteure[201] in Frage. Dies sind zum einen die Regierung (namentlich das zuständige Ressort) und deren Sprecher bzw. Minister, Staatssekretäre, aber auch höhere (sog. „politische") Beamte; zum anderen (bei parlamentarischen Gesetzen) die Abgeordneten der Regierungsfraktion(en), na-

---

[197] Zeh (1986), S. 70.
[198] Blankenburg (1977), S. 40, Hervorhebung im Original.
[199] Hansjürgens (2000), S. 149. Nach Zeh (1984, S. 43) ist der „Wille des Gesetzgebers" so inhomogen, daß er für einen Soll-Ist-Vergleich nicht taugt, allein der Wille der Gesetze könne herangezogen.
[200] Gesetzesbegründungen nehmen in der Zielhierarchie gleichwohl eine Art Zwischenstellung ein: Einerseits manifestieren sie das politische Ziel, andererseits kommt ihnen bei der juristischen Auslegung (teleologische wie auch historisch-genetische Methode) eine gewisse rechtliche Bedeutung zu, die jedoch eher gering einzuschätzen ist. Problematisch erscheint, daß die in Gesetzesbegründungen getroffenen Formulierungen bereits den Charakter politischer Kompromisse tragen können, so daß die ursprünglich klaren politischen Ziele verwischt wurden; vgl. SRU (1978), Tz. 1642; Salzwedel (1985), S. 28 m. w. N.
[201] Gemeint ist also der „faktische" Gesetzgeber. Gesetzgeber ist qua Verfassung nur das Parlament. Durch das im wesentlichen von der Regierung wahrgenommene Initiativrecht kommt letzterer für das tatsächliche Zustandekommen eine noch bedeutendere Rolle zu – vgl. nur Schulze-Fielitz (1988), S. 285, der das „faktische Gesetzeserarbeitungsmonopol der Ministerialbürokratie(n)" konstatiert. Der Komplex der tatsächlich politisch Beteiligten wird in der Literatur auch als „informeller" oder „materieller" Gesetzgeber bezeichnet (vgl. etwa Noll (1973), S. 44 ff.), wobei damit oft auch nicht-staatliche Institutionen einbezogen werden, die mit der hier gewählten Beschränkung auf politisch Verantwortliche explizit ausgeschlossen werden.

mentlich die Berichterstatter und sonstige Mitglieder der beauftragten Ausschüsse, und damit auch Oppositionspolitiker, denen oft – gerade im Hinblick auf die Verabschiedung zustimmungspflichtiger Gesetze – eine wichtige Vermittlungsrolle zukommt[202]. Im Einzelfall können auch weitere Akteure involviert sein. Im Rahmen dieser Arbeit kommen ausschließlich schriftliche Äußerungen der genannten Institutionen, Amtsinhaber bzw. Mandatsträger in Frage, wie sie sich aus Regierungserklärungen, Presseberichten usw. erschließen.

Der nächste Schritt in der Effektivitätsanalyse ist der Vergleich des politischen Ziels mit dem Ziel des Gesetzes, falls überhaupt eines in den Text aufgenommen wurde. Dies ist der Soll-Ist-Abgleich auf der höchsten Stufe: Inwieweit wurden die politischen Ankündigungen tatsächlich in das Gesetz übernommen? Inwiefern trägt das gesetzliche Ziel zur Umsetzung und Ausgestaltung des politischen Ziels bei? Falls etwa im Vorfeld der Gesetzesverabschiedung anspruchsvolle und konkrete Versprechungen gegeben wurden, die im Gesetz verankerte Zielformulierung aber deutlich vorsichtiger und dehnbarer ausfällt, liegt bereits eine Form antizipativer Ineffektivität vor. Zwar ist nicht auszuschließen, daß untergeordnete Ebenen – etwa die materiellen Reglungen im Gesetz – stärker als das Gesetzesziel zur Umsetzung der politischen Zielsetzung beitragen; gleichwohl scheint dies schon aus dem Grunde unwahrscheinlich, daß eine gesetzliche Zielsetzung immer als nächstliegender Auslegungsmaßstab herangezogen werden kann und so die rechtliche Wirksamkeit der materiellen Reglungen mit beeinflußt.

Die Ermittlung der Zielsetzung des Gesetzes ist oft nicht weniger schwierig als die der politischen Zielsetzung. Sie mag vage, teilweise in sich widersprüchlich oder auch gar nicht explizit angegeben sein[203] und muß dann im Wege juristischer (i. e. rechtsdogmatischer) Auslegung erst ermittelt werden. In diesem Falle kann die Effektivität höchstens so genau wie die Bestimmung des Gesetzesziels angegeben werden. Dies gilt im übrigen ebenso für die folgenden Ebenen der Effektivitätsanalyse, in denen eine juristisch zu ermittelnde Zielsetzung als Soll oder als Ist von Belang ist. Stellt sich die Rechtslage (rechtsdogmatische Perspektive) beispielsweise sehr unklar dar, kann schwerlich von einem scharf definierbaren Soll (rechtssoziologische Perspektive) gesprochen werden[204].

Das Ergebnis dieses Vergleiches zwischen Soll (politisches Ziel) und Ist (Gesetzesziel), die Zielkonformität, wird in den wenigsten Fällen eine quantifizierbare Quote liefern, da der Ist-Wert meist nicht exakt genug angegeben ist. Dennoch ist dieser Vergleich von Relevanz für das hier verfolgte Forschungsinteresse, zeigt er

---

[202] Vgl. von Beyme (1997), S. 196.

[203] Vgl. Hellstern / Wollmann (1978), S. 160. Zur Differenz offiziell verkündeter und „wirklicher" Zielsetzungen siehe auch Brandt (1999), S. 28 ff.

[204] Aufgabe der vorliegenden rechtssoziologischen Analyse kann es freilich nicht sein, eigene rechtsdogmatische Aussagen zu treffen; sie nimmt nur die Rechtslage in Literatur und Rechtsprechung zur Kenntnis. Im Falle gravierender Meinungsstreits müßte dann etwa eine bestimmte Position als Referenz herangezogen werden; die Gültigkeit der darauf aufbauenden Effektivitätsanalyse ist dann jedoch eingeschränkt.

doch, inwieweit politische Proklamationen tatsächlich in das Gesetz aufgenommen bzw. im Laufe der politischen Kompromißfindung gegebenenfalls abgeschwächt (oder gar verstärkt) werden. Die Zielkonformität mag daher sowohl qualitative als auch quantitative Züge tragen; ihre konkrete Operationalisierung wird im Zuge der Analyse der Fallbeispiele erfolgen.

b) Materielle Geeignetheit

Sowohl die politische Zielsetzung als auch das Gesetzesziel sagen noch wenig über den tatsächlich abzusehenden Erfolg einer Norm aus. Es stellt sich also als nächstes die Frage, inwieweit das Gesetzesziel – oder, wenn nicht vorhanden: das politische Ziel – durch die materiellen Rechtsvorschriften konkretisiert wird, ob also die durch das Gesetz eingesetzten Mittel tauglich sind, das verfolgte Ziel zu erreichen[205]. Insoweit sich die Norm – und das ist der Regelfall – an nicht-staatliche Rechtsadressaten wendet, wird sie als Verhaltens- oder *Primärnorm*[206] bezeichnet.

Abgesehen davon, daß auch diverse materielle Regelungen der juristischen Auslegung bedürfen (zumal wenn sie nicht auf fixen Grenzwerten, sondern auf unbestimmten Rechtsbegriffen wie „Stand der Technik" fußen), liegt der Schwerpunkt der Bestimmung des Indikators „materielle Geeignetheit" in der natur- bzw. sozialwissenschaftlichen Modellierung der voraussichtlichen Wirksamkeit der Regelung. Hierbei wird unterstellt, die Regelung sei rechtsgültig, d. h. rechtmäßig zustandegekommen und mit höherrangigem Recht vereinbar, und würde zu 100 Prozent befolgt bzw. angewendet. (Inwieweit die letztgenannte Annahme zutrifft, ist dann

---

[205] Häufig erfolgt die Konkretisierung des Gesetzesziels durch einen Übergang von finaler zu konditionaler Programmierung (vgl. N. Luhmann 1987, S. 88 ff., 227 ff.): Das Gesetzesziel legt einen zu erreichenden Zustand fest, der mit Wenn-dann-Klauseln erreicht werden soll. Beispiel: Ziel des § 40 Abs. 1 BImSchG („Verkehrsbeschränkungen") ist es, bei austauscharmen Wetterlagen ein „Anwachsen schädlicher Umwelteinwirkungen durch Luftverunreinigungen zu vermeiden oder zu vermindern"; als Mittel werden in entsprechenden Landesverordnungen (gem. der Verordnungsermächtigung des § 40 Abs. 1 BImSchG) Verkehrsbeschränkungen vorgesehen, wenn eine austauscharme Wetterlage vorliegt (konditionale Regelung). Der Einsatz von Konditionalregeln ist jedoch keineswegs zwingend. Gerade in den materiellen Regelungen des Umweltrechts wird oft darauf verzichtet. Speziell bei Emissions- oder Immissionsgrenzwerten geht es der Sache nach nicht um die Regulierung sporadisch auftretender „Tatbestände", sondern um die gezielte Beeinflussung bestehender oder abzusehender Zustände bzw. Entwicklungen. Die Formulierungen lauten beispielsweise im Immissionsschutzrecht regelmäßig: Anlagen sind so zu errichten und zu betreiben, daß Emissionen eines Schadstoffes x eine Konzentration von y nicht überschreiten. Es bleibt damit bei finaler Programmierung, die es dem Anlagenbetreiber überläßt, auf welche Weise er die vorgeschriebenen Grenzwerte erreicht.
[206] Davon unterschieden werden die Sanktions- bzw. *Sekundärnormen*, die sich an die staatliche Verwaltung richten. Vgl. hierzu etwa Weinberger (1988), S. 89; Neves (1998), S. 44 m. w. N.; Blankenburg (1986), S. 111. Vgl. auch Kelsen (1979), S. 115 f., der eine umgekehrte Terminologie vertritt.

Gegenstand der Indikatoren „Normdurchsetzbarkeit" und „Geltungschance"). Auf welche Weise diese Modellierung erfolgt, ist natürlich extrem fallabhängig, so daß dies hier nicht weiter erörtert wird[207]. Ein übergeordnetes Kriterium ist beispielsweise die Wirkungstiefe einer Regelung[208], d. h. ob lediglich nachsorgender Umweltschutz (geringe Wirkungstiefe, z. B. Abfallentsorgung) oder vorsorgender Umweltschutz mit hoher Wirkungstiefe (z. B. Abfallvermeidung) betrieben wird.

Bei vielen Gesetzen bzw. Normhierarchien kann weiter zwischen der eigentlichen materiellen Regelung und konkretisierenden ausführenden Vorschriften – oft in untergeordneten Rechtsnormen wie Rechtsverordnungen oder Verwaltungsvorschriften – unterschieden werden. Einige Normen enthalten auch Ausnahmen von einer generellen Regelung, Beweislastregeln und sonstige Verfahrensvorschriften, die nicht den Kern der eigentlichen Regelung betreffen. Oft genug kann das materielle Recht – gerade im Bereich des Umweltschutzes – auch durch das *Fehlen* ausführender Vorschriften keine Wirksamkeit erlangen[209]. Auch mit reinen Durchführungsbestimmungen können – quasi durch die „Hintertür" – materielle Einschränkungen einhergehen[210].

c) Normdurchsetzbarkeit

Entscheidendes Kriterium für die sachliche Effektivität von Gesetzen – besonders im Umweltbereich – ist die Existenz effektiver Kontroll- und Sanktionsmöglichkeiten. Hierbei handelt es sich um Sekundärnormen[211], die an die staatliche Verwaltung gerichtet sind.

Im Umweltverwaltungsrecht steht und fällt der Erfolg einer Regelung oft damit, daß die zuständige Aufsichtsbehörde geeignete Befugnisse und Pflichten besitzt, um die Einhaltung bestimmter Grenzwerte oder sonstiger Ge- bzw. Verbote zu kontrollieren. Typischer Fall wenig effektiver Kontrollvorschriften sind Ermessensbestimmungen, nach denen die Verwaltung zur Kontrolle nicht verpflichtet ist, was – aus den verschiedensten verwaltungsinternen Gründen[212] – zu einer starken Vernachlässigung der entsprechenden Befugnis führen kann[213]. Ein anderer Fall ist

---

[207] Als Beispiel sei noch einmal auf den § 40 BImSchG zurückgekommen: Die naturwissenschaftlich zu klärende Frage würde lauten, inwieweit Verkehrsbeschränkungen tatsächlich geeignet sind, ein „Anwachsen schädlicher Umwelteinwirkungen zu vermeiden oder zu vermindern".

[208] Ausführlich hierzu v. Prittwitz (1990), S. 54 ff.

[209] Vgl. nur Lübbe-Wolff (1993), S. 385. Besonders hiervon betroffen scheint das Abfallrecht, das es auf gesetzlicher Ebene in materieller Hinsicht oft bei bloßen Verordnungsermächtigungen beläßt, von denen lange Zeit kein Gebrauch gemacht wird.

[210] Vgl. Lübbe-Wolff (1993), S. 386; Lübbe-Wolff (2000a), S. 44.

[211] Vgl. zur Terminologie Blankenburg (1986), S. 111; Rottleuthner (1981), S. 106; Blankenburg (1977), S. 38.

[212] Siehe hierzu näher die Diskussion der Geltungschance.

E. Empirische Kriterien für symbolische Gesetzgebung   73

der, daß die Verwaltungsbehörden zwar bestimmten Pflichten unterliegen, diese aber nicht von dritter Seite eingeklagt werden können[214].

Auch eine regelmäßig stattfindende Kontrolle kann dennoch unwirksam bleiben, wenn die Norm mangels strenger Sanktionsmechanismen nicht eingehalten wird. So mag etwa ein Verkehrsverbot bei Smogalarm zwar von der Polizei kontrolliert werden; solange für den Verstoß keine Geldbuße droht, besteht die Gefahr, daß ein großer Teil der Normadressaten sich nicht an das Verbot hält[215].

Die Quantifizierung der Normdurchsetzbarkeit bringt einige Schwierigkeiten mit sich. Sie bestehen vor allem darin, daß unterstellt wird, eine sanktionsbewehrte, streng kontrollierte Norm erwirke eine höhere Befolgung als eine sanktionslose und nicht kontrollierte[216]. Dies ist aber eine Hypothese, deren Gültigkeit in hohem Maße vom Einzelfall abhängt. So steht zu vermuten, daß eine für die Normadressaten ohne große Umstände erfüllbare Regelung auch ohne strenge Kontrollmöglichkeiten eingehalten wird[217], während eine schwer erfüllbare bzw. mit Nachteilen für die Adressaten verbundene Regelung ohne Kontrollmöglichkeit vermutlich weniger gut eingehalten wird[218]. So kann eine völlig sanktionslose Norm unter Umständen durchaus zu 100 Prozent effektiv sein, während bei einer anderen das Fehlen von Sanktionsmöglichkeiten die an sich potentiell wirkungsvollen materiellen Regelungen vollkommen ineffektiv werden läßt. Entscheidend ist also eine plausible Annahme für den Einzelfall, wie sie mit den zum Zeitpunkt der Gesetzesverabschiedung verfügbaren Informationen möglich ist. Dabei ist auch zu berücksichtigen, daß solche Normen, die direkt auf das Verhalten von Einzelpersonen abstellen (wie etwa die Gurttragepflicht), oft einem gewissen Gewöhnungseffekt unterliegen, so daß nach einer gewissen Zeit notwendiger Kontrolle die Norm freiwillig befolgt wird und die Kontrolle sich erübrigt.

d) Geltungschance

Die Geltungschance[219] einer Norm bezeichnet deren antizipative Verhaltensgeltung[220]. Diese setzt sich zusammen aus der Befolgung der Primärnorm durch die

---

213 Lübbe-Wolff (2000a, S. 34 ff.) spricht in diesem Fall vom „erlaubte[n] Nichtvollzug: Recht, das seine eigene Durchsetzung nur eingeschränkt gebietet". Vgl. auch Lübbe-Wolff (1993), S. 388 („Soft-Law-Charakter des Umweltrechts").
214 Lübbe-Wolff (2000a, S. 36) nennt das Beispiel bestehender Industrieanlagen, für deren Sanierung die TA Luft den Behörden zwar klare Zeitvorgaben gibt, die aber bei Nichteinhaltung von niemand eingeklagt werden können.
215 Vgl. Diekmann (1980), S. 98; Krüger (1999), passim.
216 Hierzu ausführlich Diekmann (1980), S. 34, 144 ff.
217 Röhl (1999), S. 430.
218 Vgl. die in Fn. 240 (S. 137) erwähnte „Niedrigkosten"-Hypothese.
219 Vgl. Fn. 63.
220 Vgl. etwa Röhl (1999), S. 432.

Normadressaten sowie dem Vollzug von Primär- und/oder Sekundärnorm durch die staatliche Verwaltung. Unter Primärnorm werden hier die materielle Regelung sowie die Ausführungsvorschriften, unter Sekundärnorm die Kontroll- und Sanktionsmöglichkeiten verstanden. Der staatliche Vollzug selbst kann auf drei grundsätzlich unterschiedlichen Ebenen Ineffektivitäten (Vollzugsdefizite[221]) aufweisen, wie Abb. 5 schematisch verdeutlicht.

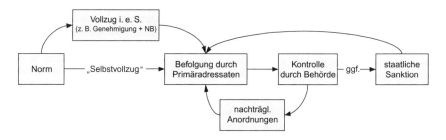

Abb. 5: Elemente des Normvollzuges. **NB:** Nebenbestimmungen

Die erste Ebene betrifft den Normvollzug im engeren Sinne, d. h. die Maßnahmen der Verwaltung, die nötig sind, damit die Norm überhaupt eingehalten werden kann. Typische Beispiele sind die Genehmigung von Anlagen mit entsprechenden Nebenbestimmungen gemäß BImSchG oder der Erlaß nachträglicher Anordnungen zu deren Betrieb, die Abwägung von Umweltschutzbelangen im Rahmen staatlicher Planungen oder die Ausrufung von Verkehrsverboten bei Smog-Alarm. Die Spanne möglicher Ineffektivitäten reicht dabei von einer defizitären Berücksichtigung von Umweltschutzgütern bis zum Nichthandeln etwa durch das Unterlassen nachträglicher Anordnungen oder der Bekanntgabe von Verkehrsverboten. Allerdings bedarf nicht jede umweltrechtliche Norm des Verwaltungsvollzuges[222]. So wird etwa die GFAnlV, eine der wichtigsten umweltrechtlichen Regelungen, als „selbstvollziehend" bezeichnet, da sie bereits hinreichend präzise Anweisungen (Ausrüstung von Feuerungsanlagen mit bestimmten Filtereinrichtungen zur Erzielung gewisser Schadstoff-Grenzwerte) an die Primäradressaten enthält[223]. Die zweite Ebene umfaßt alle Arten von Kontrolltätigkeiten. Hierzu zählen beispielsweise die Überwachung bestehender Anlagen oder die Kontrolle der Einhaltung von Verkehrsverboten. Die letzte Ebene schließlich betrifft die Sanktionierung festgestellter Normverstöße von seiten der Primäradressaten[224]. Auch hier kann es

---

[221] Siehe hierzu näher Hucke/Wollmann (1994), Sp. 2694 ff., insbesondere die Beispiele (Sp. 2697 f.); ferner Ule/Laubinger (1978), S. B14. Siehe auch: Lübbe-Wolff (2000a), S. 28 ff.; Lahl (1993).

[222] Anders Lübbe-Wolff (2000a), S. 29.

[223] Ausführlich unten Teil 4: D.IV.1.a).

[224] Mit Primäradressaten sind die Adressaten der Primärnorm, also typischerweise Unternehmen, Autofahrer usw., gemeint.

E. Empirische Kriterien für symbolische Gesetzgebung

zu Ineffektivitäten kommen, wenn nur ein Teil der Verstöße tatsächlich (als Ordnungswidrigkeit oder als Straftat) geahndet wird[225].

Relevante Größe für die Geltungschance einer Norm ist hier aber nur der Grad der Befolgung der Primärnorm[226]. Anders als von Geiger[227] vorgeschlagen, gehen die Fälle geahndeter Normverstöße damit nicht unmittelbar in die Effektivitätsquote ein, da sie zwar zur Aufrechterhaltung der Rechtsgeltung der Norm beitragen mögen, nicht aber direkt zu ihrer sachlichen Wirksamkeit[228]. Die antizipative Nichtsanktionierung führt daher zu Abzügen bei der Geltungschance; ob eine hohe antizipative Sanktionierungsquote einen positiven Einfluß auf die Geltungschance – etwa im Sinne einer präventiven Wirkung auf die Normadressaten[229] – ausüben kann, hängt von den norm- und regelungsfeldspezifischen Gegebenheiten ab.

Zusammenfassend ist der Indikator „Geltungschance" also, ausgehend vom antizipativen Vollzugsverhalten der staatlichen Behörden, ein Maß für den Grad, in dem die Primäradressaten die Norm voraussichtlich befolgen werden. Die Beantwortung wird im wesentlichen auf einer Abschätzung aufgrund bisheriger Erfahrungen mit der Einhaltung und dem Vollzug ähnlicher Normen beruhen[230]. Speziell bei Novellierungen spielt es eine Rolle, ob das bisherige Recht überhaupt angewendet wird; falls nicht, ist die Chance, daß die neue Rechtslage akzeptiert wird, noch geringer[231].

e) Zusammenfassung

Wie verhalten sich nun die aufgeführten Indikatoren zur gesamten objektiven ARSE, bzw. wie läßt sich letztere aus den ersteren ableiten? Eine hohe objektive ARSE setzt voraus, daß auf allen Ebenen Effektivität gegeben ist, daß also alle In-

---

[225] Zur Duldung rechtswidrigen Verhaltens im Bereich des Umweltrechts vgl. Schulte (1995), S. 48 ff.

[226] Abweichend sieht Voß (1989), S. 48 f. – zumindest für das Strafrecht – in der Normbefolgung einen „verfehlten Wirksamkeitsmaßstab", da die Übertretung von Rechtsnormen vielmehr deren Notwendigkeit signalisiere und zugleich die einzige Chance biete, das Gesetz zu verifizieren.

[227] Vgl. Th. Geiger (1964), S. 70 f.

[228] Eine andere Konstellation findet sich bei sog. „ökonomischen" Lenkungsabgaben (Abwasser-, Sonderabfallabgabe): Hier besteht die „Sanktion" in der zu zahlenden Abgabe, gleichzeitig wird das Abgabenaufkommen zweckgebunden zur Erreichung des jeweiligen Normziels verwendet, so daß sowohl „normkonformes" Verhalten (Verringerung des Schadstoffeintrags in Gewässer bzw. des Sonderabfallaufkommens) als auch „normabweichendes", sanktioniertes Verhalten (höhere Umweltbelastung, dafür Zahlung der Abgabe) zur Zielerreichung beiträgt.

[229] Röhl (1999), S. 431.

[230] Darauf, daß dies nur selten zuverlässig gelingt, weist Schmidt-Eichstaedt (1999, S. 622) hin.

[231] Salzwedel (1985), S. 28.

dikatoren hohe Werte annehmen. Unter der Annahme, daß – in idealisierter Weise – ein klarer, hierarchischer Normaufbau zugrundegelegt wird, in dem jedes der genannten „Mittel" bzw. „Unter-Ziele" streng genommen nur das unmittelbar vorgelagerte Ober-Ziel konkretisiert, müssen die einzelnen Indikatoren multiplikativ[232] miteinander verknüpft werden. D. h. beispielsweise, daß der Indikator „Geeignetheit der Detailregelungen" sich nur auf die „materielle Geeignetheit" bezieht und dessen Effektivität einen gewissen prozentualen Anteil an der durch die „materielle Geeignetheit" ausgedrückten Effektivität bildet. Mathematisch idealisiert läßt sich die ARSE daher wie folgt definieren:

$$\text{ARSE (objektiv)} = \text{Zielkonformität} \times \text{materielle Geeignetheit} \times \text{Normdurchsetzbarkeit} \times \text{Geltungschance},$$

wobei sowohl die ARSE als auch jeder der Indikatoren intervallskalierte Werte zwischen 0 und 1 bzw. 0 und 100 Prozent annehmen kann. Wird beispielsweise auf jeder Ebene eine Effektivität von 80 Prozent erreicht, so beträgt die gesamte antizipative Effektivität lediglich 33 Prozent. Aus dieser Berechnungsweise folgt insbesondere auch, daß die ARSE nur dann 100 Prozent betragen kann, wenn alle Indikatoren diesen Wert aufweisen. Andererseits genügt es, daß nur ein Indikator den Wert null besitzt, also völlige Ineffektivität indiziert, damit die gesamte objektive ARSE auf null schrumpft. Bildlich gesprochen ist also die gesamte Zielhierarchie nur so stark wie das schwächste Glied ihrer Kette.

Jedem Indikator wird ein Wert auf der Skala 0 – „gering" (25 Prozent) – „mittel" (50 Prozent) – „hoch" (75 Prozent) – 100 Prozent zugeordnet. Zugegebenermaßen können die Indikatorwerte nur *ad hoc* geschätzt werden, da ein absoluter Maßstab in aller Regel nicht zur Verfügung steht. Insofern kommt deren Quantifizierung vor allem ein *illustrativer Charakter* zu.

Allerdings wird sich in der Praxis das Modell in dieser Stringenz nicht durchhalten lassen. Wie bereits erwähnt, muß beispielsweise das Fehlen jeglicher Kontroll- und Sanktionsmöglichkeiten – und damit eine Normdurchsetzbarkeit, die gleich null ist – nicht zwingend zu einer völligen Nichtbeachtung der Norm seitens der Rechtsadressaten führen. Weiterhin kann eine Abschätzung der ARSE auch durch zeitliche Verzögerungen erschwert werden. Gerade bei einer stark verschachtelten Normhierarchie können bis zur erfolgten Umsetzung Jahre verstreichen. Damit wäre ein weiterer Indikator für Ineffektivität gegeben, der sich allerdings schwer im voraus abschätzen läßt.

2. Subjektive Indikatoren für die ARSE

Die subjektive Perspektive der ARSE bezieht sich auf die Erwartungen und Einschätzungen des Gesetzgebers zur Effektivität der zu verabschiedenden Maßnah-

---

[232] Vgl. zur Bildung multiplikativer Indizes vgl. Schnell / Hill / Esser (1999), S. 166.

me. Methodisch werden damit die *Meinungen* von am Gesetzgebungsverfahren beteiligten Personen („Experten") über persönliche Interviews erfaßt[233].

Wünschenswert für die Vergleichbarkeit der subjektiven und der objektiven Indikatoren wäre es, wenn sich diese jeweils völlig entsprechend konstruieren ließen. Angesichts der begrenzten Zeit[234], die für ein Beteiligten-Interview jeweils zur Verfügung stand, und der Vielzahl von Themen, die behandelt wurden, war es jedoch nicht möglich, eine dem Set objektiver Indikatoren vergleichbare Stringenz und Differenziertheit für die subjektive Perspektive der Befragten zu erzielen.

Gleichwohl lassen sich drei subjektive Indikatoren, die auf unterschiedlichen Ebenen der Zielhierarchie ansetzen, angeben. Auskunft über die Problemsicht der befragten Akteure gibt der Indikator *Handlungsbedarf*. Hier wird danach gefragt, inwieweit die jeweils angestrebte Regelung für notwendig und sinnvoll erachtet wurde. Der Indikator intendierte *rechtsnormativ-sachliche Zielsetzung* untersucht, was mit dem Gesetz erreicht werden sollte. Einen dritten Indikator bilden die Aussagen der Interviewten zur *intendierten und antizipieren rechtsnormativ-sachlichen Effektivität* aus der Ex-ante-Sicht zum Zeitpunkt der Gesetzesberatungen.

III. Antizipative symbolisch-politische Effektivität (ASPE)

Während die ARSE die intendierte und absehbare Steuerungsfähigkeit von Gesetzgebung mit Blick auf das verkündete rechtsnormativ-sachliche Ziel beschreibt, bezeichnet die ASPE die intendierte und absehbare Steuerungsfähigkeit mit Blick auf nicht verkündete, symbolisch-politische Zielsetzungen. Während das rechtsnormativ-sachliche Ziel eines Gesetzgebungsvorhabens beispielsweise (vorgeblich) in einer Verringerung der Umweltbelastung besteht, mag auf symbolischer Ebene eine Beschwichtigung der Bevölkerung und Verbesserung der Popularitätswerte der staatlichen Akteure angestrebt werden (vgl. Tab. 3).

Beide Dimensionen der Gesetzgebung bezwecken eine Verhaltenssteuerung sozialer Akteure. Während die Steuerungssubjekte bezogen auf den sachlichen, rechtsnormativen Zweck die Rechts- bzw. Normadressaten im juristischen Sinne[235] darstellen, richten sich die symbolischen Intentionen in der Regel an diejenigen sozialen Akteure, welche die Gesetzgebung – unabhängig von ihrer Adressatenstellung – zur Kenntnis nehmen und bei denen die symbolische Wirkung eintreten

---

233 Zu dieser Methodik näher Teil 4: A.II.
234 Vgl. ebenso Teil 4: A.II.
235 Im Bereich des Umweltverwaltungsrechts ist der Rechtsadressat meist die vollziehende Verwaltung. Die eigentliche Steuerungsintention bezieht sich jedoch meist auf die Rechtsadressaten der Verhaltensnorm, also auf Bürger, Industrieunternehmen, Autofahrer usw., die im folgenden ebenfalls allgemein als Adressaten bezeichnet werden (vgl. auch Abb. 5 auf S. 74.

soll[236]. Letztere sollen daher im Gegensatz zu den Adressaten als *Rezipienten* der Gesetzgebung bezeichnet werden (siehe zur Illustration nochmals Tab. 3).

Tabelle 3
Beispiele für rechtsnormativ-sachliche und symbolisch-politische Aspekte von Umweltgesetzgebung

	Ist-Zustand bei Gesetzesverabschiedung	Steuerungssubjekte	Soll-Zustand (antizipative Wirkungen)
rechtsnormativ-sachliche Dimension (offizielle Zwecksetzung)	– hohe Umweltbelastung, – unklare Rechtslage, – internationale Verpflichtungen	– Norm*adressaten*: Industrie, Autofahrer, Behörden	– niedrige Umweltbelastung – klare Rechtslage
symbolisch-politische Dimension (nicht offizielle Zwecksetzung)	– negative Presseberichterstattung – schlechte Umfrageergebnisse für Regierung wegen Tatenlosigkeit im Umweltschutz – starker politischer Handlungsdruck	– Norm*rezipienten*: Umweltverbände, allgemeine Öffentlichkeit, parlamentarische Opposition	-- *De-Thematisierung*[237] – höhere Popularitätswerte – Reduzierung des Handlungsdrucks

Methodisch ergeben sich für die Messung der ASPE weitaus größere Schwierigkeiten als bezüglich der ARSE. Während sich die rechtsnormativ-sachlichen Zwecke aus den verschiedensten Äußerungen und schriftlichen Dokumenten ausmachen lassen, existiert derlei für die symbolischen Zwecke in aller Regel nicht. Es liegt daher in der Natur der Sache, daß die symbolisch-politische Dimension weniger exakt faßbar und quantifizierbar ist als die rechtsnormativ-ökologische. Dennoch soll der Versuch einer Operationalisierung unternommen werden. Das Vorgehen entspricht weitgehend dem der Bestimmung der ARSE; wiederum werden die objektive und die subjektive Seite, also die Erwartbarkeit und die Erwartung entsprechender Wirkungen untersucht.

---

[236] So auch Kindermann (1989), S. 258: „Die Analyse aber zeigt, daß symbolische Gesetzgebung nicht an diejenigen adressiert ist, die im herkömmlichen Sinn die Klasse der Rechtsadressaten bilden und daß sie das Verhalten ihrer Adressaten auf nicht-rechtliche Weise zu steuern versucht."
[237] Hierzu Sarcinelli (1989), S. 302.

1. Objektive Indikatoren für die ASPE

Ausgangspunkt der Betrachtung der objektiv antizipativen symbolisch-politischen Effektivität eines Gesetzgebungsvorhabens ist die erwartbare Verringerung einer (oder mehrerer) Soll-Ist-Differenz(en) politisch relevanter Größen. Die Beobachtung dieses Indikators – und das heißt auch: der symbolischen Dimension überhaupt – setzt also zunächst eine politisch relevante Soll-Ist-Differenz voraus[238]. Läßt sich keine solche finden, kann schwerlich von symbolischer Gesetzgebung gesprochen werden.

Neben den oben erwähnten Schwierigkeiten, die ASPE zu messen, besteht zusätzlich ein konzeptuelles Problem: Es ist von vornherein nicht klar, nach welchen Zweckrichtungen überhaupt zu suchen ist. Die Zahl der möglichen politischen Zwecke kann je nach Gesetzgebungsvorhaben eng begrenzt oder auch enorm groß sein. Es soll daher im folgenden versucht werden, einige mögliche symbolisch-politische – nicht rechtsnormativ-sachliche – Zwecke von Gesetzgebung auszumachen. Die Untersuchung der Fallbeispiele mag diese noch um einige Aspekte exemplarisch erweitern. Gemäß der Definition symbolischer Gesetzgebung können symbolisch-politische Zwecke unabhängig davon auftreten, ob die getroffene Maßnahme eine rechtsnormativ-sachliche Wirksamkeit erwarten läßt oder nicht.

a) Befreiung von politischem Handlungsdruck und Erzielung einer höheren politischen Akzeptanz

Die Politik kann sich von den verschiedensten Seiten unter Druck sehen und sich davon durch Gesetzgebungsakte zu befreien suchen. Eine Quelle politischen Drucks ist die öffentliche Meinung[239], manifestiert in der Presseberichterstattung. Andere Quellen können etwa die Parteibasis der parlamentarischen Mehrheitsfraktionen, die Bundesländer, Industrie- und Umweltverbände sowie sonstige organisierte Interessengruppen sein. Dementsprechend kann es ein politisches Ziel von Gesetzgebung sein, eine intensive (negative) Presseberichterstattung einzudämmen, d. h. einen heftig debattierten politischen Gegenstand zu de-thematisieren und damit den Druck aufzulösen. Voraussetzung ist also eine heftige (oft emotionale) Debatte, verknüpft mit Handlungsaufforderungen an die Politik, wie sie immer wieder stattfindet, in letzter Zeit etwa zum Kampf gegen den Rechtsradikalismus, geforderte Maßnahmen zur Senkung der Treibstoffpreise oder zur Haltung von Kampfhunden. Politischer Handlungsdruck läßt sich durch die Intensität der Presseberichterstattung über ein bestimmtes politisches Thema (verbunden mit

---
[238] Zu Beispielen sei nochmals auf Tab. 3 verwiesen.
[239] Nach Voß (1989, S. 39) liegt es sogar nahe, daß „für symbolische Gesetzgebung nur solche Vorgänge in Betracht kommen, die von allgemeinem Interesse in der Bevölkerung begleitet werden".

Handlungsaufforderungen an die Politik) ausdrücken[240]. Das symbolisch-politische Gesetzgebungsziel wäre mit dem *Verstummen dieser Berichterstattung* erreicht.

Häufig macht weniger ein direkter Handlungsdruck der Politik zu schaffen als vielmehr ein Akzeptanzdefizit, das sich heutzutage unter anderem in schlechten *Popularitätswerten* für die regierenden Mehrheiten äußert und sich sowohl auf diese als handelnde Personen bzw. Institutionen (politics) als auch auf eine bestimmte von diesen verfolgte Politik (policy)[241] bezieht. Um sich zu profilieren und ihre Politik besser zu „vermitteln", d. h. eine positivere Wahrnehmung[242] bei den Rezipienten zu erzeugen, können die verantwortlichen staatlichen Akteure auf eine Vielzahl von Maßnahmen zurückgreifen; eine hier näher zu erörternde ist das gesetzgeberische Tätigwerden.

Gesetzgebung als solche kann bereits von politischem Druck befreien, auch wird ihr als solcher eine akzeptanz- und legitimitätsfördernde Eigenschaft[243] zugesprochen[244]. Im folgenden sollen einige Kriterien genannt werden, die als Indikator dafür dienen, ob eine gesetzgeberische Maßnahme geeignet ist, sowohl von politischem Druck zu befreien als auch eine höhere politische Akzeptanz zu erzielen. Je mehr und je stärker diese erfüllt sind, um so höher ist die antizipative Symbolwirksamkeit. Diese kann verstärkt werden, indem der Gesetzgeber

– den Anschein von Wirksamkeit erzeugt, indem er an die gesetzlich vorgesehenen Tatbestände *„harte" Rechtsfolgen* knüpft und damit zugleich entschlossenes Handeln signalisiert. Zu denken wäre hier etwa an ein Fahrverbot bei Smog oder das Zwangspfand für nichteingehaltene Wiederverwertungsquoten von Verpackungen im Abfallrecht. Speziell die Kriminalisierung bestimmter verwaltungsrechtlicher Tatbestände ist geeignet, entschlossenes und wirksames Durchgreifen zu signalisieren[245]. (Indikator: Härte der Rechtsfolge.)

– den Stellenwert der Norm dadurch betont, daß sie an „wichtiger" *Stelle in der Normenhierarchie* angesiedelt wird. Wenn auch diesbezüglich durch die verfassungsmäßigen Grundsätze keine Wahlfreiheit besteht, bleibt dem Gesetzgeber doch ein gewisser Spielraum, etwa einen umweltbezogenen Grenzwert entweder per Parlamentsgesetz, per Rechtsverordnung oder per normkonkretisierender

---

240 Vgl. den Abschnitt über die Variable ÖFFENTLICHE AUFMERKSAMKEIT.

241 Zur Unterscheidung von polity, politics und policy siehe v. Prittwitz (1994), S. 11 ff.

242 Nach Th. Meyer (1992, S. 62), ist symbolische Politik „strategisches Handeln, das keine Argumente bietet, sondern Wahrnehmung steuern will".

243 Diesen Aspekt drückt Dombrowski (1997, S. 17) treffend aus, wenn sie symbolische Politik definiert als „strategische Gestaltung politischer Öffentlichkeit durch politische Akteure mit dem Ziel einer akzeptanz- und legitimationswirksamen Darstellung politischer Realität"; wobei „politische Öffentlichkeit" sich aus den handelnden politischen Akteuren, den Massenmedien sowie der Bevölkerung zusammensetzt.

244 Siehe bereits oben Teil 2: C.

245 Vgl. Kindermann (1988), S. 237.

E. Empirische Kriterien für symbolische Gesetzgebung 81

Verwaltungsvorschrift zu erlassen, wobei ersterem der höchste, letzterem der geringste Symbolwert zukommt. Einen besonderen Stellenwert erhält eine Norm dadurch, daß der Verfassungsgeber sie im Grundgesetz verankert. (Indikator: Stellung in der Normhierarchie.)

– dem Orientierungsbedarf der Öffentlichkeit entgegenkommt, indem die *Komplexität* des betreffenden Problems in einfachen Schlüsselbegriffen und verkürzenden Kausalattributionen *reduziert wird* und dadurch die Kosten der Wähler zur Informationsbeschaffung gesenkt werden[246]. Dies kann (muß aber nicht) durch Symbole geschehen[247]. Insbesondere Verdichtungssymbole[248]. sind geeignet, zum einen den politischen Gegenstand plastischer, erfahrbarer und überzeugender werden zu lassen[249], zum anderen aber auch unterschiedliche Interessen (zwischen einzelnen sozialen Akteuren, aber auch innerhalb kollektiver Akteure) zu vereinen und zu befrieden. Eine hohe Wirksamkeit ist vor allem dann anzunehmen, wenn die Symbolisierungsleistung nicht erst vom Gesetzgeber erbracht werden muß, sondern die symbolische Bedeutung dem politischen Gegenstand bereits anhaftet[250]. (Indikator: Komplexitätsreduktion und Verdichtungssymbolik.)

– schließlich das Gesetz zum „richtigen" *Zeitpunkt* verabschiedet, z. B. kurz vor Wahlen oder während sonstiger abzusehender Umstände, welche eine positive Rezeption der Gesetzgebung erwarten lassen. (Indikator: Zeitpunkt.)

b) Sonstige politisch-strategische Zwecke

Je nach Einzelfall können mitunter sehr unterschiedliche Zwecke zum Tragen kommen. Denkbar ist etwa die *Verhinderung anderer* (politisch unerwünschter) *Maßnahmen* durch die Gesetzgebung, was freilich schon einen Grenzfall zur rechtsnormativ-sachlichen Dimension darstellt. Auch können wirtschaftspolitische Zwecke eine Rolle spielen, wenn etwa das Fahrverbot des Ozongesetzes auf nicht

---

[246] Hierzu näher unten Teil 3: A.II.1.

[247] Vgl. Th. Meyer (1992), S. 60, 62, 65 f.; Dombrowski (1997), S. 21. – Der Einsatz politischer Symbole mag Bestandteil symbolischer Politik bzw. Gesetzgebung sein, ist aber nicht damit gleichzusetzen. Anders Sarcinelli (1989), S. 295, der symbolische Politik definiert als „konkreter Gebrauch politischer Symbolik, also prozeßhaftes Handeln und dessen mögliche politisch-strategische Verwendungszusammenhänge im Kommunikationsablauf".

[248] Siehe oben S. 44.

[249] So etwa das jahrelang in der Öffentlichkeit präsente „Waldsterben" als Symbol für eine verfehlte Umweltpolitik schlechthin, weiterhin die Gesundheit von Kindern, die bei hohen Ozonbelastungen mutmaßlich gefährdet ist, die Freiheit des Autofahrens, die Umweltschützer immer wieder einzuschränken suchen oder auch verendende Robbenbabys, die als Symbol für die Verschmutzung der Meere in besonderer Weise die Emotionen der Bevölkerung anzusprechen vermögen.

[250] Bezogen auf das Strafrecht sieht Seelmann (1992, S. 464 ff.) die symbolische Bedeutung der Straftat gar als Voraussetzung für die symbolische Wirkung des Strafgesetzes.

schadstoffarme Kraftfahrzeuge beschränkt wird, (auch) um den Absatz von Neuwagen zu fördern. Ob der Diversität dieser sonstigen Zwecke ist es wenig sinnvoll, vorab bestimmte Indikatoren hierfür zu benennen. Sie ergeben sich aus der Einzelfallbetrachtung.

c) Zusammenfassung

Zusammenfassend ergibt sich folgendes Vorgehen für die Bestimmung der objektiv antizipativen symbolisch-politischen Effektivität: In einem ersten Schritt müssen mögliche politische *Defizite* ausgemacht werden, denen mit dem betrachteten Gesetzgebungsverfahren abgeholfen werden kann. Hieraus ergeben sich (zweiter Schritt) entsprechende symbolisch-politische *Zielsetzungen,* die für den Gesetzgeber rational wären und ihm daher unterstellt werden. In einem dritten Schritt ist schließlich die *Geeignetheit* des Gesetzgebungsaktes zur Erreichung dieser Ziele anhand der aufgeführten Indikatoren zu beurteilen, wobei weitere Indikatoren gegebenenfalls am Einzelfall erarbeitet werden müssen. Was die Beziehung der Indikatoren zur gesamten ASPE betrifft, so ergibt sich – im Gegensatz zur ARSE – ein rein additives[251] Verhältnis:

ASPE (objektiv) = Härte der Rechtsfolge + Stellung in der Normhierarchie + Komplexitätsreduktion + Zeitpunkt + ggf. weitere Indikatoren

Dies folgt daraus, daß – anders als bei der ARSE – die Indikatoren der ASPE nicht hierarchisch aufeinander bezogene Effektivitätsebenen beschreiben, sondern jeder für sich gewisse Anhaltspunkte für das Vorliegen objektiv antizipativer symbolischer Effektivität liefert. Auch wenn ein Indikator den Wert „0" aufweist, kann durch die Beiträge der anderen Indikatoren eine hohe ASPE vorliegen. Zwar wird sich – wegen der mangelnden Quantifizierbarkeit der Indikatoren – die Formel ohnehin nicht im mathematischen Sinne anwenden lassen[252], sie soll aber andeuten, daß jede einzelne wie auch die gesamte ASPE ein Mehr oder Weniger an Symbolcharakter ausdrücken. Die ASPE ist als quantitatives Merkmal konzipiert; die Schwierigkeiten ihrer Bezifferung sind methodischer, nicht konzeptueller Natur.

2. Subjektive Indikatoren für die ASPE

Ganz analog der subjektiven ARSE wird auch die subjektiv antizipative symbolisch-politische Effektivität bestimmt. Über Experteninterviews werden zum einen die Absichten bzw. symbolisch-politischen Zielsetzungen der jeweils befragten Personen, zum anderen die von der Gesetzgebung erwartete symbolisch-politische Wirksamkeit ermittelt.

---

[251] Vgl. zur Bildung additiver Indizes Schnell / Hill / Esser (1999), S. 165 f.
[252] Zumindest eine logische ODER-Verknüpfung ist aber denkbar.

Teil 3

Ansätze zu einer Theorie symbolischer Umweltgesetzgebung

Unter welchen Voraussetzungen entstehen symbolisch-ineffektive oder aber gerade nicht-symbolische, effektive Gesetze? Welche Folgen hat symbolische Gesetzgebung? Diesen Fragen soll empirisch anhand dreier Gesetzgebungsverfahren nachgegangen werden. Empirie ist aber niemals „direkt" beobachtbar, sondern erfolgt stets – explizit oder implizit – vor einem theoretischen Hintergrund, so daß eine „problembezogene systematische Wahrnehmung der Realität überhaupt nur auf Basis einer ausgearbeiteten Theorie möglich ist"[1]. Zur genaueren Beschreibung empirisch beobachteter Wirkungszusammenhänge bedarf es daher zuvörderst einer konsistenten und für den Untersuchungsgegenstand angemessenen Theorie im Sinne einer „problemadäquaten Reduktion von Komplexität"[2], aus welcher sich überprüfbare Wirkungshypothesen ableiten lassen.

Ausgehend von der in dieser Arbeit verfolgten und eingangs bereits kurz dargestellten akteursbezogenen Perspektive sowie der Zielsetzung, die untersuchten Phänomene kausal zu erklären, bietet sich als theoretischer Rahmen ein institutionenökonomischer Ansatz an, wie er neuerdings vermehrt zur Analyse politischer Prozesse herangezogen wird[3]. Ursprünglich als Neue Politische Ökonomie bezeichnet, findet sich heute vermehrt die passendere Bezeichnung Ökonomische Theorie der Politik (ÖTP). Sie versucht auf der Basis der Grundannahmen ökonomischer, d. h. ursprünglich auf das Wirtschaftsgeschehen bezogener, Modelle politische Handlungsabläufe ursächlich zu erklären. Die Methode ist also eine ökonomische, während der Gegenstandsbereich gesellschaftlich-politisch ist. Während die Neue Politische Ökonomie sowohl eine deskriptive Analyse des politischen Geschehens wie auch normative Aussagen im Sinne eines politischen Liberalismus[4] – etwa zur Effizienzsteigerung der Umweltpolitik (häufig erwähnt werden Abgaben- und Zertifikatlösungen) – trifft, soll der Ansatz hier zur rein deskriptiv-erklärenden Analyse herangezogen werden. Wie zu zeigen sein wird, ermöglicht dieser Ansatz auch eine Reformulierung[5] von Wirkungshypothesen aus anderen

---

[1] Vgl. Weiß (2000), S. 125 f. m. w. N.

[2] Vgl. Kunz (1997), S. 151.

[3] Vgl. nur v. Prittwitz (1994); Behnke (1999); speziell zur symbolischen Umweltpolitik Hansjürgens (2000).

[4] Vgl. Kirsch (1997), S. 18 ff.

[5] Vgl. Weiß (2000), S. 19 f.

84   3. Teil: Ansätze zu einer Theorie symbolischer Umweltgesetzgebung

Theoriezusammenhängen, seien sie soziologischer, sozialpsychologischer oder eher heuristisch-alltagstheoretischer Natur[6].

Der grundlegende Ansatz soll zunächst kurz zusammenhängend dargestellt werden, bevor anschließend ein System von Hypothesen[7] über die Entstehung und die Wirkungen symbolischer Gesetzgebung entwickelt wird. Hierzu wird das Modell der ÖTP an der einen oder anderen Stelle um einige Aspekte aus anderen Theoriegebieten erweitert. Die tragenden Begriffe der Hypothesen – also die herausgearbeiteten Einflußfaktoren und Folgewirkungen symbolischer Gesetzgebung – werden sodann im Hinblick auf ihre empirische Überprüfbarkeit am Einzellfall in konkrete Variablen und Indikatoren überführt.

Vorab noch ein Wort zur theoretischen „Reichweite" und zum Aussagewert der aufgestellten Hypothesen. Die Ökonomische Theorie beansprucht nicht, die einzige oder beste politische Theorie zu sein[8]. Im Rahmen ihrer individualistisch-akteurszentrierten Basisannahmen formuliert sie gleichwohl sehr weitreichende Aussagen über gesellschaftliche (Makro-)Phänomene[9] und unternimmt die theoretische Rekonstruktion politischer Ereignisse über Zeiträume von mehreren Jahrzehnten hinweg[10]. Das hier vorgetragene polit-ökonomische Modell setzt sich in dreierlei Hinsicht einen engeren Rahmen. Zum einen konzentriert sich die Darstellung im wesentlichen auf Aussagen, die für die Erklärung des Phänomens symbolischer Gesetzgebung von Relevanz sind, wenngleich darüber hinausgehende Ausführungen nicht völlig ausgeschlossen werden, sei es um der Geschlossenheit der Darstellung willen, sei es, weil die unmittelbare Relevanz einzelner Postulate nicht immer a priori absehbar ist. Zweitens ist die hier formulierte Theorie in einigen Teilen auf die Situation in der Bundesrepublik Deutschland zugeschnitten, speziell was die Abgrenzung umweltpolitisch relevanter Akteurstypen betrifft. Die herausgearbeiteten Hypothesen und Variablen zum Einfluß und zu den Folgewirkungen symbolischer (und nicht-symbolischer) Gesetzgebung beanspruchen daher keine Gültigkeit im internationalen Vergleich[11], zumal nicht in anderen gesellschaftspolitischen Systemen. Vielmehr wird – drittens – auf den situativen Kontext der Ent-

---

6 Vgl. als Beispiel die im Abschnitt c) erläuterte Selbstorganisations-These zur ÖFFENTLICHEN AUFMERKSAMKEIT oder die Hypothese Neves' (1998, S. 39) zur Entstehung von Alibigesetzen.

7 Anders als in der „analytisch-nomologischen Erfahrungswissenschaft" (vgl. Kromrey 1998, S. 28) ist es nach dem hier verfolgten Vorgehen nicht unerheblich, woher diese Hypothesen kommen. Vielmehr führt die Konsistenz des Theoriegebäudes der ÖTP zu einem System in sich widerspruchsfreier Hypothesen.

8 Vgl. Kirsch (1997), S. 2 f.

9 Vgl. Weiß (2000), S. 19 ff.

10 Vgl. Weiß (2000), S. 181 ff. Zur strukturellen Gleichheit von Erklärung und Prognose vgl. Schnell / Hill / Esser (1999), S. 62 f.

11 Einen solchen Vergleich bieten etwa die Studien von Jänicke / Weidner (1995) und von Kern / Bratzel (1996). Die hier genannten „Einflußfaktoren" auf die Umweltpolitik spiegeln jedoch streng genommen nur statistische, nicht aber Ursache-Wirkungs-Zusammenhänge wider, da die Rahmenbedingungen von Fall zu Fall variieren.

stehung von Gesetzgebungsakten abgehoben. Der analytische Blickwinkel beschränkt sich somit auf eine kurzfristige Prognose möglicher Ereignisse, etwa der Art, daß es unter bestimmten gesellschaftlichen, politischen und ökonomischen Voraussetzungen vermutlich zu symbolischer Gesetzgebung, unter anderen zu nicht-symbolischer Gesetzgebung kommen wird.

A. Ein polit-ökonomisches Modell zur Erklärung symbolischer Umweltgesetzgebung

Das im folgenden dargelegte polit-ökonomische Modell stützt sich in weiten Teilen auf etablierte theoretische Grundlagen der Ökonomischen Theorie der Politik, wie sie seit Ende der 1950er Jahre vor allem von Downs, Herder-Dorneich, Olson, Tullock und anderen entwickelt wurde und auf deren Grundlage sich inzwischen eine Reihe von spezialisierten Theorieansätzen, unter anderem zur Erklärung von Umweltpolitik[12], herausgebildet hat.

I. Basisannahmen

Der gewählte Theorieansatz basiert im wesentlichen auf drei Prämissen. So ergeben sich aus gewissen Grundannahmen über Individuen und gesellschaftliche Rahmenbedingungen modellhaft gesetzmäßige Verhaltensweisen untersuchter Akteure bzw. Systeme, so daß prinzipiell eine kausale Erklärung und Vorhersage des untersuchten Systems möglich ist. Die oft – z. B. im Rahmen der Spieltheorie[13] – vorgenommene Mathematisierung dieser Modelle[14] soll wegen der Vielzahl zu untersuchender Einflußfaktoren und damit der strukturellen Indeterminiertheit des Gesamtsystems hier unterbleiben. Dies schließt eine konzeptuelle Quantifizierung von Wirkungszusammenhängen auf der Basis des empirischen Fallvergleichs gleichwohl nicht aus.

1. Methodologischer Individualismus

Ausgangspunkt des akteurs- und handlungstheoretischen Konzeptes der ÖTP ist die Annahme individueller Akteure als letzter Handlungs- und Entscheidungsinstanz. Dabei handelt es sich um eine Abstraktion aus methodischen Gründen; da-

---

[12] Vgl. insbesondere die Arbeiten von Hansjürgens (2000), Weiß (2000), Horbach (1992), Seel (1993), sowie S. Meyer (1996).
[13] Vgl. etwa Axelrod (1991).
[14] Vgl. hierzu die zahllosen Beispiele bei Bernholz / Breyer (1994).

her die Bezeichnung methodologischer Individualismus[15]. Im Gegensatz zum ontologischen Individualismus soll hier die soziale Eingebundenheit der Individuen nicht geleugnet werden[16], sie ist vielmehr integraler Bestandteil der Theorie. Wohl aber wird aber unterstellt, daß soziale Prozesse letztlich auf das Handeln von Individuen und (homogenen) Gruppen zurückgeführt werden können. Entscheidend für den Erklärungsanspruch der Theorie ist, daß Individuen nicht als konkrete Einzelpersonen, sondern als „Träger universeller, d. h. abstrakter und allgemeiner Eigenschaften begriffen werden"[17]. Dies erst erlaubt es, Gesetzmäßigkeiten im menschlichen Handeln aufzustellen. Durch diese weitreichenden Annahmen setzt sich der methodologische Individualismus einer breiten Kritik aus. Sie richtet sich vor allem gegen die postulierte Determiniertheit menschlichen Handelns[18]. Es muß jedoch unterschieden werden: Die Theorien auf der Basis des methodologischen Individualismus' sind sozialwissenschaftliche, nicht psychologische Theorien. Ihr Gegenstand ist das Soziale, nicht das einzelne Individuum. Mit Bezug auf die empirische Realität gilt das Gesetz der großen Zahlen: Man erwartet nicht, daß sich eine bestimmte Person theoriekonform verhält, wohl aber, daß sich bei einer größeren Gruppe im statistischen Mittel das vorausgesagte Verhalten beobachten läßt. Dadurch ist es insbesondere möglich, bestimmte Gruppen von Individuen (Organisationen, Institutionen) mit hinreichend homogenen Werten, Wahrnehmungen und Interessen als einheitliche – kollektive – Akteure zu behandeln[19].

Auch überindividuelle soziale Phänomene werden keineswegs ausgeschlossen, solange sich diese mittels geeigneter „Transformationsregeln" aus individuellen Handlungen ergeben[20]. Solche werden von der ökonomischen Theorie bereitgestellt, indem etwa die Wahl bestimmter umweltpolitischer Instrumente auf die Interaktion von Interessen und Verhaltensweisen einzelner Akteure zurückgeführt wird (siehe unten). Daneben kommen auch andere, mathematische oder synergetische[21] Modelle in Frage, um z. B. Aufschaukelungsprozesse der öffentlichen Meinung zu beschreiben (siehe die Ausführungen zur Variable ÖFFENTLICHE AUFMERKSAMKEIT). Wissenschaftstheoretisch gesehen erlaubt die Theorie mithin die Übertragung von Aussagen der (individuellen) Mikroebene auf solche der (kollektiven) Makroebene[22]. Bestritten wird hingegen die Existenz emergenter, d. h. von

---

[15] Grundlegend hierzu siehe Eidenmüller (1995), S. 338 ff.; Kirchner (1997), S. 18 ff.; Frank (1998), S. 80 ff.

[16] Vgl. Weiß (2000), S. 12 f.; Kirsch (1997), S. 17 f.

[17] Melchior (1997).

[18] Vgl. etwa N. Luhmann (1993, S. 149 ff.), der – „unter Ablehnung von ökonomischen Automatismen" – eine gänzlich andere Konzeption von Individuen, Individualität und Individualismus vertritt.

[19] Vgl. Kirsch (1997), S. 63 f.

[20] Vgl. Coleman (1990), S. 10. Ein guter Überblick über den Zusammenhang zwischen Mikro- und Makro-Theorien findet sich bei Schnell / Hill / Esser (1999), S. 104 ff.

[21] Vgl. Weiß (2000), S. 44 f.

[22] Vgl. Kirchgässner (1994).

der Mikroebene kausal vollkommen losgelöster Makro-Phänomene, da hierfür keine Wirkungsmechanismen mehr angegeben werden können[23].

Eine modellhafte Erklärung sozialer (Makro-)Phänomene erfordert folgende Elemente:

– eine *allgemeine Handlungsregel* über das grundsätzliche Verhalten von Akteuren[24]. Hier wird rationale Nutzenmaximierung durch alle Akteure (Abschnitt 2) angenommen.

– das Auffinden der für die Problemstellung relevanten *Akteure*. Dies impliziert eine Vereinfachung sowohl bezüglich der Abgrenzung „nach außen", d. h. welche Akteure überhaupt für die zu erklärenden Phänomene relevant sind, als auch innerhalb des Interaktionssystems selbst, d. h. inwiefern Gruppen von Individuen zu kollektiven Akteuren zusammengefaßt werden können. Je nach Betroffenheit durch ein Umweltproblem bzw. eine bevorstehende umweltrechtliche Regelung werden die Akteure in unterschiedlicher Weise und Stärke die Gesetzgebung zu beeinflussen suchen[25].

– Hypothesen über die Situationswahrnehmung, die *Interessen* und *Präferenzen* (Zielsetzungen) der einzelnen Akteure bzw. Gruppen von Akteuren[26]. Hierfür existieren innerhalb der ÖTP mehrere Einzeltheorien (Abschnitt II). Demnach streben Politiker typischerweise nach einer Maximierung ihrer Wählerstimmen, Interessengruppen möchten ihre (unternehmerischen) Ziele durchsetzen, Bürokraten ihr Budget maximieren, und Wähler die ihnen zur Verfügung stehende Umweltqualität bei minimalen Kosten maximieren.

– Angabe der für die einzelnen Akteure relevanten *Handlungsbedingungen*[27]. Diese können individuelle Ressourcen (d. h. interne Restriktionen), aber auch externe Restriktionen wie etwa vorliegende Probleme oder technische Lösungsmöglichkeiten darstellen.

– So es sich bei dem zu erklärenden Phänomenen um ein überindividuelles handelt, sind schließlich geeignete *Transformations- bzw. Aggregationsregeln* zur Ableitung aus individuellem Verhalten anzugeben (siehe oben). Hier wird das Zustandekommen von Gesetzgebung (kollektives Phänomen) durch Tauschvorgänge[28] (Interaktion zwischen Akteuren) auf einem Markt (umwelt-)politischer Güter angenommen (Abschnitt 3).

---

[23] Vgl. Schnell / Hill / Esser (1990), S. 105. Differenziert hierzu auch Wesche (2001), S. 116 ff.
[24] Vgl. Weiß (2000), S. 23 f. m. w. N.
[25] Vgl. Hansjürgens (2000), S. 153.
[26] Vgl. Wesche (2001), S. 118.
[27] Vgl. Hansjürgens (2000), S. 153.
[28] Zu Interaktion und Kollektivität vgl. Weiß (2000), S. 47 ff.

2. Rationalitäts-Eigennutz-Paradigma

Als allgemeine Handlungsregel wird aus der Ökonomischen Theorie die Annahme nutzenmaximierender Individuen übernommen. Damit wird unterstellt, daß jeder Akteur in einer Entscheidungssituation nach rationalen Kriterien diejenige Wahl trifft, von der er eine Maximierung seines individuellen *Nutzens* erwarten kann[29]. Das auf diesem Axiom aufbauende Theoriegebäude wird auch als Theorie der Wahlhandlungen bzw. *Rational Choice* bezeichnet[30]. Abweichend von dem ursprünglich in der Ökonomischen Theorie vorherrschenden Menschenbild des „Homo Oeconomicus"[31] wird der Begriff der Nutzenmaximierung hier weiter gefaßt und nicht nur im Sinne ökonomischen Nutzens (materielle Bedürfnisbefriedigung) verwendet. Vielmehr hängt, was als Nutzen definiert wird, von den *akteursspezifischen Präferenzen* ab.

Das politische Verhalten von Akteuren hängt also wesentlich von deren Präferenzstrukturen (und den gegebenen Handlungsrestriktionen) ab. Wenn aber unterschiedliche Akteure unterschiedliche Nutzenfunktionen zu maximieren suchen, könnte man fragen, ob nicht statt einer viele Rationalitäten existieren und ob damit überhaupt noch generalisierbare Aussagen getroffen werden können. Auch mag nach diesen Überlegungen die Rationalitätsannahme als ganze paradox erscheinen, weil letztlich jedes tatsächliche menschliche – auch das sogenannte altruistische – Verhalten als rational-eigennützig definiert wäre und damit der Theorie kein Erklärungswert mehr zukäme[32]. Diesem Paradox entgeht die ÖTP durch Typisierung. Im Zuge einer radikalen Vereinfachung werden einige wenige unterschiedliche Typen politisch relevanter – kollektiver oder individueller – Akteure ausgemacht und diesen bestimmte Nutzenfunktionen zugeordnet. Ob man dann von „der" zugrundegelegten Rationalität bei unterschiedlichen Nutzenfunktionen oder von einigen unterschiedlichen Rationalitäten spricht, ist im Ergebnis unerheblich. Entscheidend ist, daß der wissenschaftliche Beobachter den Akteurstypen spezifische Eigenschaften unterstellt, die umgekehrt auch empirisch beobachtbar sind[33]. Mit der Analyse politischer Vorgänge erweitert die ÖTP das ökonomische Paradigma der Nutzenmaximierung über den ökonomischen Bereich hinaus. Die Begründung hierfür liegt letztlich in der plausiblen Vermutung, daß

---

[29] Vgl. grundlegend Becker (1982), S. 4 ff., 167 ff.; Kirchgässner (1991), S. 12 ff.; Opp (1983), S. 31 ff.; Eidenmüller (1995).

[30] Ein umfassender Überblick findet sich bei Wiesenthal (1987).

[31] Vgl. insbesondere Kirchgässner (1991), S. 12 ff.

[32] Vgl. Kelman (1987), S. 151 ff.

[33] Vgl. auch Scharpf (1989, S. 15), wonach etwa die Spieltheorie gezeigt habe, daß „die wechselbezügliche Interaktion zwischen strategisch handelnden Akteuren (...) allseits antizipierbare Lösungen hervorbringt". – Demgegenüber weist Hof (2001, S. 170 f.) kritisch darauf hin, daß rationales Handeln häufig eine Konsequenz zugrundeliegender *Wertentscheidungen* ist. Dem soll hier nicht widersprochen werden; jedoch wird vorliegend davon ausgegangen, daß sich auch Werte in akteursspezifischen Präferenzen niederschlagen.

Individuen bezüglich politischer Entscheidungen ebenso rational handeln wie bezüglich wirtschaftlicher[34].

Die Rationalitätsannahme impliziert, daß die Akteure intentional handeln[35]. Auf die Bedeutung der Intention des Gesetzgebers für das Vorliegen symbolischer Gesetzgebung wurde oben bereits hingewiesen. Demnach erschien auch symbolische Gesetzgebung als Produkt rationalen Handelns, als Instrument zur Durchsetzung (politischer) Ziele der staatlichen Akteure. Diese Sichtweise fügt sich nun nahtlos in das Rationalitätsparadigma der ÖTP ein und wird in diesem Rahmen auf alle für das Zustandekommen eines Gesetzes verantwortlichen staatlichen Akteure ausgeweitet. Gleichwohl – auch dies wurde bereits festgestellt – bedeutet dies keineswegs, daß die intendierten Folgen auch tatsächlich eintreten müssen bzw. umgekehrt, daß alle feststellbaren Wirkungen auch auf entsprechende Intentionen zurückgehen.

Eine universelle Regel wie das Rationalitäts-Eigennutz-Paradigma basiert auf der Vorstellung, daß individuelles Handeln kausalen Gesetzmäßigkeiten folgt und damit vorhersagbar ist. Dies ist gerade ein Vorteil der Theorie. Es sei jedoch betont, daß es sich hierbei – wie auch bei der Individualismusannahme – um eine methodologische Unterstellung handelt. Sie hat sich für viele Handlungssituationen als nützlich und fruchtbar erwiesen, und ihr kommt insofern auch ein beträchtlicher empirischer Gehalt zu. Obwohl es realiter immer auch menschliche Verhaltensweisen geben wird, die sich nicht durch ein solches stark vereinfachendes Modell beschreiben lassen[36], sollen aus Gründen theoretischer Konsistenz keine Einschränkungen vorgenommen werden etwa in bezug auf Ausnahmesituationen o. ä. Vielmehr ergibt sich eine Differenzierung des Basismodells durch die bereits erwähnte Berücksichtigung unterschiedlicher Zielfunktionen (vgl. Abschnitt II), die Annahme unvollständiger Information sowie das Konzept *begrenzter Rationalität* („Bounded Rationality").

So wäre es für die meisten Situationen rationalen Entscheidens illusorisch anzunehmen, daß alle hierfür notwendigen Informationen vorlägen. Vielmehr muß davon ausgegangen werden, daß die Informationsverfügbarkeit in bezug auf die hier interessierenden, politisch relevanten Entscheidungen von Akteur zu Akteur und entsprechend der Materie stark differiert[37]. Die in diesem Sinne zu konstatierenden Informationsasymmetrien sind, wie zu zeigen sein wird, von entscheidender Bedeutung für das Zustandekommen symbolischer Gesetzgebung.

Selbst wenn alle notwendigen Informationen vollständig vorliegen, ist rationales Entscheiden mit Blick auf die Maximierung individuellen Nutzens in der Rea-

---

[34] Vgl. grundlegend Mueller (1989), S. 2 ff. m. w. N.

[35] Demgegenüber geht Wesche (2001, S. 29) davon aus, die Nutzenverfolgung gehe „regelmäßig unbewußt und emotional gesteuert vonstatten".

[36] Zur Kritik am Rationalitäts-Eigennutz-Paradigma vgl. etwa Kelman (1987); speziell zur Umweltpolitik: Diekmann (1996).

[37] Vgl. Kirsch (1997), S. 214 ff.

lität oft unmöglich; und zwar immer dann, wenn die Komplexität der Entscheidungssituation die kognitiven Fähigkeiten des Akteurs übersteigt[38] und / oder eine vollständige Erfassung der Komplexität aus Zeitmangel nicht möglich ist[39]. Gerade weil Zeit für viele ein knappes Gut ist, kann es für einen Akteur durchaus „rational" sein, die Erfassung der für die ursprüngliche, eigentliche Entscheidung notwendigen Informationen abzubrechen und so möglicherweise eine – für einen externen Beobachter – scheinbar „irrationale" Entscheidung zu treffen[40].

3. Umweltgesetzgebung auf dem Markt politischer Güter

Möchte man das Zustandekommen von Umweltgesetzgebung (als soziales Makro-Phänomen) aus dem individuellen Verhalten der beteiligten Akteure (Mikro-Phänomene) erklären, so bietet die ökonomische Theorie als Aggregationsregel das Modell des Marktes[41] als eines Systems von Tauschhandlungen an. Bezogen auf Politik und Gesetzgebung werden hier keine primär ökonomischen, sondern politische Güter betrachtet. Hierzu zählen öffentliche Leistungen wie Gesetze zur Verbesserung der Umweltqualität oder zur Steuersenkung ebenso wie gewisse politisch relevante Informationen. „Akteure tauschen problemorientiertes Wissen, wie Güter in einer arbeitsteiligen Gesellschaft dann getauscht werden, wenn der Tausch komparative Kostenvorteile (Ricardo) verspricht"[42]. Dabei gelten z. B. Wähler und Umweltverbände typischerweise als Nachfrager nach einer verbesserten Umweltqualität, Politiker hingegen als Anbieter entsprechender Leistungen. Je nach Ressourcen- und Interessenlage werden von den einzelnen Akteuren unterschiedliche Leistungen angeboten bzw. nachgefragt. Handlungsleitend ist jeweils das Bestreben, politischen Nutzen gegenüber den Kosten, nicht hingegen notwendig ein (wie auch immer geartetes) „Gemeinwohl" zu maximieren.

Voraussetzung für die Anwendbarkeit des Modells ist ein gewisses Mindestmaß an Handlungsfreiheit für die relevanten Akteure, wie es in der bundesdeutschen sozialen Marktwirtschaft ohne Zweifel gegeben ist. Viele Aussagen über das Verhältnis von Wählern und von Interessengruppen zur Politik basieren zudem auf der Annahme einer repräsentativen Demokratie – auch hiermit steht das konstitutionelle System der Bundesrepublik im Einklang.

---

[38] Vgl. bereits Simon (1976), S. 144; ferner Dörenbach (1982), S. 23 ff.

[39] Vgl. Sartor (1999), S. 108.

[40] Für viele Situationen bzw. Akteure muß zudem angenommen werden, daß gar keine Maximierung des Nutzens angestrebt wird, sondern nur die Erreichung eines vorher gesetzten Anspruchsniveaus (sogenannte „satisficing strategies"). Ist dies erreicht, wird die Suche nach möglicherweise nutzbringenderen Alternativen an dieser Stelle abgebrochen. Vgl. Simon (1957).

[41] Dieses findet sich u. a. bei Mueller (1989), S. 247, beschrieben.

[42] Schneider (1988), S. 151.

A. Polit-ökonomisches Modell zur Erklärung symbolischer Umweltgesetzgebung 91

Für das Verständnis der Tauschvorgänge im politischen Markt ist es wichtig, die gehandelten politischen Güter näher zu charakterisieren. Umweltqualität – als zentrales politisches Gut – kann nach der ÖTP als „öffentliches Gut", als „meritorisches Gut" oder als „Externalität" in Erscheinung treten.

Öffentliche Güter werden abgegrenzt gegen private Güter. Da letztere auch für das Konzept der meritorischen Güter von Bedeutung sind, sollen diese vorab kurz definiert werden. Private Güter zeichnen sich dadurch aus, daß sie nicht allgemein verfügbar sind, sondern nur von denjenigen Individuen genutzt werden können, die auch für ihre Kosten aufkommen. Zwei Kriterien sind für die Abgrenzung eines privaten Gutes einschlägig: der Ausschluß anderer von seiner Nutzung sowie die Rivalität bezogen auf seinen Konsum[43]. Beispielsweise ist ein Stück Käse nur gegen Zahlung des entsprechenden Preises erhältlich (Ausschluß), und ein und dasselbe Stück kann nur von einer Person verzehrt werden und nicht von einer anderen (Rivalität). Öffentliche Güter sind demgegenüber durch Nicht-Ausschließbarkeit potentieller Nutzer und/oder Nicht-Rivalität (gemeinsame Konsumierbarkeit) charakterisiert. Atemluft ist ein typisches Beispiel hierfür: Niemand kann von ihrer Nutzung ausgeschlossen werden; zugleich schmälert kein „Nutzer" den Nutzen der anderen.

Der Begriff des öffentlichen Gutes soll hier in einem weiteren Sinne verwendet werden und auch negative Nutzen mit einschließen – man könnte statt dessen auch von öffentlichen „Übeln"[44] oder „Ungütern" sprechen. Umweltbelastungen sind typische Beispiele hierfür. Dabei nimmt der Grad der Öffentlichkeit des Gutes mit seiner geographischen Verbreitung[45] zu. Luftverschmutzungen z. B. tragen daher um so mehr den Charakter eines öffentlichen Gutes (bzw. „Übels"), je weiter die entsprechenden Schadstoffe sich ausbreiten: Der (antizipative) Treibhauseffekt als Folge des anthropogenen Kohlendioxidausstoßes ist ein praktisch hundertprozentig öffentliches Gut, da er sich potentiell auf dem gesamten Erdball auswirkt. Industrieabgase wie etwa das für das „Waldsterben" in Mitteleuropa maßgeblich mitverantwortliche Schwefeldioxid wurden durch die Hochschornsteinpolitik der 1970er Jahre vom (eher) privaten zum öffentlichen Gut, indem der Bereich der Immissionen durch Verdünnung und Verteilung der Schadstoffe ausgedehnt und immer weiter vom Ort der Entstehung (Emission) abgekoppelt wurde. Die winterlichen Smog-Situationen in Ballungsgebieten tragen schon eher den Charakter privater Güter, da sie aufgrund der charakteristischen austauscharmen Wetterlagen im wesentlichen lokal im Bereich der Nutzer z. B. von Kraftfahrzeugen – die zugleich die Verursacher darstellen – auftreten, so daß die Kosten (hier: des Autofahrens) in Form einer Verschlechterung der Luftqualität zum Großteil von den Nutzern getragen werden; da aber nicht jeder einzelne an der Verschmutzung beteiligt ist,

---
43 Vgl. Musgrave / Musgrave / Kullmer (1987), S. 63.
44 So die Terminologie bei Seel (1993), S. 28 sowie bei Römer / Feld (1994), S. 201.
45 Zur geographischen Ausdehnung öffentlicher Güter bzw. Externalitäten vgl. Mueller (1989), S. 189 ff., 323 ff.

handelt es sich dennoch in gewissem Maße um ein öffentliches Gut[46]. Die Bereitstellung öffentlicher Güter mit positivem Nutzen (Umweltqualität) ist Staatsaufgabe, also Sache von Politik und Gesetzgebung (siehe unten).

In den meisten der hier betrachteten Fälle resultieren öffentliche Güter bzw. „Übel" als nicht intendierte Folgen menschlichen Wirtschaftens. Sie werden dann als positive bzw. negative Externalitäten bezeichnet.

Aus der Tatsache, daß die Bereitstellung eines öffentlichen Gutes mit positivem Nutzen Trittbrettfahren begünstigt, ergibt sich die Rechtfertigung für kollektives (staatliches) Handeln[47]. Je höher der Öffentlichkeitsgrad eines Übels, desto größer die Neigung zu kollektiven Maßnahmen[48].

Staatliches Handeln kann auch in der Form geschehen, daß die Konsumption „unerwünschter" privater Güter (z. B. auf Grund negativer Externalitäten), bei denen das Ausschlußprinzip anwendbar wäre, durch Zwang oder Anreize eingeschränkt wird. Solche staatlichen Maßnahmen werden als demeritorische Güter bezeichnet; meritorische Güter liegen vor, wenn die private Konsumption oder Produktion eines Gutes erwünscht ist (z. B. positive externe Effekte induziert) und diese daher von staatlicher Seite begünstigt werden[49].

Politische Güter sind nun zum einen die von staatlicher Seite angebotenen öffentlichen und meritorischen Güter (Gesetze zur Verbesserung der Umweltqualität), aber auch Maßnahmen, welche die Marktstellung bestimmter Wirtschaftszweige sichern oder verbessern, zum anderen die etwa von Interessengruppen angebotenen Informationen über Gesetzeswirkungen oder Wählerpräferenzen sowie schließlich auch die Bereitstellung von Umweltqualität durch Private (z. B. Hersteller von Schadstoffiltern)[50].

Die Charakterisierung bestimmter Umweltprobleme als mehr oder minder öffentliche Güter (Übel) ist von maßgeblicher Bedeutung, wenn es darum geht, Interessenprofile der für die Gesetzgebung relevanten Akteure anzugeben. Wie am Beispiel der Luftverunreinigungen gezeigt wurde, sind je nach Öffentlichkeitsgrad unterschiedliche (räumlich, aber auch in anderer Hinsicht differenzierte) Kreise betroffen. Gleiches gilt für die Frage der Kosten: Ausschlaggebend für das Interesse bestimmter Akteure an einer umweltrechtlichen Regelung ist nicht nur, wer inwieweit *Nutznießer* ist, sondern auch wer welchen Anteil der hierfür aufzubringenden *Kosten* trägt und vor allem, inwieweit Nutznießer und Kostenträger identisch sind oder aber unterschiedlichen Adressaten bzw. Rezipienten der Umweltgesetzgebung zuzuordnen sind (siehe hierzu Abschnitt 4). Entscheidend für die Angabe von

---

[46] Eine nähere Charakterisierung der in den Fallbeispielen betroffenen öffentlichen Güter erfolgt an entsprechender Stelle in Teil 4: B bis Teil 4: D.
[47] Vgl. Mueller (1979), S. 13 f.
[48] Vgl. Bonus (1978), S. 57.
[49] Vgl. Franke (1996), S. 55.
[50] Zu diesen sogenannten „Helferinteressen" (v. Prittwitz) siehe unten S. 103.

II. Elemente einer Ökonomischen Theorie der Umweltpolitik

Das politische Verhalten von Akteuren, so war oben festgestellt worden, hängt maßgeblich von deren Nutzenfunktion (Präferenzstrukturen) und Handlungsrestriktionen ab. Am Anfang aber steht die Frage nach der sinnvollen Abgrenzung von Akteuren bzw. Typen von Akteuren. Die ÖTP unterscheidet grundsätzlich zwischen Politikern, Wählern, Bürokraten und Interessengruppen (Unternehmen und andere), die sich jeweils durch typische Nutzenfunktionen und Handlungsrestriktionen voneinander unterscheiden[52]. Die Abgrenzung der für Umweltgesetzgebung relevanten Akteure variiert letztlich mit der zu regelnden Materie und den damit zusammenhängenden situativen Bedingungen[53].

Daß einzelne Akteure überhaupt zu bestimmten Typen zusammengefaßt werden können, wie es hier geschieht, liegt in dem nicht-kontinuierlichen Merkmalsraum von Situationswahrnehmungen und Interessen begründet[54]. Solche „vorstrukturierte(n) Situationswahrnehmung(en) eines Akteurs, die den Ausgangspunkt seines Handelns"[55] bilden, werden auch als *Frames* bezeichnet. Sie dienen der Reduktion von Komplexität im Rahmen einer Bounded Rationality (siehe oben) und sind folglich auch für jeden einzelnen Akteur nur in begrenzter Anzahl verfügbar. Eine Änderung der Handlungsrestriktionen, etwa durch eine Erweiterung der Ressourcenausstattung (insbesondere Wissen) eines Akteurs kann mitunter einen Framewechsel herbeiführen[56]. Für bestimmte Akteurstypen lassen sich somit jeweils charakteristische Frames herausarbeiten, die unter anderem von der sozialen Rolle, aber auch von anderen Faktoren (wie etwa bestimmten „Handlungslogiken"[57]) abhängen. Für die vier Grundtypen von Akteuren (Politiker, Wähler, Interessengruppen, Bürokraten) gibt es bereits drei ausgearbeitete Theorien, jeweils hauptsächlich auf das Verhältnis Politiker – Akteur X bezogen. Da die Rolle der Politiker, die im Kontext der Untersuchung symbolischer Gesetzgebung zentral ist, in jeder Theorie leicht unterschiedlich bzw. mit jeweils anderen Schwerpunkten gesehen wird, soll jeweils angegeben werden, inwieweit die angebotenen Theorien für die vorliegende Untersuchung hilfreich erscheinen. Dabei soll der universelle Erklärungsan-

---

51 Seel (1993), S. 89.
52 Vgl. Frey (1971), S. 134; Downing / Hanf (1983), S. 321 ff.
53 Vgl. Hansjürgens (2000), S. 153.
54 Vgl. hierzu und zum folgenden Weiß (2000), S. 35 ff.
55 Weiß (2000), S. 36 unter Bezug auf Esser.
56 Weiß (2000), S. 41.
57 Tils (2000) unterscheidet zwischen Fachlogiken (juristisch, naturwissenschaftlich, vollziehend) auf der einen und politischer Handlungslogik auf der anderen Seite.

spruch dieser Modelle für das gesamte polit-ökonomische System nicht übernommen werden; lediglich die für die Formulierung von Hypothesen zur Erklärung symbolischer Umweltgesetzgebung wesentlichen Ideen werden herangezogen. Abschließend soll der Versuch unternommen werden, eine empirisch brauchbare Klassifikation von Akteurstypen auf der Basis der vorliegenden Theorieangebote aufzustellen.

1. Ökonomische Theorie der Demokratie

Ausgangspunkt für differenzierte Ansätze der ökonomischen Erklärung (umwelt-)politischer Prozesse bildet die von Downs und Herder-Dorneich unabhängig voneinander entwickelte Ökonomische Theorie der Demokratie (ÖTD)[58], die das Verhalten von Politikern und Wählern modelliert[59]. Politiker[60] als rationale Nutzenmaximierer suchen persönliche Ziele wie Geld, Macht, oder Prestige zu verwirklichen, indem sie politische Ämter, d. h. Regierungsmacht, anstreben[61]. „Parties formulate policies in order to win elections, rather than win elections in order to formulate policies"[62]. Sie erreichen dies durch eine Maximierung der Wählerstimmen bei politischen Wahlen. Dazu stellen die Politiker bzw. die Parteien politische Programme auf, von denen sie erwarten, daß sie am ehesten den Wählerpräferenzen entsprechen. Wähler als rationale Konsumenten geben ihre Stimme derjenigen Partei, deren Programm ihre Interessen am besten zu verwirklichen verspricht. Auf dem Markt politischer Güter suchen also Politiker – in Konkurrenz[63] zum politischen Gegner – die Zahl der Wählerstimmen, Wähler hingegen die politisch bereitgestellten öffentlichen und privaten (d. h. meritorischen) Güter im Austausch gegen ihre Stimme zu maximieren.

Gleichwohl ist für das Handeln der Politiker nicht allein das Abstimmungsverhalten der Wähler bei politischen Wahlen maßgeblich. Politischer Druck kann sich

---

58 Vgl. Downs (1968) sowie Herder-Dorneich (1959). Die Bezeichnung „Ökonomische Theorie der Demokratie" stammt zwar von Downs, läßt sich aber wegen der Ähnlichkeit des Ansatzes ebenso auf das Modell Herder-Dorneichs beziehen.

59 Der Einfluß von Interessengruppen sowie der Bürokratie bleibt zunächst unberücksichtigt und wird erst in den anschließenden Abschnitten thematisiert.

60 Das Modell von Downs faßt Politiker dabei strenggenommen lediglich als Repräsentanten ihrer Parteien auf, so daß als Basisakteure (kleinste Handlungseinheit) nur die Parteien in Erscheinung treten. Diese Abstraktion, die insbesondere auf die Erklärung eines politischen Parteienspektrums abzielt, soll hier, da das Parteienspektrum als unabhängige Variable betrachtet wird, jedoch nicht übernommen werden.

61 Die Verwirklichung eines – wie auch immer definierten – „Gemeinwohls" ist hierbei nur Mittel zum Zweck. Als „List der Demokratie" bezeichnet Herder-Dorneich (1959, S. 58), daß umgekehrt das Ziel des „Gemeinwohls" erreicht werde, indem die Politiker ihren Eigennutz verfolgen.

62 Downs, zitiert bei Mueller (1989), S. 179.

63 Die Idee der Demokratie als Konkurrenzkampf stammt wohl von Schumpeter (1950) und bildet eine Grundlage für die Theorie Herder-Dorneichs (vgl. ders. 1959, S. 3 ff.).

A. Polit-ökonomisches Modell zur Erklärung symbolischer Umweltgesetzgebung

auf vielfältigste Weise auch innerhalb der Legislaturperioden äußern, zumal in einer Gesellschaft, in der Demoskopie und Medien eine wesentliche Rolle für den Austausch politisch relevanter Informationen (Wählerwille bzw. Politikvermittlung) spielen[64]. Hier wird daher angenommen, daß Politiker laufend die Zustimmung der Bevölkerung zu ihrer Politik und ihrer Person verfolgen[65]. Politischer Erfolg bemißt sich somit nicht nur nach Wahlergebnissen, sondern auch nach Popularitätswerten[66].

Das Verhältnis von Wählern zu Politikern wird in der ÖTD als sogenannte Principal-Agent-Beziehung beschrieben[67]: Der Wähler als Principal beauftragt durch seine Wahlentscheidung die Politik als Agenten mit der Bereitstellung der gewünschten Güter. Kennzeichnend für ein solches Verhältnis ist eine Informationsasymmetrie zugunsten des Agenten. Sie ergibt sich daraus, daß einerseits die Politik sich zur Erfüllung ihrer Aufgabe Spezialwissen aneignet und andererseits die Wähler gerade von der Beschäftigung mit Detailfragen befreit werden – sonst gäbe es statt der repräsentativen eine direkte Demokratie und keine Politik im heutigen Maßstab. Gleichwohl benötigen Wähler ein Mindestmaß an Information, um eine rationale Wahlentscheidung zu treffen und darüber hinaus am politischen Geschehen teilzuhaben. Dieses „Screening"[68] politischer Programme und Abläufe verursacht beim Bürger Transaktionskosten[69] (Zeit, sonstiger Aufwand) und wird daher nur in dem Maße vorgenommen, wie der erwartete Nutzen (Wahl des politischen Programms mit dem höchsten persönlichen Nutzen) die Kosten übersteigt[70]. Wähler sind insoweit größtenteils „rational ignorant"[71]. Kosten und Nutzen hängen sowohl vom Wählertypus (Einkommen, kognitive Fähigkeiten u. a.) als auch vom politischem Gegenstand (Komplexität, Relevanz) ab. Läßt man die wählerspezifischen Charakteristika als gegeben außer acht, gilt also, daß die aufzubringenden Transaktionskosten mit der Komplexität eines Themas ansteigen[72]; demgegenüber

---

64 Vgl. nur Zippelius (1999), S. 268 f.

65 Vgl. auch Horbach (1992), S. 70.

66 Eine detailliertere Behandlung von Indikatoren politischen Erfolges erfolgt im Abschnitt Teil 3: D.II.

67 Vgl. S. Meyer (1996), S. 66 ff.; Seel (1993), S. 113 ff. Zu Principal-Agent-Beziehungen siehe Kiener (1990).

68 Holzheu (1987), S. 19.

69 Unter (Markt-)Transaktionskosten werden in der ökonomischen Theorie Such- und Informationskosten, Verhandlungs- und Entscheidungskosten sowie die Kosten der Überwachung und Durchsetzungen vertraglicher Leistungen verstanden, vgl. grundlegend Williamson (1985); ein neuerer Überblick findet sich bei Richter / Furubotn (1996), S. 51 ff.

70 Berücksichtigt man den nahezu verschwindend geringen Einfluß einer einzelnen Wählerstimme auf das Ergebnis einer Wahl, so mag es vor dem Hintergrund der getroffenen Annahmen überraschen, daß überhaupt gewählt wird. Erklärt wird dieses scheinbar „paradoxe" Verhalten unter anderem durch eine „Niedrigkosten"-Hypothese, vgl. Fn. 240 auf S. 137.

71 Downs (1968).

72 Zum Zusammenhang zwischen Komplexität und Ökonomie der Transaktionskosten vgl. neuerdings Foster (2000).

96   3. Teil: Ansätze zu einer Theorie symbolischer Umweltgesetzgebung

erhöht sich der Nutzen der Informationsbeschaffung und -verarbeitung mit steigender Relevanz des Themas für die persönlichen Zielvorstellungen.

Wähler sind mithin über komplexe Umweltthemen mit mittlerer Relevanz rationalerweise schlecht informiert[73]. Im Extremfall sehr hoher Informationskosten bei nur geringem resultierendem Nutzen entscheiden die Wähler in extremer Komplexitätsreduktion nach Parteiideologie als übergreifendem Muster[74]. Aufgrund hoher Informationskosten liegt es für Wähler zudem nahe, das Augenmerk auf wenige, für sie relevante Themen („issues") zu richten[75] – ein Aspekt, der für die Entstehung von öffentlichen Aufmerksamkeitszyklen bedeutsam ist und daher an entsprechender Stelle wieder aufgenommen wird.

Ausschlaggebend für die politischen Einstellungen und damit für die Wahlentscheidungen der Bürger sind letztlich deren subjektive Wahrnehmungen der für sie relevanten Kosten und Nutzen[76]. Diese Wahrnehmungen wiederum unterliegen starken Einflüssen politischer Themenkonjunkturen (siehe oben), aber auch der Darstellung bzw. Inszenierung der Politik durch die Politiker selbst. In beiden Fällen kommt den Presse- und Rundfunkmedien eine bedeutende Filter- und Verstärkungsrolle zu, ohne jedoch den Status eigenständiger, relevanter Akteure zu erreichen. Die regierenden Politiker, aber auch die der Opposition, werden versuchen, ihre Informationsvorsprünge zur Gewinnung von Wählerpotential zu nutzen. Dies wird in Anbetracht einer möglichen Entdeckungsgefahr weniger durch gezielte Desinformation, sondern eher durch Simplifizierung von Sachverhalten (u. a. durch Gebrauch von Symbolik), aber auch durch Bereitstellung bzw. Beeinflussung von Frames geschehen, so daß die Wähler im Zuge eines Framenwechsels die angebotenen politischen Leistungen positiver beurteilen[77]. Damit treten neben die Befriedigung von Wählerbedürfnissen auch Überzeugungsstrategien als Instrument der Stimmenmaximierung: „Die Bedürfnisse der Wähler liegen verborgen, oft sind sie schon lange Zeit vorhanden und drängen immer stärker zur Verwirklichung. Zum Leben erweckt werden sie erst durch den Politiker, der sie aufgreift und in politische Faktoren verwandelt. Der Politiker faßt die Bedürfnisse der Wähler zusammen, er findet die rechten Worte dafür, konzentriert sie zu Schlagworten und Programmpunkten. Er organisiert sie, mobilisiert sie, läßt sie politisch wirksam werden"[78]. Entscheidend für den Erfolg von Politik und Gesetzgebung mit Blick

---

[73] Vgl. Herder-Dorneich (1959), S. 62; Hansjürgens (2000), S. 169 ff. Einen vergleichsweise hohen Informationsstand bei Umweltthemen nimmt demgegenüber S. Meyer (1996, S. 69 f.) „aufgrund des existentiellen Charakters der Umweltqualität" an. Auch Edelman (1976, S. 6) postuliert, daß die Massenöffentlichkeit prinzipiell die Wirkungen politischer Maßnahmen nicht einschätzen kann.

[74] Vgl. Downs (1968), S. 95.

[75] Vgl. S. Meyer (1996), S. 69.

[76] Vgl. Seel (1993), S. 89.

[77] Vgl. zum Konzept des „Framing" als politischem Instrument der Einflußnahme auf die inhaltlichen Vorstellungen des Wählers ausführlich Dombrowski (1997), S. 148 ff. Auf das manipulative Potential von Symbolik sei in diesem Zusammenhang nur verwiesen.

A. Polit-ökonomisches Modell zur Erklärung symbolischer Umweltgesetzgebung 97

auf den allgemeinen Wähler ist nach alledem die Spürbarkeit und Zurechenbarkeit der geplanten oder bereits getroffenen Maßnahmen auf die angepeilte Gruppe von Empfängern staatlicher Leistungen[79].

2. Ökonomische Theorie der Interessengruppen

Die ÖTD geht prinzipiell davon aus, daß alle Wähler für die Politik von gleicher Relevanz sind. Tatsächlich treten viele Wählerinteressen jedoch nicht individuell, sondern gebündelt über organisierte Interessengruppen in Erscheinung. Dem trägt die Ökonomische Theorie der Interessengruppen (ÖTI) Rechnung, indem sie die ÖTD um entsprechende Aspekte erweitert[80]. Der grundlegende Mechanismus besteht darin, daß Interessengruppen bestimmte politische Güter nachfragen und im Austausch spezifische, politisch relevante Informationen und/oder andere Ressourcen preisgeben. Politiker treten somit als „Transfermakler" in Erscheinung, indem sie politische Güter zwischen Wählern und organisierten Interessen so transferieren, daß sie ein Maximum ein Stimmengewinnen erreichen[81].

a) Wirtschaftliche Interessen

Eine herausragende Bedeutung im Rahmen der Behandlung von Interessengruppen kommt den Wirtschaftsunternehmen bzw. den sie vertretenden Organisationen zu, auf welche sich die ÖTI in ihren Ursprüngen ausschließlich bezieht. Für Deutschland sind hier etwa der BDI, der DIHT sowie branchenspezifische Interessenverbände zu nennen. Im Gegensatz zu anderen Politikfeldern können im Bereich der Umweltpolitik auch die Gewerkschaften zu den unternehmerischen Interessen gezählt werden, da beide im wesentlichen konform gehen[82].

Das grundsätzliche Interesse der Unternehmen ist es, ihren Bestand sowie ihre Marktposition zu sichern und darüber hinaus ihre Marktanteile und Profite zu maximieren – private Güter also, zu deren Aneignung sich die Unternehmen üblicherweise mit Tauschaktivitäten auf „traditionellen" (d. h. wirtschaftlichen, nicht-poli-

---

[78] Herder-Dorneich (1959), S. 76. Von der Einführung „neuer politischer Dimensionen" spricht in diesem Zusammenhang Kirsch (1997), S. 250 ff. Vgl. auch Dombrowski (1997), S. 19.

[79] Vgl. Hansjürgens (2000), S. 162; S. Meyer (1996), S. 77 f.

[80] Ansätze zur Berücksichtigung unterschiedlicher gesellschaftlicher Interessen, die für Gesetzgebung kausal verantwortlich sind, finden sich bereits in der Interessenjurisprudenz, wenngleich nur vor dem Hintergrund der Gesetzesauslegung im Rahmen der richterlichen Entscheidungsfindung. Vgl. Heck (1914), S. 49.

[81] Zu diesem in der Chicago-Schule (Chicago Political Economy) entwickelten Ansatz vgl. grundlegend McCormick/Tollison (1982); Becker (1983); ders. (1985); Tollison (1989); ders. (1997); Folkers (1998).

[82] So auch die Einordnung in der empirischen Analyse bei E. Müller (1995), S. 216.

tischen) Märkten betätigen. Unter Umständen jedoch ist es für einzelne Unternehmen, aber auch für ganze Branchen bzw. Industrien, kostengünstiger, eine für sie vorteilhafte Stellung nicht durch das herkömmliche Erwirtschaften von Profiten („Profit Seeking"), sondern durch Herbeiführung einer sie begünstigenden Gesetzgebung im Wege politischer Einflußnahme zu erwirken. Verfügbare Ressourcen werden dann auf dem Markt politischer Güter eingesetzt. Solche auch als „Rent Seeking"[83] bezeichneten Aktivitäten sind selbstverständlich nur dann erfolgreich, wenn die Politiker, an die sie sich richten, ihrerseits einen genügenden Vorteil aus dem Tauschhandel ziehen (dazu sogleich). Umgekehrt wird ein unternehmerischer Interessenverband nur dann Rent-Seeking-Aktivitäten unternehmen, wenn der hiervon erwartete Nutzen die aufzubringenden Transaktionskosten (Organisation der Interessen sowie Einflußnahme auf die Politik)[84] übersteigt. Ein solcher Nutzen kann etwa darin bestehen, daß der die Gesetzgebung nachfragenden Interessengruppe bestimmte, im Extremfall: monopolistische, Sonderrechte eingeräumt werden. Hierbei kann es sich z. B. um Subventionen, Produktnormen (die von Konkurrenten nicht eingehalten werden können), aber auch um die Unterlassung von aus Unternehmenssicht nachteiliger Gesetzgebung (geplante Verschärfung von Grenzwerten o. ä.) handeln.

Vergünstigungen dieser Art benachteiligen in aller Regel die Interessen anderer Akteure, da die zu verteilende Menge politischer Güter durch die Rent-Seeking-Aktivitäten nicht ansteigt. Es handelt sich daher um ein politisches Nullsummenspiel; rechnet man die Transaktionskosten auf seiten der Politiker und der organisierten Interessen mit ein, muß man sogar ein Negativsummenspiel annehmen, das zu gesamtgesellschaftlichen Verlusten führt[85]. Es ist davon auszugehen, daß die Ergebnisse solcher Tauschbeziehungen meist vom allgemeinen Wählerwillen abweichen[86]. Daß Politiker sich dennoch daran beteiligen, erklärt sich einerseits durch die hohen hieraus resultierenden Nutzen, andererseits durch das Drohpotential mächtiger Verbände. Die Machtstellung der Verbände läßt sich im wesentlichen auf drei Ursachen zurückführen[87]: (1) Informationsvorsprünge gegenüber der Politik (und der Öffentlichkeit), (2) finanzielle Ressourcen sowie (3) Marktmacht.

Informationsvorsprünge. Politik und Ministerialbürokratie benötigen zum einen Informationen über tatsächliche Problemlagen und Lösungsmöglichkeiten im Be-

---

[83] Mit „Renten" werden – im Gegensatz zu Profiten – Vorteile durch politische, nicht wirtschaftliche Aktivitäten bezeichnet. Siehe grundlegend Tullock (1980), S. 17. Vgl. auch den Überblick bei Horbach (1992), S. 49 ff.

[84] Vgl. Märtz (1990), S. 26.

[85] Vgl. Tullock (1980).

[86] Vgl. S. Meyer (1996), S. 114.

[87] Vgl. Bernholz/Breyer (1994), S. 169 ff. Horbach (1992, S. 55) nennt als vierten Faktor die „personelle Durchsetzung" politischer Gremien mit verbandsloyalen Interessenvertretern. Deren Verhaltensweisen als Politiker lassen sich jedoch allein durch die übrigen Faktoren schlüssig erklären.

reich des Umweltschutzes. Hierzu zählt das Wissen über naturwissenschaftliche Zusammenhänge der Entstehung und Wirkung von Umweltbelastungen sowie über Maßnahmen technischer oder sonstiger Natur zur Vermeidung oder Verringerung von Belastungen. Besonders Informationen über die zu erwartenden Wirkungen geplanter Maßnahmen sind für die Politik von höchster Relevanz. Branchenspezifische Interessenverbände besitzen aufgrund ihrer wirtschaftlichen Tätigkeit diesbezüglich oft erhebliches Know-how, welches sie zu geringen eigenen Kosten an die Politik in gebündelter Form weitergeben können, ohne daß diese die hohen Kosten eigener Forschungen bzw. Maßnahmen zur Informationsbeschaffung selbst tragen müßte. Zum anderen ist die Politik auf Informationen zum Wählerwillen, etwa zur Akzeptanz geplanter Maßnahmen, angewiesen. Zwar führen die Meinungsforschungsinstitute hierzu in grober Form regelmäßige Untersuchungen durch; jedoch besitzen Verbände oft weit spezifischere Informationen sowohl über die Standpunkte der vertretenen Unternehmen als auch über die Einstellungen von deren Arbeitnehmern, Kunden, Lieferanten und Konkurrenten[88], die für die Politik von hohem Wert sein können und dementsprechend nur für entsprechende Gegenleistungen (siehe oben) zur Verfügung gestellt werden. Und schließlich ergibt sich für die Verbände ein gewisses Drohpotential daraus, daß sie in der Regel auch umfassend über die politische Lage im Bilde sind und daher die Wähler über geplante – möglicherweise für sie nachteilige – Gesetze und deren Wirkungen u. U. detaillierter als von der Politik beabsichtigt und gegebenenfalls auch einseitig im Sinne der Unternehmensinteressen informieren können.

Finanzielle Ressourcen. Verbreitetes Mittel der Einflußnahme wirtschaftlicher Interessen auf die Politik sind finanzielle Zuwendungen[89]. Das Spektrum möglicher Aktivitäten reicht von legalen Parteispenden bis zu illegalen Bestechungen. Gerade für finanzschwache Parteien bedeuten zusätzliche Finanzmittel eine Erweiterung ihres Handlungsspielraumes. Es liegt auf der Hand, daß – unter der Annahme rational-eigennütziger Akteure – auch solche Gütertransfers in der Regel nicht ohne entsprechende Gegenleistung gewährt werden.

Marktmacht. Schließlich können Unternehmen auch ihre Marktmacht ausnutzen, indem etwa im Falle der Realisierung einer geplanten, den eigenen Interessen zuwiderlaufenden Gesetzgebung mit einer Abwanderung ins Ausland, der Verzögerung von Investitionsentscheidungen[90] oder der Schließung von Standorten mit den entsprechenden Folgen (Steuerausfälle, Verlust von Arbeitsplätzen) gedroht wird.

---

[88] Vgl. Bernholz / Breyer (1994), S. 169.
[89] Auf die Bedeutung ökonomischer Ressourcen für die Macht wirtschaftlicher Interessenverbände weist Rey (1990, S. 29 f.) hin.
[90] Vgl. Rey (1990), S. 124.

b) Umweltschutz-Interessen

Im Gegensatz zu den Wirtschaftsinteressen wird den Umweltschutzinteressen allgemein eine weniger starke Stellung attestiert. Dies läßt sich im Anschluß an Olson[91] aus der Kollektivguteigenschaft der Umweltqualität ableiten. Je mehr die gewünschte Umweltqualität (bzw. die unerwünschte tatsächliche Umweltbelastung) den Charakter eines öffentlichen Gutes trägt, um so weniger werden sich die Betroffenen an Maßnahmen zur Verbesserung der Situation (wie etwa die Bildung eines Interessenverbandes) beteiligen, da aus den hiermit verbundenen individuellen Kosten vor allem kollektive Nutzen resultieren (Nicht-Ausschließbarkeit vom öffentlichen Gut), die nur zu einem geringen Teil dem Individuum selbst zugute kommen. Umgekehrt gilt: Je lokaler ein Umweltproblem auftritt und je eher es damit die Eigenschaft eines privaten Gutes (bzw. Übels) besitzt, desto größer ist die Chance, daß sich die Betroffenen zu einer durchsetzungsstarken Interessenvertretung verbinden, wie zahlreiche Beispiele lokaler Bürgerinitiativen gegen unerwünschte Projekte (z. B. Müllverbrennungsanlagen) zeigen. Daß es dennoch zur Bildung von Umweltverbänden mit durchaus nicht unerheblichem Einfluß kommt, hängt mit den grundsätzlichen Vorteilen organisierter gegenüber unorganisierten Interessen zusammen[92], die im wesentlichen in einer Verringerung der individuellen Informations- und Transaktionskosten durch die gebündelten Aktivitäten auf Verbandsebene begründet liegen. Voraussetzung ist allerdings eine hinreichend starke individuelle Nutzenerwartung auf seiten der einzelnen Mitglieder, so daß auch ein „Trittbrettfahren" durch Nicht-Mitglieder, die ebenfalls von der Bereitstellung des erwünschten öffentlichen Gutes Umweltschutz profitieren, in Kauf genommen werden kann[93].

Vergleicht man die Einflußstärke von Umwelt- gegenüber Wirtschaftsinteressen, so ergab sich historisch für erstere über längere Zeit auch daraus eine schwächere Stellung, daß sie sich erst im Laufe der Zeit organisieren konnten („Start-Up"-Kosten)[94] und daher bislang einen niedrigeren Organisationsgrad aufweisen[95], während die Wirtschaftsverbände im Laufe der Zeit ausdifferenzierte und angepaßte Organisationsstrukturen entwickeln konnten. Hinzu kommt, daß Umweltverbände der Politik meist eher allgemeine, frei zugängliche Informationen anbieten können, nicht aber spezifische und daher besonders relevante Informationen, wie sie die Wirtschaftsverbände besitzen. Auch die weitaus schwächeren finanziellen Ressourcen lassen eine umfangreiche Informationsbeschaffung nicht zu[96]. Allerdings hat sich diesbezüglich in den 1990er Jahren ein Wandel ange-

---

[91] Vgl. Olson (1968).

[92] Entstehungsbedingungen erfolgreicher Interessengruppen („Grad der Organisierbarkeit") sind nach Olson eine kleine Gruppengröße, die Homogenität der Interessen sowie die Sanktionierbarkeit nicht gruppenkonformen Verhaltens.

[93] Vgl. Olson (1968), S. 43.

[94] Vgl. Schüller (1988), S. 163.

[95] Vgl. Schneider (1988), S. 123.

A. Polit-ökonomisches Modell zur Erklärung symbolischer Umweltgesetzgebung 101

bahnt, so daß die Umweltverbände heute auf ein durchaus beachtliches Wissenspotential zurückgreifen können[97].

3. Ökonomische Theorie der Bürokratie

Auch „der Bürokratie" wird im Rahmen der ÖTP ein eigener Akteurs-Typus zugeordnet. Er umfaßt grundsätzlich sowohl die für die Vorbereitung der Gesetzgebung zuständige Ministerialbürokratie als auch die ausführende Verwaltung. Die zentralen Aussagen der Ökonomischen Theorie der Bürokratie (ÖTB)[98] beziehen sich auf die Außenbeziehungen der Bürokratie zu Interessengruppen und Politikern[99]. Analog der Beziehung zwischen Politik und Interessengruppen in der ÖTI nimmt auch die ÖTB Austauschbeziehungen zwischen Bürokratie und Interessengruppen an, die wiederum auf Rent-Seeking und Informationsasymmetrien beruhen[100]. Demgegenüber wird zwischen Politik und Bürokratie ein Principal-Agent-Verhältnis angenommen, in dem die Bürokratie deutliche Informationsvorsprünge gegenüber der Politik besitzt[101] und diese zur Verfolgung ihrer eigenen Ziele[102] nutzenmaximierend einsetzt. Hieraus wird geschlußfolgert, daß die Ministerialbürokratie im eigenen Interesse komplizierte, technik- und detailorientierte Regelungen bevorzugt, da hierdurch die Informationsvorsprünge gegenüber der Politik am deutlichsten hervortreten und so der Einfluß gegenüber der Politik gewahrt wird[103]. Aus diesen Gründen wird auch eine Maximierung des verfügbaren Budgetrahmens angestrebt[104].

Da sich die Wahrnehmungen und Verhaltensweisen von Politik und Ministerialbürokratie jeweils gegenüber anderen Akteuren in der ÖTP nicht wesentlich voneinander unterscheiden, sind die detaillierten Implikationen der ÖTB für die Erklärung symbolischer Gesetzgebung nicht von besonderer Relevanz und sollen daher nicht weiter vertieft werden. Erwähnenswert ist jedoch eine wesentliche Aussage, die die ÖTB für das Verhalten der *vollziehenden* Verwaltung trifft: Analog der Stel-

---

96 In seiner empirischen Studie belegt Rey (1990, S. 125 f.) Informationsdefizite der Umweltverbände im Vergleich zu den Wirtschaftsverbänden bei der Entstehung des Chemikaliengesetzes sowie des Bundesimmissionsschutzgesetzes.

97 Vgl. Staeck (1999, S. 89), der darauf hinweist, daß die Umweltverwaltung dennoch auf der Arbeitsebene kaum Kontakte zu den Umweltverbänden pflegt, sondern ihr Augenmerk im wesentlichen auf die Öffentlichkeit richtet.

98 Vgl. grundlegend zum Verhalten von Bürokratien Tullock (1965) und Niskanen (1971).

99 Die ebenfalls im Rahmen der ÖTB thematisierten behördlichen Binnenstrukturen sind für das Zustandekommen von Gesetzgebung wenig relevant und werden daher aus der vorliegenden Betrachtung ausgeklammert.

100 Vgl. Kirsch (1997), S. 318 f.

101 Vgl. Kirsch (1997), S. 317.

102 Niskanen (1971, S. 38) nennt insbesondere Geld, Macht, Prestige.

103 Vgl. etwa Hansjürgens (2000), S. 156, 174 f.

104 Grundlegend Niskanen (1971).

lung, die Politik und Ministerialbürokratie in der Gesetzgebung einnehmen, geht die vollziehende Verwaltung ebenfalls Austauschbeziehungen mit den jeweils betroffenen Interessen(gruppen) ein, so daß es auch hier zu Rent-Seeking-Aktivitäten kommt[105]. Je weitreichender diese im gesetzlichen Rahmen möglich sind, desto eher kommt es zu Vollzugsdefiziten bei der Umsetzung von Gesetzen[106].

4. Modell des Interessendreiecks der Umweltpolitik

Die vorstehende Typologie von Akteuren orientiert sich im wesentlichen an Wahrnehmungen, Interessen und (daraus resultierenden) Verhaltensweisen, die sich in allgemeiner Weise aus den jeweiligen gesellschaftlichen Rollen ergeben. Zielt man zur näheren Unterscheidung relevanter Akteure speziell auf deren Interessenlage in bezug auf ein spezifisches Umweltproblem ab, so erscheint eine weitere Differenzierung, die sich ebenfalls aus Kosten-Nutzen-Betrachtungen ableitet, hilfreich. Mit v. Prittwitz[107] werden im folgenden Verursacherinteressen, Betroffeneninteressen sowie Helferinteressen (Substitutions- und Entsorgerinteressen) unterschieden, je nachdem, wie sich Kosten und Nutzen eines Umweltproblems sowie der vorgeschlagenen Lösungsmöglichkeiten auf die einzelnen Akteure aufteilen[108].

Akteure mit *Verursacherinteressen* zeichnen sich dadurch aus, daß sie die Nutzen aus der Verursachung einer Umweltbelastung höher ansetzen als die Nutzen aus deren Vermeidung bzw. Unterlassung. Der Nutzen der Vermeidung erscheint höher als die dafür aufzubringenden Kosten. Ein so gelagertes Interesse wird in der Regel dann vorzufinden sein, wenn die entsprechenden Akteure das Umweltproblem entweder tatsächlich verursachen oder zumindest von der Verursachung profitieren. Die Begründung liefert (wieder) die Kollektivguteigenschaft der Umweltqualität: Während die Nutzen aus der umweltbelastenden Tätigkeit (negative externe Effekte einer wirtschaftlichen Tätigkeit) dem Akteur unmittelbar zufließen, verteilt sich der Nutzen der Belastungsvermeidung auf einen weit größeren Kreis. (Ist dies nicht der Fall, liegt kein typisches Verursacherinteresse mehr vor.) Abweichend von der klassischen Sichtweise der ÖTP können Umweltbelastungen nicht nur von Industrieunternehmen, sondern ebenso von der Landwirtschaft sowie dem allgemeinen Wähler verursacht werden. Als Beispiele für Umweltbelastungen durch die Allgemeinheit seien nur die Folgen aus einem hohen Verbrauch an Res-

---

[105] Ausführlich hierzu Horbach (1992), S. 188 ff.

[106] So auch die These bei Röhl (1999), S. 425 f.

[107] Die folgenden Ausführungen beziehen sich in weiten Teilen auf v. Prittwitz (1990), S. 116 ff. Einen ähnlichen Ansatz verfolgt Horbach (1992), S. 89 ff. Siehe auch schon Ruß-Mohl (1981), der problemerzeugende und Reform-Interessen („Problembetroffene" sowie „Problemlöser") unterscheidet.

[108] Die Verknüpfung der Kosten-Nutzen-Betrachtung mit den situativen Interessen findet sich so nicht bei v. Prittwitz, liegt aber im Rahmen des hier entwickelten Ansatzes auf der Hand.

A. Polit-ökonomisches Modell zur Erklärung symbolischer Umweltgesetzgebung 103

sourcen (Stoffe, Energie), die daraus resultierende Abfallproblematik sowie die vielschichtigen Probleme der Nutzung privater Kfz genannt. Je nach betrachtetem Umweltproblem wird sich ein unterschiedlicher Kreis von Verursacherinteressen ergeben.

Für Akteure mit *Betroffeneninteressen* ergibt sich ein genau entgegengesetztes Bild: Sie schätzen die von ihnen zu tragenden Kosten der Umweltbelastung (z. B. schlechte Luftqualität) höher ein als die Kosten der Vermeidung (z. B. höhere Verbraucherpreise oder eine geringere gesamtgesellschaftliche Wirtschaftsleistung als Folge erhöhter Umweltschutzinvestitionen). Je nach Regionalität des Umweltproblems und nach der spezifischen Intensität seiner Auswirkungen sind jeweils unterschiedliche Betroffeneninteressen zu berücksichtigen.

Eine dritte Art von Interessen gegenüber Umweltproblemen ergibt sich aus den Möglichkeiten bestimmter Akteure, von der Lösung dieser Probleme zu profitieren. Sie werden als *Helferinteressen*[109] bezeichnet. Diese Akteure sind grundsätzlich sowohl am Fortbestand des Problems als auch an der Existenz von Lösungsmöglichkeiten interessiert. Dabei ist zu unterscheiden zwischen Interessen, die auf eine Problemlösung im Sinne einer Vermeidung bzw. Substitution (z. B. durch alternative Techniken oder Verhaltensweisen) abzielen *(= Substitutionsinteressen)* und solchen, die lediglich eine additive, nachgelagerte Problemminderung durch sog. „End-of-Pipe"-Maßnahmen (wie z. B. Filtertechniken oder eine geordnete Abfallbeseitigung) betreiben *(= Entsorgerinteressen).* Während Akteure der letzten Art grundsätzlich an einem Fortbestand der problemerzeugenden Techniken bzw. Verhaltensweisen interessiert sind und daher insoweit nicht nur mit den Betroffenen-, sondern auch mit den Verursacherinteressen konform gehen, sind erstere mit den Verursacherinteressen nicht vereinbar. Im Bereich der Emissionsminderung konventioneller Wärmekraftwerke zur Stromerzeugung wären als Entsorgungsinteressen etwa die Hersteller von Rauchgasfiltern, als Substitutionsinteressen demgegenüber z. B. die Hersteller von Windenergieanlagen zu nennen. Helfer besitzen naturgemäß ein großes Interesse an der Verfügbarkeit geeigneter Lösungsmöglichkeiten, seien sie technischer oder sonstiger Art. Dies impliziert zum einen, daß die Verfügbarkeit von Lösungsoptionen das Zustandekommen von Helferinteressen begünstigt, sowie andererseits, daß bestehende Helfer-Akteure an einem weiteren Ausbau der Lösungsmöglichkeiten interessiert sind (positive Rückkopplung).

Stärker als die rollengeprägte Akteurstypologie der ÖTP bezieht sich die Abgrenzung auf der Basis des „Interessendreiecks" auf die für jedes Umweltproblem sich neu ergebenden Interessenkonstellationen. Sie berücksichtigt insofern eher situative als strukturelle Momente. Eine Verschränkung beider Ansätze erscheint daher geeignet, sowohl mittel- bis langfristige (strukturelle) als auch kurzfristige

---

[109] Um eventuelle Mißverständnisse auszuräumen: Die Bezeichnung „Helferinteresse" ist in keinster Weise altruistisch gemeint, Helferinteressen sind genauso am Eigennutz orientiert wie andere auch.

(situative) Faktoren der Interessenbildung mit Blick auf die Umweltgesetzgebung einzubeziehen. Dies soll mit der im folgenden zu skizzierenden Typologie unternommen werden.

III. Akteure der Umweltgesetzgebung

Ausgangspunkt der Betrachtung ist die Unterteilung in Unternehmen, Wähler und staatliche Akteure (siehe Abb. 6). Sie gründet sich auf die fundamental unterschiedlichen Präferenzfunktionen der jeweiligen Akteurstypen, wie sie oben dargestellt wurden[110].

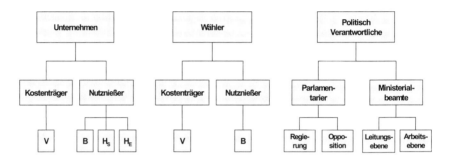

Abb. 6: Typologie von Akteuren der Umweltgesetzgebung

V: Verursacherinteressen, **B**: Betroffeneninteressen, H_S: Helferinteressen (Substitution), H_E: Helferinteressen (Entsorgung).

Während Wähler die Politik zwar nach rational-eigennützigen Kriterien bewerten, sind sie doch typischerweise schlecht informiert über zu regelnde Umweltprobleme und daher auch leicht täuschbar. Unternehmen bzw. ihre Interessenverbände sind demgegenüber in den sie betreffenden Belangen gut informiert und treten gegenüber der Politik als einflußreiche Tauschpartner auf. Die staatlichen Akteure suchen den gesellschaftlichen Ausgleich von Interessen, wobei sie die Erlangung bzw. den Erhalt von Regierungsmacht und damit eine Maximierung von Wählerstimmen anstreben. Während der Politik nur schwach ausgeprägte eigene Sachinteressen (etwa aufgrund von Parteiideologien) zugeschrieben werden, ergeben sich solche für Wähler und Unternehmen als Nachfrager politischer Güter aus ihrer Stellung als Betroffene oder Verursacher von Umweltproblemen. Mit Blick auf

---

[110] Eine ähnliche, wenn auch weniger ausdifferenzierte Typologie legen Knoepfel/Weidner (1980, S. 87) vor. Sie unterscheiden das „legitimatorische System" (die von der Umweltbelastung Betroffenen, die an einer Verbesserung der Umweltqualität interessiert sind), das „ökonomische System" (die Emittenten, die an einer zulässigen Umweltverschmutzung interessiert sind) sowie das politisch-administrative System (im wesentlichen bezogen auf die Vollzugsbehörden).

A. Polit-ökonomisches Modell zur Erklärung symbolischer Umweltgesetzgebung   105

eine entsprechende umweltrechtliche Regelung resultiert hieraus jeweils eine Nutznießer- bzw. Kostenträgerschaft[111] der staatlichen Maßnahme.

1. Wähler (Öffentlichkeit)

Wähler, d. h. wahlberechtigte Bürger, die nicht primär als Politiker oder Wirtschaftsfunktionär in Erscheinung treten, können sowohl Kostenträger wie Nutznießer – und damit Nachfrager[112] – einer umweltrechtlichen Regelung sein (vgl. Abb. 6). Die Übernahme von Kosten einer Regelung durch den Bürger geschieht entweder aus allgemeinen Steuermitteln, durch höhere Verbraucherpreise oder durch eine direkte, umweltbezogene Besteuerung. Beispiel für eine Verursachung eines Umweltproblems durch eine große Zahl von Bürgern ist etwa der mit der Benutzung von Kfz verbundene Schadstoffausstoß. Werden die resultierenden (gesellschaftlichen und ökologischen) Kosten im Sinne negativer externer Effekte z. B. über eine Abgabe („Ökosteuer") auf Treibstoff von den Kraftfahrern getragen, so sind diese zugleich Verursacher der Umweltbelastung wie auch Kostenträger der Regelung.

Entscheidend für die Meinungs- und Interessenbildung der Wähler ist deren subjektive Wahrnehmung der sie betreffenden Kosten und Nutzen. Diese muß nicht mit den tatsächlichen Kosten- und Nutzen zusammenfallen[113]. In der Tat werden die Kosten von Umweltschutzgesetzen oft nach dem sogenannten „Gemeinlastprinzip" verteilt, d. h. auf die Gesamtheit der Wähler (oder eine praktisch äquivalente Gruppe, wie etwa Stromkunden) umgelegt[114]. Solche Kosten werden von diesen wegen ihrer vergleichsweise schlechten Informationslage (siehe oben) aber oft nicht durchschaut[115]. Als weitaus schmerzlicher werden demgegenüber Kosten empfunden, die einer begrenzten Gruppe (etwa: Bauern, Arbeitnehmer, Rentner, Autofahrer) aufgebürdet werden. Eine mögliche Wahrnehmungsverzerrung liegt auch in dem psychologisch bestätigten Befund, daß ein gegenwärtiger Nutzen

---

[111] Vgl. Knoepfel / Weidner (1980), S. 87.

[112] Holm-Müller et al. (1991, S. VII) schätzen die Nachfrage nach einer optimalen Umweltqualität auf 100 bis 300 DM je Haushalt und Monat bzw. 30 bis 100 Milliarden DM jährlich für die gesamte Bundesrepublik.

[113] So kann etwa die GFAnlV als Beispiel für den Betroffenen- und Nutznießerstatus der Wähler gelten: Die schlechte Luftqualität, welche bis Ende der 1980er Jahre durch die hohen Schadstoffemissionen der Wärmekraftwerke verursacht wurde, betraf prinzipiell jedermann. Die in der Verordnung vorgeschriebene Nachrüstung mit Filteranlagen verursachte dadurch bei den Kraftwerksbetreibern, d. h. den Stromversorgern, hohe Investitionskosten, die jedoch vollständig auf die Stromkunden und damit auf die Allgemeinheit abgewälzt wurden. Da dies in einer kaum spürbaren Erhöhung des Strompreises um nur wenige Prozent resultierte, blieb diese Kostenbelastung von den Bürgern praktisch unbemerkt. Vgl. Teil 4: D.V.5.c).

[114] Hansjürgens (2000), S. 168.

[115] Ausführlich hierzu aus finanzwissenschaftlicher Perspektive Hansjürgens (2001), S. 101 ff.

bei erst in der Zukunft anfallenden Kosten einem zukünftigen Nutzen vorgezogen wird[116].

Zwar braucht für die theoretische Erklärbarkeit dieses Verhaltens das Rationalitätsparadigma nicht aufgegeben zu werden (siehe oben); aufgrund der zahlreichen Einschränkungen „perfekter Rationalität", speziell was die Informationsdefizite betrifft, kann jedoch gegenüber Politikern und organisierten Interessen von einer deutlich begrenzten Rationalität ausgegangen werden. So ist zu erwarten, daß „bei allen Gruppen mit relativ hohem Anteil umweltpolitischer Spezialisten die ökonomischen Rationalmodelle einen höheren Erklärungswert für deren umweltpolitische Präferenzen haben werden als beim Verhalten des Durchschnittswählers. Bei letzterem dürften dagegen Fairneß-, d. h. Verteilungsüberlegungen, unvollkommene Information und ‚arationale' Beweggründe starken Einfluß auf die Zielfindung und Bewertung umweltpolitischer Instrumente haben, da dieser am wenigsten über die Gesamtproblematik der Umweltverschmutzung informiert ist"[117]. Damit soll der Wählerschaft – und insbesondere kollektiven Phänomen wie der „öffentlichen Meinung" – jedoch nicht ihr Einflußpotential auf die Entstehung von Politik und Gesetzgebung abgesprochen werden. Dieses richtet sich aber infolge der dargestellten Rationalitätsdefizite nicht in jedem Fall auf die für sie selbst jeweils günstigsten Entscheidungsalternative.

Selbstverständlich ist nicht auszuschließen, daß Wähler als von Umweltproblemen Betroffene auch Helferinteressen vertreten, etwa indem regenerative gegenüber fossilen Energiequellen favorisiert werden. Dies wird jedoch in der Regel als sekundäres, aus einem ursprünglichen Betroffeneninteresse abgeleitetes Interesse zu werten sein.

Helferinteressen werden auch von Umweltverbänden[118] wie etwa dem BUND, dem DNR oder Greenpeace vertreten. Zwar werden sie im Rahmen der ÖTP allgemein als Interessenverbände behandelt. Da Umweltverbände jedoch in aller Regel keine Verursacherinteressen vertreten, sondern vielmehr bestimmte Betroffeneninteressen der Wähler (und teilweise darüber hinausgehende, etwa im Sinne von „Eigenrechten" der Natur) kanalisieren und verstärken, erscheint es sinnvoller, sie den Wählerinteressen zuzuordnen.

2. Unternehmen

Wie bereits im Abschnitt über das „Interessendreieck" der Umweltpolitik ausgeführt, können Wirtschaftsunternehmen sowohl als Kostenträger als auch als Nutznießer umweltrechtlicher Regelungen auftreten (siehe nochmals Abb. 6 auf S. 104). Beispiel für die Kostenträgerschaft sind die zahlreichen im Umweltrecht normier-

---

[116] Vgl. S. Meyer (1996), S. 73.
[117] Vgl. Seel (1993), S. 70. Vgl. ebenso Meyer-Krahmer (1979), S. 92.
[118] Vgl. Jänicke / Kunig / Stitzel (1999), S. 36 f.

A. Polit-ökonomisches Modell zur Erklärung symbolischer Umweltgesetzgebung 107

ten Emissionsgrenzwerte, zu deren Einhaltung kostenträchtige additive Technologien verwendet werden. Auch hier gilt, daß die Wahrnehmung der entstehenden Kosten (und Nutzen) für die Interessenbildung in bezug auf eine geplante gesetzgeberische Maßnahme entscheidet. Verzerrungen ergeben sich z. B. daraus, daß die aufzuwendenden Investitionskosten von Unternehmensseite zunächst überschätzt werden, was zu einem Widerstand gegen die geplante Regelung führt, wobei sich hinterher herausstellt, daß durch den Einsatz von Vermeidungstechnologien tatsächlich Produktionskosten eingespart werden.

Unternehmen können auf vielfältige Weise Nutzen aus umweltrechtlichen Regelungen ziehen. Ein direkter Nutzen aus einer erhöhten Umweltqualität, d. h. eine direkte Betroffenheit durch Umweltprobleme, ist bei dem heute erreichten Niveau der Umweltqualität wohl in den wenigsten Fällen zu erwarten. Als Ausnahme wäre zum einen der Fremdenverkehr zu nennen, zum anderen kann die Attraktivität eines Unternehmens als Arbeitgeber durch eine hohe Umweltqualität am Standort steigen. Wichtiger erscheinen dagegen diejenigen Nutzen, die sich aus einer Helferstellung[119] ergeben können. So wurde beispielsweise das Erneuerbare-Energien-Gesetz, welches den Einspeisern regenerativer Energien gewisse Mindestpreise pro erzeugter Kilowattstunde sichert, massiv von seiten der Hersteller und Betreiber von Windenergieanlagen (Substitutionsinteressen in bezug auf konventionelle Energieträger) unterstützt[120]; von den nationalen und internationalen Regelungen zum Öko-Audit[121] profitiert eine ganze Branche von Consulting-Firmen.

3. Staatliche Akteure I: Politik und Ministerialbürokratie

Wie sich bereits in den vorstehenden Ausführungen angedeutet hat, erscheint eine scharfe Trennung zwischen Politik und Ministerialbürokratie, wie sie die ÖTP vornimmt, für die vorliegende Analyse von Gesetzgebungsvorhaben schwierig und auch unzweckmäßig[122]. Sowohl Politiker als auch Ministerialbeamte können ihre Eigeninteressen (Macht, Einfluß, Geld usw.) am ehesten durch den politischen Tauschhandel mit (teilweise organisierten) Einzelinteressen befriedigen[123]. Sie verfolgen also beide keine genuinen Eigeninteressen, sondern sind als Mittler zwischen gesellschaftlichen (politik-externen) Interessengegensätzen zu sehen[124]. Eine scharfe Trennung ist auch deswegen kaum möglich, weil auch in der Ministerialbürokratie mit zunehmender hierarchischer Stellung nach politischer Logik ge-

---

[119] Vgl. zur „Umwelt-Industrie" und unternehmerischen Umwelt-Interessen Jänicke/Kunig/Stitzel (1999), S. 37 f.
[120] So etwa durch den Bundesverband WindEnergie (BWE), vgl. taz, 04. 03. 2000.
[121] Vgl. Schulte (1998b), S. 451 ff.
[122] Vgl. auch Horbach (1992), S. 20.
[123] Gawel (1995), S. 87.
[124] Nach Meyer-Krahmer (1979, S. 173 f.) verhalten sich Bürokraten aufgrund empirischer Befunde ähnlich wie Politiker und verfolgen keine genuinen Eigeninteressen.

handelt wird[125]; zudem bereiten Ministerialbeamte nicht nur maßgeblich die Gesetzentwürfe vor, sondern werden auch bei der Formulierung der Bundestagsausschuß-Berichte mit herangezogen[126]. Es erscheint somit sinnvoll, Politik und Ministerialbürokratie grundsätzlich als Einheit zu begreifen[127]. Insofern werden hier sowohl (höhere) Ministerialbeamte als auch Politiker als für die Gesetzgebung verantwortliche Akteure angesehen und in die empirischen Befragungen mit einbezogen. Der Regierung und ihrer Ministerialbürokratie wird eine maßgebliche Mitverantwortlichkeit für die Gesetzgebung unterstellt. Der zweite Bereich der Exekutive, die Vollzugsbehörden, nehmen demgegenüber eine andere Stellung ein, da sie in aller Regel nicht mit der Ausarbeitung von Gesetzentwürfen, sondern mit deren Umsetzung betraut sind. Eine besondere Rolle kommt hier jedoch dem Umweltbundesamt (UBA) zu, das als oberste Bundesbehörde im Zuge fachlicher Beratung durchaus die Programmformulierung beeinflußt und bei einigen Gesetzgebungsvorhaben (z. B. bei der GFAnlV) maßgeblich an der Entstehung des Normtextes mitgewirkt hat.

Politik und insbesondere Ministerialbürokratie nehmen ohne Zweifel eine herausragende Rolle bei der Abfassung von Gesetzestexten ein. Daraus folgt jedoch nicht ihr dominanter Einfluß auf den Inhalt der verfaßten Texte[128], der durchaus das Produkt eines Ausgleichs politikexterner Interessen sein kann. Die Frage nach dem Anteil politikinterner (autonomer) und -externer (heteronomer) Einflüsse auf die Gesetzgebung soll hier jedoch dahinstehen[129]; sicherlich spielen politisch-programmatische Positionen und Parteiideologien neben politikexternen Interessen eine gewisse Rolle. Aus der Sicht der in dieser Arbeit untersuchten Gesetzgebungstätigkeit des Bundes kommt als externen Einflüssen auch den politischen Interessen über- und untergeordneter öffentlicher Entscheidungsträger ein bestimmtes Gewicht zu. So treten einem Gesetzgebungsvorhaben auf Bundesebene in der Regel die Interessen einzelner Länder, gegebenenfalls der Kommunen (kommunale Spitzenverbände), aber auch der EU gegenüber. Diese Interessen öffentlich-rechtlicher Akteure sind dabei wiederum nicht primär als Eigeninteressen im engeren Sinne zu verstehen, sondern sind selbst das Produkt eines politischen

---

125 Vgl. die hohen Anteile von Parteimitgliedern hoher Regierungsbeamter sowie die Klassifikation von beamteten Staatssekretären und Abteilungsleitern als „politische" Beamte (Rudzio 1996, S. 288). Man könne von einer „kompetente(n), politiknahe(n), in ihrer Karriere mit Parteien verbundene(n) Führungsschicht in den Ministerien" sprechen (ebd., S. 289). Tils (2000) spricht von der „politischen Logik", welche die Verwaltung im Zuge einer „professionellen Koordination" mit „Fachlogiken" (rechtlich, sachlich, umsetzungsorientiert) zur Deckung bringen müsse.

126 Vgl. von Beyme (1997), S. 192.

127 Hierfür findet sich in der Literatur oft die – etwas unglückliche – Bezeichnung „Politisch-Administratives System (PAS)". So bezeichnet Ruß-Mohl (1981, S. 44) als PAS „primär die politische Exekutive und deren administrativer Unterbau sowie die Legislativorgane".

128 Vgl. Meyer-Krahmer (1979), S. 94.

129 Nach Schmidt (1990) und Jänicke (1990, 1993) liegt der polit-interne Einfluß lediglich bei rund 25 Prozent.

A. Polit-ökonomisches Modell zur Erklärung symbolischer Umweltgesetzgebung   109

Tauschhandels mit entsprechenden Akteuren[130]. Unabhängig von der Frage der Eigeninteressen bleibt festzuhalten, daß der Politik in der parlamentarischen Demokratie die Verantwortung für die verabschiedeten Gesetze zukommt. Auch jenseits von Parteiideologien bleiben Politikern in der Regel gewisse monopolistische Handlungsspielräume gegenüber den auf sie einwirkenden Interessen[131].

Für die Analyse der staatlichen Akteure soll eine Vierteilung vorgenommen werden. Unterschieden werden:

(1) Politiker – d. h. Mitglieder des Deutschen Bundestages – der regierungsbildenden Mehrheitsfraktion(en), namentlich die (stellvertretenden) Ausschußvorsitzenden sowie die für ein Gesetz jeweils zuständigen Berichterstatter, die über die Gesetzgebungsvorhaben in besonderer Weise informiert sind, einen Großteil der Plenardebatten bestreiten und überdurchschnittlich viele Kontakte zu den für das jeweilige Gesetz relevanten Akteuren besitzen[132];

(2) Politiker der Oppositionsfraktionen, hier wiederum (stellvertretende) Ausschußvorsitzende sowie Berichterstatter; Einflußmöglichkeiten der Opposition bestehen über Zustimmungsbefugnisse (vor allem über den Bundesrat[133], erforderliche Zweidrittelmehrheit bei Verfassungsänderungen), indirekt über die Mobilisierung der öffentlichen Meinung;

(3) „Politische" Regierungsbeamte[134] – d. h. Staatssekretäre und Abteilungsleiter – sowie parlamentarische Staatssekretäre, die zwar ein Abgeordnetenmandat besitzen, deren Tätigkeit aber eher in der Exekutive denn in der Legislative anzusiedeln ist[135];

(4) Nicht-politische Regierungsbeamte (Arbeitsebene) mit Leitungsfunktion, d. h. Unterabteilungs- und Referatsleiter der an dem jeweiligen Gesetz beteiligten Ministerien sowie vergleichbare Positionen im Umweltbundesamt.

4. Staatliche Akteure II: Länder und Kommunen

Bei Gesetzgebungsvorhaben auf Bundesebene spielen die Bundesländer oft eine wichtige Rolle, auch in den in dieser Analyse betrachteten Fallbeispielen. Es stellt sich daher die Frage, ob die Länder als eigene Akteure in bezug auf die Bundes-

---

[130] Vgl. Jänicke (1995), S. 13.

[131] Vgl. Hansjürgens (2000), S. 165.

[132] Vgl. von Beyme (1997), S. 195 f. „Berichterstatter sind neben den Fraktionsobleuten und den Ausschußvorsitzenden die einzigen Parlamentarier, die sich in der Regel in die Gesetzesmaterie im Detail vertiefen" (ebd., S. 196).

[133] Zur (gestiegenen) umweltpolitischen Rolle des Bundesrates vgl. Müller-Brandeck-Boquet (1993), S. 105 f.

[134] Vgl. Rudzio (1996), S. 286 f.

[135] Vgl. auch von Beyme (1997, S. 194), der darauf hinweist, daß parlamentarische Staatssekretäre seit Anfang der 1970er Jahre nicht mehr den Bundestagsausschüssen angehören.

gesetzgebung zu sehen sind. Die ÖTP sieht einen solchen eigenen Akteurstypus in föderalen Systemen nicht ausdrücklich vor. Grundsätzlich ergeben sich zwei Möglichkeiten, die Länder als Akteure in die vorliegende Typologie einzuordnen:

– Länderinteressen können entweder ignoriert bzw. in die Wahrnehmungen der Bundespolitiker inkorporiert werden. Der Akteurstyp „Politik und Ministerialbürokratie" umfaßt dann alle entsprechenden Akteure auf Länder- wie auf Bundesebene, da es prinzipiell keinen Unterschied macht, an welcher Stelle sich die gesellschaftlichen Interessen festmachen. Vorteil dieser Sichtweise ist, daß die Theorie nicht adaptiert zu werden braucht. Von Nachteil erscheint hingegen, daß eine solche Einordnung der Komplexität des politischen Prozesses nicht gerecht wird und damit empirisch unbefriedigend bleibt.

– Oder aber den Ländern werden – abweichend von der ÖTP – eigene politische Interessen zugestanden, also z. B. bestimmte ideologische Positionen. Vorteil ist eine bessere Abbildung des tatsächlichen politischen Geschehens, nachteilig hingegen, daß so die paradoxe Situation entsteht, daß Länderpolitiker eigene politische Interessen verfolgen, während Bundespolitikern (als Interessenmaklern) dies nicht zugestanden wird.

Letztlich spiegeln aber auch Länderinteressen immer nur entweder die ideologischen Positionen von Koalitions- bzw. Oppositionsparteien auf Bundesebene wider und sind insofern nichts Eigenständiges (wenn auch im Bundesrat mit geänderten Kräfteverhältnissen), oder aber es existieren eigene politische Positionen der Länder, die meist auf besondere, regionale gesellschaftliche Interessen zurückführbar sind[136]. Insofern erscheint es schlüssig, auch Länderpolitiker als Interessenmakler anzusehen. In Bezug auf die – hier ausschließlich betrachtete – Gesetzgebung auf Bundesebene soll daher davon ausgegangen werden, daß es keine wirklich genuinen Länderinteressen gibt, sondern daß die artikulierten Positionen in der genannten Art und Weise in die bestehenden Positionen einfließen.

Die Bedeutung der Kommunen und kommunalen Verbände bleibt – auch durch ihre (verfassungs-)rechtlich nicht völlig eindeutige Stellung im Spannungsfeld zwischen Selbstverwaltungs- und Auftragsangelegenheiten – im Bezug auf die Umweltgesetzgebung ambivalent. Einerseits besitzen die Kommunen Interessen als eigene Körperschaften, andererseits Interessen als Vollzugsorgane staatlicher Regelungen. So fungieren etwa die Landkreise und kreisfreien Städte im Abfallrecht als entsorgungspflichtige Körperschafen mit einem Interesse an vollzugsfreundlichen Regelungen. Letztlich muß die Interessenlage der Kommunen im Einzelfall genauer ermittelt werden.

---

[136] Zu nennen wären etwa Automobil-Interessen in Bayern, Baden-Württemberg und Niedersachsen, Interessen der Betreiber von Kohlekraftwerken in NRW, Waldbesitzerinteressen in Bayern und Baden-Württemberg – sie alle schlagen sich stark in den Interessen der jeweiligen Länder gegenüber dem Bund nieder.

B. Entstehungsbedingungen und Auswirkungen symbolischer Umweltgesetzgebung – Hypothesen

Symbolisches Handeln wird in der ÖTP nicht direkt thematisiert[137]. Dennoch lassen sich aus den getroffenen theoretischen Aussagen Hypothesen[138] ableiten, unter welchen Voraussetzungen symbolische Gesetzgebung für die staatlichen Akteure die rational günstigste Handlungsalternative darstellt. Diese Hypothesen sollen nun im einzelnen formuliert und kurz diskutiert werden, wobei die Reihenfolge der Darstellung im groben ihrer Bedeutsamkeit, d. h. ihrem unterstellten Erklärungspotential im Rahmen des hier entwickelten Modells, entspricht. Es wird jeweils auch angegeben, welche empirischen Variablen – Faktoren, die symbolische Gesetzgebung begünstigen bzw. typisch auftretende Folgen – sich daraus ergeben. Ihre nähere Definition und empirische Operationalisierung erfolgt im nächsten Kapitel.

Zwar beanspruchen diese Hypothesen nicht, das Phänomen symbolischer (Umwelt-)Gesetzgebung in Gänze erklären zu können[139]. Abgeleitet aus einem in sich konsistenten institutionenökonomischen Ansatz, bilden sie gleichwohl ein stimmiges System von Aussagen, das sich somit als Ansatz zu einer Theorie[140] symbolischer (Umwelt-)Gesetzgebung verstehen läßt.

I. Symbolische Gesetzgebung als Folge eines Widerspruchs zwischen Problemwahrnehmung und Lösungsoptionen (Hypothesen 1 und 2)

Grundsätzlich kann symbolische Gesetzgebung als Folge einer Konstellation angesehen werden, in der zwar politischer Handlungsbedarf besteht, eine rechtsnormativ-sachlich wirksame Regelung für die staatlichen Akteure jedoch – aus den verschiedensten Gründen – mit höheren Kosten als Nutzen verbunden wäre und daher unterbleibt. Diese Kosten können sich entweder direkt auf den „Wert" der betreffenden politischen Güter oder aber auf die – mitunter ebenso relevanten – Transaktionskosten[141] für die Problembewältigung beziehen.

---

[137] Neuere Arbeiten stellen durchaus auf symbolisches Handeln als rationale politische Verhaltensweise ab, beschränken sich jedoch auf *generelle* Aussagen zum Verhalten von Politik und Bürokratie, so etwa bei Seel (1993), S. 133 oder Hansjürgens (2000), S. 154.

[138] Als Hypothesen werden im allgemeinen Aussagen bezeichnet, die einen Zusammenhang zwischen mindestens zwei Variablen postulieren (Schnell / Hill / Esser 1999, S. 51).

[139] Siehe aber unten die Einleitung zu Teil 3: C.

[140] „Im strengen Sinn ist eine ‚*Theorie*' ein System von Aussagen, das mehrere Hypothesen oder Gesetze umfaßt" (Schnell / Hill / Esser 1999, S. 52; Hervorhebung im Original).

[141] Vgl. Teil 3: A.II.1 und Teil 3: A.II.2.

Eine erste Hypothese zur Entstehung symbolischer Gesetzgebung ergibt sich, wenn man von allen problemspezifischen Informations- und Transaktionskosten sowie von der unterschiedlichen Einflußstärke von Wählern und Interessengruppen abstrahiert. Betrachtet werden nur die mit der Verursachung eines Umweltproblems sowie mit möglichen Regelungsalternativen verbundenen globalen Nutzen und Kosten. Übersteigt der von einer (rechtsnormativ-ökologisch wirksamen) Regelung erwartete Nutzen – im Sinne höherer Umweltqualität – die dadurch gesamtgesellschaftlich entstehenden Kosten (etwa Investitionskosten oder Verhaltenseinschränkungen), so liegt es ceteris paribus nahe, ein solches Gesetz zu verabschieden. Im umgekehrten Fall, in dem die Kosten der Regelung ihren Nutzen übersteigen bzw. mangels verfügbarer Lösungsmöglichkeiten gar nicht bezifferbar sind, wird man rationalerweise von einer Regelung absehen. Wenn aber aufgrund der wahrgenommenen Kosten des Umweltproblems ein sehr hoher Problemdruck besteht (z. B. Gesundheitseinbußen, verminderte Lebensqualität, unkalkulierbare technologische Risiken usw.), dann drohen der regierenden Mehrheit Wählerstimmenverluste, wenn sie nicht handelt[142].

Angesichts der gewöhnlich schlechten Informationslage der allgemeinen Wähler wird der Gesetzgeber diesem Widerspruch dadurch begegnen, daß er ein Alibigesetz erläßt. „Ein Problem, das unlösbar ist, wird symbolisch gelöst"[143]. „Zeiten der öffentlichen Erregung schaffen neue Spielräume für die Politik, verführen jedoch auch zu symbolischen Aktionen und übereilten Entscheidungen"[144]. Eine solche Regelung verursacht kaum Kosten, täuscht aber den Eindruck effektiven Handelns vor[145]. Selbst wenn die Erzeugung dieser Illusion nur unvollständig gelingt, so mindert sie doch die möglichen Stimmenverluste, die bei einem Regelungsverzicht zu erwarten wären.

Diese Überlegungen lassen sich in zwei Hypothesen zusammenfassen:

Hypothese 1: Notwendige Voraussetzung für das Entstehen symbolischer Gesetzgebung ist ein hoher Problemdruck von seiten der Öffentlichkeit bzw. entsprechender Interessengruppen.

Hypothese 2: Ein gesellschaftlich relevantes Problem, für das zum gegebenen Zeitpunkt keine ausreichenden Lösungsoptionen – bzw. nur solche zu höheren Kosten als erwarteten ökologischen Nutzen – verfügbar sind, wird bloß symbolisch gelöst.

Zur Operationalisierung der ersten Hypothese bedarf es zweier empirischer Variablen, welche die ÖFFENTLICHE AUFMERKSAMKEIT und die INTERESSEN der relevanten Akteuren an dem jeweiligen Umweltproblem erfassen. Die durch das Umweltproblem verursachten ökologischen und gesellschaftlichen Kosten werden durch

---

[142] Vgl. Görlitz (1994), S. 10.

[143] Vgl. Noll (1981), S. 361.

[144] Köcher (2001). Diese Hypothese findet sich – im Ergebnis – bereits in einigen „klassisch"-rechtssoziologischen Arbeiten zur symbolischen Gesetzgebung, so etwa bei Kindermann (1988), S. 237.

[145] Vgl. auch Steinberg (2000), S. 83 f.

die Variable OBJEKTIVE PROBLEMSITUATION beschrieben; die Variable VERFÜGBARE LÖSUNGSOPTIONEN umfaßt auch die Kosten möglicher Regelungen (Hypothese 2).

II. Symbolische Gesetzgebung als Folge selektiver Bedienung konfligierender Interessen (Hypothesen 3 und 4)

Häufig läßt sich die Kluft zwischen Problemlösungs- und Problemerhaltungsinteresse auch konkreten gesellschaftlichen Interessengruppen zuordnen. Gesetzt, es stünden sich mehrere konfligierende – im Extremfall: unvereinbare – Interessen gegenüber, die nicht auf dem Wege des politischen Konsenses inhaltlich ausgeglichen werden können. Würde die Politik dann klar Stellung beziehen und eine Regelung zugunsten des einen und damit zuungunsten eines anderen Interesses handeln, riskierte sie einen Popularitätsverlust und unter Umständen den Verlust der Regierungsmehrheit. Eine symbolische Maßnahme – im Sinne eines „Kompromißgesetzes" – kann in diesem Fall entweder beide Interessen – zumindest vorläufig – befriedigen[146] oder aber einem Interesse tatsächlich nachgeben, das andere hingegen bloß symbolisch regeln. „Um ihren politischen Einfluß zu erhalten, versuchen Politiker, die für den Umweltschutz relevanten gesellschaftlichen Gruppen entsprechend ihrem Einfluß zu bedienen"[147].

Hypothese 3: Symbolische Gesetzgebung wird begünstigt durch eine Konstellation konfligierender Interessen[148].

Hypothese 4: Im Falle konfligierender Interessen tendiert der Gesetzgeber dazu, das mächtigere Interesse faktisch (sachlich-materiell) zu bedienen, das schwächere Interesse hingegen symbolisch zu befriedigen[149].

Zur Überprüfung dieser Hypothesen ist es nötig, jeweils eine empirische Variable für die INTERESSEN (inklusive der Werte und Zielvorstellungen) sowie die MACHTPOSITIONEN der für das Zustandekommen des Gesetzes relevanten Akteure zu bestimmen.

---

[146] So bereits die These von Aubert (1967, S. 302) zum norwegischen Hausangestelltengesetz.

[147] Hansjürgens (2000), S. 167; grundlegend hierzu Hansjürgens (2001), S. 117 ff.

[148] In ähnlicher Form findet sich diese These bereits bei Blankenburg (1977), S. 56. Je stärker die „Politisierung" eines gesellschaftlichen Themas sei, „desto größer der Druck, Widersprüche zwischen Geltungsanspruch und tatsächlicher Geltung nicht wirksam aufzulösen, desto mehr treten damit symbolische Bedeutungen der Aufrechterhaltung von Normansprüchen in den Vordergrund". Vgl. auch Ismayr (1992), S. 268: „Je kontroverser und politisch bedeutsamer die zu klärenden Probleme sind, um so mehr ist damit zu rechnen, daß ‚sachrationale', inhaltlich-problemorientierte Beurteilungen gegenüber strategischen Intentionen in den Hintergrund treten".

[149] Vgl. bereits Salzwedel (1985), S. 28.

III. Symbolische Gesetzgebung als Folge hoher Problemkomplexität und Transaktionskosten (Hypothesen 5 und 6)

Die Diskussion der ÖTD hatte gezeigt, daß angesichts hoher Transaktionskosten die Wähler einen relativ niedrigen Informationsstand über Umweltprobleme besitzen. Hohe Relevanz eines Themas im Sinne hoher Nutzenerwartungen an eine nachgefragte Regelung bedingt jedoch rationalerweise eine bessere Informiertheit. Es wird also angenommen, daß Wähler um so schlechter informiert sind, je höher einerseits die Komplexität des umweltpolitischen Themas und je geringer andererseits der von der Regelung erwartete Nutzen wahrgenommen wird[150]. Bei einem schlechten Informationsstand der Wähler kann die Politik ihre Informationsvorsprünge diesen gegenüber ausnutzen und eine rein symbolische Regelung verabschieden[151], die kaum Kosten verursacht und keine organisierten Interessen negativ berührt, dabei jedoch den Anschein erweckt, es werde effektiv zugunsten des Umweltschutzes gehandelt. Der Wähler kann getäuscht werden[152]. Die Gefahr einer Entdeckung der intendierten rechtsnormativ-sachlichen Wirkungslosigkeit bleibt in Anbetracht der Informationsdefizite auf seiten der Wähler gering; selbst im Falle einer „Enthüllung" durch die politische Opposition oder die Presse kann die Regierung sich angesichts der hohen Komplexität des zu regelnden Problems etwa auf ungeklärte Ursache-Wirkungsbeziehungen berufen und die getroffene Maßnahme damit unangreifbar machen[153].

Die fünfte Hypothese lautet damit:

Hypothese 5: Je komplexer und undurchsichtiger, je weniger eindeutig und zurechenbar ein gesellschaftliches (Umwelt-)Problem und je geringer der von einem entsprechenden Gesetz erwartete Nutzen für den Wähler, desto eher wird eine symbolische Maßnahme erlassen werden.

Zur Überprüfung dieser Hypothese ist zum einen die Einführung einer empirischen Variable notwendig, welche die KOMPLEXITÄT der jeweiligen Regelungsmaterie mißt. Zum anderen müssen die Kosten-Nutzen-Erwartungen der Wähler abgebildet werden; dies geschieht über die Variable INTERESSEN.

Eine Betrachtung des Verhältnisses zwischen Politik und organisierten (wirtschaftlichen) Verursacherinteressen stützt diese Hypothese für den Fall entgegengesetzter Interessen von Wirtschaft und allgemeinen Wählern: Bei hoher Problem-

---

[150] Frey (1972, S. 135), weist in diesem Zusammenhang darauf hin, daß gerade bei komplexen Themenzusammenhängen dem Wähler nur die Nutzen, nicht aber die Kosten einer geplanten Regelung ins Bewußtsein kommen.

[151] Vgl. Seel (1993), S. 133; Frey (1972), S. 137.

[152] Vgl. Hansjürgens (2000), S. 170 ff.

[153] Ähnliches wird zudem für den Gesetzesvollzug auf der Ebene der zuständigen Verwaltung postuliert: So kann die Komplexität der Aufgaben zu einer Eigendynamik der Bürokratie führen, die wiederum arbiträres Verhalten (auch: Korruption) und damit Vollzugsdefizite in manchen Bereichen nach sich zieht; vgl. Röhl (1999), S. 427 m. w. N.

B. Bedingungen und Auswirkungen symbolischer Umweltgesetzgebung   115

komplexität können die organisierten Verursacherinteressen kraft ihrer Informationsvorsprünge für sie günstigere Regelungen aushandeln. Die Regelungskosten aus Sicht der Politik steigen damit, was – gemäß Hypothese 2 – symbolische Gesetzgebung begünstigt. Umgekehrt folgt daraus auch, daß im Falle einfacher, überschaubarer Problemlagen die Wirtschaftsinteressen relativ schwächer dastehen, was die Verabschiedung einer ökologisch effektiven Regelung begünstigt.

Faßt man beide Sichtweisen, d. h. das Verhältnis Politik – Wähler sowie das Verhältnis Politik – organisierte Verursacherinteressen, zusammen, so ergibt sich, daß mit steigender KOMPLEXITÄT des Regelungsproblems auch verschiedene Transaktionskosten steigen, welche die gesamten Regelungskosten in die Höhe treiben und damit symbolische Gesetzgebung begünstigen[154].

Ein weiterer Aspekt tritt hervor, wenn speziell die Komplexität des von der Regelung betroffenen Adressatenkreises betrachtet wird. Je komplexer, d. h. je größer und heterogener dieser ist, desto mehr Informationen über mögliche Vollzugsprobleme sind nötig, was die Transaktionskosten erhöht.

Hypothese 6: Große und heterogene Adressatenkreise begünstigen tendenziell symbolische Gesetzgebung.

Als empirische Variable wird in diesem Zusammenhang die ADRESSATENSTRUKTUR zu bestimmen sein.

IV. Kurz- und langfristige Folgen symbolischer Gesetzgebung (Hypothesen 7 bis 9)

Welche Auswirkungen sind von symbolischer Umweltgesetzgebung nach dem institutionenökonomischen Ansatz zu erwarten? Grundsätzlich lassen sich kurzfristige (Hypothese 7) und langfristige (Hypothesen 8 und 9) Folgen unterscheiden.

Hypothese 7: Kurzfristig werden sich die Erwartungen des Gesetzgebers erfüllen, d. h. symbolische Gesetzgebung wird rechtlich und sachlich ineffektiv bleiben, durchaus aber die seitens des Gesetzgebers erwünschten symbolisch-politischen Wirkungen zeigen.

An der objektiven Problemlage der Umweltsituation wird sich also zunächst nichts ändern. Die mit der Gesetzessymbolik verbundene Täuschung der Öffentlichkeit oder bestimmter Interessengruppen wird aber nur eine begrenzte Zeit lang anhalten können[155]. Mittel- bis langfristig wird sich daher ein Gleichgewicht zwi-

---

[154] Interessanterweise findet sich die Hypothese 4 getroffene Aussage auch in anderen Theoriekontexten wieder, jeweils mit unterschiedlichen theoretischen Begründungen. So wird etwa in der soziologischen Systemtheorie eine Komplexitätsreduktion durch Symbolik angenommen (vgl. N. Luhmann 1984, S. 48 ff.); politologische und rechtssoziologische Ansätze betonen die Integrationskraft von Symbolen, vgl. Bonus/Bayer (1999) sowie bereits Smend (1928), S. 47.

[155] Vgl. aus rezeptionsorientierter Perspektive auch Sartor (1999), S. 133.

schen Über- und Unterschätzung der Problemlage einstellen, so daß das „objektive" gesellschaftliche Kosten/Nutzen-Verhältnis die politische und gesetzgeberische Entwicklung bestimmt. Zwei Fälle sind dabei zu unterscheiden:

> *Hypothese 8:* Liegt mittelfristig der erwartete Nutzen einer – bisher nicht erfolgten – ökologisch effektiven Regelung höher als die damit verbundenen Kosten, so wird das bislang ungelöste bzw. nur symbolisch gelöste Umweltproblem über kurz oder lang wieder auf die politische Agenda gebracht und dann (zumindest in Teilbereichen) auf rechtlich und ökologisch wirkungsvolle Weise angegangen werden.

Dabei kann es natürlich sein, daß sich sowohl die Kosten als auch der Nutzen einer Regelung aufgrund einer Problemverschärfung oder einer technischen Weiterentwicklung im Laufe der Zeit gegenüber dem Zeitpunkt der symbolischen Maßnahme verschoben haben.

Die zweite Möglichkeit verhält sich spiegelbildlich zur ersten:

> *Hypothese 9:* Bleibt langfristig der von einer effektiven Regelung erwartete Nutzen unter den mit der Regelung verbundenen Kosten, so wird das Problemthema nicht erneut geregelt.

Im Umweltbereich interessant ist der Fall, daß sich ein Problem durch die zeitverzögerte Wirkung früherer Maßnahmen quasi „von selbst" erledigt, wie es etwa beim Ozongesetz der Fall ist.

C. Entstehungsbedingungen symbolischer Umweltgesetzgebung – Variablen

Eine gute Theorie ist einfach und erklärt viel. Mit der vorliegende Auswahl von Einflußfaktoren wird aus theoretischer Perspektive das Ziel verfolgt, das Phänomen symbolischer Gesetzgebung möglichst umfassend und zugleich mit einem Minimum zu bestimmender Größen zu erklären.

Sieben Variablen ergeben sich aus den vorgetragenen Hypothesen zur Erklärung des Zustandekommens symbolischer Umweltgesetzgebung: die OBJEKTIVE PROBLEMSITUATION, VERFÜGBARE LÖSUNGSOPTIONEN, die KOMPLEXITÄT des Regelungsproblems, ÖFFENTLICHE AUFMERKSAMKEIT, INTERESSEN und MACHTPOSITIONEN der relevanten Akteure sowie die ADRESSATENSTRUKTUR. Um den Erklärungsgehalt der Theorie zu erhöhen, ließe sich die Suche nach möglichen Einflußfaktoren sicherlich noch weiter fortsetzen; jedoch erscheint es fraglich, ob dadurch tatsächlich wesentliche Informationen erfaßt werden, die nicht bereits das Set von sieben Faktoren abdeckt[156]. Andererseits könnte versucht werden, die Zahl der Variablen zu

---

[156] Beispielsweise wird *Zeitknappheit* oft als symbolische Gesetzgebung begünstigender Faktor angeführt (etwa bei Kindermann 1988, S. 234). Es darf jedoch vermutet werden, daß

C. Entstehungsbedingungen symbolischer Umweltgesetzgebung – Variablen

reduzieren, um die Theorie weiter zu vereinfachen – dies erschiene besonders dann sinnvoll, wenn der durch die Variablen beschriebene Merkmalsraum stark redundant wäre, i. e. die betrachteten Variablen nicht (alle) voneinander unabhängig wären. Nun lassen sich gewisse Redundanzen in der Tat nicht leugnen. Zumindest ist davon auszugehen, daß einige Variablen – wie etwa die ÖFFENTLICHE AUFMERKSAMKEIT – von der OBJEKTIVEN PROBLEMSITUATION abhängen. Diese Abhängigkeiten erscheinen gleichwohl als so komplex, daß ihre Modellierung wiederum durch Hypothesen über Ursache-Wirkungs-Beziehungen ungleich schwieriger erscheint als ihre direkte Erfassung[157], so daß an den gewählten Variablen festgehalten wird.

Die Herausarbeitung von Einflußvariablen dient noch einem weiteren – weniger anspruchsvollen – Ziel. Sie ermöglicht, die einzelnen Gesetzgebungsvorhaben mit differenzierten und dennoch *einheitlichen* Kategorien zu beschreiben. Diese bilden damit ein Analyseraster, das die Vergleichbarkeit der Beispielfälle gewährleistet.

Für eine empirische Brauchbarkeit werden die genannten Variablen in den folgenden Abschnitten operationalisiert[158]. Jede Variable wird zunächst näher definiert; sodann werden Indikatoren benannt, welche die Ausprägungen der Variablen messen, wobei jeweils auch mögliche Probleme der Meßbarkeit diskutiert werden. Die Auswahl der Indikatoren erfolgt grundsätzlich nach der Maßgabe, die Ausprägung der zugehörigen Variable möglichst treffend zu bestimmen; häufig muß jedoch aus forschungspraktischen Gründen (verfügbare Ressourcen, empirisch-soziologische Meßbarkeit) auf zweitbeste Lösungen zurückgegriffen werden[159].

---

diese nicht unabhängig von anderen Größen entsteht, sondern vielmehr aus einem hohem politischen Problemdruck resultiert, der freilich über die Variablen ÖFFENTLICHE AUFMERKSAMKEIT und INTERESSEN bereits erfaßt wird. Im übrigen wird von verschiedenen Seiten darauf hingewiesen, daß Zeitknappheit ein generelles Problem der modernen Legislative darstellt und insofern nicht als spezifischer Einflußfaktor zu sehen ist; vgl. N. Luhmann (1971), S. 19; Schulze-Fielitz (1988), S. 397 ff. sowie Voß (1989), S. 184 f. mit Bezug auf N. Luhmann. – Andere Autoren heben eher auf *institutionelle Faktoren* als Entstehungsbedingungen symbolischer Gesetzgebung ab. Böhm (2000, S. 248) nennt hier beispielsweise mangelnde Länderkompetenzen bei der Gesetzgebung. Auch solche Faktoren können jedoch als konstant über einen großen Zeitraum betrachtet werden, so daß sie zur Erklärung des Zustandekommens symbolischer neben nicht-symbolischer Gesetzgebung kaum beizutragen vermögen.

[157] Wie noch zu zeigen sein wird, erschweren insbesondere zeitliche Irreversibilitäten, in denen sich die Geschichtlichkeit einzelner Entwicklungen ausdrückt, eine solche Modellierung. So kann etwa die ÖFFENTLICHE AUFMERKSAMKEIT in Bezug auf ein bestimmtes Problem nicht nur als Funktion der Problemintensität (OBJEKTIVE PROBLEMSITUATION), sondern muß auch als Funktion der Zeit gesehen werden, da bei jeweils gleichen Problemintensitäten unterschiedliche Aufmerksamkeitsgrade auftreten, je nachdem, ob das Problem gerade erst als öffentliches Thema „entdeckt" wurde oder aber – in einem zeitlich späten Stadium der „Themenkarriere" – bereits Ermüdungserscheinungen auftreten. Vgl. auch den Versuch bei Opp (1996, S. 362 f., 368 f.), die Beziehung zwischen der Unzufriedenheit der Bevölkerung mit der Umweltqualität auf der einen Seite und der tatsächlichen Umweltqualität auf der anderen Seite zu modellieren.

[158] Vgl. oben Teil 2: D.II.

[159] So konnten beispielsweise für die Erfassung der Interessen und Wahrnehmungen verantwortlicher Politiker und Ministerialbeamte aufgrund deren begrenzter Zahl persönliche

Die einzelnen Indikatoren werden so präzise und konkret wie möglich definiert, was jedoch nicht ausschließt, daß eine abschließende Operationalisierung erst am Einzelfall geschieht, sofern dies auf allgemeiner Ebene – fallübergreifend – nicht durchführbar erscheint.

Ziel der Untersuchung ist auch die Feststellung der jeweiligen *Stärke* des Einflusses der unterschiedlichen Variablen. Damit stellt sich auch die Frage, ob ein aufgestellter Wirkungszusammenhang (auf der Basis einer Hypothese) nur ceteris paribus, d. h. unter sonst gleichen Bedingungen, oder ganz allgemein gilt[160]. Es muß auch festgestellt werden, inwieweit einzelne Einflußfaktoren zusammenwirken müssen, um entsprechende Wirkungen zu zeigen.

Ein wichtiger Aspekt des Erklärungspotentials kommt noch hinzu: die zeitliche Stabilität bzw. Instabilität der gewählten Variablen. Es lassen sich (mehr oder weniger) statische und (mehr oder weniger) dynamische Variablen unterscheiden. Einige Größen, wie etwa die ADRESSATENSTRUKTUR, aber auch INTERESSEN- und MACHTKONSTELLATIONEN, bleiben vermutlich über den gesamten Zeitraum der Gesetzesentstehung nahezu konstant, während andere, besonders die ÖFFENTLICHE AUFMERKSAMKEIT, eine starke zeitliche Dynamik aufweisen. Allgemein kann gelten: Je stabiler die Ausprägung einer Variablen, desto größer ist ihr Erklärungspotential.

I. Objektive Problemsituation – Kosten des Umweltproblems

Die Variable PROBLEMSITUATION wurde in Hypothese 2 im Zusammenhang mit Kosten- und Nutzenerwägungen von Umweltproblemen eingeführt. Für ein näheres Verständnis dessen, was mit dieser Variable bezeichnet wird, soll zunächst der Begriff Umweltproblem erläutert werden. Ein – gesellschaftlich relevantes – Umweltproblem im hier verstandenen Sinne besteht grundsätzlich in einer Differenz aus wahrgenommenem Zustand der Umwelt in bezug auf einen bestimmten Sachverhalt und dem gewünschtem Zustand[161]. Wenn z. B. die Belastung der Umgebungsluft mit Schwefeldioxid (Ist-Zustand) das von den Bewohnern einer Region tolerierte Maß (Soll-Zustand) übersteigt, liegt ein Umweltproblem vor.

Für die Diagnose und Quantifizierung eines Umweltproblems ergeben sich drei notwendige Schritte:

Interviews durchgeführt werden, während für die Einstellungen der Bevölkerung auf eigene Erhebungen verzichtet und statt dessen auf bestehende Untersuchungen bzw. Darstellungen in der Tagespresse zurückgegriffen wurde.

[160] Zum Erkenntniswert unterschiedlicher Wenn-Dann-Aussagen siehe Schnell/Hill/Esser (1999), S. 51 f.

[161] Vgl. Schneider (1988), S. 48; Gessner/Kaufmann-Hayoz (1995), S. 12 ff.

(1) genaue Abgrenzung des Sachbereichs, für das ein Problem angenommen wird,

(2) Feststellung des Soll-Zustandes,

(3) Feststellung des Ist-Zustandes.

Soll das Problem – wie in dieser Arbeit vorgesehen – über eine gewisse Zeitspanne analysiert werden, so müssen die Schritte (2) und (3) zu mehreren Zeitpunkten durchgeführt werden (siehe unten).

Abgrenzung des Sachbereichs. Der betrachtete Sachbereich sollte möglichst so gewählt werden, wie es der gesellschaftlich-politischen Diskussion im Vorfeld des jeweiligen Gesetzgebungsvorhabens entspricht. Dies wird nur schwer eindeutig möglich sein, da sich die Problemwahrnehmungen von Akteur zu Akteur aufgrund unterschiedlicher Nutzenfunktionen keineswegs immer decken und zudem oft im Laufe der Zeit eine Verschiebung der Problemwahrnehmung[162] – sei es im Sinne einer Verlagerung des Problemschwerpunktes, sei es durch eine stärkere oder schwächere Beachtung von „Nebenproblemen"[163] – auftritt. Eine vollständige, qualitative Darstellung der PROBLEMSITUATION erfordert daher die Einbeziehung eventueller Wandelungen des Problembereiches. Für eine quantitative Analyse der Soll-Ist-Differenz muß jedoch aus Gründen der zeitlichen Vergleichbarkeit ein einheitlicher Sachbereich zugrundegelegt werden. Es scheint plausibel, sich hierzu an dem Stadium der Diskussion unmittelbar vor der Verabschiedung des Gesetzes zu orientieren, da dies zum einen die vermutlich größte Relevanz für die im Gesetz eingeführten Tatbestände besitzt und hier zum anderen die Argumente und Erfahrungen aus früheren Stadien der Diskussion miteingehen[164]. Was die akteursspezifischen Differenzen der Problemsicht betrifft, so muß eine Sachbereichsabgrenzung gefunden werden, die weit genug ist, um keine wesentlichen Aspekte außer acht zu lassen und eng genug, um Soll- und Ist-Zustand eindeutig bestimmen zu können.

Feststellung des Soll-Zustandes. Solange weder ein Gesetzentwurf noch zumindest politische Ankündigungen vorliegen, kann nur schwer ein präzises Erwartungsniveau in bezug auf den betrachteten Sachbereich angegeben werden, auch wenn aus verschiedenen Quellen – etwa Meinungsumfragen oder Berichten der Tagespresse – eine Unzufriedenheit mit der bestehenden Situation deutlich hervorgeht. Zudem entsprechen die normierten Soll-Zustände bloß symbolischer Gesetze ja oft nicht den politisch und / oder gesellschaftlich gewollten, so daß diese schon daher als Referenz-Maßstab entfallen. Hinzu kommt die schon bei der Sachbereichsabgrenzung angesprochene Schwierigkeit, daß sich die gesellschaftlichpolitischen Vorstellungen des Wünschenswerten mit der Zeit wandeln – oft schneller als die Ist-Situation. Vor diesem Hintergrund wird der Soll-Zustand für die Quantifizierung der PROBLEMSITUATION ausgeklammert; es wird jeweils lediglich

---

[162] Vgl. N. Luhmann (1971), S. 19.
[163] Vgl. Ruß-Mohl (1981), S. 97.
[164] Vgl. N. Luhmann (1971), S. 19.

festzustellen sein, *daß überhaupt* aus der Sicht relevanter Akteure eine wesentliche Diskrepanz zwischen Soll und Ist besteht; der eigentliche Variablenwert bestimmt sich indes nach dem Ist-Zustand[165]. Da dieser objektiv bestimmbar ist (siehe sogleich), kann auch von einem objektiven Problem gesprochen werden.

Feststellung des Ist-Zustandes. Die bisherigen Ausführungen legen nahe, mit dem „Ist" sei ein naturwissenschaftlich-objektiv feststellbarer Umweltzustand bezeichnet. Dies wird in vielen Fällen auch zutreffen. Maßgeblich für das Ausmaß eines Umweltproblems ist jedoch die Höhe der hierdurch verursachten Kosten – mögen diese auch indirekt oder zeitverzögert auftreten und schwer monetär zu beziffern sein. So diese Kosten nicht mit dem Zustand der Umweltqualität einhergehen, ist dies bei der Analyse der Beispielfälle entsprechend zu vermerken. Entscheidend für die Auswahl empirischer Indikatoren des Ist-Zustandes – und damit der PROBLEMSITUATION – ist wiederum die zeitliche Vergleichbarkeit. Auch eine fallübergreifende Vergleichbarkeit sollte weitestgehend möglich sein.

Als Indikatoren kommen vor allem langjährig verfügbare, zuverlässig gemessene Größen in Betracht wie etwa:

– Emissionen bzw. Immissionen von Schadstoffen,
– feststellbare Gesundheitsschäden der Bevölkerung,
– Schäden an Pflanzen- und Tierwelt sowie Bauwerken,
– Mengen verbrauchter Rohstoffe (auch: Landschaftsflächen) sowie entstandener Abfälle.

Wenn möglich, sind jeweils die – gesamtgesellschaftlich bzw. bei einzelnen Akteuren – resultierenden monetären Kosten zu beziffern[166]. Für eine Darstellung der zeitlichen Entwicklung der PROBLEMSITUATION im Vorfeld der Gesetzesentstehung ist eine zeitliche Auflösung zu wählen, die Änderungen der Problemsituation adäquat wiedergibt. In der Regel werden hierzu jährliche Angaben ausreichen; bei sprunghaftem Verhalten mögen auch kürzere Intervalle angezeigt sein.

Die angegebenen Kosten des Umweltproblems bilden zugleich den maximal möglichen Nutzen der anvisierten umweltrechtlichen Regelung im Falle hundertprozentiger ökologischer Effektivität bezüglich einer definierten Soll-Ist-Differenz, vorausgesetzt, für die Kosten- sowie die Nutzenbetrachtung wird derselbe Soll-Zustand zugrundegelegt.

---

[165] Ansonsten könnte der – nicht unplausible Fall – eintreten, daß bei gleichbleibender Ist-Situation ein wachsender Anspruch der Bevölkerung zu einem Soll-Zustand zunehmend höherer Umweltqualität führt (so die Hypothese bei Opp 1996, S. 369), so daß sich die OBJEKTIVE PROBLEMSITUATION verschärfen würde, ohne daß sich am Zustand der Umweltqualität etwas änderte. Dadurch entstünde das methodische Problem, daß sich die OBJEKTIVE PROBLEMSITUATION kaum mehr anhand „einfacher" Indikatoren quantifizieren ließe.

[166] Trotz aller methodologischen Schwierigkeiten existiert hierzu inzwischen eine große Zahl an Veröffentlichungen. Vgl. etwa Endres et al. (1991); Wicke (1986); Ewers (1986); Kappel (1990); Nerb (2000). Zu den methodischen Problemen siehe Endres/Holm-Müller (1998).

II. Verfügbare Lösungsoptionen – Kosten der Regelung

Den Nutzen der durch ein Umweltgesetz bewirkten Verbesserung der Umweltqualität stehen in aller Regel Kosten gegenüber, die entweder vom Staat, also der Allgemeinheit, oder von bestimmten Verursachergruppen getragen werden. Diese fallen um so höher aus, je weniger ausgereifte – technische, organisatorische oder sonstige – Möglichkeiten zur Erzielung der gewünschten Verbesserung der Umweltqualität bereitstehen. Kosten und Lösungsoptionen hängen somit direkt miteinander zusammen.

Die Kosten der Problemlösung sind im allgemeinen empirisch leichter zu bestimmen als die der Umweltbelastungen, da hierfür bestimmte Geldsummen zur Verfügung gestellt werden müssen, während die Bezifferung der Umweltschäden – auch ex post – fast ausschließlich auf geschätzten Geld-Schadens- bzw. Geld-Nutzen-Äquivalenten beruht. Bei sehr konkreten Regelungen läßt sich bereits ex ante vergleichsweise gut beurteilen, welche Investitionen getätigt werden müssen. Die Problemlösungskosten setzen sich zusammen aus den Kosten für Entwicklung, Anschaffung und Betrieb der:

– Entsorgung im weiteren Sinne, d. h. nachträgliche Reinigung (von Abgasen, Abwässern) sowie sonstige Behandlung und Deponierung fester Abfälle;
– Substitution umweltschädlicher Produkte bzw. Produktionsverfahren durch weniger belastende.

Daneben müssen auch materielle und immaterielle Kosten als Folge von Verhaltensänderungen der Normadressaten berücksichtigt werden.

III. Komplexität der Regelungsmaterie

Die Einführung der KOMPLEXITÄT der Regelungsmaterie als empirische Variable ergibt sich aus den zu Hypothese 5 formulierten Zusammenhängen. Es wird unterstellt, daß mit zunehmender KOMPLEXITÄT die zu einem Verständnis des zu regelnden Umweltproblems von seiten der relevanten Akteure (insbesondere der Wähler) aufzubringenden Informations- und Transaktionskosten steigen. Diese Annahme ermöglicht bereits eine Konkretisierung des hier zugrundegelegten Verständnisses von Komplexität, die – vor dem Hintergrund unterschiedlichster theoretischer Komplexitätskonzepte[167] – für eine empirische Anwendung unabdingbar ist.

---

[167] Wissenschaftlich thematisiert wurde „Komplexität" zuerst in den Naturwissenschaften im Zusammenhang mit Phänomenen wie Chaos und Selbstorganisation unbelebter Systeme (vgl. grundlegend Prigogine 1979). Diese Gedanken werden seitdem zunehmend in den Sozialwissenschaften rezipiert, insbesondere in der Theorie autopoietischer Systeme (vgl. nur N. Luhmann 1986, S. 45 ff.), aber auch in den Wirtschaftswissenschaften und in der Organisationstheorie; vgl. etwa Wood (1986); Bronner (1990); Hauschildt (1990); Reiß (1993);

Viele der bestehenden Komplexitätskonzepte und -begriffe sind ihrerseits so komplex, daß sie kaum operationalisierbar erscheinen[168]. Für die vorliegende Untersuchung soll daher auf den kleinsten gemeinsamen Nenner aller Komplexitätsverständnisse zurückgegriffen werden: Demnach definiert sich die Komplexität eines Systems[169] über die Anzahl darin enthaltener Elemente und Beziehungen (Relationen) zwischen diesen[170]: Je mehr unterschiedliche Aspekte das Problem umfaßt, um so komplexer ist es, und um so höhere Transaktionskosten fallen zu seiner Erfassung an, bzw. um so eher wird das Problem von dem jeweiligen Akteur – bei beschränkten Ressourcen – unvollständig oder unzutreffend erfaßt. Die Operationalisierung des so bestimmten Begriffes erfordert zunächst eine exakte Abgrenzung des interessierenden Umweltproblems als untersuchten Systems (wie bereits oben im Abschnitt I erwähnt), da ein weitgefaßter Problembereich bezüglich desselben Gegenstandes per definitionem eine größere Komplexität aufweist als ein enggefaßter. Sodann ist die Problemkomplexität aus der Zahl der Elemente und Relationen zu bilden.

Schon bei der Abgrenzung des Problembereichs, aber auch beim Auffinden der Elemente und Relationen stellt sich die Frage, inwieweit sich diese überhaupt objektiv ermitteln lassen bzw. inwieweit die subjektive Wahrnehmung der relevanten Akteure mit einbezogen werden muß[171]. So mag beispielsweise ein Umweltproblem von der Politik bzw. der Öffentlichkeit einfacher strukturiert wahrgenommen werden als es sich etwa für die Wissenschaft darstellt. Ein Beispiel ist die Waldschadensdiskussion Mitte der 1980er Jahre. Hier wurde ein naturwissenschaftlich extrem komplexes und nur teilweise verstandenes Zusammenspiel unterschiedlicher Einflüsse auf die sogenannten „neuartigen Waldschäden" in der politischen Diskussion weitgehend auf die Verursachung der Waldschäden durch Schwefeldioxid aus Kohlekraftwerken reduziert. Auf genau diese gesellschaftlich-politische Problemwahrnehmung kommt es aber an – womit natürlich keineswegs ausgeschlossen ist, daß der neueste Stand der Wissenschaft durchaus politische Beachtung findet. Was aber ist die „gesellschaftlich-politische Problemwahrnehmung"?

Raufeisen (2000) sowie Foster (2000) m. w. N. Überraschenderweise beschäftigen sich weder die Neue Institutionenökonomik, die besonderes Gewicht auf den Transaktionskostenansatz legt, noch die ÖTP näher mit dem Thema Komplexität; Ansätze finden sich aber bei Simon (1973).

[168] So mißt Hausschild (1990, S. 132) Problemkomplexität mit vier Eigenschaften (Unabsehbarkeit, Unklarheit, Ungewißheit, Konfliktgehalt); Bronner (1990, S. 216), unterscheidet vier Bausteine der Entscheidungskomplexität (Zielkriterien, Alternativen, Informationen und Bewertungen); Reiß (1993, S. 57 ff.) nennt acht Komplexitätsfaktoren (Elementenkomplexität: Größe, Diversität, Freiheitsgrade, Dynamik; Relationenkomplexität: Kopplungsgrad, Divergenz, Unschärfe, Chaos).

[169] Unter „System" wird hier eine zusammenhängende Untersuchungseinheit verstanden. Der Zusammenhang kann durch eine Kausalbeziehung, aber auch durch gesellschaftliche Attribution einer solchen vorliegen.

[170] Vgl. nur Fisch / Wolf (1990), S. 13 sowie Bronner (1992), Sp. 1122.

[171] Vgl. Hauschildt (1990), S. 135 ff. m. w. N.

C. Entstehungsbedingungen symbolischer Umweltgesetzgebung – Variablen 123

Prinzipiell kann jeder Akteur ein Problem unterschiedlich wahrnehmen; zudem differieren die zeitlichen (und sonstigen) Ressourcen sowie die kognitive Informationsverarbeitungskapazität von Akteur zu Akteur[172]. Wollte man diese Aspekte jeweils berücksichtigen, käme man zu einem gänzlich subjektiven Komplexitätsbegriff[173], der sich nicht mehr (allein) auf das untersuchte Problem bezöge[174]. Da hier jedoch angenommen wird, daß es eine *problemspezifische* – und damit *objektive* – KOMPLEXITäT gibt, wird ein geeigneter Referenz-Maßstab gewählt: Maßgeblich für die Bestimmung des Problembereichs sowie seiner Elemente und Relationen – und damit der KOMPLEXITÄT des Problems – ist die Diskussion, wie sie in den einschlägigen parlamentarischen Materialien sowie durch die Berichterstattung in der meinungsbildenden Tagespresse- und Wochenpresse[175] dokumentiert ist. Da der gewählte Bezugsrahmen für alle Akteure derselbe ist, läßt sich die KOMPLEXITÄT somit unabhängig von den akteursspezifischen Restriktionen und damit objektiv, wenn auch nicht absolut, ermitteln.

Ausgangspunkt für die Bestimmung der für die KOMPLEXITÄT relevanten Elemente eines Umweltproblems bildet der oben (Abschnitt I) eingeführte Problembegriff als Soll-Ist-Differenz, für deren Nivellierung bestimmte Lösungsmöglichkeiten (vgl. Abschnitt II) in Betracht kommen. Eine vollständige Problembeschreibung umfaßt demnach drei Kategorien[176]: den als problematisch angesehenen Ausgangszustand (Ist), den erwünschten Zustand (Soll) sowie die Menge der diskutierten Lösungsmöglichkeiten. Jede dieser Kategorien besitzt – je nach Anzahl relevanter Dimensionen (Aspekte bzw. Alternativen) – eine gewisse Komplexität. Die gesamte KOMPLEXITÄT des Umweltproblems, so sei hier angenommen, setzt sich aus diesen Einzelkomplexitäten zusammen.

Charakteristisch für komplexe Umweltprobleme ist zudem eine oft unsichere Wissensbasis. So sind häufig die gesundheitlichen bzw. sozialen Wirkungen von Umweltbelastungen und/oder die Wirkungen diskutierter Lösungsmöglichkeiten nicht ausreichend bekannt, oder es liegen mehrdeutige bzw. widersprüchliche Aussagen (etwa in Form von Sachverständigengutachten) vor. Solche Unsicherheiten und Mehrdeutigkeiten tragen in der Regel zu einer höheren KOMPLEXITÄT bei[177], insofern als sie die Zahl der jeweils zu berücksichtigenden Wirkungen – und damit der Relationen im System – erhöhen. Dieser Effekt ist jedoch nicht zwingend; gerade bei völligem Nichtwissen der relevanten Akteure über gewisse Zusammenhänge ist damit zu rechnen, daß – anstatt eine Vielzahl von Alternativen zu berück-

---

[172] Vgl. Dörenbach (1982), S. 79 ff.
[173] Vgl. Dörner (1983), S. 44.
[174] Die subjektive Fähigkeit, Informationen und Komplexität zu erkennen und zu verarbeiten, wird als „kognitive Komplexität" bezeichnet; hierzu etwa Mandl/Huber (1978); Hauschildt (1990), S. 137 ff.
[175] Siehe hierzu näher Teil 3: C.IV.2.
[176] Vgl. Hauschildt (1990), S. 133.
[177] Vgl. Hauschildt (1990), S. 132; Steurer (1998), S. 111 f.

sichtigen – der entsprechende Aspekt gar nicht thematisiert wird und somit auch nicht zu einer Komplexitätssteigerung beiträgt.

Komplexität des Ist-Zustandes. Als Maß hierfür wird die Dimensionalität des Problemraumes, i. e. die Anzahl unabhängiger Problemdimensionen im Sinne der oben erwähnten System-*Elemente,* herangezogen. Es stellt sich also die Frage, wieviel Angaben notwendig sind für eine adäquate Beschreibung des Ist-Zustandes. Im Falle eines Luftschadstoff-Problems[178] sind dies beispielsweise die räumliche (lokale, regionale, gegebenenfalls globale) und zeitliche (tägliche, jahreszeitliche, langjährige) Variabilität der Schadstoffkonzentrationen sowie die Beziehungen *(Relationen)* zwischen Konzentration und Schadwirkung (Dosis-Wirkungs-Beziehung) auf Menschen, belebte und unbelebte Umwelt, jeweils bezogen auf akute und chronische bzw. kurz- und langfristige Wirkungen. Je mehr unterschiedliche Elemente und Relationen sich ausmachen lassen und je unsicherer und mehrdeutiger die Informationen hierüber sind, um so höher die Komplexität.

Komplexität des Soll-Zustandes. Diese wird gemessen an der Vielzahl von Aspekten (Dimensionen), für die Zielvorstellungen existieren, sowie an der Vielzahl diskutierter Alternativen pro Dimension[179]. Beispiele für unterschiedliche Dimensionen – wiederum aus dem Bereich der Luftschadstoffe – wären etwa Grenzwerte für die mittlere jährliche Schadstoffkonzentration sowie für Spitzenkonzentrationen. Für beide Aspekte könnten jeweils zahlreiche unterschiedliche Ziel-Werte im Gespräch sein.

Komplexität der Lösungsmöglichkeiten. Hierzu werden zum einen die Vielzahl diskutierter Lösungsmöglichkeiten[180] und zum anderen die Unsicherheiten bezüglich ihrer Wirkungen[181] in bezug auf das Problem herangezogen. Grundsätzlich können vor- und nachsorgende, kurz- und langfristige, direkte und indirekte, emissions- und immissionsbezogene sowie andere Lösungsmöglichkeiten unterschieden werden.

IV. Öffentliche Aufmerksamkeit

Mit der Variable ÖFFENTLICHE AUFMERKSAMKEIT wird – gemäß Hypothese 1 – der Anteil der Öffentlichkeit am politischen Problemdruck im bezug auf ein bestimmtes Thema beschrieben. ÖFFENTLICHE AUFMERKSAMKEIT gegenüber einem bestimmten Problem ist demnach in erster Linie ein quantitatives Merkmal, das ein Mehr oder Weniger an Druck auf die Politik beschreibt, und daher nicht gleichzusetzen mit der öffentlichen *Meinung* zu dem betrachteten Thema[182]. Die Rolle der ÖFFENT-

---

178 Für andere Materien kommen selbstverständlich andere Kriterien in Frage.

179 Nach Dörner (1983, S. 21) ist die Zielvielfalt von Entscheidungsprozessen der wichtigste Komplexitätsfaktor.

180 Vgl. Bronner (1990), S. 216.

181 Vgl. Fisch / Wolf (1990), S. 14 f.

C. Entstehungsbedingungen symbolischer Umweltgesetzgebung – Variablen   125

LICHEN AUFMERKSAMKEIT im System von Variablen, die letztlich die Umweltgesetzgebung (sei sie symbolisch oder nicht) beeinflussen, ist differenziert zu beurteilen, was nicht zuletzt die Vielzahl hierzu erschienener Literatur indiziert. Angesichts der herausragenden Bedeutung für die Entstehung symbolischer Gesetzgebung erscheint es daher angebracht, das Phänomen ÖFFENTLICHE AUFMERKSAMKEIT zunächst im Lichte der ÖTP etwas näher zu charakterisieren, bevor anschließend auf die Operationalisierung der Variablen in concreto eingegangen wird.

1. Entstehung und Dynamik öffentlicher Aufmerksamkeit

a) Belastungs-Reaktions-These

In einer reinen Kosten-Nutzen-Betrachtung, welche Informations- und Transaktionskosten unberücksichtigt läßt[183], könnte man annehmen, die ÖFFENTLICHE AUFMERKSAMKEIT an einem Thema hinge direkt von dem Ausmaß des Problems ab: Je höher die durch das Problem verursachten Kosten (Variable PROBLEMSITUATION), desto höher das Interesse der Betroffenen an einer Problemlösung und desto höher damit die ÖFFENTLICHE AUFMERKSAMKEIT. Da aus dieser Sichtweise die Öffentlichkeit direkt auf unerwünschte Umweltbelastungen reagiert, wird dieser Zusammenhang auch als „Belastungs-Reaktions-These"[184] bezeichnet. Ihr kommt zweifellos ein gewisser empirischer Gehalt zu[185]. Folgte man ihr vollständig, wäre die ÖFFENTLICHE AUFMERKSAMKEIT direkt auf die PROBLEMSITUATION zurückführbar und hätte infolgedessen nicht den Status einer unabhängigen Variable. Jedoch erscheinen sowohl Aufwand als auch methodischen Unsicherheiten, die eine Variable aus der anderen abzuleiten, als so groß[186], daß schon aus diesem Grunde an einer eigenen Variable für ÖFFENTLICHE AUFMERKSAMKEIT festgehalten wird.

b) Kapazitäts-These

Alternativ versucht die sogenannte „Kapazitäts-These"[187], die ÖFFENTLICHE AUFMERKSAMKEIT gegenüber Umweltproblemen auf existierende *Handlungskapazitäten*

---

[182] Vgl. aber die Definition der öffentlichen Meinung bei N. Luhmann (1971, S. 13), wonach diese nur die Themen, nicht aber die inhaltliche Richtung dessen, worüber kommuniziert wird, vorgibt.

[183] Vgl. hierzu die für Hypothese 2 getroffenen Annahmen.

[184] Vgl. v. Prittwitz (1990, S. 103 ff.) mit Bezug auf N. Luhmann (1990, S. 11 f.).

[185] Beispiele sind die Reaktion der ÖFFENTLICHEN AUFMERKSAMKEIT auf besonders augenfällige Umweltveränderungen – mit folglich niedrigen Informationskosten für den Wähler –, paradigmatisch zu beobachten bei Katastrophen wie etwa dem Raktorunfall von Tschernobyl 1986 (hierzu Hennen / Peters 1990).

[186] Vgl. nochmals den Versuch bei Opp (1996, S. 362 f., 368 f.), einen vergleichbaren Zusammenhang zweier Variablen durch eine funktionale Beziehung zu modellieren.

[187] Vgl. v. Prittwitz (1990), S. 107 ff.

und damit auf LÖSUNGSOPTIONEN für die vorliegenden Probleme zurückzuführen. Die Kernaussage ist, daß Verschlechterungen der Umweltqualität erst dann wahrgenommen werden, wenn sie technisch und ökonomisch lösbar erscheinen[188]. Dies bestätigt die empirisch zu beobachtenden zeitlichen bzw. räumlichen Diskrepanzen zwischen Intensität der objektiven PROBLEMSITUATION und der ÖFFENTLICHEN AUFMERKSAMKEIT („Katastrophenparadox" nach v. Prittwitz[189]). In diesen Fällen wird ein längere Zeit objektiv schlechter Umweltzustand erst zu einem Zeitpunkt als problematisch angesehen, zu dem bereits eine deutliche Besserung eingetreten ist und (dadurch) nunmehr geeignete LÖSUNGSOPTIONEN zur Hand sind, so daß – anders als in den Fällen nach „Belastungs-Reaktions-Schema" – ein sozialer Lernprozeß stattfindet[190]. Räumlich bedeutet es, daß ein internationales Umweltproblem (wie z. B. die radioaktive Wolke nach dem Reaktorunfall in Tschernobyl 1986) nicht unbedingt in den Ländern am empfindlichsten wahrgenommen wird, wo es am stärksten ausgeprägt ist, sondern dort, wo die besten Möglichkeiten zu seiner Bekämpfung bestehen.

Erklärt wird dieses Phänomen mit der sozialpsychologischen Theorie der kognitiven Dissonanz[191]. Hiernach streben Menschen grundsätzlich danach, Widersprüche zwischen verschiedenen Wahrnehmungen (kognitive Dissonanzen) auszugleichen bzw. gar nicht erst zuzulassen. Ein solcher Widerspruch liegt etwa dann vor, wenn ein Zustand der Umweltqualität (Ist-Zustand) wahrgenommen wird, der von dem gewünschten (Soll-Zustand) abweicht. Diese Widersprüchlichkeit kann auf unterschiedliche Weise aufgelöst werden, je nachdem, welche Handlungsoptionen (LÖSUNGSOPTIONEN) zur Verfügung stehen[192]: Bei unzureichenden Ressourcen kann die eigene Auffassung (hier der Wunsch nach einer besseren Umweltqualität) korrigiert, d. h. den realen Verhältnissen angepaßt werden; die entgegenlaufenden Aussagen (über den tatsächlichen Umweltzustand) können weiterhin als falsch zurückgewiesen oder völlig ignoriert, also gar nicht erst wahrgenommen werden, um kognitive Dissonanz und psychischen Streß zu vermeiden[193]. Werden hingegen ausreichende Handlungskapazitäten zur Lösung des Problems gesehen, läßt sich die ursprüngliche Widersprüchlichkeit aufheben, indem Maßnahmen zur Angleichung des Ist-Zustandes an den Soll-Zustand getroffen – oder zumindest: gefordert – werden.

---

[188] Vgl. v. Prittwitz (1990), S. 112.
[189] Vgl. zu dem Begriff und zu den folgenden Beispielen v. Prittwitz (1990), S. 13 ff., S. 105 ff.
[190] Vgl. Weiß (2000), S. 160.
[191] Vgl. Festinger (1957).
[192] Vgl. v. Prittwitz (1990), S. 111 f.
[193] Zur Frage, welche Verhaltensweisen Akteure in konsonantem Zustand bei drohender Dissonanz und welche sie in dissonantem Zustand zur (Wieder)herstellung von Konsonanz zeigen vgl. Donsbach (1991), S. 44 ff.

c) Selbstläufer-These

Die vorstehend genannten Thesen gelten unabhängig von zeitlichen Entwicklungen und sind daher als statisch zu charakterisieren: Wenn die Problemintensität nur stark genug ist und zudem geeignete Lösungsoptionen bereitstehen, kommt es zu einer hohen ÖFFENTLICHEN AUFMERKSAMKEIT. Gleichwohl bedarf es zur vollständigen Erklärung des Phänomens eines dynamischen Ansatzes, der die Zeitdimension miteinbezieht und damit die Irreversibilität und Geschichtlichkeit solcher Entwicklungen anerkennt. Denn der zeitliche Verlauf der ÖFFENTLICHEN AUFMERKSAMKEIT gegenüber einem bestimmten Thema folgt oft einer Gesetzmäßigkeit, die sich nicht auf eine Verschärfung oder Verbesserung der objektiven Problemsituation oder die Entwicklung neuer Lösungsmöglichkeiten zurückführen läßt[194]. Diese wurde erstmals idealtypisch von Luhmann[195] und – fast zeitgleich – von Downs beschrieben.

Nach Downs[196] durchlaufen die meisten öffentlich diskutierten Probleme einen typischen Aufmerksamkeitszyklus („issue attention cycle"). Er setzt sich aus fünf charakteristischen Phasen zusammen, deren Dauer zwar themenabhängig variieren kann, die aber regelmäßig in derselben Reihenfolge auftreten: (1) Im Anfangsstadium („pre-problem stage") besteht zwar eine an sich unerwünschte Umweltsituation, die aber als solche nur von einigen Experten, nicht hingegen von der breiten Öffentlichkeit wahrgenommen wird. (2) Als Folge einer ökologischen Katastrophe oder aufgrund anderer, gut sichtbarer ökologischer Schäden[197], wird die Öffentlichkeit plötzlich des Problems gewahr: Maßnahmen werden diskutiert, von denen die Öffentlichkeit erwartet, daß sie das Problem umfassend lösen, ohne

---

[194] Vgl. Downs (1972), S. 38 f. sowie Ruß-Mohl (1993, S. 361), der besonders auf medienvermittelte Aufmerksamkeitszyklen ohne Bezug zur realen Problementwicklung hinweist. Vgl. hierzu auch Kepplinger (1989), S. 111 sowie mit Bezug auf die jüngste BSE-Krise Köcher (2001) und Schulte (2002).

[195] N. Luhmann (1971), S. 18 f.

[196] Downs (1972), S. 39 ff. – Beide Arbeiten, die von N. Luhmann und die von Downs, ähneln einander – mit Ausnahme der letzten Phase – stark in der Darstellung des Aufmerksamkeitszyklus, basieren aber auf unterschiedlichen Ansätzen. Während N. Luhmann primär auf die Funktion der öffentlichen Meinung als Selektionsmechanismus für Kommunikation abhebt (N. Luhmann 1971, S. 12 u. passim), betont Downs die Kosten der Problemlösung (Downs 1972, S. 39 ff., 48), die Bedeutung einflußreicher Interessengruppen (ebd., S. 41) sowie die Sichtbarkeit des als problematisch empfundenen Umweltzustandes (ebd., S. 46).

[197] Weitere Beispiele für solche Auslöse- bzw. „Take-Off"-Faktoren finden sich bereits bei N. Luhmann (1971), S. 16 f.: Überragende Priorität bestimmter Werte (z. B. Bedrohung des Friedens, moralische Aspekte politischer Skandale); Krisen; Status des Absenders einer Kommunikation (politische Führer, bekannte Namen); Symptome politischen Erfolges; Neuheit von Ereignissen; Schmerzen oder zivilisatorische Schmerzsurrogate. Steger/Winter (1996, S. 626) nennen zusätzlich u. a.: die Affinität des Themas zu gesellschaftlichen Gruppen; die Einfachheit der Problemlösung; geringe Problemlösungskosten; die Sichtbarkeit der ökologischen Schäden. Dabei hängt die Wahrnehmbarkeit nicht direkt – d. h. nur vermittels technischer Meßgeräte – beobachtbarer ökologischer Schäden auch vom technologischen Entwicklungsstand ab.

dabei selbst für die Kosten aufkommen zu müssen (Phase „alarmed discovery and euphoric enthusiasm"). (3) Auf dem Höhepunkt der ÖFFENTLICHEN AUFMERKSAMKEIT werden nach und nach verstärkt die Schwierigkeiten sowie die sozialen und wirtschaftlichen Kosten der Problemlösung („realizing the cost of significant progress") offenbar. (4) Aus Entmutigung, zur Vermeidung kognitiver Dissonanzen und / oder aus Überdruß am Thema kommt es schließlich zur „gradual decline of intense public interest", so daß sich die – knappe – öffentliche Aufmerksamkeit nun verstärkt anderen Themen zuwendet. (5) In der Endphase („post-problem stage") befindet sich das Thema nicht mehr im Fokus der Aufmerksamkeit, kann aber – sobald gegebenenfalls neue Aspekte des Problems auftauchen – schneller wieder reaktiviert werden, als es bei einem noch unbekannten Thema der Fall wäre.

Die Ansätze von Luhmann und Downs – sowie weitere, teils hierauf aufbauende[198], teils unabhängig entwickelte[199] – tragen sämtlich einen heuristischen, idealtypischen Charakter[200] und sind daher schwer anschlußfähig an die hier eingeschlagene Vorgehensweise, spezifische empirische Befunde im Rahmen eines akteurszentrierten Ansatzes kausal zu erklären. Es soll daher im folgenden versucht werden, das Modell des Aufmerksamkeitszyklus aus individualistischer Perspektive zu rekonstruieren.

Öffentliche Aufmerksamkeit ist knapp, jeder Mensch (und jeder kollektive soziale Akteur) kann pro Zeiteinheit nur eine begrenzte Menge an Information aufnehmen[201]. Daraus resultieren die bereits erwähnten Kosten für die Informationsaufnahme. Es trete nun ein Umweltzustand ein, der den Präferenzstrukturen vieler Individuen widerspricht (Phase 1 nach Downs). Von der Sichtbarkeit[202] des Problems hängt es ab, ob und wenn ja, wann dieses als solches überhaupt „entdeckt" wird. *Welche* Akteure darauf aufmerksam werden, bemißt sich nach den akteursspezifischen Ressourcen und kognitiven Fähigkeiten, die – neben der Problemwahrnehmbarkeit – die akteursspezifischen Informationskosten determinieren: demnach vermutlich am ehesten Wissenschaftler und andere Experten. Für die Aufmerksamkeit einer breiteren Öffentlichkeit ist nun zweierlei entscheidend: Voraussetzung sind zum einen die oben genannten „statischen" Einflußfaktoren, also die Intensität der objektiven PROBLEMSITUATION sowie vorhandene LÖSUNGSOPTIONEN; sie stellen das Potential – bildlich gesprochen: den „Nährboden" – dar, auf dem sich eine ÖFFENTLICHE AUFMERKSAMKEIT entwickeln kann. Zweitens – und dies

---

[198] Vgl. Ruß-Mohl (1981); Baumheier (1988); Dyllick (1989); S. 231 ff.; Steger / Winter (1996).

[199] Vgl. Frey (1972), S. 132 ff.; Krampe (1985); Bürklin (1986).

[200] Dies betonen insbesondere Frey (1972), S. 132; Ruß-Mohl (1981), S. 76 sowie Dyllick (1989), S. 241 f. In gewisser Weise ähneln die hier beschriebenen Verlaufsmuster dem klassischen Phasenmodell des Policy-Zyklus von Problemwahrnehmung – Programmformulierung – Implementation – Kontrolle (vgl. die Nachweise in Fn. 25 auf S. 29). Ein Vergleich zwischen Policy-Zyklus und Aufmerksamkeits-Zyklus findet sich bei Ruß-Mohl (1981), S. 73 f.

[201] Vgl. Zippelius (1999), S. 273.

[202] Vgl. im einzelnen die in Fn. 197 (S. 127) genannten Aspekte.

C. Entstehungsbedingungen symbolischer Umweltgesetzgebung – Variablen   129

ist das Spezifische an diesem Erklärungsansatz – bedarf es eines geeigneten Verstärkungsmechanismus, um die zunächst nur einer kleinen Minderheit zugänglichen Informationen einer breiteren Öffentlichkeit zur Verfügung zu stellen. Solche Multiplikatoren können engagierte Experten, der Sachverständigenrat für Umweltfragen (SRU), Journalisten oder einzelne Politiker[203] sein, die sich davon, daß sie – möglicherweise entgegen der etablierten Meinung – auf das Thema öffentlich aufmerksam machen, eine Profilierung versprechen[204]. Diese Phase ist die empfindlichste in dem gesamten Prozeß: Es läßt sich – bei gegebenem Aufmerksamkeitspotential – schwer vorhersagen, wie lange es dauert, bis die „kritische Masse" von Themen-Promotoren erreicht ist. Denn da es sich hierbei meist um wenige Akteure handelt, greift das Gesetz der großen Zahlen nicht, so daß hier quasi-zufällige Bedingungen herrschen[205].

Mit dem Erreichen der „kritischen Masse" beginnt die Downs'sche Phase 2. Das Problemthema wird nun zum *Selbstläufer:* Je mehr Individuen sich für das Thema interessieren und Druck auf die politischen Entscheider ausüben, desto eher werden auch andere Betroffene, die das Problem bisher noch nicht wahrgenommen haben, davon erfahren, denn mit steigendem Verbreitungsgrad eines Themas sinken die aufzubringenden Transaktionskosten, da Informationen leichter verfügbar sind[206]. Speziell die Massenmedien spielen hierbei eine wichtige Rolle[207], ohne jedoch notwendigerweise als eigener Akteur, d. h. mit eigenen Interessen, in Erscheinung zu treten (dazu sogleich näher im Abschnitt „Operationalisierung"). Ein solcher Selbstverstärkungsprozeß[208] nimmt üblicherweise einen exponentiellen Verlauf, bis irgendwann eine Sättigung eintritt, weil – im Extremfall – bereits jeder individuell maximales Interesse für das Problem aufbringt[209].

---

[203] Krampe (1989, S. 361) nennt folgende beispielhafte Reihenfolge von Themen-Promotoren mit steigender ÖFFENTLICHER AUFMERKSAMKEIT: Utopisten – führende Experten – Club of Rome – Horst Stern, Ralph Nader – Batelle-Institut – Unternehmensberater – „Intelligenz" – Politiker – breite Öffentlichkeit.

[204] Vgl. N. Luhmann (1971), S. 18.

[205] Die ÖFFENTLICHE AUFMERKSAMKEIT läßt sich an dieser Stelle als chaotisches System bezeichnen, in dem nur schwache Kausalität gilt, i. e. kleine Änderungen in den Anfangsbedingungen der Entwicklung (hier: das Vorhandensein geeigneter Themen-Promotoren) führen zu großen Abweichungen in der weiteren Dynamik (hier: das Problem wird zum öffentlichen Thema oder nicht). Vgl. die Nachweise in Fn. 167. Zum Vergleich der öffentlichen Meinung mit physikalischen Aggregatzuständen siehe bereits Tönnies (1922), S. 137 f. sowie Heller (1934), S. 174.

[206] Hinzu kommt der psychologische Effekt, daß Informationen dann leichter wahrgenommen werden, wenn sie sich in bereits bekannte Schemata (Frames) einordnen lassen. Je mehr der / die einzelne mit einem Thema vertraut ist, desto eher wird er / sie sich für Informationen in diesem Zusammenhang interessieren. Vgl. auch Zippelius (1999), S. 275.

[207] Vgl. Frey (1972), S. 134.

[208] Auf der Ebene des Makrophänomens könnte man – etwa aus systemtheoretischer Sichtweise, in der Selbstreferenzen eine wichtige Rolle spielen – solche Selbstorganisationsprozesse als *emergent* bezeichnen. Dem soll hier nicht gefolgt werden, da sich ja ein Mechanismus für die Entstehung des Makrophänomens aus Vorgängen auf der Mikroebene angeben läßt.

Für den weiteren Verlauf der ÖFFENTLICHEN AUFMERKSAMKEIT – d. h. Beginn und Geschwindigkeit ihrer Abnahme – ergeben sich zwei grundsätzliche Alternativen: Entweder es werden Maßnahmen zur Verbesserung der PROBLEMSITUATION ergriffen[210] (sei es, daß dies objektiv erfolgt, sei es, daß dies von der Öffentlichkeit so wahrgenommen wird), oder aber es tritt der bereits oben (Phase 4 nach Downs)[211] beschriebene langsame Überdruß[212] an dem Thema ein, während das Problem als solches ungelöst bleibt. Im ersten Fall wird sich mit dem Wegfall der Anstoß erregenden Situation ein deutlich rascheres Absinken der ÖFFENTLICHEN AUFMERKSAMKEIT ergeben als im zweiten Fall der langsamen Übermüdung („gradual decline").

Festzuhalten bleibt, daß die ÖFFENTLICHE AUFMERKSAMKEIT als Funktion sowohl der PROBLEMSITUATION und entsprechender LÖSUNGSOPTIONEN als auch bestimmter quasi-zufälliger Auslöser-Ereignisse sowie der Zeit zu beschreiben ist. Die beiden letzten Aspekte betonen die Irreversibilität und Geschichtlichkeit des Verlaufes: Bei gleicher Problem-/Ressourcenkonstellation können sehr unterschiedliche Grade ÖFFENTLICHER AUFMERKSAMKEIT beobachtet werden, je nachdem, welche Entwicklung bereits stattgefunden hat.

2. Indikatoren

Die Variable ÖFFENTLICHE AUFMERKSAMKEIT erfaßt als Makro-Phänomen die Wahrnehmungen und das Verhalten einer großen Zahl von Individuen und ist insofern als theoretisches Konstrukt zu werten, das sich – ebenso wie die KOMPLEXITÄT – einer *direkten* empirischen Messung entzieht. Uns geht es aber nicht um die Bewertung einer ÖFFENTLICHEN AUFMERKSAMKEIT „an sich", sondern um deren Eigenschaft als Faktor politischen Drucks auf die staatlichen Akteure. Als Indikatoren können daher nur solche Tatsachen gewählt werden, die von Politik und Ministerialbürokratie auch wahrgenommen werden (können). Weiteres Kriterium ist selbstverständlich die Verfügbarkeit entsprechender Daten für den Verfasser und zum heutigen Zeitpunkt[213].

---

[209] Häufig werden mathematische Modell für die exponentielle Verbreitung von Themen (auch: Innovationen, neuen Wertvorstellungen u. a.) in Form aus der Physik stammender sogenannter „Diffusionskurven" verwendet. Vgl. Krampe (1985), S. 353 ff. sowie die darauf basierenden Anwendungen bei Eisenschink (1996).

[210] Vgl. Dyllick (1989), S. 243: „Mit zunehmender Entwicklung nimmt dabei die öffentliche Aufmerksamkeit für dieses Anliegen zu, um nach erfolgter Regelung wieder abzufallen. Der Grad der öffentlichen Aufmerksamkeit ist als Maßstab für die Bedeutung und Dringlichkeit des Anliegens anzusehen".

[211] Vgl. Downs (1972), S. 40 („gradual decline of intense public interest").

[212] Vgl. die Bezeichnung „Verdrußspirale" von Ralph Weiß, 26. Mainzer Tage der Fernsehkritik 24./25. 05. 1993 (Reinhard Mohr, FAZ, 27. 05. 1993).

[213] Ausgeschlossen werden damit persönliche Eindrücke und Gespräche etwa von Abgeordneten mit Bürgern aus ihrem Wahlkreis, die als durchaus relevantes Barometer für Stimmungen in der Bevölkerung angesehen werden, vgl. Ismayr (1992), S. 74 ff.

Intensität der Medienberichterstattung. An erster Stelle ist die Intensität der Berichterstattung in den Massenmedien (Presse, Funk, Fernsehen)[214] zu nennen. Nun ist die Rolle der Medien bei der Vermittlung politisch relevanter Informationen keineswegs unumstritten. Diskutiert wird vor allem, ob eher die Medien die ÖFFENTLICHE AUFMERKSAMKEIT beeinflussen oder umgekehrt[215]. Für beide Thesen finden sich empirische Belege[216], was dafür spricht, daß beide Variablen einander gegenseitig bedingen[217]. Hier wird – unter der Annahme rational handelnder Redakteure und Verleger – davon ausgegangen, daß die Medien ihre Berichterstattung – im zeitlichen Mittel – an den Bedürfnissen und Erwartungen ihrer Lese- bzw. Hörerschaft orientieren; diese werden zum Teil bei der Auswahl der Themen aufgrund bestehender Erfahrungen bereits antizipiert, zudem erfolgt sowohl über Leserbriefe als auch über Verkaufszahlen bzw. Einschaltquoten eine Rückmeldung über den Anklang der Themenauswahl. Die Medienberichterstattung spiegelt damit letztlich das Interesse und die Aufmerksamkeit der Öffentlichkeit an bestimmten Themen wider[218].

Auch zum Verhältnis von Medien und Politik werden unterschiedliche Auffassungen vertreten[219]. Während die sogenannte „Dependenzthese" die Abhängigkeit der Politik von den Medien postuliert, geht die „Instrumentalisierungsthese" umgekehrt von einer einseitigen Beeinflussung der Medien durch die Politik aus. Im letztgenannten Fall würde die Medienberichterstattung also eher die Interessen der staatlichen Akteure als die der Öffentlichkeit repräsentieren. Zweifellos berichten die Medien über politische, insbesondere gesetzgeberische Aktivitäten. Eine hohe Intensität der Medienberichterstattung muß also nicht notwendigerweise in einer hohen ÖFFENTLICHEN AUFMERKSAMKEIT, sondern kann auch in einer starken staatlichen bzw. gesetzgeberischen Aktivität begründet sein. Allerdings sei auch hier vorausgesetzt, daß über staatliche Aktivitäten mit hohem öffentlichen Interesse ausführlicher berichtet wird als über solche, denen nur eine geringe Aufmerksamkeit

---

[214] Das Internet – heute auf dem besten Wege, den herkömmlichen Nachrichtenmedien den Rang abzulaufen (aufschlußreich Werber 1998) - spielte zu der Zeit der in dieser Arbeit analysierten Gesetzgebungsverfahren (Anfang der 1980er sowie Anfang bis Mitte der 1990er Jahre) noch keine maßgebliche Rolle.

[215] Hierzu Winfried Schulz (1997), S. 24 ff.

[216] Kepplinger (1989, S. 141 ff. und S. 147 ff.) bestimmte in einer empirischen Studie die ÖFFENTLICHE AUFMERKSAMKEIT zu 16 Themen im Verlaufe des Jahres 1986 über die Ergebnisse wöchentlicher repräsentativer Umfragen des Emnid-Institutes zur Frage „In welchen politischen Bereichen gibt es Ihrer Meinung nach zur Zeit die meisten Probleme?" (ebd., S. 77), die Intensität der Medienberichterstattung über die Anzahl wöchentlicher Fernsehbeiträge in ARD und ZDF zu den jeweiligen Themen. Bei einigen Themen überwog der Einfluß der Medien, bei anderen derjenige der ÖFFENTLICHEN AUFMERKSAMKEIT.

[217] Kepplinger (1989, S. 135 ff. und S. 146 ff.) stellte einen hohen statistischer Zusammenhang zwischen beiden Größen fest.

[218] Zippelius (1999, S. 276) spricht von der „Abstimmung am Kiosk". Zur Rolle der Massenmedien für die Repräsentation der öffentlichen Meinung vgl. auch BVerfGE 12, S. 260; 20, S. 174 f.

[219] Vgl. zum folgenden Winfried Schulz (1997), S. 24 ff.

zuteil wird. Im Zweifelsfall kann eine qualitative Inhaltsanalyse der betreffenden Medienberichte klären, ob über ein Thema nur bzw. hauptsächlich wegen einer geplanten bzw. verabschiedeten Maßnahme berichtet wird.

Wegen ihrer hohen Repräsentativität, guten Verfügbarkeit und leichten Auswertbarkeit beschränkt sich die vorliegende Untersuchung auf die Analyse von Printmedien[220]. Da es hier ausschließlich um Bundesgesetze geht, wurden nur überregionale Blätter ausgewertet. Als überregionale Tageszeitung werden im allgemeinen[221] die „Süddeutsche Zeitung" (Abkürzung: SZ; Auflage: ca. 380.000), die „Frankfurter Allgemeine Zeitung" (FAZ; ca. 361.000), „Die Welt" (ca. 222.000), die „Frankfurter Rundschau" (FR; ca. 195.000) sowie „die tageszeitung" (taz; ca. 63.000) genannt[222]; ein praktisch ebensolcher Status wird, da es seit Anfang der 1970er Jahre eine vollwertige Politikberichterstattung bietet, auch dem „Handelsblatt" (HB; ca. 120.000) eingeräumt[223], das daher als Quelle mit berücksichtigt wird. Als überregionale Wochenblätter[224] werden zudem „Die Zeit" (ca. 500.000) sowie „Der Spiegel" (ca. 1.000.000) herangezogen.

Bevor die Intensität der ÖFFENTLICHEN AUFMERKSAMKEIT über den Indikator der Presseberichterstattung bestimmt werden kann, muß zuvor der Themenbereich – entsprechend den Ausführungen in Abschnitt I – genau abgegrenzt werden. Hierzu wird ein Satz von Schlüsselwörtern definiert, die in einem Presseartikel vorkommen müssen, so daß angenommen werden kann, daß sich dieser mit dem gewählten Thema beschäftigt. Die quantitative Messung erfolgt dann über die Auszählung von Artikeln pro Zeiteinheit (Jahr, Monat), welche den genannten Kriterien entsprechen[225]. Über einen längeren Zeitraum hinweg durchgeführt, ergibt sich so eine Zeitreihe[226] der ÖFFENTLICHEN AUFMERKSAMKEIT vom Aufkommen des Themas über die einzelnen Phasen der Gesetzgebung bis zur Verabschiedung der Norm[227]. Uneingeschränkt durchführbar ist das beschriebene Verfahren für die beiden zeitlich jüngeren Gesetzgebungsvorhaben (Ozongesetz und KrW-/AbfG), da für diesen Zeitraum (ca. 1990 bis 1995) elektronische Pressearchive mit Volltext-

---

[220] Hierzu auch Dyllick (1989), S. 243.

[221] Pürer/Raabe (1994), S. 166 ff.

[222] Pürer/Raabe (1994), S. 166 ff. Die Auflagenstärke sämtlicher Angaben bezieht sich auf das Jahr 1989.

[223] Pürer/Raabe (1994), S. 171 f.

[224] Pürer/Raabe (1994), S. 181 ff.

[225] Bei einigen Zeitungen, insbesondere bei der „taz", variiert der Gesamtumfang der Zeitungsausgaben im Laufe der Jahre und damit natürlich auch die Wahrscheinlichkeit pro Ausgabe, zu einem bestimmten Thema einen Artikel zu finden. Umgehen lassen sich solche Abweichungen, indem die Zahl gefundener Artikel pro gewählter Zeiteinheit auf die Gesamtzahl an Artikeln im selben Zeitraum normiert wird.

[226] Zum Zeitreihenansatz vgl. auch Kepplinger (1989), S. 91 ff.

[227] Darüber hinaus wird die Entwicklung der ÖFFENTLICHEN AUFMERKSAMKEIT in der Folge des Gesetzgebungsaktes als dessen mutmaßliche symbolisch-politische Wirkung weiterverfolgt – hierzu näher Abschnitt Teil 3: D.II.

Recherchemöglichkeit zur Verfügung stehen. Da der im Zusammenhang mit der Entstehung der GFAnlV relevante Zeitraum von ca. 1979 bis 1983 noch nicht in dieser Weise elektronisch erfaßt ist, müssen hierfür manuelle Zählungen von Papierausgaben vorgenommen werden, was jedoch aus Zeitgründen nicht in derselben Ausführlichkeit geschehen kann. Zudem kann auf bereits bestehende empirische Untersuchungen zurückgegriffen werden. Bei der Fülle von Literatur zur Entstehung der GFAnlV erscheint der genannte Mangel insgesamt weniger schwerwiegend.

Demoskopische Ergebnisse zu tagespolitischen Themen. Ergänzend können demoskopische Untersuchungen zu aktuellen politischen Themen herangezogen werden. Im Gegensatz zu Presse-Artikeln ist hierbei aufgrund jeweils wechselnder Fragestellungen im Laufe der Jahre mit einer geringeren Vergleichbarkeit zu rechnen. Vorteil dieses Indikators ist der direktere Zugang zur *Meinung* der Bevölkerung. Ob hiermit auch die ÖFFENTLICHE AUFMERKSAMKEIT unmittelbarer gemessen wird, sei jedoch dahingestellt, da in Umfragen dieser Art die Antwortmöglichkeiten häufig bereits vorgegeben sind, so daß neu aufkommende Themen möglicherweise nicht erfaßt werden.

Studien über das allgemeine öffentliche Umweltbewußtsein. Zur Abrundung und weiteren Absicherung der Ergebnisse über die ÖFFENTLICHE AUFMERKSAMKEIT bieten sich breiter angelegte Studien über das allgemeine öffentliche Umweltbewußtsein an, die in größeren zeitlichen Abständen durchgeführt werden. Sie können Hinweise darauf geben, ob ein plötzlich entflammtes öffentliches Interesse an einem Umwelt-Thema mit der allgemeinen Einstellung zum Umweltschutz konform geht und damit möglicherweise von größerer politischer Kraft ist als etwa ein Sommerloch-Thema, das eher wegen seines Unterhaltungswertes denn infolge eines realen politischen Interesses Schlagzeilen macht.

V. Interessen der relevanten Akteure

INTERESSEN spielen für das Zustandekommen symbolischer Gesetzgebung in zweifacher Hinsicht eine Rolle. Zum einen sind sie Bestandteil des politischen Handlungsdrucks auf den Gesetzgeber (vgl. Hypothese 1), zum anderen ist die Bestimmung von Einzelinteressen notwendig für die Identifizierung einer etwaigen Konstellation konfligierender Interessen, welche symbolische Gesetzgebung begünstigt (vgl. Hypothesen 3 und 4). Nach dem hier zugrundegelegten Verständnis sind INTERESSEN „eine handlungsrelevante Disposition einer Gruppe bzw. Organisation (oder eines Individuums, d. Verf.) zur Wahrung oder Erlangung eines für erstrebenswert erachteten Gutes oder Zustandes"[228]. INTERESSEN sind gekennzeichnet durch: „(1) die vorgegebene *situative Beziehung* zu einem Gut bzw. Zustand, (2) die *Wahrnehmung* des Gutes und der Beziehung zu diesen, (3) die Disposition

---
[228] Rucht (1991), S. 5.

[*Präferenzen*, Werte und Zielvorstellungen – d. Verf.] des Akteurs, das Gut bzw. den Zustand erlangen bzw. vermeiden zu wollen"[229].

Der erste Schritt in einer empirischen Analyse besteht darin, die relevanten Akteure auszumachen. Eine Orientierung bietet das Schema in Abb. 6 auf S. 104. Im einzelnen ist zu klären, inwieweit unter den Wählern Verursacher- oder Betroffeneninteressen dominieren bzw. sich diesbezüglich unterschiedliche Interessensphären abgrenzen lassen sowie welche Unternehmensinteressen – Verursacher-, Helfer- und / oder Betroffeneninteressen – auftreten und welche Unternehmen bzw. Verbände diese repräsentieren. Daneben sind gegebenenfalls Interessen staatlicher Gebietskörperschaften unterhalb der Bundesebene (Länder, Kommunen) sowie ausgeprägte programmatische Parteiinteressen auszumachen.

Geht man davon aus, daß die INTERESSEN der einzelnen Akteure mit der sie betreffenden realen Problemlage *(= situative Beziehung)* zusammenhängen, so bietet sich als erster Schritt der Operationalisierung eine Analyse dieser objektiven Situation an[230]:

Betroffeneninteressen erscheinen demnach als um so ausgeprägter, je stärker sich die tatsächliche Belastungssituation darstellt. Als Indikator können etwa die konstatierbaren Umweltbelastungen pro Person oder Flächeneinheit herangezogen werden. Gleichwohl kann hierdurch nur eine grobe Abschätzung erfolgen, da die letztlich ausschlaggebenden subjektiven Wahrnehmungen der Betroffenen nicht erfaßt werden.

Verursacherinteressen ließen sich prinzipiell entsprechend über das Maß der von den verantwortlichen Akteuren verursachten Umweltbelastung ermitteln, jedoch erscheint fraglich, ob eine hohe Verursachung auch mit einem hohen Interesse daran korreliert, da sich das Interesse der Verursacher ja primär auf die hierdurch gesparten Vermeidungskosten bezieht. Letztere sollen daher als Indikator herangezogen werden. Je geringer die Vermeidungskosten, d. h. je „verfügbarer" entsprechende Lösungsmöglichkeiten, desto geringer ist der Widerstand der Verursacher gegenüber belastungsmindernden Maßnahmen. Wichtig für die Interessenlage der Verursacher als Kostenträger ist zudem die Möglichkeit, Kosten zu verlagern, indem diese z. B. auf die Verbraucher umgelegt werden. Dies hängt maßgeblich von der Preiselastizität[231] des betroffenen Gutes ab[232]. Beispielsweise konnten die Investitionen von Kraftwerksbetreibern in Rauchgasfilter als Konsequenz der

---

[229] v. Prittwitz (1994), S. 24 (kursiv vom Verf.).

[230] Vgl. Knoepfel / Weidner (1980), S. 88 sowie v. Prittwitz (1990), S. 121 f.

[231] Unter Preiselastizität (der Nachfrage) versteht man die Eigenschaft eines Gutes, bei Preiserhöhungen bzw. – senkungen weniger bzw. mehr nachgefragt zu werden. Bei starker Konkurrenz der Anbieter und der Verfügbarkeit ähnlicher Güter, die das eigentliche Gut substituieren können, ist meist eine hohe Elastizität gegeben; umgekehrt führen Anbietermonopole, wie sie bis 1998 im Strommarkt vorherrschten, sowie das Fehlen alternativer Güter zu einer geringen Preiselastizität. Vgl. Bartling / Luzius (1993), S. 64 ff.

[232] Vgl. Weck-Hannemann (1994), S. 104.

GFAnlV wegen der geringen Preiselastizität und des geringen absoluten Preisanstiegs (ca. 1 bis 2 Pfg/kWh) von Strom vollständig auf die Verbraucher abgewälzt werden.

Helferinteressen schließlich lassen sich durch die Art und den Umfang der von den entsprechenden Akteuren angebotenen Entsorgungs- bzw. Substitutionsleistungen ausmachen.

Der Vorteil dieser „objektiven" Ermittlung von INTERESSEN ist die Unabhängigkeit von *artikulierten* Interessenpositionen, die möglicherweise aus verhandlungstaktischen Gründen nicht den realen Interessen entsprechen[233]. So könnte etwa ein Industrieverband gegenüber einer geplanten Maßnahme eine stark ablehnende Haltung vortäuschen, um zusätzlichen Verhandlungsspielraum zu gewinnen. Andererseits hängt die Einnahme einer Interessenposition letztlich von den subjektiven *Wahrnehmungen* der Problemsituation, verbunden mit den akteursspezifischen *Präferenzen* (Wert- und Zielvorstellungen)[234] ab. Die Bestimmung der tatsächlichen INTERESSEN ist daher stets mit Unsicherheiten behaftet.

VI. Machtpositionen der relevanten Akteure

„Macht" ist ein schillernder Begriff, der in den verschiedensten Theoriekontexten jeweils unterschiedlich gedeutet, oft unreflektiert verwendet wird. Im Rahmen der Rational-Choice-Theorie wird Macht allgemein als „Wert der Ressourcen, die jeder Akteur ursprünglich besitzt"[235] bezeichnet. Sie setzt sich aus Informationsvorsprüngen, finanziellen bzw. sonstigen Ressourcen (vgl. Abschnitt A.II.2) zusammen. Dies sind aber bereits Indikatoren, nicht das übergeordnete, theoretische Konstrukt, welches klassisch nach Weber als „jede Chance, innerhalb einer sozialen Beziehung den eigenen Willen auch gegen Widerstreben durchzusetzen, gleichviel worauf diese Chance beruht"[236] definiert wird. Ausgehend von diesem Begriff – und damit unabhängig von den jeweiligen Komponenten der Machtposition – soll die MACHTPOSITION eines für die Gesetzgebung relevanten Akteurs – in bezug auf eine bestimmte Gesetzgebungsmaterie – hier verstanden werden als das Potential[237] („Chance"), die eigenen INTERESSEN im zu erlassenden Gesetz zu verankern. Bezieht man die Art und Weise, in welcher der Gesetzgeber die unterschiedlichen INTERESSEN berücksichtigt (vgl. Abschnitt A.II.2) mit ein, so ergibt sich ein relativer Machtbegriff: Die MACHT eines Akteurs ist demnach aus der Sicht der staatlichen Akteure gleichzusetzen mit dessen politischen Tauschmöglichkeiten.

---

[233] Vgl. Wesche (2001), S. 124 m. w. N.

[234] Vgl. Hansjürgens (2000), S. 153.

[235] Coleman (1995), S. 170.

[236] Weber (1972), S. 28. Eine spieltheoretische Re-Interpretation des Weber'schen Machtbegriffes mit dem Fokus auf Informationsasymmetrien findet sich bei Keck (1991).

[237] Vgl. auch Schneider (1988), S. 46.

Wie bereits angedeutet, ergeben sich Indikatoren für die Variable MACHTPOSITIONEN aus den im Rahmen der ÖTI genannten Ursachen für den Einfluß[238] von Interessenverbänden. Obwohl jeder dieser Indikatoren nur sehr vage über die tatsächlichen Machtverhältnisse Auskunft geben kann, dürften diese zusammengenommen ein realistisches Bild zumindest von der *Rangfolge* der relevanten Akteure in bezug auf ihre MACHTPOSITIONEN zeichnen.

Informationsvorsprünge von Akteuren gegenüber Politik und Ministerialbürokratie lassen sich nur schwer empirisch erheben. Einige Hinweise hierauf können den durchgeführten Interviews mit politisch Verantwortlichen entnommen werden. Zudem ist davon auszugehen, daß die für Rent-Seeking-Aktivitäten und damit zur Beschaffung spezifischer Informationen zur Verfügung stehenden Mittel mit der Größe der Interessengruppe (ausgedrückt z. B. durch die Zahl der Mitglieder) steigen. Objektives Indiz für die Möglichkeit zu Informationsvorsprüngen ist darüber hinaus – wie im Zusammenhang mit Hypothese 5 bereits erwähnt – die KOMPLEXITÄT des zu regelnden Problems. Je höher diese ist, desto eher können organisierte Interessen einen Informationsvorsprung aufbauen.

Finanzielle Ressourcen eines Akteurs können grob nach zwei Kriterien abgeschätzt werden. Demnach sind Wirtschaftsunternehmen finanziell regelmäßig besser ausgestattet als Umweltverbände[239]; zudem gilt der in bezug auf die Informationsvorsprünge erwähnte Zusammenhang zwischen Gruppengröße und Ressourcenausstattung. Direkte Informationen über finanzielle Ressourcen sind zwar auch aus einschlägigen Geschäftsberichten und ähnlichen Dokumenten zu entnehmen, jedoch würde eine entsprechende Analyse den Rahmen dieser Arbeit sprengen.

Marktmacht eines Unternehmens oder Umweltverbandes läßt sich an mehreren Tatbeständen festmachen. Hierzu zählen die Zahl der Mitarbeiter (Drohpotential Arbeitsplatzargument), die wirtschaftliche Situation (Drohpotential Steuerausfälle), das technologische Know-how (Drohpotential Verlust wichtiger („Zukunfts-") Technologien am „Standort Deutschland") sowie eine gegebenenfalls monopolistische Marktstellung (Drohpotential Güterverknappung bzw. -verteuerung). Umweltverbände können Marktmacht auch dadurch erlangen, daß sie das Umweltbewußtsein der Bevölkerung zur Durchsetzung umweltpolitischer Ziele instrumentalisieren, indem sie auf die Bereitschaft großer Teile der Öffentlichkeit zur Teilnahme an Protest-, Boykott- und ähnlichen Veranstaltungen setzen[240].

---

[238] Unter dem „Einfluß" eines Akteurs wird – im Unterschied zu dessen MACHT – nicht die *potentielle,* sondern die *tatsächliche* Berücksichtigung seiner Interessen verstanden (vgl. v. Prittwitz 1994, S. 33). Einflußursachen sind somit gleichbedeutend mit MACHT.

[239] Vgl. A.II.2.b) sowie Rey (1990), S. 125 f.

[240] Beispiel für eine gelungene Mobilisierung öffentlichen Verhaltens ist der von Greenpeace 1995 initiierte Boykott von Shell-Kraftstoff, um die Versenkung der Öl-Plattform „Brent Spar" zu verhindern. – Solche durch die Rational-Choice-Theorie vordergründig unerklärlichen, da „arationalen" Handlungen lassen sich im Rahmen einer sogenannten „Niedrigkostenhypothese" (vgl. Diekmann 1996, S. 105 ff.) deuten: Demnach steigt die Bereitschaft zur Vornahme nicht primär eigennütziger Handlungen in dem Maße, wie diese keine oder nur

Politische Macht bezieht sich auf die Mehrheitsverhältnisse im Deutschen Bundestag und in den Landesregierungen (und damit im Bundesrat). Für die Gesetzgebung von besonderer Relevanz ist zum einen die Konstellation der Mehrheitsverhältnisse, d. h. ein in parteipolitischer Sicht oppositions- oder koalitionsdominierter Bundesrat bzw. „unentschiedene" Verhältnisse; für die Umweltgesetzgebung wird zudem angenommen, daß ein hoher Bundesrats-Stimmenanteil von Ländern mit Regierungsbeteiligung „grüner" Parteien die Machtposition von Pro-Umwelt-Interessen stärkt.

Strukturelle Macht schließlich bezieht sich abstrakt gesehen auf die geringe Höhe von Transaktionskosten, die einer Organisation beim Versuch der politischen Einflußnahme entstehen. Hierzu zählt im wesentlichen ein bereits bestehender hoher Organisationsgrad sowie bestehende gute Beziehungen zu einflußreichen Organisationen, namentlich den regierenden Politikern und der Ministerialbürokratie[241].

VII. Adressatenstruktur

Unter der ADRESSATENSTRUKTUR einer zu verabschiedenden Regelung wird die Größe sowie die Heterogenität des potentiellen Kreises von Rechtsadressaten der Regelung verstanden. Seine Größe bemißt sich nach der Anzahl der Adressaten. Die Heterogenität, d. h. die Komplexität hängt ab von der Anzahl unterschiedlicher Adressatengruppen (Unternehmensbranchen, Verbraucher, Behörden, Kommunen usw.), deren Interessen im Gesetzgebungsprozeß antizipiert werden.

D. Auswirkungen symbolischer Umweltgesetzgebung – Variablen

Für die empirische Analyse der *Entstehungsvoraussetzungen* symbolischer Gesetzgebung wurde anhand theoretisch abgeleiteter Hypothesen ein begrifflicher Apparat mit einem Set von sieben Variablen erarbeitet. Jeder einzelne der so definierten „Tatbestände" trägt, so wird vermutet, in der jeweils beschriebenen Weise zur Entstehung symbolischer Umweltgesetzgebung bei. Symbolische (Umwelt-) Gesetzgebung war zuvor als zweidimensionales Phänomen durch eine antizipative rechtsnormativ-sachliche Ineffektivität verbunden mit einer antizipativen symbolisch-politischen Effektivität charakterisiert worden. Was nun die möglichen *Aus-*

---

geringe Kosten (Zeit, Geld, Gewohnheitsänderungen usw.) verursacht. Im Falle des Shell-Boykotts konnten die Konsumenten wegen der nahezu unterschiedslosen Produkte praktisch zum Nulltarif auf andere Kraftstoff-Marken umsteigen und dabei ihrem Umweltbewußtsein Ausdruck verleihen.

[241] Vgl. Schneider (1988), S. 160.

138   3. Teil: Ansätze zu einer Theorie symbolischer Umweltgesetzgebung

wirkungen bzw. *Folgen* symbolischer Gesetzgebung betrifft, so ergibt sich hierfür ein Möglichkeitsraum entsprechend dem des Phänomens selbst: Der Begriff symbolische Gesetzgebung ist bereits folgenorientiert angelegt, wenn auch nicht mit Blick auf die tatsächlichen, sondern die antizipierten, d. h. erwarteten und intendierten Folgen. Die Analyse der tatsächlichen Auswirkungen nimmt die Zweidimensionalität symbolischer Gesetzgebung wieder auf und betrachtet daher im wesentlichen das Eintreten oder Nicht-Eintreten der antizipierten Folgen bzw., da Effektivität ein graduelles Merkmal ist, Abstufungen dazwischen. Es werden also primär die rechtsnormativ-sachlichen sowie die symbolisch-politischen Wirkungen der drei Beispielgesetze untersucht. An dritter Stelle wird darüber hinaus auch nicht-intendierten Folgen („Nebenwirkungen") nachgegangen, sofern diese von rechtssoziologischer Relevanz sind.

Vorab noch einige Bemerkungen zur Terminologie: Mit *Auswirkungen*[242] – synonym: *Folgen* – sind ganz allgemein alle beobachtbaren Veränderungen gemeint, die sich kausal auf das Gesetz sowie das Gesetzgebungsverfahren zurückzuführen lassen. Diese umfassen sowohl die *Wirkungen*, i. e. die intendierten Folgen, als auch die *Nebenwirkungen* (nicht-intendierte Folgen) der Gesetzgebung. Der Begriff *Wirksamkeit* – synonym: *Effektivität* – bezeichnet den Grad, in dem die feststellbare Wirkung der gewünschten entspricht. Sie wird ausgedrückt als Effektivitätsquote durch den Quotienten aus (tatsächlicher) Wirkung (Ist-Wirkung) und erwünschter (Soll-)Wirkung (siehe bereits ausführlich Abschnitt Teil 2: E.I.3).

I. Rechtsnormativ-sachliche Effektivität (RSE)

1. Direkte Wirkungen

Die tatsächliche, direkte *rechtsnormative* Wirkung eines Gesetzes, i. e. dessen faktische Normgeltung, ergibt sich aus der Anwendung der Primär- und Sekundärnorm durch die ausführende Verwaltung sowie deren Einhaltung durch die Rechtsadressaten[243]. Sie beruht – im Gegensatz zu den indirekten Wirkungen – auf dem Zwang des Gesetzes. So dies in quantifizierbarer Weise möglich ist, soll für jedes untersuchte Gesetz eine Effektivitätsquote *RE* (rechtsnormative Effektivität)

$$RE = \frac{W_{\text{Ist}}}{W_{\text{Soll}}}$$

angegeben werden, wobei W_{Ist} die tatsächliche, W_{Soll} die gewünschte Wirkung bezeichnet.

---

[242] Vgl. Blankenburg (1977), S. 41.
[243] Eine ausführliche Betrachtung wurde bereits für den Indikator *Geltungschance* im Teil 2: E.II.1.d) angestellt.

Schwieriger handhabbar ist die Messung der *sachlichen* (ökologischen) Wirkung des Gesetzes. In einem ersten Schritt soll die Veränderung der objektiven Problemsituation nach der Gesetzesverabschiedung (sofern sie sich überhaupt verändert hat) im Zeitverlauf analysiert werden. Sind signifikante Veränderungen im Sinne des Gesetzesziels feststellbar, muß überprüft werden, inwieweit sich diese auf die Einhaltung des Gesetzes zurückführen lassen. Falls ja, handelt es sich um direkte Gesetzeswirkungen.

Ebenfalls zu den direkten Gesetzeswirkungen zählen hier Wirkungen von Maßnahmen, die in einer Kausalkette der Verursachung von Umweltschäden sehr weit vorn, d. h. sehr verursachernah ansetzen. Die Veränderungen der anvisierten Zielgröße treten dann streng genommen nur mittelbar – und in aller Regel zeitverzögert – ein; insofern jedoch die Kausalkette wissensmäßig gut abgesichert ist, soll gleichwohl von direkten Wirkungen gesprochen werden. Ein Beispiel ist die geplante Verringerung der – zu einem großen Teil durch Autoabgase verursachten – Stickoxid-Belastung der Luft in Deutschland. Als direkte Maßnahme wurde Mitte der 80er Jahre der Abgaskatalysator eingeführt. Ebenfalls möglich sind Maßnahmen, die den Kraftstoffverbrauch von Kfz bzw. den Kfz-Verkehr als ganzes reduzieren. Letztere besitzen eine größere Wirkungstiefe[244] als erstere Maßnahmen.

2. Indirekte Wirkungen

Im Zusammenhang mit Gesetzgebung sind oft Wirkungen zu beobachten, die zwar im Sinne des postulierten Gesetzesziels auftreten und auch ursächlich auf das Gesetz bzw. seine Entstehungsgeschichte zurückgeführt werden können, aber nicht auf der Rechtsnormativität der gesetzten Norm beruhen. So sind etwa Verhaltensänderungen durch Bewußtseinsänderungen (Framewechsel) der Adressaten oder auch der Rezipienten der Norm möglich. Typischer Fall ist eine tatsächliche Verhaltensänderung im politisch gewollten (ökologischen) Sinne, ohne daß überhaupt eine rechtsverbindliche Regelung erlassen wurde. Denkbar ist auch, daß die Adressaten rechtliche Regelungen bereits antizipieren, z. B. können sich Unternehmen durch frühzeitige Produktumstellungen im Sinne einer geplanten Rechtsnorm Marktvorteile erhoffen[245].

An der Kategorie der indirekten Wirkungen wird deutlich, daß sich rechtsnormativ-sachliche Wirkungen nicht immer scharf von symbolischen Wirkungen abgrenzen lassen. Framewechsel, über die es – indirekt – zu rechtsnormativ-ökologischen Gesetzeswirkungen kommt, gehen oft mit einer verstärkten Akzeptanz des verfolgten politischen Programms der regierenden Politiker einher bzw. lassen sich auf Akzeptanzsteigerungen zurückführen. Sofern sich dadurch die Beliebtheit der

---

[244] Vgl. v. Prittwitz (1990), S. 54.
[245] Vgl. Löbmann / Krüger (2001).

involvierten Politiker steigert, besitzen solche Wirkungen bereits symbolisch-politischen Charakter.

Zu den indirekten Wirkungen sind auch solche Effekte zu zählen, die auf einem „Eigenleben" des Gesetzestextes beruhen, etwa dergestalt, daß einige Zeit nach der Gesetzesverabschiedung die Norm in der Rechtspraxis stärker in Richtung auf das postulierte Gesetzesziel ausgelegt wird, als der Gesetzgeber seinerzeit gehofft hat. Solche rechts-internen Entwicklungen sind gleichwohl extrem schwer vorauszusehen. Im Rahmen der ÖTP läßt sich allenfalls vermuten, daß eine im Laufe der Zeit veränderte Anwendungspraxis die Folge veränderter Rahmenbedingungen (beobachtbar durch entsprechende Änderungen der Variablenwerte) ist und damit grundsätzlich den Hypothesen 8 und 9 (vgl. S. 116) folgt.

3. „Gratiseffekte"

Von den direkten und indirekten Wirkungen zu unterscheiden sind solche Veränderungen, die zwar im Sinne des Gesetzesziels erfolgen, jedoch in überhaupt keinem (erkennbaren) ursächlichen Zusammenhang mit dem Gesetzgebungsverfahren stehen. Sie werden auch als „Gratiseffekte"[246] bezeichnet. Beispiel wäre etwa eine Verringerung von Luftschadstoff-Immissionen in Deutschland aufgrund gesunkener Emissionen in benachbarten Ländern.

Typischerweise ist damit zu rechnen, daß ein Gemenge aus direkten und indirekten Gesetzeswirkungen sowie „Gratiseffekten" vorliegt. Die staatlichen Akteure können und werden dabei letztere ebenso als politische Erfolge feiern wie erstere, denn meist bedarf es detaillierter Informationen, um zwischen beiden zu differenzieren, die aber einer Mehrzahl von Wählern in der Regeln nicht zur Verfügung stehen.

II. Symbolisch-politische Effektivität (SPE)

Wenn schon die Bestimmung rechtsnormativ-sachlicher Gesetzeswirkungen mit enormen methodischen Problemen zu kämpfen hat, so gilt dies erst recht für das Feld symbolisch-politischer Wirkungen. Bis auf die vergleichsweise „harten" Indizien für das Nachlassen politischen Druckes in dem jeweiligen Themenfeld der betrachteten Gesetzgebung erscheint es äußerst schwierig, den politischen Erfolg einer Gesetzgebung zu messen, der ja für die Karrierechancen (oder auch bloß die Popularitätswerte) beteiligter Akteure oder gar die Wiederwahl der regierenden Parteien immer nur inkrementale Beiträge liefern kann, es sei denn, mit dem Erfolg in einem bestimmten Politikfeld wird das Schicksal ganzer politischer Karrieren verknüpft, was aber im Umweltbereich äußerst selten der Fall ist.

---

[246] Vgl. Jänicke / Mönch / Ranneberg (1989).

Eine spontane, beabsichtigte Wirkung symbolischer Gesetzgebung kann darin bestehen, daß sich die staatlichen Akteure von dem oft hohen politischen Handlungsdruck – zumindest kurzfristig – befreien[247]. Es findet dann eine öffentliche De-Thematisierung des aus Sicht der politisch Verantwortlichen unliebsamen „issues" statt. Gemessen wird diese Wirkung über die Variable ÖFFENTLICHE AUFMERKSAMKEIT[248].

„Erfolgreiche" symbolische Gesetzgebung bewirkt zudem eine höhere Akzeptanz der politisch Verantwortlichen bei der Wählerschaft. Diese kann sich beziehen auf

– die handelnden Akteure: einzelne Politiker, die regierenden Parteien (aber durchaus auch die Opposition im Falle einer Mitwirkung am Gesetzesvorhaben) oder auch „die Politik" als ganzes oder auf
– die politische Programmatik, die inhaltlichen Meinungen.

Beide Dimensionen werden regelmäßig in demoskopischen Umfragen erhoben und sollen in dieser Arbeit herangezogen werden.

Oft eher mittelfristige, aber für einen handelnden staatlichen Akteur um so wichtigere Wirkung „erfolgreicher" symbolischer Gesetzgebung sind meßbare politische Erfolge – sei es, daß eine anstehende Wahl gewonnen wird, sei es, daß dem Akteur ein begehrtes politisches Amt bzw. eine höhere Position in der Ministerialverwaltung angeboten wird. Solche Folgen lassen sich direkt beobachten und bedürfen keiner weiteren Indikatoren. Schwierig dürfte hingegen die kausale Verknüpfung mit der Rolle bzw. den Leistungen des Akteurs bei der Ausarbeitung bzw. Verabschiedung des betrachteten Gesetzes sein, zumal bei größerem zeitlichem Abstand zwischen Amtsübernahme und Gesetzesverabschiedung. Hier kann möglicherweise die Analyse von Presseberichten über mutmaßliche Gründe, die zum „Aufstieg" des Akteurs führten, weiterhelfen.

Als ein möglicher symbolisch-politischer Zweck war die Verhinderung anderer, unerwünschter Maßnahmen genannt worden. Dem muß bei der Folgenanalyse nachgegangen werden. Selbst wenn sich durch Befragungen herausstellen sollte, daß eine Wirkung dieser Art von den politisch Verantwortlichen beabsichtigt war, so ist dennoch genau zu prüfen, ob die eingetretenen Folgen kausal auf die Gesetzgebung zurückzuführen sind.

---

247 Vgl. hierzu bereits Teil 2: E.III.1.a).

248 Während die ÖFFENTLICHE AUFMERKSAMKEIT als Entstehungsbedingung symbolischer Gesetzgebung eine unabhängige Variable darstellt, wird ihr Verlauf nach Abschluß des Gesetzgebungsverfahrens als Wirkung der Gesetzgebung und somit als abhängige Variable angesehen.

III. Nicht intendierte Wirkungen (Nebenwirkungen)

Angesichts der Komplexität der gesellschaftlichen, aber auch der ökologischen Strukturen und Wirkungszusammenhänge, die Gesetzgebung zu steuern versucht, bleiben gewisse unvorhergesehene und nicht intendierte Wirkungen oft nicht aus. Von besonderem rechtssoziologischem Interesse sind zum einen solche Nebenwirkungen, die ihrerseits den Gesetzgeber auf den Plan rufen[249]. Zum anderen ist es aufschlußreich zu untersuchen, inwiefern symbolische Gesetzgebung eine „Blockadewirkung" ausübt in dem Sinne, daß dadurch, daß das zu regelnde Problem als „gelöst" erscheint, eine rechtsnormativ-ökologisch effektive Lösung verhindert wird. War diese Verhinderungswirkung von den politisch Verantwortlichen beabsichtigt, so handelt es sich nicht um eine Nebenwirkung, sondern um eine symbolisch-politische Wirkung.

---

[249] Als klassische – umweltpolitisch kontraproduktive – „Nebenwirkung" einer umweltrechtlichen Regelung kann beispielsweise der Ferntransport von Luftschadstoffen als Folge der durch die TA Luft begünstigten „Hochschornsteinpolitik" der 1970er Jahre gesehen werden, der zu einer erhöhten Schadstoffdeposition in ländlichen Gebieten führte und als Hauptverursacher des Waldsterbens galt (siehe unten).

Teil 4

Empirische Fallstudien

A. Zur Datengewinnung

Zur Analyse der drei Beispielfälle mit dem oben erarbeiteten Instrumentarium wird eine Fülle empirischer Daten benötigt. Wo es möglich war, wurde auf bereits bestehende Untersuchungen zur Entstehung und Wirkung der betreffenden Gesetze zurückgegriffen[1]. Die Frage nach dem symbolischen Charakter – ARSE und ASPE – der untersuchten Gesetze[2] sowie die Erfassung der Merkmalsausprägungen der eingeführten Variablen[3] zu den Entstehungsbedingungen und Folgen symbolischer Gesetzgebung erforderten zusätzlich eigene Erhebungen, nicht zuletzt aus Gründen der Vergleichbarkeit des empirischen Materials. Insbesondere zum Ozongesetz war eine umfassende Primär-Erhebung erforderlich.

I. Dokumentenanalyse

Das verwendete empirische Material besteht zum Großteil aus Textdokumenten. Herangezogen wurden im einzelnen:

– Gesetzesmaterialien (vor allem Gesetzestexte und -entwürfe, Plenarprotokolle von Bundesrat und Bundestag, parlamentarische Anträge, Gesetzesbegründungen, Protokolle öffentlicher Anhörungen, interne Dokumente beteiligter Ministerien);

– Stellungnahmen staatlicher Organe in von diesen herausgegebenen Periodika, Informationsblättern etc.;

– die einschlägige juristische Literatur (Kommentare, Aufsätze, Monographien) zur Auslegung der Gesetzesbestimmungen[4];

---

[1] Zur Entstehung des KrW-/AbfG liegt seit kurzem eine detaillierte empirische Untersuchung von Staeck (1999) vor; zur GFAnlV im Kontext der Waldsterbens-Debatte sind vor allem die empirischen Studien von E. Müller (1995), S. 172 ff., 295 ff.; Dose (1997), S. 153 ff., 192 ff.; Holzberger (1995) sowie Mez (1995) zu nennen.

[2] Siehe oben Teil 2: E.

[3] Siehe oben Teil 3: C, Teil 3: D.

[4] Zur Rolle der juristischen Auslegung im Rahmen einer empirischen Forschung vgl. auch Zeh (1984), S. 52 ff.

- naturwissenschaftliche, technische, wirtschafts- und sozialwissenschaftliche Literatur zu den jeweils relevanten Rechtstatsachen (wegen ihrer Bedeutung für die parlamentarische Arbeit wurden prioritär Publikationen des Umweltbundesamtes und des Sachverständigenrates für Umweltfragen herangezogen);
- Presseartikel als Informationsquelle über das politische Geschehen sowie über öffentliche Einstellungen zu bestimmten Themen[5] (zur Recherche verwendet wurden Volltextdatenbanken einzelner Tages- bzw. Wochenzeitungen auf CD-ROM, Online-Volltextdatenbanken kommerzieller Anbieter sowie die themenbezogenen Pressemappen der Wirtschaftsarchive des Kieler Instituts für Weltwirtschaft und des HWWA-Instituts für Weltwirtschaft, Hamburg).

Die Analyse der Entstehungsvoraussetzungen von Gesetzen stellt eine rechtshistorische Aufgabe dar. Hierzu wurde daher – soweit möglich – auf die zum Zeitpunkt der Gesetzesberatungen verfügbare Literatur zurückgegriffen; dies gilt grundsätzlich auch für die zu jedem Gesetz einführende Darstellung der umweltrelevanten Problemdimensionen. Neuere Literatur wurde nur dann berücksichtigt, wenn anzunehmen ist, daß sie im wesentlichen den wissenschaftlichen Stand und die Problemsicht vor der Verabschiedung des jeweiligen Gesetzes wiedergibt.

II. Experteninterviews

Ein wesentlicher Bestandteil der vorliegenden Studie ist die Einbeziehung subjektiver Einschätzungen von Personen, die an der Gesetzgebung beteiligt waren bzw. die für ihr Zustandekommen (mit-)verantwortlich zeichnen. Dadurch war es zum einen möglich, den Intentionen des Gesetzgebers mit Blick auf symbolische bzw. nicht-symbolische Gesetzgebung nachzugehen; zum anderen konnte ein Abgleich mit den empirischen Befunden aus anderen Datenquellen (insbesondere der Presseberichterstattung) vorgenommen werden.

Auswahl der Gesprächspartner. Da der Fokus der vorliegenden Studie auf den gesetzgebenden Organen und deren „Sichtweisen" liegt, wurden ausschließlich Personen staatlicher Stellen befragt. Die Auswahl richtete sich im wesentlichen nach dem Grad der Beteiligung am Gesetzgebungsverfahren. Befragt wurden im einzelnen[6]:
- Parlamentarier (Bundestags-Abgeordnete) der Regierungskoalition, aber auch der Oppositionsfraktionen: Mitglieder des Bundestags-Umweltausschusses – darunter etliche Berichterstatter zu den jeweiligen Gesetzgebungsvorhaben[7] –, Mitglieder entsprechender Fraktionsarbeitsgruppen sowie umweltpolitische Sprecherinnen und Sprecher,

---

[5] Hierzu ausführlich bereits oben Teil 3: C.IV.2.

[6] Zur Typologie der staatlichen Akteure siehe oben Teil 3: A.III.3.

[7] Zur herausragenden Rolle der Berichterstatter vgl. v. Beyme (1997), S. 195 f.; Ismayr (1992), S. 203 ff.

– Beamte der Ministerialverwaltung und des Umweltbundesamtes – Referats-, Gruppen- und Unterabteilungsleiter (=Arbeitsebene), Abteilungsleiter und Staatssekretäre (= Leitungsebene) – sowie parlamentarische Staatssekretäre.

Beamte der Länderverwaltungen sowie Bundesratsmitglieder, die teilweise ebenfalls eine wichtige Rolle in den Gesetzgebungsvorhaben spielten, blieben ausgeklammert. Denn um bei den mitunter recht heterogenen Länderinteressen ein repräsentatives Bild zu gewinnen, hätten etliche Bundesländer mit einbezogen werden müssen – ein Aufwand, der den Rahmen des Forschungsprojektes deutlich gesprengt hätte.

Gemessen daran, daß regelmäßig nur ein sehr überschaubarer Personenkreis tatsächlich intensiv und verantwortlich an dem Zustandekommen eines einzelnen Gesetzes beteiligt ist[8], kann die hier erzielte Zahl von 13 Beteiligten beim Ozongesetz, 12 beim KrW-/AbfG und 4 bei der GFAnlV (siehe Tab. 4) als durchaus repräsentative Auswahl gelten.

Tabelle 4

Befragte Akteure und deren relevante Funktionen. Insgesamt wurden 18 Personen befragt; die höhere Zahl angegebener Positionen (29) ergibt sich aus Doppelfunktionen etlicher Akteure

	Ozongesetz	**KrW-/AbfG**	**GFAnlV**
Politiker der Mehrheitsfraktionen im Bundestag (Fraktion)	CDU/CSU (4), FDP (1)	CDU/CSU (5), FDP (1)	
Politiker der Opposition im Bundestag (Fraktion)	SPD (3), B'90/Grüne (1)	SPD (3)	
Regierungsbeamte – Leitungsebene (Ministerium)	BMU (1)	BMU (1)	BMI (1)
Regierungsbeamte – Arbeitsebene (Ministerium)	BMU (1), BMWi (1), UBA (1)	BMU (1), BMWi (1)	BMI (2), UBA (1)
Insgesamt	13	12	4

Vorbereitung und Durchführung der Interviews. Gesetzgeberische Ziele und Intentionen sowie die Einschätzung von Ereignissen im Verlauf der Gesetzgebung bilden eine komplexe und mitunter auch „heikle" Materie, spielen doch gerade hier die nicht-offiziellen, strategisch-politischen, möglicherweise bislang nicht ausgesprochenen (geschweige denn veröffentlichten) Motivationen und Erwägungen eine entscheidende Rolle. Für die Vorbereitung und Durchführung der Interviews bedeutete dies zweierlei: Zum einen wurde den Gesprächspartnern persönliche Anonymität zugesichert (siehe unten zur Zitierweise), da nur so erwartet werden

---

[8] Vgl. v. Beyme (1997), S. 196.

konnte, Informationen und Einschätzungen über das allgemein Bekannte hinaus zu gewinnen.

Zum anderen ergab sich, daß standardisierte Erhebungstechniken wie etwa Fragebögen bzw. exakt vorformulierte Standardfragen[9] keine Anwendung finden konnten, da das Spektrum möglicher Antworten von vornherein nicht feststand. Um dennoch eine ausreichende Vergleichbarkeit aller geführten Gespräche zu gewährleisten, wurde als „Mittelweg" zwischen Standard-Interview und einem völlig offenen Gespräch das sogenannte *Intensiv-* oder *Leitfadeninterview* gewählt[10]. Zur Vorbereitung wurde anhand der theoretischen Überlegungen zum Begriff sowie zu Entstehung und Auswirkungen symbolischer Umweltgesetzgebung ein Interview-Leitfaden entwickelt, der folgende Elemente enthielt:

– eine erste Gesprächseinheit (etwa 10 Einzelpunkte) mit Fragen zu Umweltpolitik und -gesetzgebung, zur Rolle verschiedener Institutionen und Akteure sowie zur Bewertbarkeit und Bewertung verschiedener Umweltgesetze (vgl. unten Abb. 7). Interview-technisch als „Warmlaufphase" konzipiert, dienten die in allen Interviews ähnlich gestellten Fragen inhaltlich als Vergleichsmaßstab für die folgende(n) Gesprächseinheit(en) zu den jeweiligen Fallbeispielen.

– eine oder zwei weitere Gesprächseinheiten (jeweils etwa 25 Einzelpunkte) zu den Gesetzgebungsverfahren, an denen die Gesprächspartnerin oder der Gesprächspartner jeweils beteiligt war. Gefragt wurde nach dem Ablauf des Gesetzgebungsverfahrens (Zielsetzung: Abgleich mit den Aussagen anderer Befragter sowie mit nachprüfbaren Tatsachen), der Rolle von Interessengruppen und der Öffentlichkeit sowie zu den Motiven, Intentionen und Einschätzungen im Zusammenhang mit den erlassenen Gesetzen; im Vordergrund stand dabei das – mutmaßliche – Auseinanderklaffen tatsächlicher und offiziell verkündeter Intentionen.

Zwischen Mai 2000 und Januar 2001 wurden insgesamt 18 persönliche Gespräche geführt, deren Dauer typischerweise zwischen einer knappen Stunde und gut anderthalb Stunden betrug (Mittelwert: 80 Minuten). Da viele Gesprächspartner an mehreren Gesetzgebungsverfahren beteiligt waren, ergeben sich insgesamt 29 „Einzelinterviews" (siehe Tab. 4). Mit Einwilligung der Interview-Partner wurden sämtliche[11] Gespräche auf Tonband aufgezeichnet[12].

Der Leitfaden diente zur groben Strukturierung der ansonsten recht frei geführten Gespräche und zur Kontrolle, daß alle wesentlichen Punkte tatsächlich angesprochen wurden. „Auch wenn es paradox klingen mag, es ist gerade der Leit-

---

[9] Vgl. Friedrichs (1980), S. 207 ff.; 236 ff.

[10] Hierzu Meuser / Nagel (1991), Friedrichs (1980), S. 224 ff.

[11] Lediglich ein Gespräch wurde wegen eines technischen Defekts nicht vollständig erfaßt; unmittelbar im Anschluß daran wurde ein ausführliches Gedächtnisprotokoll erstellt.

[12] Dies wird in der Literatur zur empirischen Sozialforschung durchweg empfohlen, vgl. etwa Friedrichs (1980), S. 229.

faden, der die Offenheit des Interviewverlaufs gewährleistet. Durch die Arbeit am Leitfaden macht sich die Forscherin [bzw. der Forscher – d. Verf.] mit den anzusprechenden Themen vertraut, und dies bildet die Voraussetzung für eine ‚lockere‘, unbürokratische Führung des Interviews"[13]. In vielen Gesprächen erübrigte sich ein starres Festhalten am Leitfaden schon deshalb, weil der bzw. die Interviewte, angestoßen durch die Fragen des Interviewers, auf die wesentlichen Punkte bereits von selbst einging.

Einschätzung der Validität. Die persönliche Befragung von Beteiligten bietet an sich keine uneingeschränkte Gewähr für den „Wahrheitsgehalt" der gewonnenen Informationen und Einschätzungen. Besondere Brisanz bergen Fragen nach den tatsächlichen, z. T. politisch-strategischen Intentionen, vor allem dort, wo diese erkennbar von den seinerzeit offiziell verkündeten Zielsetzungen abweichen. Man könnte mutmaßen, daß die Befragten in diesen Fällen – etwa zur Vermeidung kognitiver Dissonanzen[14] – tendenziell dazu neigten, „wahre" Absichten zurückzuhalten. Dem ist jedoch entgegenzuhalten, daß, sollte der Interviewer nicht „mißtrauisch" werden, allein die Dauer der Interviews dem Befragten zumindest einigermaßen konsistente Äußerungen abverlangte[15]. Ein „immanenter Zwang zur Wahrheit"[16] lag zum anderen darin, daß die Befragten davon ausgehen mußten – und teilweise auch darüber informiert waren –, daß Kollegen bzw. Mitarbeiter ebenfalls interviewt wurden, so daß offensichtliche Falschaussagen auffallen würden. Tatsächlich zeigten die Befragten durchweg einen hohen Reflexionsgrad auch ihrer eigenen Handlungen und äußerten sich keineswegs nur im Sinne der offiziellen Verlautbarungen im Zusammenhang mit dem jeweiligen Gesetzgebungsverfahren. Vielmehr entsprachen ihre – *subjektiven* – Einschätzungen im groben denjenigen, zu denen man durch die Bestimmung *objektiver* Indikatoren gelangt[17].

Auswertung. Die Auswertung der Interviews erfolgte, indem von den Tonbandaufzeichnungen zunächst alle potentiell relevanten Abschnitte sequentiell transkribiert und inhaltlich zusammenhängende Blöcke mit den entsprechenden Zählerangaben des Tonbandgerätes gekennzeichnet wurden[18]. Soweit möglich, wurden die Äußerungen der Befragten wortwörtlich übernommen; lediglich bei unvollständigen oder mißverständlichen Sätzen wurden mitunter geringfügige Änderungen, etwa im Satzbau, vorgenommen. Der so entstandene Urtext diente auch in späteren Phasen der Analyse immer wieder als Referenz für den Sinnzusammenhang bestimmter Äußerungen, die für sich genommen sinnentstellt interpretiert werden könnten.

---

13 Meuser/Nagel (1991), S. 449.
14 Hierzu bereits oben Teil 3: C.IV.1.b).
15 Meuser/Nagel (1991), S. 467.
16 Meuser/Nagel (1991), S. 466.
17 So stimmten die Einschätzungen der Befragten in Bezug auf den Erfolg bzw. Mißerfolg von Umweltgesetzen (vgl. Abb. 7, S. 148.
18 Zu dieser Vorgehensweise Meuser/Nagel (1991), S. 455 f.

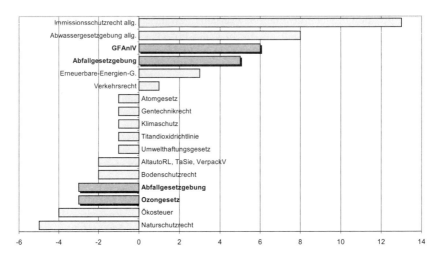

Abb. 7: Erfolgreiche und nicht erfolgreiche Gesetze in den Augen der befragten Akteure aus Politik und Ministerialbürokratie

Hervorgehoben: die untersuchten Fallbeispiele. Angegeben ist für jedes Gesetz die Anzahl der Nennungen auf die Frage nach „besonders erfolgreichen Gesetzen" (positive Zahlen) bzw. nach „weniger erfolgreichen oder nutzlosen Gesetzen" (negative Zahlen). Den Befragten wurden keine Vorgaben hinsichtlich der zu nennenden Beispiele gemacht. Alle Nennungen wurden berücksichtigt.

Ausgehend von den insgesamt 18 Urtexten wurde sodann eine Globaltabelle erstellt, in der die Aussagen der Befragten den Analysekategorien des Interview-Leitfadens zugeordnet wurden. Einige Kategorien, die bei der Ausarbeitung des Leitfadens noch nicht relevant erschienen, wurden nach Durchsicht aller Urtexte neu hinzugenommen. Mitunter wurden Textpassagen auch mehreren Kategorien zugeordnet. Vor dem Hintergrund des in dieser Arbeit vertretenen *methodologischen* Individualismus' (siehe oben Teil 3: A.I.1) zielte die Interviewauswertung insbesondere darauf ab, die für jeden Akteurstypus *typischen* Eigenschaften zu erfassen. Weniger Wert wurde hingegen auf die individuellen Eigenheiten einzelner Befragter gelegt[19]; sie werden daher in der Darstellung der Fallstudien nur bei besonders augenfälligen Abweichungen von einer gemeinsamen Sichtweise hervorgehoben.

Zitierweise. Um die persönliche Anonymität aller Befragten zu gewährleisten, zugleich aber jeden Interviewpartner einer entsprechenden Akteursgruppe zuzuordnen, wird bei Zitaten im Text lediglich die Funktion des Befragten genannt – bei Parlamentariern jeweils die Zugehörigkeit zu den Koalitions- bzw. Oppositionsfraktionen (die Partei- bzw. Fraktionszugehörigkeit wird also nicht erwähnt), bei Regierungsmitarbeitern (hierzu werden auch die Parlamentarischen Staats-

---

[19] „Anders als bei der Einzelfallanalyse geht es hier [bei der Interviewauswertung – d. Verf.] nicht darum, den Text als individuell-besonderen Ausdruck seiner allgemeinen Struktur zu behandeln. Das Ziel ist vielmehr, im Vergleich mit den anderen ExpertInnentexten das Überindividuell-Gemeinsame herauszuarbeiten" (Meuser / Nagel 1991, S. 452).

sekretäre gezählt) das Ministerium. Dabei bezieht sich die Angabe der Funktion ausschließlich auf den *Zeitpunkt der Gesetzesberatungen;* sie sagt mithin nichts über die *derzeitige* Tätigkeit der Befragten aus. Zusätzlich werden jeweils das Datum des Interviews sowie die Zählerangaben der Tonbandaufzeichnungen bzw. die Seitenzahl des schriftlichen Protokolls vermerkt. Um die Anonymität des Geschlechts zu gewährleisten, wird – auch im Haupttext – zu sämtlichen Befragten ausschließlich mit geschlechtsneutralen oder männlichen Bezeichnungen Bezug genommen; auch bei weiblichen Personen ist daher stets von „dem Befragten", „dem Abgeordneten" usw. die Rede.

B. Das Ozongesetz und die Sommersmogproblematik

Das als Ergänzung des BImSchG im Sommer 1995 erlassene Ozongesetz – auch als „Sommersmog-Gesetz" bezeichnet – sollte zur Senkung der sommerlichen Spitzenkonzentrationen an bodennahem Ozon beitragen. In der Medienberichterstattung wie in der juristischen Literatur als „Alibi-Veranstaltung"[20] oder „symbolische Politik"[21] bzw. als Gesetzgebung mit „heißer Nadel"[22] kritisiert, stellt es ein Paradebeispiel für die Untersuchung symbolischer Umweltgesetzgebung dar.

I. Das Problem hoher Ozonkonzentrationen

Das farblose und stark aggressive Gas Ozon, das chemisch eine Form des Sauerstoffs (O_3) darstellt, spielt in der Atmosphäre der Erde eine zweifache Rolle. Während in ca. 15 bis 50 km Höhe die sogenannte Ozonschicht energiereiche und lebensbedrohende UV-Strahlung von der Sonne zurückhält, verstärken höhere Ozonkonzentrationen in Bodennähe den anthropogenen Treibhauseffekt[23] und sind zudem toxisch für Pflanzen und Tiere. Die Ausdünnung der Ozonschicht (das „Ozonloch") einerseits und das Ansteigen der bodennahen Ozonkonzentrationen andererseits sind jeweils auf völlig unterschiedliche Ursachen zurückzuführen; da nur ein geringer Luftaustausch zwischen den atmosphärischen Schichten besteht, gleichen sich beide Phänomene auch nicht aus[24]. Zwar wird in der gesellschaftlichen Diskussion immer wieder ein Zusammenhang zwischen beiden Erscheinungen hergestellt („oben zuwenig – unten zuviel Ozon"[25]). Im Kontext des Ozongesetzes geht es jedoch ausschließlich um das *Zuviel an bodennahem Ozon.*

---

[20] Vgl. SZ, 11. 05. 1995.
[21] Vgl. taz, 13. 05. 1995.
[22] Kutscheidt (1995), S. 3156.
[23] Ozon trägt ca. 7 Prozent zum anthropogenen Treibhauseffekt bei; vgl. Umwelt (BMU) 5/1992, S. 197.
[24] Vgl. Heintz / Reinhardt (1996), S. 23 f.
[25] Vgl. FAZ, 31. 07. 1990 und 13. 08. 1998.

1. Bildung von Ozon

Bodennahes Ozon ist in geringen Konzentrationen natürlicherweise vorhanden[26]. Bei hoher Sonneneinstrahlung bildet sich in einem komplexen photochemischen Prozeß aus Stickstoffoxiden (NO_x) und flüchtigen Kohlenwasserstoffen *(Non-Methane Volatile Organic Compounds,* kurz: NM-VOC) in der bodennahen Atmosphäre ein Schadstoffgemisch – Photosmog oder Sommersmog genannt –, als dessen Leitsubstanz das besonders aggressive und toxische Ozon gilt[27]. Da Ozon also nicht direkt emittiert wird, bezeichnet man es als sekundären Luftschadstoff.

Die Ozonvorläufersubstanzen NO_x und NM-VOC stammen zum weitaus überwiegenden Teil aus menschlicher Tätigkeit. Zu nennen sind insbesondere der Straßenverkehr, die Verwendung von Lösemitteln, hauptsächlich bei der Lackherstellung und -verwendung[28], sowie Industrie- und Kraftwerksfeuerungen (vgl. Abb. 8). Mögliche Ansatzpunkte, um hohe Ozonkonzentrationen einzudämmen, liegen daher vor allem in einer Reduzierung der verkehrs- und industriell bedingten NM-VOC- und NO_x-Emissionen.

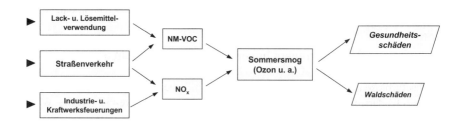

Abb. 8: Das materielle Regelungsproblem Ozon / Sommersmog im Überblick

Die Pfeile deuten kausale Wirkungsketten an; das Symbol „▶" signalisiert Ansatzpunkte für mögliche Problemlösungen. **NM-VOC:** Flüchtige Kohlenwasserstoffe (ohne Methan); NO_x: Stickoxide. Die schräg gedruckten Felder stellen die resultierenden Umweltprobleme dar.

Aufgrund unterschiedlicher Entwicklungen in den genannten Bereichen sind deren Anteile an den Gesamtemissionen der Ozon-Vorläufersubstanzen nicht konstant (vgl. Abb. 9). Zu Beginn der politischen Debatte um die Ozon- und Sommersmog-Problematik um das Jahr 1990 wurden NO_x zu 47 Prozent vom Straßen-

---

[26] Der natürliche Hintergrundsockel beträgt im Herbst und Winter etwa 20 bis 40 Mikrogramm Ozon pro Kubikmeter Luft; im Frühjahr und Sommer sind es etwa 50 bis 80 $\mu g / m^3$; vgl. Fuchs (1994), S. 29 f.

[27] Hierzu und zum folgenden vgl. grundlegend Fuchs (1994); UBA (1995); Bär (1995) sowie Heintz / Reinhardt (1996), S. 61 ff.

[28] Lacke und Lösemittel werden überwiegend in vergleichsweise kleinen, immissionsschutzrechtlich nicht genehmigungsbedürftigen Anlagen hergestellt; vgl. Davids (1996), S. 8.

verkehr und zu 36 Prozent aus Industrie- und Kraftwerksfeuerungen emittiert; die Emissionen an NM-VOC stammten zu 45 Prozent aus dem Straßenverkehr und zu 36 Prozent aus der Lösemittelverwendung[29]. Bis zum Ende der Dekade haben sich die Gewichte etwas verschoben, so daß im Jahre 1999 der Straßenverkehr zu 51 Prozent der NO_x- und zu 20 Prozent der NM-VOC-Emissionen beitrug, während durch die Lösemittelverwendung 61 Prozent der NM-VOC emittiert wurden; der Anteil der Industrie- und Kraftwerksfeuerungen schrumpfte auf 28 Prozent.

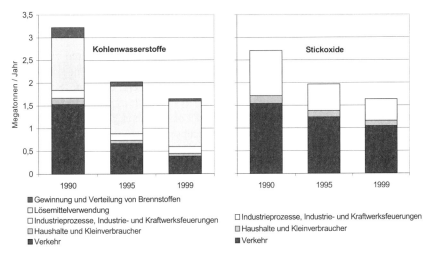

Abb. 9: Emissionen von Kohlenwasserstoffen (NM-VOC) und Stickoxiden (NO_x) in Gesamtdeutschland. Quelle: UBA (2001)

Bemerkenswert an dem Ozon-/Sommersmog-Phänomen ist dessen temporäres Auftreten und schwierige räumliche und zeitliche Vorhersagbarkeit. Bei hoher Sonneneinstrahlung bildet sich Ozon aus seinen Vorläufersubstanzen mit einer zeitlichen Verzögerung von einigen Stunden. Daher wird an einem hochsommerlichen, strahlungsreichen Tag das Maximum der Ozonkonzentration erst am späten Nachmittag und – je nach Windgeschwindigkeit – bis zu einigen hundert Kilometern entfernt von der Emissionsquelle erreicht[30]. Sobald mit Einsetzen der Dämmerung keine Strahlungsenergie mehr zugeführt wird, beginnt der Abbau des Ozons. Beschleunigt wird dieser Vorgang durch hohe Konzentrationen an Stickstoffmonoxid (NO), das zu großen Teilen durch den Straßenverkehr emittiert wird. Daher sinken während einer sommerlichen Schönwetterperiode die Ozonkonzentrationen in verkehrsreichen Ballungsräumen regelmäßig stärker ab als in nahegelegenen ländlichen Gebieten. Da Ozon mit dem Wind über größere Distanzen

---

[29] Für diese und die folgenden Angaben vgl. UBA (2001), S. 5.
[30] Vgl. Bär (1995), S. 82 f.

transportiert wird als das schnell abbaubare NO, kommt es zu der scheinbar paradoxen Erscheinung, daß sich in ausgesprochenen Reinluftgebieten (z. B. in Gebirgslagen) über längere Zeit hohe Ozonkonzentrationen halten, während diese in Ballungsräumen – etwa mit dem Einsetzen strahlungsärmeren Wetters – vergleichsweise rasch wieder abgebaut werden[31]. Diese komplexen Einflüsse von Strahlung, Witterung und Emission an Vorläufersubstanzen sind von entscheidender Bedeutung für die Geeignetheit von Maßnahmen zur Eindämmung des Sommersmogs.

2. Schadwirkungen von Ozon

Die Schadwirkungen des Ozons[32] auf Mensch und Umwelt waren zum Zeitpunkt der Verabschiedung des Ozongesetzes in der medizinischen und (öko-)toxikologischen Forschung stark umstritten und sind es teilweise bis heute. Schwierigkeiten bereitet zum einen die Tatsache, daß festgestellte Schäden praktisch nie monokausal auf Ozon zurückgeführt werden können, denn gerade bei den hochsommerlichen Ozon-Episoden können die beobachteten Symptome (siehe unten) auch von den hohen Temperaturen und der intensiven Strahlung herrühren. Schadwirkungen lassen sich zum anderen auch deshalb schwer isolieren, da besonders chronische Erkrankungen erst mit starker zeitlicher Verzögerung nach der Exposition hoher Ozonkonzentrationen auftreten.

Wirkungen auf den Menschen[33]. Gesundheitsschäden durch Ozon treten vor allem im Gewebe des Atemtraktes auf. Wegen seiner geringen Wasserlöslichkeit wird das Gas kaum durch die Schleimhäute zurückgehalten und kann daher viel tiefer als andere Schadstoffe, etwa Schwefeldioxid, in die Lunge eindringen und dort die Zellmembranen schädigen. Die gesundheitsschädigende, oxidative Wirkung des Ozons steigt sowohl mit seiner Konzentration in der Atemluft als auch mit Dauer und Intensität der Inhalation. Da das Atemvolumen bei körperlicher Tätigkeit gegenüber dem im Ruhezustand um ein Vielfaches höher liegt, steigen die Schadwirkungen entsprechend. Der Verzicht auf längere Aufenthalte im Freien, besonders auf schwere körperliche Tätigkeiten, kann daher gesundheitliche Beeinträchtigungen bei hohen Ozonkonzentrationen vermindern. Durch ihr relativ höheres Atemvolumen sind besonders Kleinkinder einem generell höheren Risiko ausgesetzt als Erwachsene. Ungeklärt ist, ob Ozon eine allergiefördernde Wirkung ausübt und ob Asthmatiker empfindlicher darauf reagieren.

Als akute Schäden können Reizungen der Atemwege und Atembeschwerden (ab einer Konzentration von 200 Mikrogramm Ozon pro Kubikmeter Luft), eine Verschlechterung der Lungenfunktion (bei Schulkindern und Erwachsenen ab 160

---

[31] Vgl. SRU (1994), Tz. 194; Bär (1995), S. 83; Heintz/Reinhardt (1996), S. 69.

[32] Da von allen Substanzen des Sommersmogs dem Ozon die höchste Schadwirkung zugesprochen wird, beziehen sich die folgenden Ausführungen nur noch auf das Ozon selbst.

[33] Zu diesem Abschnitt vgl. SRU (1994), Tz. 235 ff.; UBA (1995).

bis 300 $\mu g/m^3$ nach reger körperlicher Aktivität im Freien, nach neueren Untersuchungen bereits ab 100 $\mu g/m^3$), eine Reduzierung der körperlichen Leistungsfähigkeit (ab 240 $\mu g/m^3$) sowie Entzündungen des Lungengewebes (ab 160 $\mu g/m^3$ mit zeitweiliger körperlicher Belastung) auftreten. Konzentrationen von über 360 $\mu g/m^3$ können für empfindliche Personen eine akute Gesundheitsgefahr darstellen. Abgesehen von Ausnahmefällen besonders starker Belastung klingen die genannten Symptome ein bis drei Stunden nach Ende der Ozon-Exposition wieder ab[34]. Irreversible Schädigungen der Lungenfunktion treten demgegenüber nur bei extrem hoher, chronischer Belastung auf[35]. Darüber hinaus wird auch beobachtet, daß Menschen, nachdem sie aus den Medien über hohe Ozonwerte und die damit verbundenen möglichen toxischen Wirkungen erfahren haben, ebendiese „ozontypischen" Symptome empfinden, selbst wenn die Ozonkonzentrationen hierzu effektiv nicht ausreichen[36]. Nach Tierexperimenten mit extrem hohen Dosen kann zudem eine krebserzeugende Wirkung von Ozon nicht völlig ausgeschlossen werden, wenngleich das kanzerogene Potential als sehr gering eingestuft wird[37].

Wirkungen auf Pflanzen. Schon bei deutlich niedrigeren als den für Menschen toxischen Konzentrationen reagieren Pflanzen auf den Oxidationsstreß durch Ozon. Ökonomisch und ökologisch relevant sind besonders Schäden an Nutzpflanzen und Waldbäumen. Nach Informationen des Umweltbundesamtes droht bei Weizen ab einer dreimonatigen Tageshöchstkonzentrationen von etwa 80 $\mu g/m^3$ ein fünfprozentiger Ernteverlust[38]. Demgegenüber kommen Forschungen des Umweltinstituts München zu dem Ergebnis, daß bei Ozon-Tagesmitteln von 70 bis 100 $\mu g/m^3$ die Sommerweizenerträge um bis zu 60 Prozent sinken könnten[39]. Die in vielen Regionen ständig vorhandene Ozon-Sockelbelastung von 60 bis 100 $\mu g/m^3$ vermindert nach einer Studie der Bundesforschungsanstalt für Landwirtschaft die Raps-Erträge um bis zu 16 Prozent[40]. Daneben gilt Ozon als ein Hauptverursacher des „Waldsterbens"[41].

Wirkungen auf Material und Gebäude. Nicht zuletzt beschleunigt Ozon als starkes Oxidationsmittel auch die Verwitterung von Gebäuden und die Korrosion von Metallen und zerstört organische Materialien wie Leder, Gummi, Textilien oder Anstriche[42].

---

34 Vgl. UBA (1995), S. 6 ff.
35 Derartige Langzeitschäden wurden etwa bei Bewohnern der Stadt Los Angeles festgestellt, wo im Jahre 1985 an 70 Tagen Ozonspitzenkonzentrationen von über 400 $\mu g/m^3$ gemessen wurden; vgl. UBA (1995), S. 6.
36 Vgl. GSF (1995), Kap. 9.2.
37 Vgl. UBA (1995), S. 6.
38 Vgl. UBA (1995), S. 7.
39 Vgl. ÖB 51/1993, S. 7.
40 Vgl. taz, 08. 08. 1994.
41 Vgl. Bauer (1983); Arndt (1985), auch Heintz/Reinhardt (1996), S. 140 ff.
42 Vgl. Umwelt (BMU) 5/1992, S. 197.

II. Rechtliche Ausgangslage

Wichtig für das Verständnis der Entwicklungen, die zum Erlaß des Ozongesetzes führten, ist eine Bestandsaufnahme der Rechtslage vor dem Inkrafttreten der ersten *spezifischen* Regelungen zur Eindämmung des Sommersmogs[43].

1. Kurzfristmaßnahmen

a) Warnwerte

Eine unmittelbare Möglichkeit, Gesundheitsgefahren durch Ozon zu vermeiden, besteht darin, während der Dauer starker Ozonbelastung keine körperlichen Anstrengungen im Freien zu unternehmen. Für den Staat bot sich als kurzfristige Maßnahme daher eine Unterrichtung bzw. Warnung der Bevölkerung verbunden mit entsprechenden Verhaltensempfehlungen an, sobald bestimmte Richtwerte überschritten wurden[44]. Anders als von der WHO empfohlen und von der Schweiz und den USA bereits rechtlich umgesetzt[45], existierten in Deutschland bis zur Umsetzung der EG-Richtlinie 92/72/EWG[46] im Oktober 1993 jedoch noch keine rechtsverbindlichen Regelungen. Als allgemeiner Richtwert galt seit 1987 der vom VDI publizierte MIK-Wert von 120 $\mu g/m^3$ Halbstundenmittelwert[47]; Ozonkonzentrationen, die unter diesem Wert liegen, gelten auch für besonders empfindliche Personen (Kinder, Ältere, Allergiker) als gesundheitlich unbedenklich. Daneben wurden von verschiedenen staatlichen Stellen unterschiedliche Warn- und Richtwerte publiziert, die sich zumeist auf Ozonkonzentrationen von 180 bzw. 240 $\mu g/m^3$ bezogen[48]. Auf der Umweltministerkonferenz (UMK) im Juli 1990

---

[43] Als erste Maßnahme kann die EG-Richtlinie zu Warnwerten – RL 92/72/EWG über die Luftverschmutzung durch Ozon vom 21. 09. 1992, ABl. EG Nr. L 297, S. 1 – gelten.

[44] Zur Bestimmung der Ozonimmission wird seit den 1980er Jahren ein zunehmend dichtes Meßnetz betrieben; so hat sich die Anzahl der Meßstellen von 24 im Jahre 1980 bis auf über 300 im Jahre 1993 erhöht; vgl. UBA (2001).

[45] Bereits 1983 schlug die WHO Werte von 100 bzw. 200 μg (1-Stunden-Mittel) vor (vgl. Environmental Science and Technology 3/1983, S. 128–130); seit 1985 gilt in der Luftreinhalteverordnung der Schweiz ein Grenzwert von 100 μg (98-Perzentil der Halbstunden-Mittelwerte eines Monats (vgl. ÖB, 18. 03. 1992, S. 13); ab 1986 existiert ein Grenzwerte der US-amerikanischen Umweltbehörde EPA (vgl. Städtetag 1986, S. 539–542).

[46] Die Richtlinie legte Schwellenwerte für den Gesundheitsschutz von 110 $\mu g/m^3$ (Acht-Stunden-Mittelwert), zum Schutz der Vegetation von 200 $\mu g/m^3$ (Ein-Stunden-Mittelwert) und 65 $\mu g/m^3$ (24-Stunden-Mittelwert), für die Unterrichtung der Bevölkerung von 180 $\mu g/m^3$ (Ein-Stunden-Mittelwert) sowie für die „Auslösung des Warnsystems" von 360 $\mu g/m^3$ (Ein-Stunden-Mittelwert) fest. Diese Werte wurden durch die 22. BImSchV am 26. 10. 1993 rechtsverbindlich umgesetzt.

[47] VDI-Richtlinie 2310, Blatt 15. Eine Zusammenstellung (damals) aktueller MIK-Werte findet sich bei Lahmann (1990). Für die 1995 international gültigen Werte vgl. Bär (1995), S. 98.

B. Das Ozongesetz und die Sommersmogproblematik   155

wurde ein Wert von 180 $\mu g/m^3$ beschlossen, bei dessen Erreichen empfindlichen Personen empfohlen werden sollte, körperlich anstrengende Tätigkeiten im Freien zu vermeiden[49].

b) Einschränkungen des Kraftfahrzeugverkehrs

Wegen des hohen Ozonbildungspotentials der Autoabgase wurden mit dem Aufkommen des Ozon-Themas Geschwindigkeitsbeschränkungen und temporäre Verbote des Kfz-Verkehrs diskutiert[50]. Mangels einer expliziten Regelung bezüglich Ozon stellte sich aber die Frage nach einer Rechtsgrundlage, welche die zuständigen Behörden zum Handeln ermächtigte.

aa) § 40 Abs. 2 S. 1 BImSchG

Das BImSchG stellt seit September 1990 in § 40 Abs. 2 S. 1 den Straßenverkehrsbehörden eine Rechtsgrundlage[51] zum Vorgehen gegen allgemeine Luftverunreinigungen zur Verfügung. § 40 Abs. 2 lautet:

> Die Straßenverkehrsbehörden können den Kraftfahrzeugverkehr auf bestimmten Straßen oder in bestimmten Gebieten unter Berücksichtigung der Verkehrsbedürfnisse und der städtebaulichen Belange nach Maßgabe der verkehrsrechtlichen Vorschriften beschränken oder verbieten, soweit die für den Immissionsschutz zuständige Behörde dies im Hinblick auf die örtlichen Verhältnisse für geboten hält, um schädlichen Umwelteinwirkungen durch Luftverunreinigungen zu vermindern oder deren Entstehen zu vermeiden. Die Bundesregierung bestimmt nach Anhörung der beteiligten Kreise (§ 51) durch Rechtsverordnung mit Zustimmung des Bundesrates die Konzentrationswerte, bei deren Überschreiten Maßnahmen nach Satz 1 zu prüfen sind, sowie die anzuwendenden Meß- und Beurteilungsverfahren.

Ob diese Vorschrift auch bei Vorliegen hoher Ozonkonzentrationen angewendet werden kann, war vor Erlaß des Ozongesetzes umstritten und ist es teilweise bis heute[52]. Als Einwand wurde zum einen ins Feld geführt, § 40 Abs. 2 S. 1 BImSchG sei überhaupt erst anwendbar nach Erlaß einer Rechtsverordnung gem.

---

[48] Leitende Ministerialbeamte im BMU empfahlen 1989 den lokalen Umweltbehörden eine Unterrichtung der Bevölkerung ab 180 μg (taz, 26. 06. 1989), das BGA ab 240 μg (taz, 29. 06. 1989).

[49] Vgl. Umwelt (BMU) 5 / 1992, S. 200.

[50] Bereits im Februar 1989 wird in den Koalitionsverhandlungen zwischen SPD und Alternativer Liste (AL) in Berlin ein Fahrverbot für nicht schadstofffreie Fahrzeuge bei Sommersmog in einer novellierten Smog-Verordnung anvisiert (taz, 25. 02. 1989) und im März beschlossen (taz, 09. 03. 1989).

[51] Eingeführt durch die Dritte Novelle zum BImSchG, BGBl. I, S. 870; in Kraft getreten am 01. 09. 1990.

[52] Vgl. Lühle (1998), S. 278.

§ 40 Abs. 2 S. 2 BImSchG[53]. Da eine solche Verordnung[54] bis zur Verabschiedung des Ozongesetzes nicht vorlag, wurde eine Anwendbarkeit von § 40 Abs. 2 S. 1 BImSchG teilweise verneint[55]. Nach der zunehmend vertretenen Gegenmeinung spreche jedoch der Wortlaut des § 40 Abs. 2 S. 1 BImSchG, wonach das Einschreiten von der Einschätzung der für den Immissionsschutz zuständigen Behörde abhängt, für die Möglichkeit von Verkehrsbeschränkungen auch ohne das Vorliegen einer Konzentrationswerte-Verordnung[56].

Da derartige lokale Verkehrsbeschränkungen[57] aufgrund der komplexen Zusammenhänge der Ozonentstehung jedoch kaum geeignet sind, die Ozonbelastung spürbar zu verringern – zumal dort, wo die Vorläufersubstanzen emittiert werden –, erscheint die Anwendung des § 40 Abs. 2 S. 1 BImSchG auf den Luftschadstoff Ozon als nicht angemessen und somit auch nicht als zulässig. Soweit ersichtlich, kam es bislang nicht zu einer Anwendung von § 40 Abs. 2 S. 1 BImSchG bei hohen Ozonkonzentrationen.

bb) 40 Abs. 1 BImSchG

§ 40 Abs. 1 BImSchG enthält eine Verordnungsermächtigung. Danach können die Landesregierungen durch Rechtsverordnung Gebiete festlegen, in denen während austauscharmer Wetterlagen der Kfz-Verkehr beschränkt oder verboten werden muß, um ein Anwachsen schädlicher Umwelteinwirkungen durch Luftverunreinigungen zu vermeiden oder zu vermindern; die Straßenverkehrsbehörden haben in diesen Gebieten den Verkehr der in der Rechtsverordnung genannten Kfz ganz oder teilweise nach Maßgabe der verkehrsrechtlichen Vorschriften zu verbieten, sobald eine austauscharme Wetterlage im Sinne des Satzes 1 von der zuständigen Behörde bekanntgegeben worden ist. Wegen der vorausgesetzten, im Falle von Sommersmog jedoch typischerweise nicht gegebenen austauscharmen Wetterlage erscheint § 40 Abs. 1 BImSchG als Ermächtigungsgrundlage für Verkehrsbeschränkungen bei hohen Ozonwerten als äußerst problematisch[58]. Dessenungeachtet stützten sich die von 1993 bis 1995 ergangenen Ozonverordnungen einiger Bundesländer – auf die weiter unten näher eingegangen wird – durchaus auf § 40 Abs. 1 BImSchG.

---

[53] Vgl. E. Rehbinder (1994), S. 103 m. w. N.

[54] Die spätere 23. BImSchV vom 16. 12. 1996.

[55] So Hansmann, § 40, Rn. 48; VG München, Urteil v. 10. 03. 1993 M 6 K 92.1346, UPR 1993, S. 277 ff.

[56] So etwa Jarass (1993), § 40, Rn. 30; Schenke (1993), S. 152.

[57] Im äußersten Fall sind Beschränkungen in Gebieten von der Größe einer oder mehrerer Gemeinden möglich, vgl. Schenke (1993), S. 159.

[58] Die Anwendbarkeit der Vorschrift auf die sommerlichen Ozon-Smog-Wetterlagen wird ganz überwiegend bestritten. Vgl. Schenke (1993), S. 149 f.; Jarass (1983), § 40 Rn. 1; VGH Mannheim, GewA 1974, S. 396 (398). Anderer Ansicht E. Rehbinder (1993).

c) Anlagenbetriebsbeschränkungen nach § 49 Abs. 2 BImSchG

§ 49 Abs. 2 BImSchG ermächtigt die Landesregierungen, durch Rechtsverordnung Gebiete festzulegen, in denen der Betrieb emittierender Anlagen bzw. die Verwendung bestimmter Brennstoffe darin eingeschränkt werden. Die tatbestandlichen Voraussetzungen sind dieselben wie die in § 40 Abs. 1 BImSchG genannten. Die hinsichtlich der Anwendbarkeit dieser Vorschrift geäußerten rechtlichen Bedenken gelten hier gleichermaßen[59]. Bis zum Inkrafttreten des Ozongesetzes hatten die Landesregierungen von dieser Verordnungsermächtigung keinen Gebrauch gemacht.

d) Subjektive Rechte: Anspruch auf staatliches Handeln?

Bisher war von staatlichen Handlungsmöglichkeiten, die sich aus rechtlicher Sicht ergeben, die Rede. Es stellt sich jedoch die Frage, inwieweit dem einzelnen bei erhöhten Ozonkonzentrationen ein Recht auf staatliches Handeln zukommt. Ein solches subjektiv-öffentliches Recht wird zwar aus § 40 Abs. 2 S. 1 BImSchG bei Überschreiten der in der 22. BImSchV festgelegten Grenzwerte teilweise angenommen[60], jedoch beschränkt sich dies auf die in § 1 der 22. BImSchV genannten Werte, die nicht überschritten werden dürfen, während die Grenzwerte für Ozon in § 1a der 22. BImSchV lediglich mit der Unterrichtung und Warnung der Bevölkerung verbunden sind.

2. Langfristmaßnahmen

a) Internationale Zielfestlegungen

Bereits 1988 hat sich die Bundesrepublik Deutschland zusammen mit zwölf anderen europäischen Staaten in dem Sofia-Protokoll verpflichtet, die jährlichen NO_x-Emissionen bis 1998 gegenüber denen im Zeitraum zwischen 1980 und 1985 um 30 Prozent zu senken[61]. Des weiteren wurde in dem 1991 von 21 ECE-Staaten unterzeichneten VOC-Protokoll vereinbart, die jährlichen nationalen VOC-Emissionen bis 1999 gegenüber einem Referenzjahr zwischen 1984 und 1990 um 30 Prozent zu verringern[62]. Diese Zielsetzungen wurden inzwischen erfolgreich umgesetzt (vgl. Abb. 9).

---

[59] Vgl. Reese (1994), S. 526.
[60] Lühle (1998, S. 324 f.) beruft sich dabei auf eine Entscheidung des EuGH vom 30. 05. 1991, Rs. C-59 / 89 – Kommission / Bundesrepublik Deutschland – Rspr. 1991, 2067, 2631 f., wonach die europarechtlichen Grundlagen der 22. BImSchV (entgegen deren Wortlaut) eine drittschützende Wirkung entfalten, selbst wenn diese nicht in nationales Recht umgesetzt wurden.
[61] Ratifiziert durch Gesetz vom 10.10 1990, BGBl. II, Nr. 37, S. 1278, in Kraft getreten am 11. 10. 1990; vgl. Reese (1994), S. 515.

b) Emissionsbegrenzung von Stickoxiden nach GFAnlV und TA Luft 1986

Eine wesentliche Maßnahme zur Verringerung der NO_x-Emissionen aus Kraftwerken und großen Industriefeuerungen wurde bereits 1983 mit der GFAnlV[63] unternommen, wenngleich die gesundheitsschädigende Wirkung des Sommersmogs hierbei noch keine Rolle spielte. Gemäß §§ 5, 10 und 15 GFAnlV mußten neu zu errichtende Anlagen – je nach Brennstoff – Grenzwerte von 350 bis 1800 mg NO_x pro Kubikmeter Abgas einhalten; die Emissionen aus bestehenden Anlagen („Altanlagen") durften gemäß § 19 GFAnlV nach einer Übergangsfrist Grenzwerte von jeweils 500 bis 2000 mg/m^3 nicht überschreiten. Infolge dieser Vorschrift sowie einer weiteren Verschärfung auf der Basis „freiwilliger" Vereinbarungen mit der Industrie sanken die bundesdeutschen NO_x-Emissionen bereits von 960 Kilotonnen im Jahre 1983 bis auf 250 Kilotonnen im Jahre 1993, was einen Rückgang um 74 Prozent darstellte[64].

Auch die Novellierung der TA Luft im Jahre 1986 hat zur Senkung von Ozonvorläufersubstanzen beigetragen. So konnte infolge der verschärften Anforderungen der Anteil der genehmigungsbedürftigen Anlagen (Groß- und Kleinfeuerungsanlagen) an den gesamten bundesweiten VOC-Emissionen bis 1996 erheblich gesenkt werden[65].

c) Einführung des Abgaskatalysators

Als wirksamste Maßnahme zur Eindämmung der verkehrsbedingten Emissionen von NO_x und NM-VOC ist die Förderung des Abgaskatalysators durch die von 1985 bis 1991 gewährten Steuererleichterungen bzw. -befreiungen sowie die kontinuierliche Verschärfung der Abgasrichtlinien zu nennen[66]. Nach dem Auslaufen der Förderung im Juli 1991 betrug der Anteil neu zugelassener Fahrzeuge mit geregeltem Katalysator an allen Kfz mit Ottomotor 97,1 Prozent[67]. Wegen der absoluten Zunahme der jährlichen Fahrleistung sind die fahrbedingten NO_x- und VOC-Emissionen bis Anfang der 1990er Jahre jedoch nur leicht zurückgegangen.

---

[62] Ratifiziert durch Gesetz vom 22. 09. 1994, BGBl. II, Nr. 43, S. 2358, in Kraft getreten am 21. 09. 1994.

[63] Ausführlich unten Teil 4: D.VI.1.

[64] Umwelt (BMU) 9/1993, S. 355.

[65] Davids (1996), S. 8.

[66] Grundsatzbeschluß der Bundesregierung vom 21. 07. 1983; die Abgasgrenzwerte finden sich in der StVZO.

[67] Vgl. Umwelt (BMU) 10/1993, S. 402.

III. Entstehungsgeschichte des Ozongesetzes vor dem Hintergrund der Sommersmogdebatte

Bevor auf die eigentlichen Forschungsfragen (Symbolcharakter, Entstehungsbedingungen und Folgen des Ozongesetzes) in concreto eingegangen wird, soll zunächst die Entstehungsgeschichte des Gesetzes zusammenhängend skizziert werden. Im Zentrum der Darstellung stehen die öffentliche Thematisierung sowie die staatlichen Aktivitäten im weiteren Sinne. Wichtigste Quellen hierfür sind die einschlägigen parlamentarischen Materialien, Berichte in der Tages- und Wochenpresse sowie die durchgeführten Experteninterviews.

1. Latenzphase (ca. 1975 bis 1987)

Nachdem in den USA bereits in den 1950er Jahren das Sommersmog-Problem erkannt und thematisiert worden war[68], nahm man in Deutschland erst Anfang der 1970er Jahre davon Notiz[69]. Gegen Ende der Dekade konnte das Thema als wissenschaftlich etabliert gelten[70]. Als in diesen Jahren die Ozonkonzentrationen Werte um 500 (Mainz) bzw. 600 $\mu g/m^3$ Ozon (Mannheim) erreichten, wurden auch erste Rufe nach bundesdeutschen Grenzwerten laut[71]. Die staatlichen Maßnahmen beschränkten sich jedoch zunächst auf die Anlage eines flächendeckenden Meßnetzes sowie die Förderung der Grundlagenforschung.

Im Gegensatz zu ausländischen und internationalen Aktivitäten[72] spielte Mitte der 1980er Jahre die gesundheitsgefährdende Wirkung des Ozons in der bundesdeutschen Debatte zunächst nur eine untergeordnete Rolle[73]; es wurde anfangs praktisch ausschließlich im Zusammenhang mit dem „Waldsterben"[74] thematisiert, welches ohnehin die umweltpolitische Debatte der 1980er Jahre dominierte. Auf die Gesundheitsgefährdung durch Ozon machte erstmals 1983 der Sachverständigenrat für Umweltfragen die Bundesregierung aufmerksam[75], die jedoch lediglich

---

[68] Vgl. VDI-N, 22. 09. 1989, S. 41; Siebert (1995), S. 16.

[69] Vgl. Rohmeder (1970).

[70] Vgl. den Bericht von Arndt (1980) zu der im Oktober 1979 vom Umweltbundesamt unter Beteiligung der VDI-Kommission Reinhaltung der Luft veranstalteten Tagung zu photochemischen Luftverunreinigungen in der Bundesrepublik.

[71] Dies fordert beispielsweise der Klimatologe Prof. Georgii (FR, 27. 12. 1979).

[72] Vgl. die Nachweise in Fn. 45 auf S. 154.

[73] Allerdings waren Forschungen aus den USA bekannt, wonach es ab Ozonkonzentrationen von 200 $\mu g/m^3$ häufig zu „Kopfschmerzen, geringerer Leistungsfähigkeit, Beeinträchtigung der Lunge, verminderter Widerstandskraft gegen Infektionen sowie zu Asthmaanfällen" komme, so daß diese Konzentrationen „möglichst nicht zu überschreiten" seien (FAZ, 26. 09. 1984).

[74] Vgl. SRU (1983), Tz. 319 ff. m. w. N.; BT-Drs. 10/5400 vom 24. 04. 1986 sowie BT-Drs. 10/6793 vom 14. 01. 1987.

[75] Abg. Weiss (Die Grünen) BT-Pl.Prot. 11/146 vom 01. 06. 1989, S. 10839 C.

auf die noch unzureichende Datenlage sowie auf die bereits erlassenen Vorschriften zur Minderung der Emissionen von Ozon-Vorläufersubstanzen (GFAnlV, TA Luft, Abgaskatalysator) verwies[76].

2. Politisierung – Suchen nach geeigneten Problemlösungen (1988 bis 1992)

Eine verstärkte gesellschaftliche und politische Debatte über Maßnahmen gegen die *Gesundheitsgefahren* durch Ozonsmog setzte erst Ende der 1980er Jahre ein. Als im Jahre 1988 erstmals eine bundeseinheitliche Sommersmog-Regelung gefordert wurde[77], reagierte das zuständige Bundesumweltministerium (BMU) ablehnend; es vertrat vielmehr die Auffassung, Ozon falle unter die bestehenden Smog-Verordnungen und sei damit Angelegenheit der Länder[78]. Wenn ein Abgeordneter der Grünen feststellte, „Ozon vergiftet nicht nur die Wälder, es bedroht auch in zunehmendem Maße die Gesundheit der Menschen in Ballungsgebieten"[79], so zeigt sich damit beispielhaft der Wechsel in der politischen Beurteilung des Ozons vom Waldschadensverursacher zur gesundheitlichen Gefahr.

In den Folgejahren bis 1992 intensivierte sich die öffentliche Debatte, die recht bald – vor allem jeweils im Sommer – von allen maßgeblichen (institutionellen) Akteuren geführt wurde. Zwar herrschte über die grundsätzliche Verbesserungswürdigkeit der Ozon-Situation allgemeiner politischer Konsens[80]; gleichwohl teilte die Bundesregierung die Einschätzung der Opposition aus SPD und Grünen, wonach hohe Ozonkonzentrationen eine erhebliche Gesundheitsgefahr für die Bevölkerung darstellte, nicht[81]. Entsprechend dieser Differenzen entwickelten sich auch unterschiedliche Positionen hinsichtlich möglicher Gegenmaßnahmen.

Politische Initiativen zu konkreten Maßnahmen gegen den Sommersmog stammten von Anbeginn der Diskussion nahezu ausschließlich aus den Reihen von SPD, den Grünen und teilweise auch der PDS. Eine besondere Rolle spielten von Beginn an verkehrspolitische Maßnahmen, konkret: allgemeine[82] und temporäre[83]

---

76 Vgl. BT-Drs. 10 / 6793, S. 17 ff.
77 Vgl. taz, 07. 01. 1988; VDI-N, 08. 11. 1988, S. 32.
78 Vgl. taz, 07. 01. 1988.
79 Abg. Knabe (Die Grünen), BT-Pl.Prot. 11 / 103 vom 27. 10. 1988, S. 7137 C.
80 Vgl. Parl. Staatssek. beim BMU Schmidbauer, BT-Pl.Prot. 12 / 33 vom 19. 06. 1991, S. 2675 D.
81 So relativierte BMU Töpfer die in Deutschland gemessenen Ozon-Werte unter Verweis auf die in Japan und Kalifornien gemessenen deutlich höheren Konzentrationen (BT-Pl.Prot. 11 / 146 vom 01. 06. 1989, S. 10845 D). In derselben Plenarsitzung zitierte der Abg. Dr. Knabe (Die Grünen) – unwidersprochen – die Aussage von Regierungsvertretern im Umweltausschuß mit den Worten: „Gegen Sommersmog kann man doch nichts machen. Man würde die Leute nur beunruhigen" (ebd., S. 10847 C).
82 So forderten Die Grünen im BT ein Tempolimit von 100 auf Autobahnen, 80 auf Außerortsstraßen und 30 innerorts (Abg. Weiss, BT-Pl.Prot. 11 / 146 vom 01. 06. 1989, S. 10839 D).

Geschwindigkeitsbeschränkungen bzw. Fahrverbote[84] bei Ozonsmog sowie eine Förderung öffentlicher zu Lasten individueller Verkehrsmittel[85]. Die wichtigsten Umweltverbände[86] und einige Bundesländer – zuerst Hessen[87] und Niedersachsen[88] – schlossen sich diesen Vorschlägen bald an. Dabei verstärkte sich zunehmend das Bemühen vor allem der SPD-geführten Länder um ein gemeinsames, möglichst bundeseinheitliches Vorgehen[89]. Auch das UBA appellierte an die Bundesregierung, zur Senkung der Ozonkonzentrationen ein generelles Tempolimit zu erlassen[90]. Beginnende Aktivitäten im Ausland[91] – bzw. auf EG-Ebene[92] – verliehen den Argumenten der Befürworter derartiger Maßnahmen ein noch stärkeres Gewicht. Nachdem sich zudem etliche Kommunalpolitiker – gegen den Widerstand von Handel und ADAC – für Innenstadtsperrungen bei hohen Ozonwerten starkgemacht hatten[93], kündigte BMU Töpfer im Mai 1991 eine Verordnung zur Sperrung von Innenstädten bei Sommersmog an[94].

Zwei Jahre später appelliert die Opposition im BT an die Bundesregierung, ein generelles Tempolimit von 120 km/h, 90 km/h auf bzw. 30 km/h zu erlassen (BT-Drs. 12/772, vom 12. 06. 1991, S. 2).

83 Im September 1992 befürwortete der SPD-dominierte Bundesrat in einer Entschließung (BR-Drs. 530/92) weiträumige Verkehrsbeschränkungen bei hohen Ozonwerten.

84 Bereits 1989 forderte die Opposition im BT „Fahrverbote für Nicht-Kat-Autos" bei Ozonsmog; vgl. Abg. Hartenstein, BT-Pl.Prot. 11/146, S. 10845 A.

85 Anläßlich der Ozon-Frage mahnte die Opposition im BT zum wiederholten Male ein „umweltverträgliches Gesamtkonzept" an, darunter eine „konsequente Politik pro Bahn" sowie die Förderung des ÖPNV im ländlichen Raum (Frau Abg. Faße, BT-Pl.Prot. 11/146, S. 10842 A f.).

86 Zu nennen sind insbesondere Greenpeace (vgl. taz, 06. 08. 1990), der BUND (vgl. taz, 12. 07. 1991) sowie Robin Wood (vgl. taz-Bremen, 07. 08. 1992).

87 Vgl. taz, 31. 07. 1990

88 Vgl. taz, 08. 08. 1990 und 23. 05. 1992.

89 Vgl. Teil 4: B.II.1.a). Zugleich strebten mehrere Länder eine bundesweite Regelung über ein Fahrverbot bei hohen Ozonkonzentrationen an (taz, 15. 08. 1990).

90 Vgl. taz, 11. 08. 1992 und 12. 08. 1992.

91 Im Juli 1991 wurde zur Reduzierung des Sommersmogs auf schweizer Autobahnen versuchsweise eine Geschwindigkeitsbeschränkung von 100 km/h für Pkw und 70 km/h für Lkw eingeführt (Der Spiegel, 08. 07. 1991).

92 Vgl. Fn. 46; auf S. 154.

93 Vgl. HB, 04. 06. 1991; taz, 19. 06. 1991.

94 Vgl. taz, 31. 05. 1991. Tatsächlich war mit der angekündigten Verordnung offensichtlich die spätere 23. BImSchV (Konzentrationswerte-Verordnung) nach § 40 Abs. 2 BImSchG gemeint, welche die seit September 1990 bestehende Möglichkeit zu *dauerhaften, lokal begrenzten* Verkehrsbeschränkungen in engen Straßenschluchten bei Vorliegen hoher Schadstoffkonzentrationen im Jahresmittel (hierzu bereits oben Teil 4: B.II.1.b)aa)) konkretisieren sollte. Obwohl nie primär als Maßnahme gegen die *kurzfristig, aber weiträumig* auftretenden Ozonspitzenkonzentrationen konzipiert, wurde die Verordnung durchaus als solche der Öffentlichkeit angekündigt, um dem politischen Druck etwas nachzugeben (Interview BMU, 15. 06. 2000, B:001).

11 Newig

Die Bundesregierung, an die sich die genannten Forderungen primär richteten, lehnte verkehrspolitische Kurzfristmaßnahmen als ineffektiv ab[95], sah dagegen noch Potentiale zur Verringerung der Ozonbelastung auf Grund der zu erwartenden Wirkungen der Luftreinhaltepolitik der 1980er Jahre sowie in zusätzlichen technischen Verbesserungen im Verkehrsbereich (beschleunigte Einführung des Dreiwegekatalysators[96], Senkung der VOC-Emissionen durch Gasrückführung an Tankstellen[97]) und bei der Lösemittelverwendung[98]. Bereits im Oktober 1992) konnten, vergleichsweise unbemerkt von der Öffentlichkeit, mit der 20. und der 21. BImSchV[99] zwei Rechtsverordnungen zur Gasrückführung an Tankstellen in Kraft treten.

3. Gesetzgebung ausschließlich auf Länderebene (1993 bis Herbst 1994)

War zuvor fast ausschließlich über die Wahl geeigneter Maßnahmen gestritten worden, so rückten seit 1993 vermehrt Tatsachenfragen in den Vordergrund der politischen Diskussion. Ausgangspunkt war die Feststellung von Politikern der Regierungskoalition, daß die Entstehung, aber auch die Schadwirkung des Ozons komplexe und noch nicht hinreichend verstandene Vorgänge darstellten, hinsichtlich derer noch erheblicher Informationsbedarf bestehe[100].

Von Mai 1993 bis September 1994 wurden nahezu monatlich neue Studien und empirische Befunde über die Schadwirkungen von Ozon sowie dessen Entstehungsbedingungen und der daraus abzuleitenden Wirksamkeit von Maßnahmen zur Begrenzung der Emissionen an Vorläufersubstanzen VOC und NO_x veröffentlicht, die in ihren Aussagen jedoch zum Teil beträchtlich voneinander abwichen.

---

[95] Vgl. taz, 15. 08. 1990.

[96] Vgl. Abg. Gries (FDP), BT-Pl.Prot. 11/146, S. 10848 A f.

[97] Große Mengen VOC werden beim Befüllen von Lagertanks in Tankstellen sowie beim Betanken der Kfz frei (vgl. in Abb. 9 auf S. 151 die Rubrik „Gewinnung und Verteilung von Brennstoffen"). Durch eine optimierte Technik („Gaspendelung" für die Lagertanks sowie Saugrüssel an den Zapfsäulen) ließen sich etwa 95 Prozent bzw. 85 Prozent der entweichenden Benzindämpfe zurückhalten; vgl. Umwelt (BMU) 11/1992, S. 435.

[98] Vgl. Die Welt, 18. 07. 1991. – Die zuletzt genannten Maßnahmen bzw. Vorschläge wurden von der Opposition mitgetragen. Teilweise gingen deren Vorschläge noch darüber hinaus; vgl. etwa den Antrag der Opposition zur Minderung der Ozon-Belastung und Maßnahmen zur Bekämpfung des Sommer-Smogs, BT-Drs. 12/772 vom 12. 06. 1991, S. 3.

[99] Zwanzigste Verordnung zur Durchführung des Bundesimmissionsschutzgesetzes (Verordnung zur Begrenzung der Kohlenwasserstoffemissionen beim Umfüllen und Lagern von Ottokraftstoffen, BGBl. I 1992, S. 1727), Einundzwanzigste Verordnung zur Durchführung des Bundesimmissionsschutzgesetzes (Verordnung zur Begrenzung der Kohlenwasserstoffemissionen bei der Betankung von Kraftfahrzeugen, BGBl. I 1992, Nr. 46, S. 1730), beide in Kraft getreten am 13. 10. 1992.

[100] Vgl. Abg. Kampeter (CDU/CSU), BT-Pl.Prot. 12/159 vom 14. 05. 1993, S. 13459 B – C, Abg. Starnick (FDP), ebd., S. 13461 A-B.

B. Das Ozongesetz und die Sommersmogproblematik   163

Klärung verschaffen sollte ein im Juni 1994 vom baden-württembergischen Umweltministerium unter großer Öffentlichkeitsbeteiligung[101] durchgeführter „Großversuch" im Raum Heilbronn / Neckarsulm.

Als erstes Bundesland erließ Hessen, kurz nachdem dort die Regierung von einer CDU / FDP- zu einer SPD / Grünen-Koalition gewechselt hatte, im Juli 1993 unter starkem Protest des BMV[102] eine Ozon-Verordnung[103]. Hiernach wurde Ozonalarm ausgelöst, wenn bei Vorliegen einer stabilen und austauscharmen Hochdruckwetterlage mit Windgeschwindigkeiten von höchstens 1,5 m/s an drei Meßstationen im Abstand von weniger als 50 km gleichzeitig der Einstunden-Mittelwert von 240 $\mu g/m^3$ Ozon[104] überschritten wurde. Es galt dann eine Geschwindigkeitsbeschränkung von 90 km/h auf Bundesautobahnen und 80 km/h auf sonstigen Außerortsstraßen.

Im Sommer 1994 folgen die Länder Schleswig-Holstein[105] (SPD-regiert), Niedersachsen[106] (SPD) und Bremen[107] (SPD/CDU) mit eigenen Ozon-Verordnungen nach dem Muster Hessens. Die erlassenen Ozon-Verordnungen stützten sich auf § 40 Abs. 1 BImSchG als Rechtsgrundlage. Nicht zuletzt da deren Anwendbarkeit auf Verkehrsbeschränkungen bei Ozonsmog als rechtlich höchst problematisch galt (vgl. S. 156), wurden die Verordnungen – auch von den Ländern selbst – nur als vorläufige Maßnahmen bis zum Vorliegen einer bundesweiten Regelung angesehen.

Im selben Jahr wurden angesichts der hohen Ozon-Spitzenkonzentrationen in Hessen für einige Tage Verkehrsbeschränkungen auf Grund der Landes-Ozonverordnung verhängt. Die sachsen-anhaltinische Regierung (SPD/Grüne) ordnete im selben Zeitraum auf der BAB 2 eine Geschwindigkeitsbeschränkung von 80 km/h an, die mangels spezieller Rechtsgrundlage auf die straßenverkehrsrechtliche Generalklausel des § 45 StVO gestützt wurde[108]. Als Auslösekriterium für ein mögliches erneutes Tempolimit wurde, ebenso wie in Hessen, ein Ozon-Grenzwert von 215 $\mu g/m^3$ festgesetzt[109].

---

[101] Der durchaus umstrittene Versuch wurde bereits mehrfach für den Sommer 1993 angekündigt (vgl. FAZ, 03. 06. 1993), mußte aber wegen zu niedriger Ozonkonzentrationen immer wieder verschoben werden.

[102] Vgl. taz, 20. 07. 1994.

[103] GVBl. 283, geändert durch Verordnung vom 29. 07. 1994 (GVBl. 309).

[104] Im Sommer 1994 wurde die Bestimmung des Ozon-Grenzwertes dem EU-Meßverfahren (Näheres im Abschnitt Teil 4: B.IV.1.a)bb)) angepaßt, so daß der Grenzwert dann entsprechend 215 $\mu g/m^3$ betrug.

[105] Ozon-Verordnung vom 03. 08. 1994, GVBl. 431.

[106] Ozon-Vorschaltverordnung vom 23. 08. 1994, GVBl. 430.

[107] Sommersmog-Vorschaltverordnung vom 13. 09. 1994, GVBl. 249, aufgehoben durch Verordnung vom 24. 10. 1995, GVBl. 425.

[108] Vgl. VDI-N, 05. 08. 1994, S. 1, 3.

[109] Vgl. taz, 03. 08. 1994.

Während der BMU diese Ländervorstöße als ungeeignet zur Bekämpfung der hohen Ozonkonzentrationen („Symbolpolitik") bezeichnete[110], forderten einige Landesregierungen die Bundesregierung in einer Bundesratsinitiative ultimativ auf, bis Mai 1995 eine Ozonrahmenverordnung vorzulegen; ansonsten würden die Länder eigene Verordnungen mit Geschwindigkeits-, Verkehrs- und Produktionsbeschränkungen erarbeiten[111]. Noch im September 1994 schloß die Bundesregierung jedoch die Schaffung einer rechtlichen Grundlage für kurzfristige Verkehrs- und Anlagenbetriebsbeschränkungen bei hohen Ozonwerten aus[112].

4. Gesetzgebung auf Bundesebene (Herbst 1994 bis Juli 1995)

Nach den Wahlen zum 13. Deutschen Bundestag im Herbst 1994 beschloß die UMK, über den Bundesrat einen Entwurf für eine bundesweite Ozon-Regelung als Änderung des BImSchG in den Bundestag einzubringen[113]. Vorgesehen war eine Vorschrift, welche die Bundesregierung durch einen neu einzufügenden § 40 Abs. 3 BImSchG ermächtigt, eine Rechtsverordnung über ein großräumiges Fahrverbot für nicht schadstoffarme Kfz sowie Geschwindigkeitsbeschränkungen bei Überschreiten eines noch zu bestimmenden Ozongrenzwertes zu erlassen. Entgegen ihrer bislang ablehnenden Haltung sicherte die Bundesregierung nun ihre grundsätzliche Unterstützung bei dem geplanten Vorhaben zu[114]; temporäre Geschwindigkeitsbeschränkungen wurden jedoch weiterhin kategorisch abgelehnt[115]. Der am 29. November 1994 von den SPD-regierten Ländern Hessen, Nordrhein-Westfalen, Hamburg, Niedersachsen, Sachsen-Anhalt und Schleswig-Holstein in den Bundesrat eingebrachte Gesetzesantrag[116] wurde nach Beratungen in den Ausschüssen und im Plenum des Bundesrates am 17. Februar 1995 beschlossen und am 15. März 1995 als Gesetzentwurf[117] in den Bundestag eingebracht. Unterdessen erarbeitete eine Arbeitsgruppe des Länderausschusses Immissionsschutz (LAI) eine Ozonverordnung mit entsprechenden Grenz- und Warnwerten[118].

Die Bundesregierung begrüßte zwar grundsätzlich den Entwurf des Bundesrates, lehnte die vorgeschlagene rechtliche Lösung jedoch ab, zum einen wegen des vor-

---

110 Vgl. taz, 28. 07. 1994; Interview BMU Töpfer, Der Spiegel, 08. 08. 1994, S. 24–26.
111 Vgl. taz, 11. 08. 1994.
112 Antwort auf eine kleine Anfrage der Opposition, BT-Drs. 12/8475 (12. 09. 1994), S. 8.
113 Vgl. taz, 26. 11. 1994.
114 So BMU-Staatssek. Stroetmann (taz, 26. 11. 1994) und die neue BMU Merkel (taz, 17. 12. 1994).
115 Interview BMU Merkel, FASZ, 22. 01. 1995; SZ, 20. 02. 1995.
116 BR-Drs. 1071/94.
117 Entwurf eines Gesetzes zur Bekämpfung erhöhter Ozonkonzentrationen, BT-Drs. 13/808.
118 Vgl. VDI-N, 17. 02. 1995, S. 3.

B. Das Ozongesetz und die Sommersmogproblematik   165

gesehenen Tempolimits[119], zum anderen bevorzugte sie statt der vom Bundesrat anvisierten Verordnungsermächtigung eine Regelung unmittelbar im BImSchG, da es „wegen der übergreifenden Bedeutung der Reglung" unabdingbar sei, daß „das Parlament diese Regelung selbst" festlege[120]. Aus diesen Gründen beabsichtigte die neue BMU Merkel (CDU), noch im Frühjahr einen entsprechenden Gesetzentwurf für ein Fahrverbot ab Ozonkonzentrationen von 240 $\mu g/m^3$ (EU-Meßverfahren) vorzulegen[121].

Bis zum Sommer heizte sich die Ozon-Debatte auf allen Ebenen immer mehr auf. Weitere Landesverordnungen[122] wurden geplant, einige der bestehenden sollten verschärft werden[123], auch angesichts der nur geringen Minderungen der Ozon-Vorläufersubstanzen durch die vorjährigen Verkehrsverbote in Hessen[124]. Daß die MAK-Kommission Ozon aufgrund amerikanischer Studien als „begründet krebsverdächtig" einstufte, verstärkte zusätzlich den Druck auf die Bundesregierung[125].

Unterdessen stellte der BMV einen Entwurf für die Verwaltungsvorschrift zu § 40 Abs. 2 BImSchV vor, die – in Verbindung mit der bereits erlassenen, aber noch nicht in Kraft getretenen Konzentrationswerte-Verordnung (23. BImSchV) – in der Presse fälschlicherweise immer wieder in direktem Zusammenhang mit temporären Verkehrsbeschränkungen bei hohen Ozonwerten gebracht wurde[126].

Nachdem der Gesetzentwurf des Bundesrates in der ersten Lesung im Deutschen Bundestag am 11. Mai 1995 – zusammen mit einigen zuvor eingebrachten parlamentarischen Anträgen der Oppositionsfraktionen[127] – an die Ausschüsse[128] ver-

---

[119] Vgl. FAZ, 21. 03. 1995.

[120] Stellungnahme der Bundesregierung zum Gesetzentwurf des Bundesrates, Anlage 2 zu BT-Drs. 13/808.

[121] Vgl. FAZ, 21. 03. 1995.

[122] So etwa in Hamburg (SZ, 11. 05. 1995), Rheinland-Pfalz, Sachsen-Anhalt (Sommersmog-Verordnung, die nur in Kraft tritt, falls keine Bundesregelung zustandekommt, FAZ, 14. 06. 1995), im Saarland (Kabinettsbeschluß, SZ, 21. 06. 1995) sowie in Berlin (Senatsbeschluß, SZ, 29. 06. 1995).

[123] So beschlossen Hessen, Schleswig-Holstein, Hamburg, Bremen und Niedersachsen die Herabsetzung des Ozon-Grenzwertes auf 180 $\mu g/m^3$ (FAZ, 03. 05. 1995); zusätzlich sollte in Hessen ein Fahrverbot ab 240 $\mu g/m^3$ gelten (ÖB 21/1995, S. 13).

[124] Vgl. ÖB 21/1995, S. 14.

[125] Der MAK-Wert für Ozon wird daher von 200 auf 100 $\mu g/m^3$ herabgesetzt (SZ, 15. 05. 1995, Der Spiegel, 15. 05. 1995).

[126] So etwa in der FAZ, 04. 04. 1995.

[127] Die Anträge enthielten Forderungen nach weitergehenden Maßnahmen, insbesondere frühzeitigen Verkehrsverboten und Tempolimits bei Ozonsmog. Vgl. Antrag der Opposition und einige ihrer Abgeordneten (BT-Drs. 13/1203 vom 25. 04. 1995); Antrag der Abg. Dr. Enkelmann und der Gruppe der PDS (BT-Drs. 13/1295 vom 09. 05. 1995) sowie den Antrag der Fraktion der SPD (BT-Srs. 13/1307 vom 10. 05. 1995).

[128] Federführend: AfUmwelt.

wiesen worden war, bekräftigten die SPD-geführten Landesregierungen ihren Entschluß, notfalls im Alleingang eine länderübergreifende Sommersmog-Verordnung zu erlassen, sollte die Bundesregierung nicht bis Ende Mai einen entsprechenden Entwurf vorlegen. Für diesen Fall war ein abgestuftes Vorgehen geplant, bei dem ab Ozonkonzentrationen von 180 μg/m^3 Geschwindigkeitsbeschränkungen und ab 240 μg/m^3 ein Fahrverbot für Kfz ohne geregelten Katalysator gelten sollten[129]. Treffend urteilte die FAZ: „Die Opposition (hatte) der Koalition beim Thema Ozon das Heft des Handelns aus der Hand genommen"[130].

Nachdem es BMU Merkel zunächst nicht gelungen war, ihren Vorschlag zur Ozon-Bekämpfung (Fahrverbot bei Überschreiten von 240 oder 300 μg/m^3) im Kabinett gegen BMWi Rexrodt (FDP) und BMV Wissmann (CDU) durchzusetzen[131], gerieten letztere auch koalitionsintern unter immer stärkeren Druck[132], so daß schließlich am 24. Mai 1995 ein Kabinettsbeschluß zustandekam. Vorgesehen war ein bußgeldbewehrtes Fahrverbot für nicht-schadstoffarme Kfz ab Erreichen eines Einstundenmittelwertes von 270 μg/m^3 an drei Meßstellen im Bundesgebiet im Abstand zwischen 50 und 300 km. Durch die Abstandsbegrenzung sollte verhindert werden, daß lediglich lokale Ozon-Spitzenkonzentrationen zu einem großräumigen Fahrverbot führten. Daneben waren zahlreiche Ausnahmen, unter anderem für Berufspendler, geplant; weitere Ausnahmen (etwa für Urlaubsfahrer) sollten die Straßenverkehrsbehörden gewähren können. Wegen der Höhe des Eingreifwertes wurde der Entwurf auch aus den Reihen der Koalitionsfraktionen kritisiert[133]. Selbst BMU Merkel räumte ein, daß der Grenzwert wohl „nicht allzu häufig erreicht" werde[134].

Nachdem der Regierungsentwurf zwecks Verfahrensbeschleunigung als Gesetzentwurf der Koalitionsfraktionen[135] in den Bundestag eingebracht[136] und am 1. Juni 1995 in erster Lesung ohne Debatte an die Ausschüsse verwiesen worden war, erneuerten die SPD-geführten Länder ihre Forderung nach einem abgestuften Verfahren bei hohen Ozonwerten; zudem strebten sie ein ganzjähriges Tempolimit von

---

[129] Vgl. HB, 12. 05. 1995; FAZ, 15. 05. 1995.

[130] FAZ, 19. 05. 1995.

[131] Vgl. SZ, 18. 05. 1995.

[132] Vgl. HB, 22. 05. 1995.

[133] So warnte etwa CDU-Präsidiumsmitglied Gerster, der Gesetzgeber würde sich mit dem vorliegenden Entwurf blamieren (vgl. HB, 26. 05. 1995). Bundestagsvizepräsident Hirsch (FDP) warf der Regierung gar eine Täuschung des Bürgers vor und bezeichnete den Katalog von Ausnahmen vom Fahrverbot als „lächerlich" (vgl. SZ, 27. 05. 1995).

[134] Vgl. taz, 26. 05. 1995.

[135] Eine Gesetzesvorlage der *Bundesregierung* müßte nach Art. 76 Abs. 2 GG zuerst dem Bundesrat und dürfte frühestens drei Wochen später dem Bundestag zugeleitet werden, während Vorlagen „aus der Mitte des Bundestages" – und damit auch solche der Regierungsfraktionen – direkt beim Bundestag eingebracht werden.

[136] BT-Drs. 13/1524.

B. Das Ozongesetz und die Sommersmogproblematik   167

100 bis 110 km/h auf Autobahnen an[137]. Unterdessen hatte die Fraktion Bündnis 90/Die Grünen einen eigenen Gesetzentwurf[138] in den Bundestag eingebracht, der im wesentlichen Tempolimits ab Ozonkonzentrationen von 180 μg/m^3 sowie ein Fahrverbot ab 240 μg/m^3 vorsah. Nach Einbringung des Regierungsentwurfs zog die Fraktion ihren Entwurf jedoch bereits wenige Tage später zurück[139].

Auf Drängen der neu gewählten FDP-Führung und um die Chance einer Zustimmung des Bundesrates zu erhöhen[140], beschloß die Koalitionsspitze nach einer Experten-Anhörung im Bundestags-Umweltausschuß, den Grenzwert auf 240 μg/m^3 abzusenken[141]. Diese Änderung (welche die Chance eines Ozonalarms erhöht) sowie eine Verengung des relevanten Abstandsintervalls der Ozonmeßstationen auf 50 bis 100 km (wodurch die Chance eines Ozonalarms um ca. 90 Prozent verringt wird[142]) nahm der Umweltausschuß in seine Beschlußempfehlung[143] auf.

Der so geänderte Koalitionsentwurf wurde in zweiter und dritter Lesung am 23. Juni 1995 im Bundestag angenommen, der Entwurf des Bundesrates sowie die Anträge der Opposition hingegen abgelehnt. Wegen der Regelung von Zuständigkeiten ausführender Länderbehörden war das Ozongesetz gemäß Art. 84 Abs. 1 GG zustimmungspflichtig. Noch am selben Tage lehnte der Bundesrat den Gesetzentwurf ab und rief gemäß Art. 77 GG den Vermittlungsausschuß an[144]. Nachdem auf Drängen des als autofreundlich geltenden[145] niedersächsischen Ministerpräsidenten Schröder (SPD) die Frage nach Tempolimits nicht in den Antrag für den Vermittlungsausschuß aufgenommen worden war[146], konnte sich die Mehrheit der SPD-geführten Länder mit ihrer Forderung nach Tempolimits ab 180 μg/m^3 nicht durchsetzen, auch da sich die SPD-Ministerpräsidenten von Rheinland-Pfalz und Bremen mit Rücksicht auf ihre jeweiligen Koalitionspartner (FDP bzw. CDU) der Stimme enthielten[147]. Geändert wurde im wesentlichen nur der für das Auslösen des Fahrverbotes relevante Höchstabstand der Meßstationen von 100 auf 250 km. Nachdem der Bundestag am 30. Juni 1995 das Vermittlungsergebnis[148] mit Koali-

---

[137] Vgl. FAZ, 06. 06. 1995.

[138] Entwurf eines Gesetzes über die Einführung von Verkehrsbeschränkungen und Verkehrsverboten bei erhöhter Ozonkonzentration vom 01. 06. 1995, BT-Drs. 13/1597.

[139] Vgl. Lühle (1998), S. 377.

[140] Vgl. SZ, 16. 06. 1995.

[141] Vgl. SZ, 21. 06. 1995.

[142] So eine Berechnung des Heidelberger UPI, zitiert in der taz, 27. 06. 1995.

[143] BT-Drs. 13/1754 vom 21. 06. 1995.

[144] BT-Drs. 13/1812 vom 27. 06. 1995.

[145] In der Presse findet sich wiederholt die Bezeichnung „Automann Schröder", der als Aufsichtsrat die Interessen des in Niedersachsen ansässigen VW-Konzerns verteidige (vgl. etwa Die Zeit, 02. 06. 1995).

[146] Telefonisches Interview BMU, 18. 04. 2000; vgl. auch taz, 29. 06. 1995.

[147] Vgl. SZ, 30. 06. 1995; taz, 06. 07. 1995.

[148] BT-Drs. 13/1890 vom 29. 06. 1995.

tionsmehrheit akzeptiert hatte, stimmte auch der Bundesrat in seiner 687. Sitzung am 14. Juli 1995 dem Vermittlungsvorschlag zu[149]. Am 25. Juli 1995 wurde das Ozongesetz verkündet[150]; es trat am darauffolgenden Tag in Kraft.

5. Rechtsfragen und Novellierungsabsichten

Nachdem mit dem Inkrafttreten des Ozongesetzes die bestehenden Länder-Verordnungen rechtlich unwirksam geworden waren[151], oblag den Ländern der Vollzug des Gesetzes. Dabei traten jedoch erhebliche Unsicherheiten, etwa bezüglich der Art der Plakette für schadstoffarme Kfz[152], der Definition schadstoffarmer Motorräder[153], der Handhabung der Ausnahmeregelungen (Urlauber, Berufspendler)[154], sowie der Verhängung von Bußgeldern[155] auf.

Unterdessen hatte BMU Merkel das Umweltbundesamt angewiesen, keine Prognosen mehr auszugeben, aus denen hervorginge, wann speziell der Grenzwert von 240 $\mu g/m^3$ erreicht würde[156], so daß in der Presse von der „Geheimsache Ozonsmog" die Rede war[157].

Unterstützt von der Umweltorganisation Greenpeace reichten Mitte Oktober 1995 etwa 30 Kinder aus mehreren Bundesländern Klage gegen das Ozongesetz vor dem Bundesverfassungsgericht ein. Ziel war es, das Gesetz für nichtig zu erklären, da es das Ozon nicht wirksam bekämpfte, und so den Gesetzgeber zu einer wirksameren Neuregelung zu bewegen[158]. In einer Kammerentscheidung wurde die Klage jedoch abgewiesen, da das Gesetz „aufgrund des derzeitigen Erkenntnisstandes nicht offensichtlich ungeeignet (erscheine), die Bevölkerung vor unzumutbaren Ozon-Belastungen zu schützen"[159]. Das Gericht stellte zur Begründung insbesondere heraus, der Gesetzgeber habe neben dem Ozongesetz bereits mit den Regelungen zur Luftreinhaltung – der GFAnlV, der TA Luft 1986 sowie der Ein-

---

[149] Für das Gesetz stimmten die Länder Baden-Württemberg (CDU/SPD-regiert), Bayern (CSU), Berlin (CDU/SPD), Brandenburg (SPD), Mecklenburg-Vorpommern (SPD/Grüne), Niedersachsen (SPD), Rheinland-Pfalz (SPD/FDP), das Saarland (SPD), Sachsen (CDU) und Thüringen (CDU/SPD). Dagegen stimmten Hamburg (SPD), Hessen (SPD/Grüne), Nordrhein-Westfalen (SPD/Grüne), Sachsen-Anhalt (SPD/Grüne) und Schleswig-Holstein (SPD). Bremen (SPD/CDU) enthielt sich der Stimme.
[150] Gesetz zur Änderung des Bundesimmissionsschutzgesetzes, BGBl. I, Nr. 37, S. 930.
[151] Vgl. näher Lühle (1998), S. 375 m. w. N.
[152] Vgl. taz, 27. 07. 1995.
[153] Vgl. SZ, 02. 08. 1995.
[154] Vgl. SZ, 29. 07. 1995.
[155] Vgl. SZ, 12. 08. 1995.
[156] Vgl. SZ, 02. 08. 1995.
[157] Vgl. taz, 02. 08. 1995, 08. 08. 1995.
[158] Vgl. SZ, 25. 10. 1995.
[159] BVerfG, NJW 1996, S. 651.

führung des Katalysators – wirksame Maßnahmen zur Ozon-Bekämpfung getroffen, so daß eine Verletzung staatlicher Schutzpflichten nach Art. 2 Abs. 2 S. 1 i. V. m. Art. 1 GG sowie 20a GG verneint wurde[160]. Dennoch gab das VG Frankfurt 1997 der Verpflichtungsklage eines achtjährigen, an Allergien und Asthma leidenden Jungen statt, der – mangels Geeignetheit des Ozongesetzes – Verkehrsbeschränkungen bereits ab 120 $\mu g/m^3$ zu erreichen suchte[161]. Nachdem das beklagte Land Hessen in Berufung gegangen war, lehnte der VGH Kassel einen Anspruch des Klägers aus § 45 StVO ab, da der Gesetzgeber mit dem Ozongesetz bereits eine abschließende Sonderregelung getroffen habe[162].

Nachdem das Ozongesetz – unter anderem in der juristischen Literatur[163], von Umweltverbänden[164] und -instituten[165] – wegen seiner hohen Eingreifwerte und zahlreichen Ausnahmen vom Fahrverbot von Beginn an mitunter scharf kritisiert worden war, erhoben auch politische Akteure wiederholt Forderungen nach einer Verschärfung der geltenden Regelung[166], die jedoch sämtlich erfolglos blieben[167]. Auch nachdem das Ozongesetz Ende 1999 gemäß § 74 BImSchG außer Kraft getreten war, unternahm die neue Regierungskoalition aus SPD und Bündnis 90/Die Grünen keine rechtliche Neuregelung[168]. Die von der damaligen parlamentarischen Opposition wiederholt geforderten temporären Geschwindigkeitsbeschränkungen hätten laut BMU Trittin (Bündnis 90/Die Grünen) nach neueren Erkenntnissen nur einen „symbolischen Effekt"[169]. Das Bestreben des BMU vom Mai 2000, öffentliche Verkehrsmittel bei Ozonkonzentrationen über 240 $\mu g/m^3$ verbilligt zur Verfügung zu stellen, scheiterte schließlich an Finanzierungsfragen, die mit den kommunalen Verkehrsverbänden und den Ländern nicht geklärt werden konnten[170].

---

[160] Zur Verfassungsmäßigkeit des Ozongesetzes siehe ausführlich Schlette (1996); Lühle (1998), S. 415 ff. sowie Beaucamp (1999).

[161] VG Frankfurt, NVwZ-RR 1997, S. 23; hierzu näher Beaucamp (1999), S. 170.

[162] VGH Kassel, ZUR 1998, S. 251.

[163] Vgl. nur Kutscheidt (1995), S. 3156; Köck/Lemke (1996), S. 140; Schlette (1996), S. 335; Schulze-Fielitz (1998), S. 259.

[164] So erklärten die Vorsitzenden der fünf großen Umweltverbände DNR, BUND, WWF, VCD und NABU, das Gesetz täusche Handeln nur vor und müsse daher abgelehnt werden (vgl. taz, 14. 07. 1995).

[165] Vgl. etwa UPI (1996), S. 36.

[166] Vgl. taz, 16. 05. 2000.

[167] So scheiterten die Umweltminister der SPD-geführten Länder auf der 46. UMK im Juni 1996 erneut damit, ab 180 $\mu g/m^3$ Tempolimits einzuführen (vgl. taz, 14. 06. 1996).

[168] Stand: Frühjahr 2001.

[169] Vgl. taz, 18. 05. 2000.

[170] Vgl. VDI-N, 19. 05. 2000; taz, 21. 06. 2000, 07. 09. 2000.

IV. Das Ozongesetz – symbolische Gesetzgebung?

Zur Analyse des symbolischen Charakters des Ozongesetzes sollen im folgenden seine antizipative rechtsnormativ-sachliche Effektivität anhand der neuen Rechtslage (objektives Merkmal) und der geführten Beteiligteninterviews (subjektives Merkmal) sowie seine antizipative symbolisch-politische Effektivität – ebenfalls anhand objektiver wie subjektiver Indikatoren – bestimmt werden. Die Analyse orientiert sich an dem in Teil 2: E erarbeiteten Vorgehen.

1. Antizipative rechtsnormativ-sachliche Effektivität (ARSE)

a) Objektive Indikatoren

aa) Politische Zielsetzung

Die obersten Zielsetzungen, an denen sich das Ozongesetz messen lassen muß, sind die politischen Ankündigungen. Hierzu zählen auch Zielformulierungen in der amtlichen Begründung des Gesetzentwurfes. Darin heißt es:

> Mit dem Gesetz (...) sollen daher die rechtlichen Voraussetzungen dafür geschaffen werden, daß die durch den Straßenverkehr emittierten Vorläufersubstanzen von Ozon *weiträumig und effektiv* vermindert werden[171].

Als Begründung für das Instrument des Fahrverbotes gab die Bundesregierung an, auf eine durchgreifende Minderung von Ozonkonzentrationen zu zielen[172]. Insgesamt seien 17,8 Millionen Kraftfahrzeuge grundsätzlich von einem Fahrverbot betroffen[173]. Zwar dürfe, so die umweltpolitische Sprecherin der FDP-Fraktion, das Ozongesetz nicht überbewertet werden, seine Einhaltung bei längeren Schönwetterperioden werde aber zur Senkung von Ozonspitzenkonzentrationen beitragen. Zudem habe es den indirekten Effekt, daß mehr Bürger schneller auf schadstoffarme Kfz umstiegen und somit die Grundlast an Vorläufersubstanzen „drastisch gesenkt" werde[174].

Die insgesamt recht anspruchsvollen Zielsetzungen faßt die am 23. Juni 1995 vom Bundestag angenommene Beschlußempfehlung seines Umweltausschusses wie folgt zusammen:

---

[171] BT-Drs. 13/1524, S. 1, Hervorhebung vom Verf.
[172] Parl. Staatssek. Hirche, BT-Pl.Prot. 13/35 vom 11. 05. 1995, S. 2771 B.
[173] BMU Merkel, BT-Pl.Prot. 13/45 vom 23. 06. 1995, S. 3660 A.
[174] Abgeordnete Homburger (FDP), BT-Pl.Prot. 13/45 vom 23. 06. 1995, S. 3657 C. Zu dem Ziel des Ozongesetzes, zum Kauf schadstoffarmer Kfz anzuregen vgl. auch BMV Wissmann (HB, 26. 05. 1995). Lühle (1998, S. 418 f.) sieht dies als primäres Ziel des Gesetzes. Diese Annahme erscheint jedoch wenig plausibel, da schon die bisherige Entwicklung des Bestandes schadstoffarmer Kfz dafür sprach, daß deren Anteil in wenigen Jahren bei nahezu 100 Prozent liegen würde; allenfalls mochte man noch eine geringfügige Beschleunigung der Entwicklung anvisiert haben.

B. Das Ozongesetz und die Sommersmogproblematik 171

Ziel dieses Gesetzes ist es, eine Regelung zu schaffen, die
1. dem weiteren Anwachsen derartiger Spitzenbelastungen durch Fahrverbote für nicht schadstoffarme Fahrzeuge vorbeugt,
2. die Grundlage für eine weitere dauerhafte Senkung der Grundbelastung für Ozon legt, worauf es in erster Linie ankommt[175].

Präzisiert werden die genannten Zielsetzungen dahingehend, daß Maßnahmen gegen den Straßenverkehr in denjenigen Gebieten ermöglicht werden müßten, deren Emissionen zu erhöhten Ozonkonzentrationen beitrügen, und zwar unabhängig davon, wo diese Konzentrationen gemessen würden[176].

bb) Zielsetzung und materielle Regelung im Gesetz

Im Ozongesetz selbst findet sich keine Zielformulierung, so daß sich der Indikator *Zielkonformität* nicht bestimmen läßt. Da das Ozongesetz ein Änderungsgesetz und nicht ein eigenständiges Gesetz darstellt, wäre die Aufnahme einer expliziten Zielformulierung wohl auch unüblich, zumal sich in § 1 BImSchG bereits eine allgemeine Zweckbestimmung zum Schutz von Menschen, Tieren, Pflanzen und Sachgütern vor schädlichen Umwelteinwirkungen findet, an der sich auch das Ozongesetz messen lassen muß.

Die materielle Umsetzung des Gesetzesziels – im folgenden mit dem politischen Ziel gleichgesetzt – erfolgt über zwei in § 40a BImSchG geregelte rechtliche Instrumente:

– die Aufforderung zum Verzicht auf die Benutzung von Kfz bei Erreichen einer Ozonkonzentration von 180 $\mu g/m^3$ (§ 40a Abs. 2 BImSchG) sowie
– das Fahrverbot ab 240 $\mu g/m^3$ Ozon (§ 40a Abs. 1 BImSchG).

Da die Aufforderung nach § 40a Abs. 2 BImSchG gegenüber dem Bürger keine rechtliche Bindungswirkung entfaltet und zudem eine Unterrichtung der Bevölkerung ab demselben Grenzwert von 180 $\mu g/m^3$ bereits nach der 22. BImSchV erforderlich war, soll diese Vorschrift hier nicht vertieft analysiert werden. Da derlei unverbindliche Appelle auch in der Vergangenheit praktisch wirkungslos blieben[177], wird auch hier eine weitgehende Wirkungslosigkeit unterstellt.

---

[175] BT-Drs. 13/1754, S. 4. Ungeachtet dieser hohen Erwartungen an das Gesetz wird von verschiedenen politisch Verantwortlichen zugleich betont, daß das Ozongesetz allein zur Lösung des Ozonproblems nicht ausreiche – vgl. insbesondere die Aufforderung des BT an die Regierung zum Erlaß weiterer Maßnahmen in BT-Drs. 13/1754, S. 5 f.

[176] BT-Drs. 13/1524, S. 7.

[177] So wurden beim zweiten Ozonalarm in Niedersachsen selbst offiziell angeordnete Geschwindigkeitsbeschränkungen nur von 1 Prozent der Autofahrer eingehalten, da entsprechende Bußgelder nicht erhoben wurden (vgl. taz-Bremen, 10.07.1995). Dementsprechend ignoriert die juristische Literatur zum Ozongesetz (vgl. Fn. 163 auf S. 169) den § 40a Abs. 1 BImSchG weitgehend; vgl. aber ausführlich Lühle (1998), S. 380 ff.

Kernpunkt der Reglung ist das Fahrverbot gem. § 40a Abs. 1 BImSchG[178]. Demnach ist der Verkehr mit Kfz auf öffentlichen Straßen verboten, wenn an mindestens drei Meßstationen im Bundesgebiet, die mehr als 50 km und weniger als 250 km voneinander entfernt sind und von denen mindestens zwei (im Falle der Länder Berlin, Bremen, Hamburg und Saarland mindestens eine) in diesem Land oder in einem angrenzenden Landkreis liegen, eine Ozonkonzentration von 240 $\mu g/m^3$ Luft als Mittelwert über eine Stunde an demselben Tag erreicht wird und aufgrund der meteorologischen Erkenntnisse des Deutschen Wetterdienstes anzunehmen ist, daß dieselbe Ozonkonzentration im Bereich dieser Meßstationen im Laufe des nächsten Tages ebenfalls erreicht wird[179].

Es stellt sich die Frage, inwieweit diese Regelung prinzipiell geeignet ist, die gesetzten Ziele zu erreichen.

Tatbestand: Grenzwert, Meßverfahren, Meßstationen, meteorologische Prognose. Zunächst ist anzumerken, daß das in § 40a Abs. 1 BImSchG festgelegte Meßverfahren[180] für Ozon von dem bisher üblichen DIN-Verfahren, auf das sich auch die in Abschnitt a) angegebenen (internationalen) Warnwerte sowie die gesamte medizinische Literatur beziehen[181], abweicht. Das EU-Verfahren normiert die Meßwerte statt der üblichen 0 °C nun auf 20 °C, wodurch die gemessene Ozonkonzentration aufgrund des größeren Luftvolumens niedriger liegt als bei einer Normierung auf 0 °C, und liefert zudem durch die verwendete ultraviolett-spektrometrische Methode systematisch um ca. 10 Prozent geringere Ozonkonzentrationen als das DIN-Verfahren[182]. Insgesamt entspricht ein Ozonwert nach EU-Verfahren einem um ca. 20 Prozent höheren[183] Wert nach DIN. Folglich entsprechen die 240 $\mu g/m^3$ (EU) einem DIN-Wert von 287 $\mu g/m^3$. Dieser Wert muß also für einen Bezug zu toxikologischen Befunden und den (meisten) bisher gültigen Grenzwerten herangezogen werden[184].

Vergleicht man die Eingriffsvoraussetzungen mit der bisherigen Entwicklung der Ozon-Immissionssituation[185], so konstatiert das Heidelberger UPI, daß in den Jahren vor Erlaß des Ozongesetzes (1991 bis 1995) trotz der teilweise extremen

---

[178] Vgl. nur Kutscheidt (1995), S. 3156; Lühle (1988), S. 383.

[179] Zu den rechlichen Auslegungsproblemen dieser Bedingungen vgl. ausführlich Lühle (1998), S. 384 ff. m. w. N.

[180] Verfahren nach RL 92/72/EWG über die Luftverschmutzung durch Ozon vom 21. 09. 1992 (ABl. EG Nr. L 297, S. 1).

[181] Vgl. Heintz/Reinhardt (1996), S. 126.

[182] Vgl. UPI (1996), S. 18 f.; Heintz/Reinhardt (1996), S. 126.

[183] In der Literatur werden die Abweichungen aufgrund der ultraviolett-spektrometrischen Methode fälschlicherweise häufig übersehen, so daß ein insgesamt zu geringer Unterschied zwischen EU- und DIN-Verfahren festgestellt wird, so etwa bei Kutscheidt (1995), S. 3154 sowie Lühle (1998), S. 389.

[184] Vgl. auch VDI-N, 14. 07. 1995, S. 8.

[185] Vgl. Abb. 10 (S. 187).

B. Das Ozongesetz und die Sommersmogproblematik

Ozonspitzen (vgl. Abb. 10 und 11 auf S. 187) lediglich ein einziges Mal ein Fahrverbot ausgerufen worden wäre[186]. Schon weil das Gesetz bei selbst von der Bundesregierung als gesundheitsgefährdend bezeichneten Ozonkonzentrationen[187] kaum zur Anwendung kommen würde, muß es mit Blick auf das vorrangige Ziel einer *dauerhaften Senkung der Grundbelastung* für Ozon als praktisch ungeeignet eingestuft werden. Denn eine Umweltbelastung kann schlechterdings nicht gesenkt werden durch einen Eingriffswert oberhalb der tatsächlich auftretenden Belastungen.

Rechtsfolge: Fahrverbot, Ausnahmen. Dennoch wäre es zumindest denkbar, daß das Gesetz zur Erreichung des Ziel, einem *weiteren Anwachsen* von Ozon-Spitzenkonzentrationen vorzubeugen, beitrüge. Sollten die Eingriffsvoraussetzungen also doch einmal erreicht oder überschritten werden, so müßte die Ozonbelastung durch das Fahrverbot wieder auf das im Gesetz angegebene Maß abgesenkt werden. Damit stellt sich die Frage nach der Effektivität des Fahrverbotes. Der Straßenverkehr war zum Zeitpunkt der Gesetzesberatungen als größter Emittent an Ozon-Vorläufersubstanzen für ca. 70 Prozent der deutschen NO_x-Emissionen und ca. 50 Prozent der NM-VOC-Emissionen verantwortlich[188]. Die durch das Fahrverbot tatsächlich erreichbare Reduktion an Ozon-Vorläufersubstanzen lag aber deutlich darunter, denn das Ozongesetz sah in den §§ 40c bis 40e BImSchG zahlreiche Ausnahmen von dem Fahrverbot vor.

So fielen nach § 40c Abs. 1 BImSchG alle Kfz mit geringem Schadstoffausstoß – d. h. alle Fahrzeuge mit geregeltem Katalysator, gleichwertige Dieselfahrzeuge, Lkw und Busse, welche die heutigen Zulassungsnormen erfüllen sowie alle Fahrzeuge nicht älter als fünf Jahre – nicht unter das Fahrverbot. Ausgenommen waren des weiteren gemäß § 40d Abs. 1 BImSchG alle Fahrten des öffentlichen Nahverkehrs, Taxen, Kranken- und Arztwagen mit entsprechender Kennzeichnung, Fahrzeuge von bzw. für bestimmte Gruppen von Behinderten, Müllfahrzeuge, unaufschiebbare Fahrten im Bereich der Landwirtschaft, gemäß § 40d Abs. 2 BImSchG Fahrten von Berufspendlern von und zur Arbeitsstätte und Fahrten zum und vom Urlaubsort, „die anders in zumutbarer Weise nicht durchgeführt werden können" sowie gemäß § 40d Abs. 3 BImSchG Fahrten von Feuerwehr, Polizei und Bundesgrenzschutz.

Die vom Fahrverbot noch betroffenen nicht schadstoffarmen Fahrzeuge emittierten – unter der Annahme eines um ca. 80 Prozent verringerten Schadstoffausstoßes gegenüber den als schadstoffarm eingestuften Fahrzeuge[189] – noch ca. 60 Prozent

---

[186] Vgl. UPI (1996), S. 20.

[187] Vgl. die Begründung zum Koalitionsentwurf, BT-Drs. 13/1524, S. 1.

[188] Vgl. Bericht der Bundesregierung an den Bundesrat, Umwelt (BMU) 7–8/1994, S. 279.

[189] Diese Ziffer ergibt sich aus Angaben der Bundesregierung zu NO_x- und NMVOC-Emissionen von Kfz unterschiedlicher Schadstoffklassen (Stand: 1992, hochgerechnet auf 1995), vgl. Umwelt (BMU) 3/1996, S. 111.

der verkehrsbedingten Ozonvorläufersubstanzen[190]. Berücksichtigt man schließlich die zahlreichen weiteren Ausnahmen, so mochte sich die Zahl der unter das Fahrverbot fallenden Kfz um ein weiteres Drittel[191] verringern, so daß insgesamt eine Reduktion um 40 Prozent möglich erschien. Folglich hätte ein – wohlbemerkt: streng eingehaltenes – Fahrverbot die gesamten Emissionen von NO_x um 28 Prozent, die von NM-VOC um 20 Prozent senken können[192]. Da sich Ozon in nichtlinearer Weise aus seinen Vorläufersubstanzen bildet[193], wäre hierdurch eine Ozonreduktion um lediglich etwa 10 Prozent erzielt worden.

Angesichts der physiko-chemisch bedingten zeitlichen und räumlichen Verlagerungen bei der Ozonentstehung (siehe oben S. 151) müßte eine wirksame Ozon-Abwehr bereits einsetzen, wenn eine hochsommerliche Schönwetterperiode gerade einsetzt und nicht erst, wenn ein Grenzwert bereits erreicht wird[194]. Dies sieht aber das Gesetz nicht vor. Zudem berücksichtigt die Regelung in keiner Weise, daß die höchsten Ozonimmissionen oft gerade dort nicht gemessen werden, wo die Vorläufersubstanzen am stärksten emittiert werden. Insofern muß das Reduktionspotential von 10 Prozent noch einmal deutlich nach unten korrigiert werden. Den Berechnungen des Heidelberger Umwelt- und Prognose-Instituts zufolge bewirkt ein Fahrverbot ab 240 $\mu g/m^3$ sogar nur eine 0,8prozentige Reduzierung der Ozonimmission[195].

Zusammenfassend erscheint das Ozongesetz wegen der strikten Eingreifvoraussetzungen als vollkommen ungeeignet, zu einer *dauerhaften Senkung der Ozonbelastung* beizutragen. Vorausgesetzt, es würde befolgt, hätte das Fahrverbot zumindest geringfügig einem *weiteren Anwachsen* von Ozonspitzenkonzentrationen entgegenwirken können.

cc) Kontroll- und Sanktionsmöglichkeiten

Gegen die das Fahrverbot oder die Pflicht zur Vorweisung einer Ausnahmegenehmigung (Plakette) mißachtenden Autofahrer konnte nach § 62a BImSchG ein Bußgeld erhoben werden. Gemäß § 17 OWiG waren dies maximal 1000 DM, wobei „in der Regel" Geldbußen von 80 DM, bei geringfügigen Verstößen von 40 DM in Betracht kamen[196]. Einzelheiten waren von den Ländern zu regeln. Da

---

[190] Zum zahlenmäßig selben Ergebnis gelangt Beaucamp (1999), S. 172.

[191] Eigene Schätzung.

[192] Das UPI gibt die mit dem Ozongesetz möglichen Emissionsminderungen mit 22 Prozent (NO_x) bzw. 20 Prozent (VOC) an.

[193] So führt nach Angaben des SRU (1994, Tz. 752) erst eine gemeinsame Minderung von NO_x und NM-VOC um jeweils 50 Prozent zu einer Reduzierung der Ozonimmission von 15 bis 25 Prozent.

[194] Vgl. hierzu auch VDI-N, 02. 06. 1995, S. 1.

[195] Vgl. taz, 27. 06. 1995.

[196] Vgl. im einzelnen Bouska (1996), S. 232.

es sich hierbei um eine Ermessensvorschrift handelte, hing die Normdurchsetzbarkeit stark vom Willen und von den Ressourcen der verantwortlichen Behörden ab (vgl. nächster Abschnitt). Den entsprechenden Vollzugswillen unterstellt, bot das Ozongesetz zumindest eine *potentiell* wirkungsvolle Handhabe zur Sanktionierung von Normverstößen.

dd) Antizipative Einhaltung und Anwendung von Primär- und Sekundärnorm

Was die *antizipative Anwendung der Primärnorm* betrifft, so konnte plausiblerweise davon ausgegangen werden, daß ein Fahrverbot bei Vorliegen der Eingriffsvoraussetzungen nach § 40a BImSchG – trotz aller juristischer Auslegungsschwierigkeiten[197] – auch tatsächlich verhängt würde, denn auch bisher hatten die Länderbehörden bei Erreichen der entsprechenden Schwellenwerte die bis dato gültigen Länderverordnungen stets angewendet.

Fraglich erscheint allerdings, in welchem Maße das Fahrverbot hätte überwacht werden können. Schon in juristischer Hinsicht bestanden erhebliche Auslegungsschwierigkeiten bezüglich der Ausnahmen des § 40d BImSchG, die entsprechende Vollzugsschwierigkeiten erwarten ließen[198]. Auch hätte die Polizei überhaupt zur Durchführung der notwendigen Kontrollen in der Lage sein müssen. Dies wurde aber bereits im Vorfeld der Gesetzesverabschiedung von verschiedenen Seiten klar verneint; so hielt die Deutsche Polizeigewerkschaft im Beamtenbund (DPolG) das Gesetz für „absolut undurchführbar"; allenfalls die schadstoffarmen Fahrzeuge hätten wegen der Plakettenpflicht kontrolliert werden können; unmöglich sei es dagegen gewesen, das Alter von Fahrzeugen sowie Pendler oder Ferienreisende ohne weiteres als solche zu erkennen[199]. Auch auf der Anhörung im Bundestags-Umweltausschuß wurden Zweifel geäußert, ob es angesichts der vielen Ausnahmen im Falle eines Fahrverbotes wirklich zu einer Verringerung der Schadstoff-Immissionen kommen würde; kontraproduktiv seien vor allem die Ausnahmen für Pendler[200]. Die Gewerkschaft der Polizei (GdP) kritisierte sogar, der Gesetzgeber habe „alle Ausreden gleich mitgeliefert, die sich sonst ein Bürger einfallen lassen müsse"; die Polizei sei „überhaupt nicht in der Lage, die Ausreden zu überprüfen"[201].

Angesichts dessen ist die antizipative *Einhaltung der Primärnorm* durch die einzelnen Autofahrer ebenfalls skeptisch zu beurteilen. Denn wie die Erfahrungen mit der hessischen und der niedersächsischen Ozon-Verordnung gezeigt hatten, hält

---

[197] Vgl. im einzelnen Lühle (1998), S. 384 ff.
[198] Bouska (1996), S. 231 ff.
[199] Interview mit dem DPolG-Vorsitzenden Vogler (taz, 30. 05. 1995). Ähnlich äußerte sich auch der hessische Innenminister Bökel (SPD) im Bundesrat (SZ, 15. 07. 1995).
[200] So der Jurist Basedow, vgl. Protokoll der Anhörung vom 19. 06. 1995.
[201] So der GdP-Vorsitzende Lutz (SZ, 27. 07. 1995).

sich die Mehrzahl der Autofahrer nicht mehr an Verkehrsbeschränkungen, wenn diese zum wiederholten Male ausgerufen werden und mit keinen scharfen Kontrollen zu rechnen ist[202]. So urteilte der Leiter eines Straßenverkehrsamtes: „Die meisten Leute wissen, daß das Gesetz löchrig ist, daß sie sowieso fahren dürfen und die Polizei nicht hart kontrolliert"[203].

ee) Ergebnis

Im Ergebnis bleibt dem Ozongesetz aufgrund der objektiven Indikatoren eine zu vernachlässigende antizipative rechtsnormativ-sachliche Effektivität. Dies zeigt sich besonders deutlich, wenn man die einzelnen „Teil-Effektivitäten" (Indikatorwerte) versucht zu quantifizieren und anschließend die gesamte ARSE nach der Formel auf S. 76 berechnet. Für die Abschätzung der Indikatorwerte wird die auf S. 76 angegebene Skala verwendet. Folgende Indikatorwerte werden angenommen:

– *Zielkonformität* – kann aufgrund fehlender Angaben im Gesetz nicht quantifiziert werden;
– *materielle Geeignetheit* – für die Zielsetzung *dauerhafte Absenkung der Ozonbelastung* wegen des hohen Eingreifwertes: null (0) bis (höchstens) gering (25 Prozent); für die Zielsetzung, ein *weiteres Anwachsen der Ozonkonzentrationen* zu verhindern: wegen der mäßigen Geeignetheit des Fahrverbotes gering (25 Prozent) bis mittel (50 Prozent);
– *Normdurchsetzbarkeit* – aufgrund zwar vorhandener Bußgeldvorschrift, aber deren geringer Rechtsverbindlichkeit: mittel (50 Prozent);
– *Geltungschance* – wegen der mangelnden Kontrollierbarkeit des Fahrverbotes und der dann erfahrungsgemäß geringen Befolgungsquote: bestenfalls gering (25 Prozent).

Dabei handelt es sich zugegebenermaßen um ad hoc angenommene Werte, die im Zweifelsfall eher zu hoch als zu niedrig geschätzt wurden. Insgesamt ergibt sich demnach für das Ziel einer *dauerhaften Absenkung der Ozonkonzentrationen* eine

$$\text{ARSE (objektiv)} = \text{materielle Geeignetheit} \times \text{Normdurchsetzbarkeit} \times \text{Geltungschance}$$
$$= 12{,}5\,\% \times 50\,\% \times 25\,\%$$
$$= 1{,}56\,\%;$$

für die Zielsetzung, *einem weiteren Anwachsen der Ozon-Spitzenkonzentrationen entgegenzuwirken* ist die

---

[202] So betrug die Einhaltung des Tempolimits auf Grund der hessischen Ozonverordnung zwar am ersten Tag noch 90 Prozent, sank aber mit der Dauer seiner Geltung (vgl. VDI-N, 05. 08. 1994, S. 1, 3). Vgl. auch Fn. 177 auf S. 171).
[203] Vgl. SZ, 27. 07. 1995.

B. Das Ozongesetz und die Sommersmogproblematik 177

$$\text{ARSE (objektiv)} = 37{,}5\,\% \times 50\,\% \times 25\,\%$$
$$= 4{,}69\,\%.$$

Diese scheinbar genauen Zahlen stellen selbstverständlich nur eine grobe Abschätzung dar und können nicht im strengen Sinne quantitativ interpretiert werden. Die Rechnung zeigt aber, daß sich selbst mittlere Ineffektivitäten auf jeder einzelnen Stufe zu einer insgesamt fast absoluten antizipativen rechtsnormativ-sachlichen Wirkungslosigkeit verstärken. Dies mag bereits als Instrument symbolischen Handelns begriffen werden: Während das Fahrverbot und der Kontrollmechanismus *an sich* noch nicht gänzlich ineffektiv erscheinen und dem Gesetz *an sich* durchaus eine gewisse Geltungschance zugesprochen werden kann (wer wollte da von einem absehbar ineffektiven Gesetz sprechen?), bringt es die Aufeinanderbezogenheit der einzelnen Stufen mit sich, daß die ARSE nach objektiven Indikatoren am Ende doch praktisch gleich null ist.

b) Subjektive Indikatoren

War dies aber auch dem Gesetzgeber klar? Wußten die politisch verantwortlichen Akteure um die drohende Ineffektivität des zu verabschiedenden Gesetzes?

aa) Handlungsbedarf

Zu Beginn stellt sich die Frage, ob die verantwortlichen Akteure das Ozongesetz überhaupt für notwendig hielten.

Die befragten Abgeordneten der Opposition bejahten dies durchweg grundsätzlich[204] und hoben besonders das Instrument von Verkehrsbeschränkungen im Zusammenhang mit einer Neuorientierung in der Verkehrspolitik hervor[205].
Demgegenüber sahen die Politiker der Regierungskoalition zum Zeitpunkt der Gesetzesberatungen übereinstimmend keinerlei Handlungsbedarf: Während Anfang der 1990er Jahre ein Ozongesetz noch sinnvoll gewesen sei, habe man gewußt, daß sich die Ozon-Situation im Laufe der Zeit aufgrund der bereits ergriffenen Maßnahmen „in der Pipeline" (Katalysator, GFAnlV), ohnehin mit der Zeit verbessern würde[206] – ein Prozeß, der „wunderbar im Zeitplan" gelegen und praktisch nicht mehr habe beschleunigt werden können, so daß alle Maßnahmen „außer Abwarten" sinnlos bzw. sogar volkswirtschaftlich schädlich gewesen seien[207]. Auch die Gefährlichkeit des Ozons wurde als gering eingestuft; nur ein Bruchteil

---

[204] Interview Opposition, 06. 07. 2000, A:057; Interview Opposition, 07. 12. 2000, A:119; Interview Opposition, 07. 06. 2000, A:143.
[205] Interview Opposition, 20. 05. 2000, A:220.
[206] Interview Koalition, 25. 05. 2000, A:003; Interview Koalition, 06. 07. 2000, A:240.
[207] Interview Koalition, 25. 05. 2000, A:046, A:067.

der Bevölkerung leide wirklich darunter. Vielmehr sei das Ozongesetz ein „typisches Beispiel für Hysterie in Deutschland", welche dazu geführt habe, daß das Parlament „irgend etwas gemacht" habe[208]. Ein Beamter des UBA war zudem der Meinung, das Ozonproblem sei Anfang der 1990er Jahre nicht neu entstanden, sondern habe sich nur durch eine Neubewertung längst bekannter Sachverhalte ergeben[209].

bb) Intendierte rechtsnormativ-sachliche Zielsetzung

Welche sachliche Zielsetzung verfolgte der Gesetzgeber angesichts des nur von der Opposition festgestellten Handlungsbedarfs?

Drei von vier befragten Abgeordneten der Koalitionsfraktionen gestanden dem Ozongesetz *überhaupt keinen Sachzweck* zu. Vielmehr handele es sich um ein „typisches Gesetz, das gemacht worden ist, um den Volkswillen ruhig zu stellen, und nicht, um etwas Vernünftiges zu machen"[210]. Es habe in diesem Sinne „lediglich eine Alibifunktion"[211] gehabt und sei ein Gesetz gewesen, „für das man sich eigentlich schämen muß", da es völlig an den Realitäten vorbeigegangen sei[212]. Lediglich ein Abgeordneter der Mehrheitsfraktionen gab an, das Ozongesetz habe mit seinem Fahrverbot durchaus das Ziel gehabt, den Aufbau von Ozonbelastungen frühzeitig zu verhindern[213]. Im BMU gestand man dem Ozongesetz lediglich eine „gewisse Appellfunktion an die Autofahrer, den Wagen im Sommer mal stehen zu lassen", zu[214]. Das Gesetz „sollte nur in ganz extremen Situationen angewendet werden, nicht schon bei absehbarer Gefährdung"[215]. Ein Beamter aus dem BMWi räumte offen ein, das Ziel seines Ministeriums sei es gewesen, die Grenzwerte möglichst weich zu gestalten und viele Ausnahmen vom Fahrverbot durchzusetzen, ein Tempolimit hingegen in jedem Fall zu verhindern[216].

Politiker der Opposition beabsichtigten hingegen durchaus, mit dem Gesetz die Ozon-Spitzenkonzentrationen zu senken[217], zumindest als kurzfristige Maßnahme zur Unterstützung langfristig angelegter Programme[218]. Ein Abgeordneter

---

[208] Interview Koalition, 17. 01. 2001, A:106.

[209] Interview UBA, 16. 08. 2000, A:487.

[210] Interview Koalition, 17. 01. 2001, A:122.

[211] Interview Koalition, 25. 05. 2000, A:003.

[212] Interview Koalition, 07. 06. 2000, A:053.

[213] Interview Koalition, 25. 10. 2000, A:203. Die befragte Person ging jedoch unzutreffenderweise davon aus, das Ozongesetz trage den zeitlichen und räumlichen Diskrepanzen zwischen Ozonimmission und Entstehung der Vorläufersubstanzen durch eine entsprechende Regelung Rechnung (vgl. ebd., A:198, A:203).

[214] Interview BMU, 15. 06. 2000, S. 6.

[215] Interview BMU, 06. 07. 2000, A:215.

[216] Interview BMWi, 25. 05. 2000, A:026.

[217] Interview Opposition, 06. 07. 2000, A:015; Interview Opposition, 07. 06. 2000, A:143.

[218] Interview Opposition, 07. 12. 2000, A:088, A:123.

der Opposition urteilte, das Gesetz habe nur zeigen sollen: „Wir haben etwas getan"[219].

cc) Intendierte und antizipierte rechtsnormativ-sachliche Effektivität

Den dargestellten Intentionen entsprechend, gaben die allermeisten der befragten Akteure an, in dem geplanten Ozongesetz keine geeignete Maßnahme zur Senkung der Ozonspitzen gesehen zu haben. Politiker der Mehrheitsfraktionen waren der Ansicht, kurzfristige Fahrverbote in Gebieten hoher Ozonbelastung wären ein wirkungsloses Instrument[220], da es nicht an der Quelle ansetzte[221] und die zeitlich-räumlichen Verlagerungen[222] sowie die Großräumigkeit des Ozonproblems[223] nicht berücksichtigte, wie bereits der Heilbronner Ozon-Versuch gezeigt habe[224]. Besonders angesichts der vielen Ausnahmen[225] wußte man, daß das Gesetz kaum zur Anwendung kommen und daher wirkungslos bleiben würde. Statt durch kurzfristige Verkehrsbeschränkungen hätte man viel eher die Grundlast der Ozon-Vorläufersubstanzen etwa durch Umstellung auf lösungsmittelfreie Lacke oder einen Zertifikatehandel bei VOC senken müssen – Strategien, die „intern" zwar immer eine Rolle gespielt hätten, aber nie nach außen gedrungen seien[226]. Daß die genannten Alternativen zum gefragten Zeitpunkt gerade nicht Gesetz geworden sind, begründete ein Akteur aus dem BMU damit, daß dies zu lange gedauert hätte und daher die für die „Geilheit der öffentlichen Meinung" benötigten schnellen Erfolge nicht sichtbar gewesen wären[227]. Insgesamt, so resümierte ein Abgeordneter der Regierungsfraktionen, habe es sich um ein „unsinniges" Gesetz gehandelt[228]. Es hätten daher wohl alle Beteiligten ein „inneres Unbehagen" gehabt, ob man das richtige tat[229].

Auch Politiker der Opposition äußerten sich „skeptisch, ob das Gesetz sein Ziel erreicht, weil die Grenzwerte zu hoch lagen"[230]. Zwar war ein Abgeordneter durchaus der Meinung, „die Kurzfristmaßnahmen würden greifen im Sinne eines simplen Ursache-Wirkungs-Zusammenhangs"[231]; andere vertraten hingegen die

---

[219] Interview Opposition, 20. 05. 2000, A:190.
[220] Vgl. ebd., A:215.
[221] Interview BMU, 06. 07. 2000, A:128.
[222] Vgl. ebd., A:113.
[223] Interview BMU, 15. 06. 2000, S. 4.
[224] Interview Koalition, 25. 05. 2000, A:134.
[225] Interview Koalition, 07. 06. 2000, A:062.
[226] Interview Koalition, 17. 01. 2001, A:106, A:135, A:169.
[227] Interview BMU, 06. 07. 2000, A:108.
[228] Interview Koalition, 06. 07. 2000, A:233.
[229] Interview BMU, 06. 07. 2000, A:128; so auch Interview BMWi, 25. 05. 2000, B:068.
[230] Interview Opposition, 07. 12. 2000, A:064.
[231] Interview Opposition, 06. 07. 2000, A:015, A:057.

Ansicht, nur eine grundsätzliche Neuorientierung in der Verkehrspolitik[232] oder eine deutlich verbesserte Motortechnik[233] hätten des Ozon-Problems Herr werden können. So, wie das Ozongesetz verabschiedet wurde, hätte man „es sich sparen können"[234]. Da die Fahrverbote viel zu spät griffen, sei das Ozongesetz ein „inhaltsleerer Placebo"[235], das man konsequenterweise gar nicht hätte verabschieden dürfen[236]. Auch sei die komplizierte Vignetten-Regelung kaum anwendbar gewesen, was aber auch nicht das Ziel gewesen sei[237].

Nun mag man aus methodologischer Sicht die Frage stellen, inwieweit diese Aussagen tatsächlich die seinerzeit erfolgten Einschätzungen wiedergeben oder ob es sich dabei nicht möglicherweise um späte Einsichten der beteiligten Personen handelt, etwa im Sinne eines „Beicht-Syndroms", nachdem die tatsächlichen Folgen des Ozongesetzes bekannt wurden. Dies läßt sich empirisch weder ausschließen noch bestätigen. Angesichts der allgemein sehr hohen Reflektiertheit der Äußerungen erschiene es jedenfalls unplausibel, wenn derlei psychologische Effekte allein für die heutigen Einschätzungen verantwortlich wären.

dd) Ergebnis

Die subjektiven Aussagen der an der Gesetzgebung Beteiligten bestätigen die Feststellung der objektiven Analyse, wonach das Ozongesetz in hohem Maße rechtsnormativ-sachlich ineffektiv angelegt war. Dies wußte die Mehrzahl der Beteiligten, zugleich war die antizipative Wirkungslosigkeit des Gesetzes von fast allen politisch Verantwortlichen auch intendiert. Trotz der recht anspruchsvollen offiziellen Zielsetzung des Gesetzes, zur Verringerung der Ozonbelastung beizutragen, hat der Gesetzgeber eine Regelung erlassen, die – so zeigen es die durchgeführten Interviews – gar nicht dazu gedacht war, diese Zielsetzung tatsächlich umzusetzen.

Im Ergebnis ist daher festzuhalten, daß die erste Voraussetzung für symbolische Gesetzgebung, eine niedrige antizipative rechtsnormativ-sachliche Effektivität (ARSE), im Falle des Ozongesetzes in nahezu idealtypischer Weise gegeben ist.

Aus welchen Gründen das Ozongesetz dennoch erlassen wurde, welche symbolisch-politischen Zielsetzungen hierbei eine Rolle gespielt haben, ist Gegenstand der folgenden Analyse.

---

232 Interview Opposition, 20. 05. 2000, A:230; Interview Opposition, 07. 12. 2000, A:093.
233 Interview Opposition, 07. 12. 2000, A:093.
234 Vgl. ebd., A:267.
235 Interview Opposition, 07. 06. 2000, A:111.
236 Vgl. ebd., A:123.
237 Vgl. ebd., A:111.

2. Antizipative symbolisch-politische Effektivität (ASPE)

a) Objektive Indikatoren

Aus objektiver Perspektive werden zunächst mögliche politische Zielsetzungen gesucht, die für die Entstehung des Ozongesetzes maßgeblich gewesen sein mögen und die sich aufgrund der gegebenen politischen Situation ausmachen lassen. Eine besondere Rolle spielen dabei offensichtliche Defizite (Soll-Ist-Differenzen) im politischen Erfolg der relevanten Akteure. Sodann wird danach gefragt, inwieweit das Ozongesetz bzw. der Akt seiner Verabschiedung geeignet gewesen ist, diesen Zielsetzungen zu entsprechen und die festgestellten politischen Defizite abzubauen.

aa) Befreiung von politischem Handlungsdruck und Erzielung einer höheren politischen Akzeptanz

Bereits der Abriß über die Entstehungsgeschichte des Ozongesetzes hat deutlich gemacht, daß Bundesregierung und Mehrheitsfraktionen mit einem hohen politischen Druck von seiten der Bundesländer, der Opposition, der Umweltverbände und der (ver)öffentlich(t)en Meinung konfrontiert wurden. Dies galt in besonderem Maße für die damals neue Bundesumweltministerin Merkel. Zwar stand sie als Frau, Ostdeutsche und Kohl-„Zögling" im Frühjahr 1995 stark im öffentlichen Rampenlicht[238], ihr wurde aber kein erkennbares politisches Profil zugesprochen[239], und sie hatte – vor allen Dingen – bis dato noch keinen wesentlichen politischen Erfolg zu verbuchen[240]. Da in der stark politisierten Ozonfrage zum erstem Mal in ihrer Amtszeit ein politischer Erfolg greifbar schien[241], scheint es plausibel anzunehmen, daß die neue BMU daher in hohem Maße daran interessiert war, sich mit diesem Thema in der Öffentlichkeit als ökologische Vorreiterin darzustellen und zugleich das leidige Ozonthema „vom Tisch" zu bekommen.

War aber die Verabschiedung des Ozongesetzes als politische Maßnahme geeignet, die erwünschten Effekte auszulösen?

---

[238] Nach einer Auswertung von 115 Tages- und Wochenzeitungen durch die Pressedokumentation des Bundestages schaffte es BMU Merkel „dank der Reizthemen Klimakonferenz, Sommersmog und Castor-Transporte", als erste Frau in der Geschichte der Bundesrepublik unter die ersten zehn meist karikierten Politiker zu kommen (vgl. Der Spiegel, 10. 07. 1995, S. 184 f.).

[239] „Angela Merkel, seit sieben Monaten im Amt, ist fürwahr schwer zu verorten" (Die Zeit, 09. 06. 1995).

[240] In aktuellen Politikfeldern wie dem Klimaschutz (im Vorfeld der Klimakonferenz in Berlin vom 28. März bis 7. April 1995) oder dem Energiekonsens waren im Frühjahr 1995 noch keine greifbaren Ergebnisse absehbar, Interview mit BMU Merkel, Die Zeit, 03. 03. 1995.

[241] So auch die Analyse des HB, 15. 02. 1995.

Härte der Rechtsfolge. Zunächst einmal suggerierte das Ozongesetz ein entschiedenes Durchgreifen zur Bekämpfung des Sommersmogs. Kaum eine Maßnahme erscheint einschneidender als ein Verbot des individuellen Kfz-Verkehrs. Die vom Gesetzgeber in § 40a Abs. 1 BImSchG gewählte Formulierung „Der Verkehr ... ist verboten" unterstreicht dies. Die zahlreichen Ausnahmen springen hingegen nicht sofort ins Auge.

Stellung in der Normhierarchie. Die Festlegung von Grenzwerten oder Ausführungen wie die detaillierte, techniklastige Aufzählung der Ausnahmen vom Fahrverbot im Anhang zu den §§ 40a ff. BImSchG erfolgen üblicherweise in untergesetzlichen Vorschriften. Daß die Ozonregelung aber als parlamentarisches Gesetz verabschiedet wurde, betont die Absicht des Gesetzgebers, hartes Durchgreifen zu signalisieren. Er begründet dieses Vorgehen denn auch mit dem „eminent politischen" Charakter der Grenzwert-Entscheidung[242].

Komplexitätsreduktion / Verdichtungssymbolik. Als zentrales Element der antizipativen symbolisch-politischen Effektivität des Ozongesetzes kann dessen Fähigkeit gelten, ein naturwissenschaftlich-technisch komplexes[243] Problem auf eine einfache Kausalbeziehung zu reduzieren: Der Kfz-Verkehr verursacht Ozon und muß daher bei entsprechender Wetterlage verboten werden. Die räumlich-zeitlichen Verschiebungen sowie die zahlreichen anderen Quellen von Ozonvorläufersubstanzen (vor allem Lacke und Lösemittel) bleiben hingegen – wie gesehen – ausgeblendet.

Das Ozongesetz wie überhaupt die gesamte Diskussion, die zu seiner Entstehung führte, bediente sich zudem zweier „issues", die – als Verdichtungssymbole im Sinne Edelmans[244] – in besonderer Weise geeignet sind, einen komplexen Mix aus unterschiedlichen Tatsachen, Werten und Emotionen zu konzentrieren. So betonten die Befürworter einer scharfen Regelung zur Demonstration der Gefährlichkeit des Ozons immer wieder dessen Schadwirkung auf *Kinder*[245]. Die Gegner einer solchen Regelung argumentierten demgegenüber (oft implizit) mit den unverantwortlichen Folgen für die Freiheit des *Autoverkehrs*[246]. Die Heftigkeit, mit der jede politische Debatte, in der es um Einschränkungen desselben geht, geführt wird, läßt diese als „symbolische Kreuzzüge" (Gusfield) erscheinen: Gerade in Deutschland gilt das Auto als Fortschrittssymbol schlechthin[247], sind mit ihm untrennbar Werte wie „Ökonomie, Freiheit und Wohlergehen" verbunden und lassen

---

[242] Vgl. die Begründung zum Koalitionsentwurf, BT-Drs. 13/1524, S. 10.

[243] Vgl. unten Teil 4: B.V.3.

[244] Siehe bereits oben Teil 2: B.II.

[245] Vgl. die verkehrspolitische Sprecherin der Grünen, Abg. Altmann, BT-Pl.Prot. 13/35 vom 11. 05. 1995, S. 2758 A. Ein befragter Beteiligter konstatierte, der Sommersmog sei „in der Öffentlichkeit zu einem Überlebensthema für deutsche Kinder gemacht" worden (Interview BMU, 06. 07. 2000, A:193).

[246] So etwa der bayerische Umweltminister Goppel (FAZ, 14. 06. 1996).

[247] Vgl. Knie/Berthold (1996), S. 75 f.

es als „gewachsenen Mythos" erscheinen, der zur Geschichte der Bundesrepublik gehört[248]. „Es ist wirklich die Grundsatzfrage zu entscheiden, was uns mehr wert ist: die Gesundheit unserer Kinder oder ‚freie Fahrt für freie Bürger'."[249] Umweltschützern hingegen gilt der Autoverkehr angesichts hoher Schadstoff- und Lärmemissionen und seines hohen Platzbedarfs als „Umweltfeind Nummer eins"[250]. Dementsprechend gipfelte die symbolbeladene Auseinandersetzung zum Ozongesetz in Formulierungen wie:

> Die Konsequenz aus dem vorliegenden Gesetzentwurf der Koalitionsparteien läßt sich in einem Satz zusammenfassen: Kinder, die Sonne kommt heraus, versteckt euch in den Garagen! Die Erwachsenen wollen draußen mit ihren Autos spielen[251].

Die Gegner einer scharfen Ozonregelung hielten dem entgegen:

> Zwangsmaßnahmen gegen den Autofahrer sollen durchgesetzt werden, um Ihre Ziele [gemeint sind die der parlamentarischen Opposition – d. Verf.] zu erreichen[252].

In dieser „wegen der hohen öffentlichen Aufmerksamkeit extrem aufgeheizten"[253] politischen Atmosphäre, welche „die Republik (zu) spalten"[254] drohte, wurde im Deutschen Bundestag der Regierungsentwurf von SPD-Seite als „Mogelpackung"[255] und „reiner Placebo"[256] betitelt, wohingegen die Regierungskoalition vor einer „Panikmache" warnte[257]. Ein Ministerialbeamter aus dem BMWi bezeichnete die Beratungen zum Ozongesetz insgesamt als „eine der großen Schlachten", als „politischen Krieg", da es um Tempolimits und damit um „eine Glaubensfrage auf beiden Seiten" ging[258].

Angesichts dieser emotionsgeladenen Auseinandersetzungen konnte man von einem Gesetz, das mit einer simplen Maßnahme dem Autoverkehr zu Leibe rücken würde, durchaus erwarten, die Gemüter zu beruhigen.

Zeitpunkt. Nicht zuletzt wurde der Zeitpunkt der Gesetzesverabschiedung insofern geschickt gewählt, als die entscheidenden Ereignisse in Bundestag und Bundesrat im Sommer stattfanden und damit zu der Jahreszeit, in der die öffentliche Aufmerksamkeit am Thema Sommersmog stets am größten war und ist (vgl. Abschnitt V.4).

---

248 Die Zeit, 02. 06. 1996.
249 Abg. Hartenstein (SPD), BT-Pl.Prot. 12/159 vom 14. 05. 1993, S. 13458 D.
250 Vgl. etwa taz, 15. 09. 1993.
251 Verkehrspolitische Sprecherin der Grünen, Abg. Altmann, BT-Pl.Prot. 13/45 vom 23. 06. 1995, S. 3655.
252 Abg. Rauen (CDU/CSU), BT-Pl.Prot. 11/146 vom 01. 06. 1989, S. 10850 B.
253 Interview Koalition, 17. 01. 2001, A:221.
254 Vgl. Der Spiegel, 29. 05. 1995, S. 16.
255 So der umweltpolitische Sprecher der Opposition Müller; vgl. SZ, 01. 06. 1995.
256 So Hamburgs Umweltsenator Vahrenholt; vgl. Der Spiegel, 29. 05. 1995, S. 16.
257 Vgl. SZ, 01. 06. 1995.
258 Interview BMWi, 25. 05. 2000, B:012, B:049.

bb) Sonstige politisch-strategische Zwecke

Erklärtes Ziel des Ozongesetzes war es, eine bundeseinheitliche Regelung zu schaffen, mit deren Inkrafttreten die bestehenden Länderregelungen über die Sperrwirkung des Art. 72 Abs. 1 GG im Rahmen der konkurrierenden Gesetzgebung ihre Gültigkeit verlieren würden. Da letztere teilweise deutlich schärfere Grenzwerte enthielten[259], war es eine abzusehende Folge des Ozongesetzes, eine Regelung auf insgesamt niedrigerem Niveau zu installieren. Insofern kann dem Gesetzgeber plausiblerweise unterstellt werden, das Gesetz auch mit der Intention erlassen zu haben, die Eingreifwerte insgesamt zu erhöhen.

Für den politischen Charakter des Ozongesetzes spricht nicht zuletzt die Tatsache, daß wesentliche Änderungen erst im Vermittlungsausschuß zustandekamen – in dem Gremium also, das „nur Kungelgeschäfte macht", wo „nur Leute sitzen, die politisch agieren, bar jeden Sachverstands"[260].

b) Subjektive Indikatoren

aa) Handlungsbedarf

Während der Handlungsbedarf in bezug auf eine rechtsnormativ-sachlich effektive Regelung von den Politikern der Mehrheitsfraktionen als sehr gering eingeschätzt worden war (siehe oben), sah man in *politischer Hinsicht* parteiübergreifend geradezu einen *Handlungszwang,* der sich aus dem wahrgenommenen Handlungsdruck ableitete. So erklärten Politiker der Mehrheitsfraktionen, nachdem „jeden Sommer Meldungen über Ozonsmog"[261] erschienen seien, das Thema in der Presse als „bedrohlich, belastend" dargestellt worden sei und daher ein enormes „emotionales Potential"[262] entwickelt habe, sei der politische Druck – nicht nur von der Presse, sondern auch von den Umweltverbänden[263], den Ländern[264], der SPD und den Grünen[265] – so massiv geworden, daß „man handeln mußte"[266]. Abgeordnete der Oppositionsfraktionen nahmen den politischen Druck in ähnlicher Weise wahr[267].

---

[259] Vgl. Schlette (1996), S. 329.

[260] So mit Blick auf das Ozongesetz Interview UBA, 16. 08. 2000, A:265.

[261] Interview Koalition, 06. 07. 2000, A:233.

[262] Interview BMWi, 25. 05. 2000, A:080.

[263] Interview BMWi, 25. 05. 2000, B:026.

[264] Interview BMU, 06. 07. 2000, A:128.

[265] Interview Koalition, 25. 10. 2000, A:159, A:245; Interview Koalition, 17. 01. 2001, A:123.

[266] Interview Koalition, 07. 06. 2000, A:053; so auch Interview Koalition, 25. 05. 2000, A:021; Interview BMU, 06. 07. 2000, A:171; Interview BMWi, 25. 05. 2000, B:068.

[267] Interview Opposition, 07. 06. 2000, A:137; Interview Opposition, 06. 07. 2000, A:063; Interview Opposition, 07. 12. 2000, A:127.

B. Das Ozongesetz und die Sommersmogproblematik   185

Insbesondere die angedrohten länderübergreifenden Tempolimits hätten Bundeskanzler Kohl, der bayerische Umweltminister Goppel und die Industrie „unter allen Umständen verhindern" wollen[268]. Ein anderer Befragter diagnostizierte, die Abgeordneten hätten sich in ihren Wahlkreisen profilieren wollen, auch hätte die Administration schon „zwecks Selbstlegitimation" ein Interesse an der Regelung gehabt[269]. Vielfach wurde auch angenommen, die neue BMU Merkel habe zu Anfang ihrer Amtszeit etwas vorweisen wollen[270]. Denn diese hatte „keine Lust, mir vorhalten zu lassen, wir würden Ängste nicht ernst nehmen. Das ist nicht mein Prinzip. Wir nehmen die Ängste der Bürger ernst. Aber (...) das, was wir in diesem Land an Diskussionen über die Gefährdungen durch Ozon hatten, entbehrt zum Teil jeder fundierten wissenschaftlichen Grundlage. Auch das trägt zu den Ängsten bei, mit denen (die Politik) in diesem Sommer fertig werden (muß)."[271]

Schließlich kam die Koalitionsspitze zu dem Ergebnis: „Man muß irgend etwas machen, einfach damit Ruhe ist – was, ist egal. (...) Man war nicht in der Lage, gegen den Druck der Presse anzugehen"[272]. Damit war es „klar, daß das Gesetz kommen mußte"[273].

bb) Intendierte symbolisch-politische Zielsetzung

Bereits bei der Analyse der intendierten rechtsnormativ-sachlichen Zielsetzung[274] hatte sich herausgestellt, daß die politisch Verantwortlichen mit dem Erlaß des Ozongesetzes offenbar andere als die offiziell verkündeten Motive verfolgen. Ein Abgeordneter erläuterte: „Das Gesetz nimmt den politischen Druck weg, man hat gehandelt, kann sagen: Jetzt haben wir Vorsorge getroffen"; darüber hinaus sollte dadurch, daß viele Autofahrer sich auf dem Landratsamt eine Ausnahmegenehmigung holen müßten, „das Gefühl erzeugt werden, es geschieht etwas"[275]. Auf diese Weise habe das Gesetz den „Handlungsdruck politisch-psychologisch wegnehmen" sollen, „ohne in der Sache zu einer Veränderung der Situation beizutragen, was auch bekannt war"[276]. So sei das Ozongesetz ein „reines Symbolgesetz mit einer gewissen Alibifunktion" gewesen; dies sei auch allen Beteiligten der Fraktionsarbeitsgruppe Umwelt klargewesen[277]. Auch die befragten Oppositions-

---

268 Interview BMU, 15. 06. 2000, S. 3; vgl. auch Teil 4: B.V.5.a).
269 Interview BMU, 06. 07. 2000, A:142.
270 Interview BMWi, 25. 05. 2000, B:082; Interview Opposition, 20. 05. 2000, A:267; vgl. auch Interview UBA, 16. 08. 2000, A:272.
271 Vgl. BMU Merkel, BT-Pl.Prot. 13/45 vom 23. 06. 1995, S. 3659 C f.
272 Interview Koalition, 17. 01. 2001, A:123.
273 Interview Koalition, 25. 05. 2000, A:101.
274 Siehe oben, S. 178 f.
275 Interview Koalition, 07. 06. 2000, A:053.
276 Interview BMU, 06. 07. 2000, A:155, A:215.
277 Interview Koalition, 25. 05. 2000, A:003, A:101; so auch Interview BMU, 15. 06. 2000, S. 6; BMWi, 25. 05. 2000, B:068.

politiker sahen in dem Ozongesetz eine „symbolische Gesetzgebung"[278], die „bestimmte Emotionen bediente"[279].

cc) Intendierte und antizipierte symbolisch-politische Effektivität

Daß der Erlaß des Ozongesetzes auch als tatsächlich geeignet erachtet wurde, den politischen Druck zu mindern, zeigen Äußerungen wie die des damaligen niedersächsischen Ministerpräsidenten Schröder nach der entscheidenden Sitzung des Vermittlungsausschusses. Danach sei „das Ozonproblem damit für die Politik gelöst"[280]. In der Ministerialverwaltung ging man denn auch davon aus, das Gesetz werde eine „beruhigende Wirkung" ausüben[281].

V. Analyse der Entstehungsvoraussetzungen

Welches waren die Gründe für den Erlaß eines derartigen Alibi-Gesetzes? Warum hat man nicht ein wirkungsvolleres Gesetz erlassen oder aber ganz von einer Regelung abgesehen? An dieser Stelle kommen wir auf das in Teil 3 erarbeitete polit-ökonomische Erklärungsmodell zurück. Zunächst soll das Ozongesetz hinsichtlich der theoretisch abgeleiteten Einflußfaktoren analysiert werden. Technisch gesprochen: Für die sieben unabhängigen Variablen müssen jeweils die entsprechenden Variablenwerte (Merkmalsausprägungen) anhand der zugehörigen Indikatoren ermittelt werden. Eine systematische „Überprüfung" der aufgestellten Hypothesen über das Zustandekommen symbolischer Gesetzgebung anhand des Ozongesetzes erfolgt dann im Zusammenhang mit den Ergebnissen der beiden anderen Fallstudien in Teil 5: A.II.

1. Objektive Problemsituation – Kosten des Problems, Nutzen einer Regelung

Die OBJEKTIVE PROBLEMSITUATION, welche der gesamte Ozon-/Sommersmog-Debatte zugrunde liegt, läßt sich durch das *Auftreten hoher Ozonkonzentrationen*, die viele als gesellschaftlich inakzeptabel ansehen, beschreiben.

Angesichts der extremen räumlichen und zeitlichen Variabilität von Ozonimmissionen stellt sich zunächst die Frage, wie sich die Höhe der Ozonbelastungen bündig, d. h. durch entsprechende Kennzahlen, beschreiben läßt. Wegen des nichtlinearen Dosis-Wirkungs-Zusammenhangs (hohe Ozonwerte sind überproportional

---

[278] Interview Opposition, 06. 07. 2000, A:015.
[279] Interview Opposition, 07. 12. 2000, A:206.
[280] Vgl. taz, 30. 06. 1995.
[281] Interview BMU, 15. 06. 2000, S. 5.

B. Das Ozongesetz und die Sommersmogproblematik 187

schädlicher als etwas niedrigere) wäre die Angabe von Durchschnittskonzentrationen, beispielsweise von Jahresmittelwerten, (öko-)toxikologisch kaum relevant[282]. Meist werden daher die Überschreitungen von Schwellenwerten, ab deren Erreichen mit bestimmten Schadwirkungen zu rechnen ist, herangezogen.

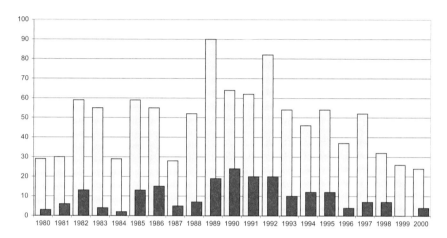

Abb. 10: Anzahl der Tage, an denen mindestens eine Meßstation in Deutschland Überschreitungen der Ozonkonzentration von □: 180 $\mu g/m^3$ bzw. ■: 240 $\mu g/m^3$ nach EU-Meßverfahren feststellt. Quelle: UBA (2000)

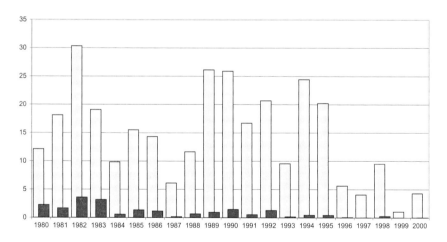

Abb. 11: Anzahl der Stunden mit Überschreitungen einer Ozonkonzentration von □: 180 $\mu g/m^3$ bzw. ■: 240 $\mu g/m^3$ nach EU-Meßverfahren, im Mittel über die jeweils betriebenen Meßstellen. Quelle: UBA (2000)

---

[282] Vgl. SRU (1994), Tz. 195.

Das Umweltbundesamt veröffentlicht regelmäßig die Häufigkeit der Überschreitungen von 180 $\mu g/m^3$ (Schwellenwert für die Unterrichtung der Bevölkerung nach 22. BImSchV) sowie von 240 $\mu g/m^3$, jeweils nach EU-Meßverfahren. Die an allen Stationen im bundesdeutschen Meßnetz ermittelten Überschreitungen werden nach zwei unterschiedlichen Verfahren zu jährlichen Kennzahlen – und damit sowohl räumlich als auch zeitlich – aggregiert: Zum einen wird die jährliche Anzahl der Tage gezählt, an denen mindestens eine Meßstation Überschreitungen des jeweiligen Schwellenwertes meldet (Abb. 10); zum anderen wird ermittelt, wie viele Stunden pro Jahr der Schwellenwert im Durchschnitt über alle Meßstationen überschritten wird (Abb. 11). Da kaum entscheidbar ist, welcher Index der aussagekräftigere ist, werden meist beide – jeweils für 180 und für 240 $\mu g/m^3$ – herangezogen. Daneben wird häufig noch die jährlich erreichte Ozon-Maximalkonzentration angegeben. Um im jährlichen Vergleich nicht mit jeweils fünf unterschiedlichen Kennzahlen operieren zu müssen, wurde zusätzlich ein Ozon-Index auf der Basis der Einzel-Kennzahlen errechnet (siehe Abb. 12 und Abb. 15).

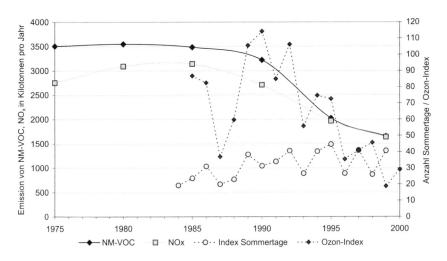

Abb. 12: Faktoren der Ozonbildung

Jährliche Emissionen der Ozon-Vorläufersubstanzen NM-VOC und NO$_x$ (Ost- und Westdeutschland), die durchschnittliche Anzahl von jährlichen Sommertagen[283] in Deutschland sowie zum Vergleich ein kumulierter Index über die Höhe der Ozonbelastung[284]. Quelle: UBA 1993, 2000, 2001 sowie eigene Berechnung.

---

[283] Die Zahl der Sommertage wurde als arithmetisches Mittel über die Anzahl der Sommertage im Norden, in der Mitte und im Süden Deutschlands berechnet.

[284] Der Index ergibt sich rechnerisch aus den vier in Abb. 10 und Abb. 11 dargestellten Größen sowie zusätzlich den jährlichen Ozon-Höchstwerten. Um die Vergleichbarkeit der einzelnen Maße zu gewährleisten, wurde jede der fünf Zeitreihen zunächst auf ihren zeitlichen arithmetischen Mittelwert normiert, so daß jedem Maß statistisch dieselbe Aussagekraft zukommt. Sodann wurde für jedes Jahr die Summe der fünf Einzelwerte gebildet. Dieser Ozon-Index – dem keine „reale" physikalische Bedeutung zukommt – ist in der Abbil-

B. Das Ozongesetz und die Sommersmogproblematik 189

Die Ozon-Immissionssituation hat sich in der Zeit vor Verabschiedung des Ozongesetzes (etwa von 1989 bis 1994) insgesamt verbessert. Dies belegen klar die beiden vorstehenden Abbildungen sowie der Ozon-Index in Abb. 12. Die ausgeprägten jährlichen Schwankungen der Ozon-Situation sind zu einem großen Teil auf unterschiedliche Witterungslagen zurückzuführen: So liegen die Ozon-Indizes in Jahren mit einer großen Zahl von Sommertagen – das sind Tage mit Höchsttemperaturen über 25 °C – im Mittel höher als in anderen Jahren (siehe nochmals Abb. 12). Angesichts der insgesamt steigenden Zahl jährlicher Sommertage erscheint die Verbesserung der Ozonsituation seit Ende der 1980er Jahre um so bemerkenswerter.

Erklären läßt sich dieser Trend durch die kontinuierliche Verringerung der Emissionen an Ozonvorläufersubstanzen seit Ende der 1980er Jahre (Abb. 12), die im wesentlichen den Wirkungen der GFAnlV und der Einführung des Abgaskatalysators zuzurechnen ist. Da zum Zeitpunkt der Verabschiedung des Ozongesetzes aufgrund der Übergangsfristen der GFAnlV, der fortschreitenden Modernisierung von Industrieanlagen in den neuen Bundesländern und der kontinuierlichen Erneuerung des Kraftfahrzeugbestandes (vgl. Abb. 13) noch mit weiteren Emissionsminderungen zu rechnen war, konnte man auch für die Folgejahre eine weitere Entspannung der Ozon-Situation erwarten.

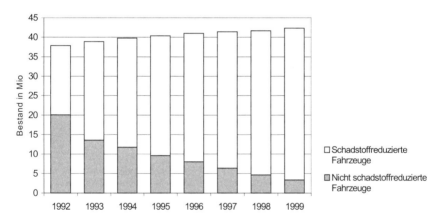

Abb. 13: Entwicklung des Bestandes schadstoffreduzierter Kfz in Deutschland.
Quelle: UBA (2000)

Um zu verstehen, welche negativen Folgen aus der dargestellten Ozon-Situation vor Verabschiedung des Ozongesetzes für die Betroffenen resultierten und in welchem Maße diese daher an einer (staatlichen) Problemlösung interessiert sein konnten, müssen die durch das Ozonproblem verursachten Kosten und der von einer gesetzlichen Regelung plausiblerweise zu erwartende Nutzen betrachtet werden.

---

dung dargestellt. – Zur Indexerstellung als „Reduktion des Merkmalsraums" vgl. Schnell/ Hill/Esser (1999), S. 160 ff.

Auf der Basis existierender Untersuchungen zu volkswirtschaftlichen Schäden gibt Wicke[285] den Gesamtschaden durch alle Arten von Luftverunreinigungen für die alte Bundesrepublik mit jährlich etwa 11,2 bis 18 Milliarden DM (in Preisen von 1992) an. Aufgrund einer großangelegten Bürgerbefragung[286] kann dieser Bilanz „objektiver" Schäden ein für das Bezugsjahr 1992 ermittelter „subjektiver" jährlicher Gesamtschaden durch Luftverunreinigungen von etwa 25 Milliarden DM gegenübergestellt werden[287]. Bei einem geschätzten Anteil der von Ozon verursachten an den gesamten Schäden durch Luftverunreinigungen von 20 Prozent[288] betrügen die dem Ozon zugeschriebenen Schäden somit jährlich *5 Milliarden DM*. Einzelne Untersuchungen kommen zu unterschiedlichen Ergebnissen: In den Niederlanden wurden die Ernteausfälle durch hohe Ozonwerte auf etwa 3 % geschätzt[289]; daraus errechnete der Umweltverband BUND für die EU-weiten Ernteschäden durch Ozon einen Betrag von 10 Milliarden DM[290] (wären etwa *2 Milliarden DM* für Deutschland). In den USA wurde der Wirtschaftsschaden durch Ozon mit 3 bis 5 Milliarden US-Dollar beziffert[291]; pauschal auf die Einwohnerzahl Deutschlands umgerechnet wären dies etwa *1,7 bis 2,9 Milliarden DM*.

Für den Nutzen, der von einer staatlichen Maßnahme gegen die hohen Ozonbelastungen zu erwarten war, sind aber nicht nur die *bisher entstandenen Schäden* relevant: Maßgeblich ist vielmehr das *Reduktionspotential* durch eine solche Maßnahme. Angesichts der von 1990 bis 1995 gesunkenen Ozonspitzen, der etwa 40prozentigen Reduzierung der Ozonvorläufersubstanzen von 1985 bis 1995 sowie der Erwartung einer weiteren Verbesserung der Situation[292] betrug der von einer Regelung zu erwartende Nutzen deutlich weniger als die oben errechneten Schadenswerte – zumal keine der diskutierten politischen Alternativen das Auftreten hoher Ozonkonzentrationen vollständig unterbunden hätte.

---

[285] Vgl. Wicke (1993), S. 80.

[286] Vgl. Werner Schulz (1985).

[287] Vgl. Wicke (1993), S. 81. Die erhebliche Diskrepanz zwischen beiden Schätzungen wird unter anderem dadurch erklärt, daß in der „objektiven" Bilanz einige Schadwirkungen aus forschungsökonomischen Gründen nicht erfaßt wurden. Wichtiger erscheint noch, daß immaterielle Werte wie Landschaftsverschandelung, Lärm- und Geruchsbeeinträchtigungen, die nicht zu nachweisbaren Gesundheitsschäden führen, sowie der subjektiv wahrgenommene Wert einer intakten Umwelt „an sich" nur Eingang in den durch Befragung ermittelten Gesamtschaden fanden (vgl. ebd., S. 80 f.).

[288] Eine europaweite Studie zu Umweltindikatoren (Goedkoop 1995) unterteilt sämtliche Luftschadstoffe in die Kategorien Sommersmog, Wintersmog und Schwermetalle, wobei ersterem ein Fünftel des Gesamtgewichtes zugeschrieben wird (ebd., S. 41).

[289] So das Ergebnis des wissenschaftlichen Ozon-Symposium, das im Auftrag des BMU, des bayerischen Umweltministeriums und der Kommission Reinhaltung der Luft im VDI und DIN im Juli 1991 in München durchgeführt wurde, vgl. BT-Drs. 13/1524, S. 6.

[290] Vgl. taz, 02. 08. 1994.

[291] Vgl. taz, 02. 08. 1994.

[292] So rechnete die Bundesregierung 1994 mit einer Reduzierung der NO_x- und VOC-Emissionen um jeweils 50 bzw. 55 Prozent bezogen auf den Zeitraum 1989 bis 2005; vgl. Umwelt (BMU) 7–8/1994, S. 280. (Bereits im Jahr 1999 waren diese Ziele erfüllt).

B. Das Ozongesetz und die Sommersmogproblematik   191

Festzuhalten bleibt, daß das Schadensausmaß durch Ozon zwar erheblich, das Verbesserungspotential durch eine rechtliche Regelung aber – angesichts der bei geltender Rechtslage ohnehin prognostizierten Entschärfung der Immissionssituation – als eher unbedeutend eingestuft werden muß.

2. Verfügbare Lösungsoptionen – Kosten einer Regelung

Diesen (geringen) antizipativen Nutzen einer effektiven Minderung der Ozonbelastung standen Kosten gegenüber, die von einer entsprechenden staatlichen Regelung an anderer Stelle zu erwarten waren. Hierzu müssen die verschiedenen Regelungsalternativen, die im Frühjahr 1995 zur Diskussion standen, betrachtet werden[293].

a) Langfristmaßnahmen

Zwar wurden im Vorfeld der Verabschiedung des Ozongesetzes immer wieder auch langfristig angelegte, technisch orientierte Lösungsoptionen diskutiert, vor allem[294]:
– eine Reduzierung der spezifischen Kfz-Emissionen im Wege einer deutlichen Verschärfung der europäischen Abgasgrenzwerte,
– die Stillegung von Fahrzeugen ohne Katalysator,
– die Einführung emissionsärmerer Kraftstoffe,
– eine Reduzierung der Lösemittelemissionen durch unterschiedliche Maßnahmen[295].

Spätestens mit der Einbringung der Bundesrats-Initiative zu Verkehrsbeschränkungen bei Ozonsmog standen solche Maßnahmen, die nach Angaben der Bundesregierung zum Großteil bereits – auf europäischer Ebene – eingeleitet oder geplant waren[296], jedoch nicht mehr ernsthaft zur Diskussion, da man hier keine Möglichkeit sah, rasch publikumswirksame Erfolge zu erzielen[297].

b) Kurzfristmaßnahmen

Die politischen Forderungen von seiten der Länder, der parlamentarischen Opposition, der Umweltverbände und der „herrschenden" (ver)öffentlich(t)en Mei-

---

[293] Vgl. bereits die unter Teil 4: B.II aufgeführten Möglichkeiten.
[294] Vgl. BT-Drs. 13/1754, S. 3 ff.
[295] Interview Koalition, 25. 10. 2000, A:245; Interview Koalition, 17. 01. 2001, A:135; Interview BMU, 06. 07. 2000, A:173.
[296] Vgl. Umwelt (BMU) 7–8/1994, S. 280.
[297] Interview BMU, 06. 07. 2000, A:173, 108.

nung richteten sich fast ausschließlich auf temporäre Verkehrsbeschränkungen zur unmittelbaren, kurzfristigen Absenkung sommerlicher Ozonspitzen. Es stellt sich nun die zentrale Frage, welche gesellschaftlichen Kosten für eine effektive Senkung der Ozonspitzen hätten aufgebracht werden müssen bzw. umgekehrt: welche antizipative Effektivität diejenigen Maßnahmen besaßen, die als gesellschaftlich „bezahlbar" angesehen wurden.

Zur Diskussion standen:
- temporäre Geschwindigkeitsbeschränkungen und / oder Fahrverbote
- ab Erreichen eines bestimmten Ozon-Grenzwertes
- für einzelne Städte, Regionen, Bundesländer oder noch größere räumliche Einheiten;
- für bestimmte Fahrzeugtypen und Personengruppen waren zudem Ausnahmen im Gespräch.

Die wissenschaftlichen Auswertungen des Ozon-Experimentes von Heilbronn / Neckarsulm[298] und der Hessen-weiten Geschwindigkeitsbeschränkungen[299] zeigten, daß temporäre, lokale Fahrverbote und selbst großräumige, temporäre Geschwindigkeitsbeschränkungen keinen signifikanten Effekt auf die Ozon-Immissionen ausübten. Befürworter kurzfristiger Verkehrsbeschränkungen zogen daraus den Schluß, der Ozon-Grenzwert liege noch zu hoch (Hessen verschärfte in der Folge den Grenzwert der Landes-Ozonverordnung[300]); deren Gegner hingegen sahen damit den Nachweis der Wirkungslosigkeit derartiger Maßnahmen erbracht[301].

Basierend auf diesen Untersuchungen und unter Einbeziehung der Ex-Ante-Wirkungsabschätzung des Ozongesetzes – vgl. Abschnitt IV.1.a)bb) – erscheint es realistisch anzunehmen, daß temporäre Verkehrsbeschränkungen nur dann zu einer kurzfristig effektiven Absenkung von Ozon-Spitzen geführt hätten, wenn

---

[298] Während der Ozonsmog-Episode vom 23. bis 26. Juni 1994 mit Maximalkonzentrationen von ca. 180 $\mu g/m^3$ galt in dem 40 Quadratkilometer großen Versuchsgebiet ein Fahrverbot für Kfz ohne geregelten Dreiwegekatalysator oder schadstoffarme Dieselfahrzeuge und betraf damit 60 Prozent der 285.000 die Region frequentierenden Fahrzeuge. Auf der Autobahn im Versuchsgebiet galt eine Höchstgeschwindigkeit von 60 km/h. Daneben drosselten einige der industriellen Hauptverursacher von VOC und NO_x ihre Produktion (vgl. taz, 24. 06. 1994). Die Auswertung des Versuchs ergab eine 40prozentige Reduktion der Fahrleistung sowie eine Verminderung der Konzentration von NO_x und VOC um 30 bzw. 15 Prozent. Keine meßbaren Veränderungen ergaben sich hingegen bei den Ozonkonzentrationen; vgl. Umweltministerium Baden-Württemberg (1995).

[299] Die Auswertung der hessischen Geschwindigkeitsbeschränkungen von 80 bzw. 90 km/h, die nach der Landes-Ozonverordnung bei Überschreiten des Grenzwertes von 215 $\mu g/m^3$ verhängt worden waren, zeigte „keine statistisch signifikanten immissionsseitigen Wirkungen des Tempolimits auf die Ozonwerte". Die Tempolimits hätten sich nur marginal ausgewirkt, weil die Verringerung bei den NO_x zu gering, die Maßnahmen lediglich auf Hessen beschränkt und zu kurz gewesen seien (vgl. SZ, 12. 06. 1995).

[300] Vgl. Fn. 123 auf S. 165.

[301] Vgl. Abg. Rieder (CDU/CSU), BT-Pl.Prot. 13/35 vom 11. 05. 1995, S. 2755.

B. Das Ozongesetz und die Sommersmogproblematik

– frühzeitig, d. h. bereits zu Beginn einer Schönwetterperiode und nicht erst mit Erreichen eines bestimmten Grenzwertes[302],

– längerandauernde,

– extrem großräumige[303] Fahrverbote

– mit nur minimalen Ausnahmen

erlassen worden wären[304]. Angesichts von 30 bis 40 „Sommertagen" pro Jahr[305] (Abb. 12) und ca. 50 bis 80 Tagen, an denen Ozonwerte von 180 µg/m3 überschritten wurden (Abb. 10) – bei einem Durchschnitt über alle Meßstationen von 10 bis 30 Tagen[306] – müßte der Straßenverkehr jeden Sommer mindestens für mehrere Wochen lang großflächig stillgelegt oder massiv eingeschränkt werden. Die gesellschaftlichen Kosten derartig großangelegter Maßnahmen lassen sich schwer beziffern, weil viele immaterielle Werte im Spiel sind. Zwar erklärte sich in mehrfachen Befragungen stets die weit überwiegende Mehrheit der Bevölkerung bereit, Verkehrsbeschränkungen bei Ozonsmog zu akzeptieren, das tatsächliche Verhalten bei landesweiten Ozonalarmen deutet jedoch auf das Gegenteil[307]. Erhebungen über die monetären Präferenzen der Bevölkerung, wie sie für die Nutzen von Luftreinhaltemaßnahmen genannt wurden, existieren – soweit ersichtlich – nicht. Entstehende Kosten wären in jedem Fall:

– hohe Verwaltungskosten für eine effektive Überwachung durch die Polizei[308];

– Überfüllung öffentlicher Verkehrsträger bzw. Kosten für die Schaffung zusätzlicher Ressourcen;

– Einschränkungen der Versorgungssituation durch Ausfälle im Wirtschaftsverkehr;

– wirtschaftliche Nachteile für die Verkehrsteilnehmer[309];

– mittelfristig möglicherweise Nachteile für die Automobilproduzenten und -händler;

---

[302] Vgl. VDI-N, 02. 06. 1995, S. 1; UBA (1995), S. 13.

[303] Nach Angaben des Abg. Rieder (CDU/CSU; BT-Pl.Prot. 13/35, S. 2756 A) hätte es hierzu Fahrbeschränkungen auf einem Gebiet von der Größe eines Hochdruckgebietes (mit einem Durchmesser von etwa 1000 km) gebraucht. Vgl. auch UBA (1995), S. 13.

[304] Vgl. auch UBA (1995), S. 16 ff.

[305] Diese und die folgenden Angaben beziehen sich auf den für die Entstehung des Ozongesetzes besonders relevanten Zeitraum von 1990 bis 1994.

[306] Vgl. UBA (1997), S. 159.

[307] Siehe oben S. 175.

[308] Siehe bereits S. 175. Die Einschätzung im Koalitionsentwurf (BT-Drs. 13/1524, S. 9), durch das Ozongesetz entstünden der öffentlichen Hand „nur unwesentliche Kosten", die „durch vermehrte Einnahmen des öffentlichen Personennahverkehrs" weitgehend ausgeglichen würden, mag für das absehbar ineffektive Ozongesetz zutreffen, erscheint aber für eine effektiv zu vollziehende Vorschrift als unrealistisch.

[309] Vgl. BT-Drs. 13/1524, S. 9.

– Rückgang des Sozialproduktes infolge sinkender Ausgaben (etwa durch wegfallende Ausflugs- und Urlaubsfahrten);
– allgemeine Einschränkung der persönlichen Freiheit des einzelnen.

Zugespitzt lassen sich die Handlungsoptionen Mitte der 1990er Jahre wie folgt charakterisieren: „Entweder wir finden uns mit der Ozonbelastung im Sommer ab, oder aber wir legen den gesamten Straßenverkehr in Europa still"[310]. „Wären sie [die Politiker aller Parteien – d. Verf.] ehrlich gewesen, hätten sie entweder erklärt, das Sommersmog-Problem sei ihnen nicht so wichtig; oder sie hätten zugegeben, daß es keine kurzfristig praktikable Lösung dafür gibt."[311]. Ein Mitarbeiter des BMU formulierte es so: „Für eine wirksame Ozonbekämpfung hätte man bereits Tage vor einer absehbaren Ozonsmog-Periode extrem großflächige Fahrverbote verhängen müssen. Dies ist aber nicht durchsetzbar, wenn man den Wirtschaftsstandort Deutschland nicht gefährden will"[312].

3. Komplexität der Regelungsmaterie

Abgrenzung des Problembereichs. Als wie komplex wurde das Regelungsproblem Ozon / Sommersmog gesellschaftlich-politisch wahrgenommen? Zunächst einmal muß klar sein, wie sich das Regelungsproblem (zu möglichen anderen Problemfeldern) abgrenzen läßt.

Dies fällt auf den ersten Blick nicht schwer: Wie Abb. 8 (S. 151) illustriert, läßt sich das Ozon- / Sommersmog-Problem klar durch eine Wirkungskette beschreiben, wonach bestimmte Quellen NO_x und NM-VOC emittieren, aus denen der Sommersmog entsteht, der sich schädlich auf Mensch und Umwelt auswirkt. Abgrenzungsprobleme bereitet aber der Ursachenfaktor „Straßenverkehr". Denn die Ozon-Debatte wurde – wie andere Umweltdebatten auch – von Vertretern ökologischer Interessen zum Anlaß genommen, die gesamte deutsche Verkehrspolitik und insbesondere den individuellen Kfz-Verkehr auf den Prüfstand zu stellen. Dadurch wurde die Diskussion um das Ozon oft zu einer rein verkehrspolitischen Diskussion; umgekehrt bekamen die Befürworter einer Neuorientierung in der Verkehrspolitik durch die wahrgenommene Ozon-Gefahr zusätzliche Argumente. Ozon- und verkehrspolitische Diskussion lassen sich so nicht immer klar auseinanderhalten.

Komplexität des Ist-Zustandes. Die Komplexität des als problematisch erachteten Ist-Zustandes bemißt sich nach der Anzahl der Angaben, die für seine adäquate Beschreibung notwendig sind. An erster Stelle ist die räumliche und zeitliche Variabilität der Schadstoffkonzentrationen zu nennen. Nach den Ausführungen im

---

310 Das Magazin Focus (36/1994, S. 48 ff., zitiert nach Siebert 1995, S. 93) faßt so die Ergebnisse einer von ihm in Auftrag gegebenen Studie des TÜV-Rheinland zusammen.
311 Die Zeit, 21. 07. 1995.
312 Interview BMU, 15. 06. 2000, S. 6.

B. Das Ozongesetz und die Sommersmogproblematik

Abschnitt I.1 sind beide als extrem hoch zu klassifizieren: Räumlich variiert die Konzentration des Sekundärschadstoffs Ozon nicht nur mit der Verteilung der Emissionsquellen der Vorläufersubstanzen, sondern auch mit der lokalen Strahlungssituation, der Windrichtung- und Geschwindigkeit sowie den Witterungsbedingungen in Gebieten der windzugewandten Richtung; scheinbar paradoxe Phänomene wie das Auftreten höherer Ozonkonzentrationen in Reinluftgebieten erhöhen noch die Problemkomplexität. Zeitlich variiert die Ozonimmission sowohl mit dem strahlungsrelevanten Tages- und Jahresgang als auch mit den Witterungsbedingungen sowie mit kurzzeitigen (Tages- und Wochengang) und langfristigen (technologisch-strukturellen) Veränderungen der Konzentration an Vorläufersubstanzen. Alles in allem ist dies eine schon naturwissenschaftlich schwer zu durchschauende und zu modellierende Vielfalt räumlicher und zeitlicher Einflußfaktoren. Noch komplexer erscheint die Ozonproblematik durch die vielfältigen, oft ungeklärten und zudem teilweise hoch umstrittenen Dosis-Wirkungs-Beziehungen (vgl. Abschnitt I.2) der akuten und chronischen Schäden auf Menschen, Pflanzen und Sachgüter. Auch die im Abschnitt 1 dargestellten Unsicherheiten, den Ist-Zustand überhaupt in geeigneter Weise zu quantifizieren, erhöhen dessen Komplexität.

Komplexität des Soll-Zustandes. Für den Soll-Zustand des Ozonproblems waren eine Vielzahl unterschiedlicher Werte im Gespräch. So galten allein in Deutschland der MAK-Wert, zwei VDI-Richtwerte, vier EU-Schwellenwerte (umgesetzt durch die 22. BImSchV) sowie zwei zusätzliche Eingreifwerte für das Ozongesetz, teilweise jeweils bezogen auf unterschiedliche Expositionsdauern; hinzu kamen vier Schwellenwerte der WHO[313], an denen sich auch die bundesdeutsche Ozondiskussion orientierte. Überhaupt waren die gesundheitlichen Folgen eines erhöhten Ozongehaltes „ähnlich schwer zu erfassen wie die komplizierten chemischen Vorgänge, bei denen das Reizgas in der unteren Atmosphäre entsteht"[314].

Komplexität der Lösungsmöglichkeiten. Sie ergibt sich aus der Vielzahl diskutierter Alternativen sowie aus dem jeweiligen Grad der Unsicherheit bezüglich ihrer ökologischen Wirksamkeit. Kennzeichnend für die Ozon-/Sommersmog-Debatte ist eine im zeitlichen Verlauf zunächst steigende Komplexität durch neu „entdeckte" Lösungsmöglichkeiten etwa bis zum Ende von Phase 2 (Abschnitt III.2). Danach ist eine Fokussierung der Diskussion auf verkehrspolitische Maßnahmen festzustellen. Auch in der letzten Phase ist die Komplexität des Lösungsraumes dennoch als mittelhoch zu charakterisieren: Zwar ging es im Kern nur noch um die beiden Alternativen Tempolimit und/oder Fahrverbot; die Diskussion um weitere Alternativen wie die genannten technischen Langfristmaßnahmen verebbte aber nie vollständig. Zudem blieb die Wirksamkeit aller Arten verkehrsbeschränkender Maßnahmen bis zuletzt umstritten. Weiterer Indikator für die Komplexität der Lösungsmöglichkeiten ist die fortwährende Vermengung unter-

---
[313] Vgl. BT-Drs. 13/1524, S. 9.
[314] So Prof. Wagner, Bundesgesundheitsamt (FAZ, 04. 08. 1993).

schiedlicher geplanter Maßnahmen in der Presse, so etwa die Gleichsetzung von Konzentrationswerte-Verordnung und Ozongesetz als „Sommersmogverordnung"[315].

Insgesamt ist die Komplexität des Ozon-/Sommersmog-Problems („schwer durchschaubare Materie"[316]) angesichts des zwar simplen grundlegenden Ursache-Wirkungs-Zusammenhangs einerseits, der zahllosen Unwägbarkeiten der Ozonentstehung sowie der Wirkung der propagierten Maßnahmen andererseits als recht hoch zu bezeichnen. Auch im Bundestag kam es immer wieder zu Mißverständnissen und Fehlinterpretationen der naturwissenschaftlichen Zusammenhänge[317]. Auffälligerweise betonte die Bundesregierung, welche die Kurzfristmaßnahmen in Grunde ablehnte, immer wieder die Komplexität der Materie und den weiteren Informationsbedarf[318], während sich für die Befürworter die Dinge stets einfach darstellten[319].

4. Öffentliche Aufmerksamkeit

Die ÖFFENTLICHE AUFMERKSAMKEIT beschreibt den Anteil der Öffentlichkeit am politischen Problemdruck in bezug auf das Ozon-/Sommersmog-Thema. Als erster und wichtigster Indikator hierfür wurden Datenbanken von Tages- und Wochenzeitungen nach der Häufigkeit der relevanten Berichterstattung ausgewertet[320]. Hierzu war es zunächst notwendig, geeignete Schlüsselwörter festzulegen, nach deren Vorkommen in Presseberichten gesucht werden sollte. Grundsätzlich kamen die Begriffe „Ozon" und „Sommersmog" in Frage sowie Wörter, die diese Begriffe als Wortanfänge enthalten wie beispielsweise „Ozonkonzentration", „Sommersmogverordnung" usw. Allerdings tritt der Begriff „Ozon" auch in Berichten über die Zerstörung der atmosphärischen Ozonschicht (das sogenannte Ozonloch) sowie über Anwendungen von Ozon als Entkeimungsmittel (etwa bei der Trinkwasseraufbereitung) auf. Um die Erwähnung von „Ozon" auf den Kontext der Sommersmogproblematik zu beschränken, wurde die Suche daher präzisiert auf alle Artikel, welche die Wortanfänge „Sommersmog" oder[321] „Ozonsmog" oder sowohl die Wortanfänge „Ozon", „Sommer" als auch „Smog" enthal-

---

315 Vgl. HB, 21. 07. 1993; FAZ, 29. 06. 1994.
316 Die Welt, 07. 06. 1995.
317 Vgl. nur etwa den Streit um die Wirkung temporärer Maßnahmen zwischen Abgeordneten der SPD und der FDP, BT-Pl.Prot. 13/35 vom 11. 05. 1995, S. 2761.
318 So befand der Parl. Staatssek. beim BMU Schmidbauer (BT-Pl.Prot. 12/33 vom 19. 06. 1991, S. 2676 B) mit Blick auf die Ozonentstehung: „Dies ist ein höchst komplexer Zusammenhang. Wer hier Maßnahmen durchsetzen will, die sich auf lineare politische Argumente gründen, der wird am Ende überhaupt keine Veränderung der Konzentration des Ozons erreichen".
319 Vgl. VDI-N, 05. 08. 1994, S. 3.
320 Siehe hierzu ausführlich bereits Teil 3: C.IV.2.
321 Gemeint ist stets das einschließende „oder".

ten. Die Resultate der Auszählungen verschiedener Pressedatenbanken mit unterschiedlichen Zeitintervallen sind in Abb. 14 und Abb. 15 dargestellt.

Wichtigstes Ergebnis ist eine seit Ende der 1980er Jahre zunächst allmählich, dann stärker ansteigende Intensität der Presseberichterstattung, wobei das Ozon-/Sommersmogproblem praktisch ausschließlich in den Perioden seines Auftretens, nämlich im Sommer, thematisiert wurde (vgl. Abb. 14). In den Sommern 1994 und 1995 erreichte die Berichterstattung[322] schließlich jeweils ein Höchstniveau von monatlich knapp 40 Artikeln; es wurde also täglich sogar mehrmals über das Thema berichtet. Die ÖFFENTLICHE AUFMERKSAMKEIT im Vorfeld der Verabschiedung des Ozongesetzes kann somit als hoch eingestuft werden[323].

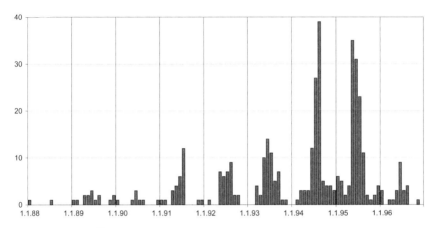

Abb. 14: Öffentliche Aufmerksamkeit zum Thema Ozon / Sommersmog

Monatliche Anzahl von Presseberichten zum Thema Ozon / Sommersmog bis zum Folgejahr der Gesetzesverabschiedung im Juli 1995. Quelle: Auszählung aus „taz"-CD-ROM 1986–2000.

Vergleicht man die Entwicklung der ÖFFENTLICHEN AUFMERKSAMKEIT mit derjenigen der Ozon-Immissionssituation (Abb. 15), so fällt auf, daß erstere keineswegs mit letzterer einhergeht. Vielmehr stieg die ÖFFENTLICHE AUFMERKSAMKEIT an dem Sommersmogthema am stärksten an und erreichte ihr Höchstmaß zu einer Zeit, da sich die Immissionssituation bereits wieder zu entspannen schien, zumindest aber im Vergleich zu den vergangenen zehn Jahren durchschnittliche Werte aufwies. Insofern scheint hier ein „Katastrophenparadox" im Sinne v. Prittwitz' vorzuliegen (also das psychologisch motivierte Phänomen, daß Probleme zur Vermeidung

---

[322] Für die monatliche Auszählung wurde die „taz" ausgewählt, da diese Zeitung unter den untersuchten Tages- und Wochenblättern bereits für frühe Jahrgänge elektronisch verfügbar ist und zudem am intensivsten über das Ozon-/Sommersmogthema berichtete und so eine höhere Relevanz der Auszählung erreicht werden konnte.

[323] In anderen Tageszeitungen wurde ein ähnlicher zeitlicher Verlauf festgestellt, wie Abb. 15 zeigt.

198   4. Teil: Empirische Fallstudien

kognitiver Dissonanzen erst dann angegangen werden, wenn sie lösbar erscheinen)[324]. Insbesondere scheint sich die Selbstläuferthese[325] zu bestätigen: Wurde einmal die „kritische Masse" erreicht, schritt die Intensität der öffentlichen Thematisierung in einem Selbstverstärkungsprozeß praktisch automatisch voran und verlor damit – etwa ab 1991 – die Rückkoppelung an die OBJEKTIVE PROBLEMSITUATION[326].

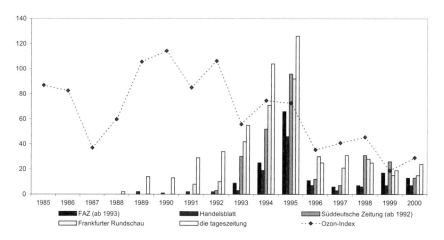

Abb. 15: Öffentliche Aufmerksamkeit zum Thema Ozon / Sommersmog

Jährliche Anzahl von Berichten in großen deutschen Tageszeitungen zum Thema Ozon / Sommersmog sowie zum Vergleich der Ozon-Index (vgl. Abb. 12). Quelle: Auszählung aus elektronischen Datenbanken.

Was die öffentliche *Meinung* zum Ozon- / Sommersmogthema betrifft, so lassen die vorliegenden demoskopischen Erhebungen nur indirekte Schlüsse zu. Nach einer Ipos-Studie wurden 1993 die Umweltverhältnisse von ost- und westdeutschen Befragten überwiegend als „(sehr) schlecht" bezeichnet[327]; für die Zukunft der Umwelt wurde nach dem Ozonloch am meisten die Luftverschmutzung gefürchtet[328]. Insgesamt werden die in Deutschland bestehenden Umweltschutzgesetze weit überwiegend als „nicht ausreichend" angesehen[329]. Im übrigen waren nach

---

[324] Siehe oben Teil 3: C.IV.1.b).
[325] Siehe oben Teil 3: C.IV.1.c).
[326] Die FAZ (26. 05. 1995) polemisierte: „Die Smogverordnung der Bundesregierung ist ein Placebo. Und das ist gut so. Denn die Hysterie, die plötzlich um den Sommersmog ausgebrochen ist, entbehrt – bislang jedenfalls – jeglicher nachprüfbaren Begründung".
[327] Vgl. Ipos (1993), S. 4.
[328] Vgl. Ipos (1993), S. 11 ff.
[329] Vgl. Ipos (1993), S. 21.

B. Das Ozongesetz und die Sommersmogproblematik   199

diversen Umfragen regelmäßig über Zweidrittel der Bevölkerung gewillt, Fahrverbote und Tempolimits bei Ozonsmog zu akzeptieren[330]. (Die innere Gespaltenheit der Mehrzahl der Bürger in dieser Frage bzw. der Unterschied zwischen – geäußerter – *Meinung* und – tatsächlichem – *Interesse* manifestiert sich in der Diskrepanz zwischen diesen Umfragewerten einerseits und der weitgehenden Nichtbefolgung nichtsanktionierter Verkehrsbeschränkungen[331] andererseits). Unmittelbar vor der Verabschiedung des Ozongesetzes hatte das Thema „Umwelt" besondere Konjunktur: Nach einer Emnid-Umfrage vom Mai 1995 rangierte die Angst vor Umweltgefahren an erster Stelle (40 Prozent der Befragten) vor der Angst vor sozialer Not (31 Prozent) und Verbrechen (21 Prozent)[332]. Einen Aufschwung in der Gunst der Wähler erlebte in der Zeit die Partei der Grünen, die sich in den Meinungsumfragen von 8 (9,2) Prozent im November 1994 auf 10 (13,8) Prozent im Juni 1995 verbesserten[333].

5. Interessen der relevanten Akteure

In bezug auf das Ozongesetz lassen sich eine Reihe unterschiedlicher INTERESSEN ausmachen, die im folgenden im Sinne der oben vorgeschlagenen Typologie[334] charakterisiert werden sollen.

a) Unternehmen

Da der Kfz-Verkehr einen Hauptverursacher des Sommersmogs darstellt, kann nach der Theorie des Interessendreiecks der Umweltpolitik[335] als typisches *Verursacherinteresse* die deutsche Automobilindustrie gelten. Diese sah sich als (indirekter) Kostenträger einer drohenden effektiven Maßnahme gegen den Sommersmog und lehnte als rational handelnder Akteur alle Maßnahmen ab, die den Kauf oder die Benutzung von Fahrzeugen verteuern oder ihre Benutzung erschweren

---

[330] Nach einer Emnid-Umfrage befürworteten 72 Prozent der Bevölkerung ein allgemeines Fahrverbot in Ballungszentren bei Überschreiten bestimmter Ozongrenzwerte, 22 Prozent lehnten dies ab (Der Spiegel, 10. 05. 1993, S. 14). Nach einer ZDF-Umfrage unterstützten 69 Prozent der Bundesbürger generelle Tempolimits; 86 Prozent befürworteten Tempolimits bei Ozonsmog, und 70 Prozent waren für ein Fahrverbot bei Ozonsmog (taz, 06. 08. 1994).

[331] Vgl. Fn. 177 u. 202.

[332] Vgl. Der Spiegel, 29. 05. 1995, S. 58.

[333] Die erste Zahl gibt die Antwort auf die Frage: „Welche Partei würden Sie wählen, wenn am nächsten Sonntag Bundestagswahlen wären?" an, die Zahl in Klammern die „Projektion", welche auch die längerfristigen Bindungen der Wähler berücksichtigt. Quelle: ZDF-Politbarometer (Forschungsgruppe Wahlen); verfügbar im Internet unter http://www.wahlrecht.de/umfragen/politbar/1995.htm.

[334] Siehe oben Teil 3: A.III.

[335] Siehe oben Teil 3: A.II.4.

und damit indirekt den Absatz von Fahrzeugen zu gefährden drohten[336]. Folgerichtig wurde zum einen das Ozonproblem als solches geleugnet oder seine Gefährlichkeit als gering eingeschätzt[337], zum anderen wurden verkehrsbeschränkende Maßnahmen als ungeeignet und unverhältnismäßig kritisiert[338]. Insbesondere wollte man temporäre Geschwindigkeitsbeschränkungen, wie sie teilweise bereits in einzelnen Länderverordnungen vorgesehen waren, auf Bundesebene unter allen Umständen verhindern, da man eine „Modellfunktion" für ein permanentes Tempolimit befürchtete, wenn sich in Begleituntersuchungen positive Wirkungen des Tempolimits nicht nur auf die Emission von Ozonvorläufersubstanzen herausgestellt hätten[339].

Demgegenüber fanden Überlegungen zu temporären Fahrverboten für nicht schadstoffarme Fahrzeuge – so sie nicht allzu häufig angewendet würden, sondern es im wesentlichen bei deren Androhung blieb – teilweise durchaus Zuspruch, da man darin einen Anreiz für potentielle Kunden zum Kauf niedrigemittierender Neuwagen sah[340]. Insofern besaß die Automobilindustrie neben dem Verursacherebenfalls ein gewisses *Helferinteresse*.

Auch andere Teile der Wirtschaft, namentlich die Logistikbranche, fürchteten Einbußen durch „willkürliche" Verkehrsbeschränkungen, die sich aus einem eingeschränkten Wirtschaftsverkehr für den Warenfluß ergeben hätten. Dies führte zu „Produktionsausfällen", die „letztlich den Standort Deutschland weiter ins Abseits führen würden"[341].

b) Wähler

Das Sommersmogproblem betraf prinzipiell jedermann. Insofern nicht andere Interessen im Einzelfall überwogen, mußten daher alle Wähler[342] – namentlich Eltern der als besonders gefährdet geltenden Kleinkinder – an staatlichen Maß-

---

[336] So auch Interview BMWi, 25. 05. 2000, B:032.

[337] Beispielhaft hierfür ist die Position des BDF im Rahmen der Öffentlichen Anhörung zum Ozongesetz im BT-Umweltausschuß am 19. 06. 1995, der darauf hinweist, daß Ozonbildung „zu allererst ein natürlicher Vorgang" sei und daß Ozon in Ballungszentren wie Los Angeles um ein Vielfaches höher lägen (Anlage zum Stenographischen Protokoll Teil I, S. 59).

[338] So bezeichnete etwa der Vorstandsvorsitzende der Daimler-Benz AG, Reuter, die Diskussion um Tempolimits bei Ozonsmog als „unsinnig" (vgl. taz, 31. 08. 1994). Der BMW-Vorstandsvorsitzende Pischetsrieder befand: „Jeder, der sich seriös damit befaßt, weiß, daß ein in Betrieb befindlicher Kat-Motor die lokale Ozonbelastung sogar vermindert" und sah die Diskussion um den Sommersmog nur als Vorwand, um die Bewegungsfreiheit des Autos einzuschränken (vgl. taz, 22. 05. 1995).

[339] Interview BMU, 15. 06. 2000, S. 3.

[340] Stellungnahme des DIHT zum geplanten Ozongesetz (AfUmwelt, Protokoll der Öffentlichen Anhörung vom 19. 06. 1995, Anlage II, S. 7 f.); Interview BMU, 15. 06. 2000, S. 4.

[341] Stellungnahme des BDF zum geplanten Ozongesetz (AfUmwelt, Protokoll der Öffentlichen Anhörung vom 19. 06. 1995, Anlage I, S. 62); Interview BMWi, 25. 05. 2000, B:032.

[342] Zur Definition siehe oben S. 105.

nahmen zur effektiven Absenkung von Ozon-Spitzenkonzentrationen interessiert gewesen sein. In der Tat bestand ein hohes allgemeine Interesse, wie die Ergebnisse zur Variable ÖFFENTLICHE AUFMERKSAMKEIT (siehe oben) nachdrücklich belegen. Es fand seinen besonderen Ausdruck in den Aktivitäten der Umweltverbände[343], welche die *Betroffeneninteressen* bündelten und das Thema politisierten (wenn auch erst nachdem einige politische Parteien es aufgegriffen hatten).

Da ein Großteil der Wähler aber nicht nur von hohen Ozonkonzentrationen betroffen, sondern als Autofahrer auch maßgeblich an deren Entstehung beteiligt war, nahmen die Wähler auch ein *Verursacherinteresse* ein. Hieraus resultierte eine Ambivalenz der Interessen: Zwar befürwortete ein Großteil der Bevölkerung Maßnahmen gegen den Sommersmog und war zu diesem Zweck laut Bekunden auch gewillt, temporäre Verkehrsbeschränkungen bis hin zu einem Fahrverbot in Kauf zu nehmen. Dem stand jedoch ein „Interesse des Bürgers an der Nutzung des von ihm erworbenen Kfz"[344] gegenüber. Tatsächlich hielt sich bei den landesweiten Ozonalarmen jeweils fast niemand an die verhängten Tempolimits.

c) *Politik und Ministerialbürokratie*

Brennglasartig konzentrierte sich das Spektrum der genannten Interessen in den Positionen der politischen Akteure. Grundsätzlich nahmen Politiker der bürgerlichen Parteien CDU, CSU und FDP die Interessen der Unternehmen und der Autofahrer auf, während Politiker der links-orientierten und ökologischen Parteien SPD, PDS und Die Grünen sich für die Interessen der Betroffenen und damit für den Umwelt- und Gesundheitsschutz einsetzten. Maßgeblich war diese Ausrichtung an ideologischen Positionen vor allem für die Interessenverteilung auf Bundesebene, aber auch für die Positionen der meisten Landesregierungen, von denen die SPD-geführten im Bundesrat die Mehrheit innehatten. Hauptverfechter verkehrspolitischer Ozon-Regelungen waren die im Vorfeld der Verabschiedung des Ozongesetzes an vier bzw. drei[345] Landesregierungen beteiligten Grünen[346]. Abweichend von diesem Schema unterstützte die niedersächsische SPD-Regierung die Interessen des in Wolfsburg ansässigen VW-Konzerns[347]. Noch im Bundeskabinett ließ sich eine Differenzierung nach ressortspezifischen Klientel-Interessen im Sinne der Ökonomischen Theorie der Interessengruppen feststellen: Während das BMU – unter dem Eindruck der Initiativen des Bundesrates und einiger Länder

---

[343] Siehe oben Fn. 86 auf S. 161.

[344] Stellungnahme des ADAC zum geplanten Ozongesetz (AfUmwelt, Protokoll der Öffentlichen Anhörung vom 19. 06. 1995, Anlage II, S. 2).

[345] Mit dem Wechsel der Bremer Koalition aus SPD, FDP und Grünen zu einer Koalition aus SPD und CDU am 14. 05. 1995 waren Die Grünen nur noch an drei Landesregierungen beteiligt.

[346] So auch Interview BMU, 15. 06. 2000, S. 4.

[347] Siehe bereits oben S. 167.

202   4. Teil: Empirische Fallstudien

– durchaus eine Ozonregelung favorisierte, betrieben sowohl das BMV als auch das BMWi eine Abschwächung der ursprünglichen Pläne[348].

d) Wissenschaft

Zu den wesentlichen Akteuren, die für das Zustandekommen des Ozongesetzes eine Rolle spielten, gehörte nach Ansicht vieler befragter Politiker auch „die Wissenschaft"[349], und zwar meist als Befürworter strenger Grenzwerte und weitreichender Maßnahmen zur Senkung der Ozonwerte. In die klassische Akteurstypologie der Ökonomischen Theorie der Politik lassen sich Wissenschaftler nicht ohne weiteres einordnen. Wohl aber können sie – ähnlich der Presse – als Themen-Promotoren angesehen werden, die zwar keine genuinen Eigeninteressen verfolgen, die aber die politische Behandlung von Problemen forcieren und ihnen damit zu einem „Durchbruch" verhelfen[350], wie ihn das Ozonthema erlebte.

6. Machtpositionen der relevanten Akteure

Um zu erklären, welche Interessen im Zuge der Entstehung des Ozongesetzes auf welche Weise (sachlich oder symbolisch) bedient werden, müssen deren MACHTPOSITIONEN – im Sinne von politischen Tauschmöglichkeiten[351] – analysiert werden. Aus Sicht der politisch Verantwortlichen sind dabei zum einen direkte Transfers politischer Güter zu und von den Wählern und relevanten Interessengruppen, zum anderen Austauschbeziehungen, die vermittelt über die Bundesländer und den Bundesrat stattfinden, zu berücksichtigen.

a) Unternehmen

Die deutsche Automobilindustrie stellt zweifellos einen der mächtigsten Akteure in Deutschland dar, soweit ihre (wirtschaftlichen) Interessen tangiert sind. Das hohe Einflußpotential in Bezug auf eine Sommersmog-Regelung resultierte dabei weniger aus den in der ÖTP klassischerweise thematisierten Informationsvorsprüngen: Sicherlich waren die beteiligten Unternehmen über die komplexen Zusammenhänge der Ozonentstehung und der Wirkung von Gegenmaßnahmen grundsätzlich im Bilde. Die politisch Verantwortlichen zogen es jedoch offenbar vor, sich in der Sommersmog-Frage bei wissenschaftlichen Institutionen und teilweise

---

[348] Siehe bereits oben S. 166; vgl. auch Interview Opposition, 06. 07. 2000, A:042; Interview Opposition, 07. 06. 2000, A:123, 137.

[349] Interview Koalition, 25. 05. 2000, A:050; Interview Opposition, 07. 12. 2000, A:083.

[350] Siehe oben S. 129.

[351] Siehe oben Teil 3: C.VI.

auch bei den Umweltverbänden zu informieren[352]. Die entscheidende Rolle spielte hingegen vermutlich die Marktmacht der Automobilbranche (Drohpotentiale: Verlust von Arbeitsplätzen, Abwanderung von Zukunftstechnologien), die – so sei hier unterstellt – vielen politisch Verantwortlichen stets so präsent ist, daß es im Falle des Ozongesetzes kaum einer aktiven Einflußnahme bedurfte.

b) Wähler

Das politische Tauschpotential der Wähler und damit deren Macht ist primär ihre Souveränität zur Wahlentscheidung, daneben aber auch deren Aufmerksamkeit und Meinung bezüglich politischer Themen und einzelner Politiker, wie sie regelmäßig demoskopisch erfaßt werden (und etwa in der Variable ÖFFENTLICHE AUFMERKSAMKEIT ihren Niederschlag finden). Da es zum Zeitpunkt der Entstehung des Ozongesetzes noch über drei Jahre bis zu den nächsten Bundestagswahlen dauerte, kann das Gesetzesvorhaben hierfür kaum als relevant angesehen werden, so daß die zukünftigen Wahlentscheidungen der Wähler für den politischen Entscheidungsprozeß des Ozongesetzes unmittelbar nur von untergeordneter Bedeutung waren. Wichtiger waren die hohe ÖFFENTLICHE AUFMERKSAMKEIT sowie der Druck von seiten der Umweltverbände im Sinne einer mittelbaren Wiederwahlrelevanz. Essentieller Faktor politischer Wählermacht war jedoch deren indirekte Repräsentation in den parteipolitischen Zusammensetzungen der Landesregierungen, die über den Bundesrat am Entstehen des Ozongesetzes maßgeblich beteiligt waren, es initiiert hatten und auch das Endergebnis erheblich beeinflußten. Der Bundesrat war zwar zum Zeitpunkt der Verabschiedung des Ozongesetzes dominiert von Ländern, in denen die SPD den Ministerpräsidenten stellte; dennoch gab es für die Länder, deren Regierungsparteien temporäre Verkehrsbeschränkungen bei hohen Ozonkonzentrationen aus ideologischer Position befürworteten (SPD-Alleinregierungen oder Koalitionen aus SPD und Grünen), keine klare Mehrheit im Bundesrat[353].

---

[352] Befragt nach den wesentlichen Akteuren, mit denen die politisch Verantwortlichen in Kontakt standen, blieb der Bereich der Automobilindustrie praktisch unerwähnt. Genannt wurden wiederholt der jeweilige politische Gegner, die Öffentlichkeit, die Wissenschaft sowie die Umweltverbände; vgl. etwa Interview Koalition, 25. 10. 2000; Interview Opposition, 07. 12. 2000, A:083; Interview Opposition, 07. 06. 2000, A:123, 137.

[353] Von insgesamt 68 Sitzen hielten die Länder mit SPD- oder SPD/Die Grünen-Regierung 34 Sitze, mit SPD/CDU- oder SPD/FDP-Regierungen 7 Sitze, die Länder mit CDU-, CSU- oder CDU/FDP-Regierungen 14 und mit CDU/SPD-Regierungen 13 Sitze.

7. Adressatenstruktur

Rechtsadressaten des Ozongesetzes waren letztlich die einzelnen Autofahrer. Diese bilden eine zwar äußerlich homogene Gruppe, sie treten aber rechtlich als Einzelpersonen auf, was das vollzugsrelevante Kriterium darstellt. Somit ist der Kreis der Rechtsadressaten in Bezug auf die Gesetzes*entstehung* als homogen, in Bezug auf die Gesetzes*anwendung* jedoch als extrem groß und heterogen zu charakterisieren.

VI. Analyse der Folgen und Wirkungen

1. Rechtsnormativ-sachliche Effektivität (RSE)

a) Direkte Wirkungen

Das Ozongesetz zeigte weder rechtsnormative noch direkte sachliche Wirkungen. In der Geschichte seines Bestehens von Juli 1995 bis Dezember 1999 wurden nur ein einziges Mal die Voraussetzungen für seine Anwendung erreicht. Am 12. August 1998 galt in Baden-Württemberg, Hessen, Rheinland-Pfalz für 24 Stunden ein Fahrverbot. Nach übereinstimmenden Presseberichten[354] und auch nach Einschätzung der Bundesregierung führte das verhängte Verkehrsverbot lediglich zu Verminderungen des Verkehrsaufkommens innerhalb der statistischen Schwankungsbreite; auch fand keine höhere Nachfrage nach ÖPNV-Leistungen statt. Auswirkungen auf die Ozonkonzentration waren nicht nachweisbar[355].

Daß das Ozongesetz wegen der für die Beantragung von Ausnahmegenehmigungen notwendigen Fahrten zu den Kreisbehörden sogar eine verkehrsinduzierende Wirkung gezeigt hätte[356], kann indes auf Grund der wenigen beantragten und gewährten Genehmigungen[357] nicht in nennenswertem Umfang bestätigt werden.

b) Indirekte Wirkungen

Führte das Ozongesetz aber möglicherweise indirekt zu einer Verkehrsvermeidung bei hohen Ozonwerten? Denkbar wäre eine beschleunigte Erneuerung des Fuhrparks – wie sie vom Gesetzgeber durchaus beabsichtigt wurde –, da ja schadstoffarme Kraftfahrzeuge vom Fahrverbot ausgenommen waren[358]. Solcherlei Fol-

---

[354] Vgl. nur FAZ, 13. 08. 1998; taz, 13. 08. 1998.
[355] Vgl. Umwelt (BMU) 12/1999, S. 595 f.
[356] So die Vermutung eines Abgeordneten; Interview Opposition, 06. 07. 2000, A:015.
[357] Vgl. näher den Bericht der Bundesregierung auf Grund des Bundesratsbeschlusses (BR-Drs. 398/95) vom 14. 07. 1995 in BR-Drs. 325/97 vom 28. 04. 1997, S. 2.

gen lassen sich schwer vollständig ausschließen; jedenfalls konnten sie empirisch nicht bestätigt werden: Zwar stieg auch nach Inkrafttreten des Ozongesetzes die Anzahl schadstoffreduzierter Fahrzeuge (absolut wie auch relativ zur Gesamtzahl bundesdeutscher Fahrzeuge); diese Entwicklung fand jedoch bereits vor 1995 statt und setzte sich danach mit derselben Tendenz fort (vgl. Abb. 13 auf S. 189); ein nennenswerter Effekt des Ozongesetzes hätte plausiblerweise eine Beschleunigung der Entwicklung herbeiführen müssen.

c) „Gratiseffekte"

Mit der angesprochenen verstärkten Nutzung schadstoffarmer Kraftfahrzeuge ist bereits ein erster „Gratiseffekt" genannt – eine zeitlich nachgelagerte Entwicklung im Sinne des sachlichen Gesetzesziels, die jedoch nicht kausal auf die Regelung, sondern auf andere Faktoren zurückzuführen ist. Gleiches gilt für die von Jahr zu Jahr sinkenden Gesamtemissionen der Ozon-Vorläufersubstanzen, die inzwischen zu einer deutlich verbesserten Ozonsituation geführt haben (vgl. die Abbildungen auf S. 151 und S. 187). Sie lassen sich plausibel durch den erwähnten Rückgang hoch emittierender Fahrzeuge sowie durch die industriellen Emissionsminderungen infolge der GFAnlV und der TA Luft 1986 erklären.

2. Symbolisch-politische Effektivität (SPE)

Konnte das Ozongesetz aber wenigstens seiner symbolisch-politischen Zielsetzung, die aufgebrachte Öffentlichkeit zu beruhigen, gerecht werden?

Wie Abb. 15 auf S. 198 zeigt, nahm das bis 1995 sukzessiv ansteigende Medieninteresse an dem Ozon- / Sommersmogthema nach dem Jahr der Verabschiedung des Ozongesetzes schlagartig ab. Einzig plausible Erklärung für diesen Abfall ÖFFENTLICHER AUFMERKSAMKEIT erscheint in der Tat eine effektive De-Thematisierung infolge der Verabschiedung des Ozongesetzes. Denn daß die seit 1996 gesunkenen Ozonkonzentrationen für diesen Effekt verantwortlich wären, widerlegt die Betrachtung der monatlichen ÖFFENTLICHEN AUFMERKSAMKEIT (vgl. Abb. 14 auf S. 197): Bereits in den Monaten unmittelbar *vor* dem möglichen Einsetzen hoher Ozonkonzentrationen (strahlungsbedingt regelmäßig frühestens im Mai) erschienen 1996 deutlich weniger Presseartikel als in den Vorjahren[359]. In dieser Zeit war ein ozonärmerer Sommer 1996 (vgl. Abb. 10, Abb. 11, Abb. 13) aber überhaupt noch nicht absehbar. Auch die mögliche Hypothese, daß die ÖFFENTLICHE AUFMERK-

---

[358] Sendler (1995, S. 2830) vermutet darüber hinaus, daß es bei angedrohten Fahrverboten zu einem Preisverfall für nicht schadstoffarme Fahrzeuge komme und diese so vom Markt verdrängt würden.

[359] 1996 erschienen von Februar bis April 2 taz-Artikel, in den vergleichbaren Vorjahreszeiträumen waren es jeweils 5 (1993), 6 (1994) und 11 (1995).

SAMKEIT an dem Ozon-/Sommersmogthema ohnehin im Laufe der Zeit nachgelassen hätte, erscheint angesichts der Abruptheit ihres Abfalls wenig plausibel. Vergleichsuntersuchungen zu den Verläufen öffentlicher Aufmerksamkeit an anderen (Umwelt-)Themen ergeben regelmäßig ein weitaus gemäßigteres Abklingen aufgrund von Ermüdungserscheinungen[360].

Im Lichte dieser Überlegungen bleibt nur der Schluß, daß es dem Gesetzgeber in der Tat gelungen ist, das Ozon-Thema äußerst wirksam aus dem Zentrum der öffentlichen Aufmerksamkeit zu verbannen. Schon durch diesen Effekt kann dem Ozongesetz eine hohe symbolisch-politische Effektivität zugesprochen werden.

Das leidige Ozon-Thema war also praktisch „vom Tisch", die Ozonverordnungen der Länder traten über die Sperrwirkung des Art. 72 Abs. 1 GG außer Kraft. Nicht zuletzt konnte der Gesetzgeber wegen der absehbaren Entschärfung der Situation sicher sein, daß nach Außerkrafttreten des Gesetzes am 31. Dezember 1999 kein erneuter Handlungsbedarf bestehen würde. Das sieht anscheinend auch die derzeitige rot-grüne Bundesregierung so; jedenfalls hat es seitdem keine rechtsförmigen Maßnahmen gegeben, die inzwischen stark zurückgegangene Ozonbelastung weiter zu reduzieren[361].

VII. Zwischenfazit[362]

Festzuhalten bleibt: Das Ozongesetz ist ein symbolisches, ist ein Alibigesetz. Um eine im Laufe weniger Jahre wegen des Sommersmogs zunehmend sensibilisierte Öffentlichkeit zu beruhigen, wurde ein Gesetz erlassen, das diesem Zweck – gemessen an der öffentlichen De-Thematisierung – vollauf gerecht wurde. Die tatsächlichen (damaligen) Gesundheitsgefahren durch Ozonimmissionen sind demgegenüber schwer abzuschätzen. Klar scheint indes, daß zur Hoch-Zeit der ÖFFENTLICHEN AUFMERKSAMKEIT nahezu alle effektiven und nicht mit unverhältnismäßigen Kosten verbunden Maßnahmen zur Reduzierung der Ozon-Vorläufersubstanzen (GFAnlV, Katalysator-Einführung) bereits ausgeschöpft waren, deren volle Wirksamkeit jedoch erst mit einigen Jahren der Verzögerung erwartet werden konnte. So gesehen muß die *gesamte* Politik zur Eindämmung des Sommersmogs – mit Ausnahme der fehlenden Regelungen im Bereich Lacke/Lösemittel – als durchaus effektiv und keineswegs bloß symbolisch angesehen werden, wie die bis heute deutlich zurückgegangenen Emissionen an Stickoxiden und Kohlenwasserstoffen belegen.

---

[360] Vgl. die „Diffusionskurven" bei Eisenschink (1996), S. 282 ff. Zur theoretischen Begründung siehe bereits oben S. 129 f. Selbst extrem kurzlebige Themen wie etwa die BSE-"Krise" von Herbst 2000 bis Frühjahr 2001 gewinnen schneller an öffentlicher Aufmerksamkeit als sie anschließend wieder verlieren (hierzu Schulte 2002, S. 369).

[361] Siehe bereits oben S. 169.

[362] Eine hypothesen- und variablenbezogene Diskussion der gewonnenen Ergebnisse erfolgt in Zusammenschau aller drei Fallbeispiele in Teil 5: A.

C. Der Vorrang der Abfallvermeidung und die Abfall(vermeidungs)problematik

Der Vorrang der Abfallvermeidung, wie er in § 4 Abs. 1 KrW-/AbfG normiert wurde, wird in der juristischen Literatur stark rezipiert und als Norm mit „Appellfunktion"[363] bzw. gar als „symbolisch"[364] bewertet. Die Vorschrift ist daher für eine nähere Untersuchung im Rahmen dieser Arbeit geradezu prädestiniert.

Vorab muß klar sein, auf welchen Gegenstand sich die Analyse genau bezieht. Im Falle des Ozongesetzes gab es hier keine Abgrenzungsschwierigkeiten, weil das gesamte, nur wenige Paragraphen umfassende Gesetz ohne weiteres als Einheit betrachtet werden konnte. Die Vorschriften zur Abfallvermeidung bilden hingegen nur einen Teilbereich des KrW-/AbfG; darüber hinaus besteht ein Zusammenhang zur immissionsschutzrechtlichen Abfallvermeidung in § 5 Abs. 1 Nr. 3 BImSchG. Alle entsprechenden Vorschriften werden daher als „Gesetz" im Sinne des Gegenstandes der vorliegenden Untersuchung angesehen. Alle anderen Regelungen des KrW-/AbfG, welche die Abfallvermeidung nicht betreffen, bleiben unberücksichtigt.

I. Abfallvermeidung als Lösung der Abfall- und Ressourcenproblematik

Abfallvermeidung dient zwei Zielen: der Verringerung des Verbrauchs knapper natürlicher Rohstoffe einerseits sowie der Reduzierung der Abfallmengen und den durch sie hervorgerufenen ökologischen Schäden andererseits[365]. Beiden Problemen gemeinsam ist, daß sie „Teilbereiche des gesamten gesellschaftlichen Stoffflußgeschehens" darstellen[366]. Sie sollen im folgenden kurz dargestellt werden, bevor im Anschluß die Abfallvermeidung als deren prioritäre Lösungsmöglichkeit im Rahmen der Zielhierarchie Vermeiden – Verwerten – Entsorgen umrissen wird.

1. Ressourcenproblematik: Verknappung natürlicher Rohstoffe

Natürliche Rohstoffe – unverzichtbar zur Produktion von Werkstoffen und Konsumgütern oder zur Energieerzeugung – sind ein knappes Gut, insbesondere die Lagerstätten fossiler Energieträger und mineralischer Rohstoffe sind begrenzt[367]. Seit dem Sichtbarwerden dieser Knappheit – etwa durch die Ölkrise in den 1970er

---

[363] Versteyl/Wendenburg (1994), S. 837.
[364] Schink (1999).
[365] Vgl. Looß/Katz (1995), S. VII.
[366] Vgl. Looß (1996), S. 402 f.
[367] Ausführlich Bossel (1990), S. 101 ff.

208 4. Teil: Empirische Fallstudien

Jahren – werden Strategien zur Schonung knapper natürlicher Ressourcen diskutiert. Erst seit neuerem, spätestens mit der UN-Konferenz für Umwelt und Entwicklung in Rio de Janeiro 1992, wurde der Gedanke der Nachhaltigkeit als einer Wirtschaftsweise, die der Umwelt nicht mehr Ressourcen entnimmt als natürlicherweise neu entstehen können, Allgemeingut der öffentlichen Debatte[368]. Die Vermeidung von Abfällen im Sinne einer Verringerung des Stoffdurchsatzes stellt damit einen wesentlichen Beitrag zur Schonung nicht erneuerbarer Ressourcen dar[369].

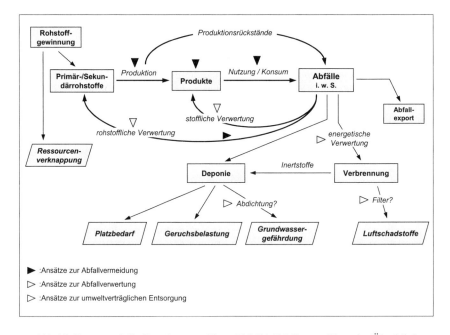

Abb.16: Das materielle Regelungsproblem Abfall / Abfallvermeidung im Überblick

Die Pfeile deuten kausale Wirkungsketten an, die Dreieckssymbole signalisieren Ansatzpunkte für mögliche Problemlösungen. Die dicken Pfeile beschreiben Stationen der Kreislaufwirtschaft, die schräg gedruckten Felder die wichtigsten ökologischen Probleme.

---

[368] Zwar war „sustainable development" bereits eine Forderung des Club of Rome (vgl. Meadows 1972); zumindest in der öffentlichen Diskussion wurde der Begriff erst im Zusammenhang mit der Rio-Konferenz öfter genannt, wie eine Analyse von taz-Artikeln im Zeitraum 1986 bis 2000 ergab.
[369] Vgl. etwa BT-Drs. 12 / 5672 vom 15. 09. 1993, S. 1.

C. Der Vorrang der Abfallvermeidung und die Abfall(vermeidungs)problematik 209

2. Senkenproblematik: Ökologische Schäden durch Abfälle

Wichtiger für die Entstehung des KrW-/AbfG überhaupt und besonders des Abfallvermeidungsgebotes waren die Ausprägungen der sogenannten Senkenproblematik. Abfälle müssen letztlich irgendwo verbleiben (siehe die Übersicht in Abb. 16): Entweder sie werden auf dem Erdboden (bzw. unter Tage) deponiert oder zur Energiegewinnung, Inertisierung[370] und Volumenreduzierung verbrannt, so daß nur noch die verbleibenden Schlacken deponiert werden müssen[371]. In beiden Fällen bereiten sowohl die Abfallmengen als auch toxische Wirkungen Probleme.

a) Probleme der Deponierung

Die Deponierung von Abfällen stellt in der Regel den letzten Schritt im Umgang mit Abfällen dar. Sie ist die älteste und technisch anspruchsloseste Form der Abfallentsorgung. Gerade weil Deponien als Abfall-Endlager auf Dauer angelegt sind[372], müssen die von ihnen ausgehenden Umweltgefahren besonders sorgfältig berücksichtigt werden.

Gefährdet ist vor allem die Reinheit des Grundwassers, des in Deutschland nach wie vor wichtigsten Trinkwasserreservoirs[373]. Viele Abfallarten, insbesondere Hausmüll, enthalten große Mengen organischer Stoffe, die unter den Temperatur- und Druckbedingungen einer Deponie mikrobiologisch abgebaut werden. In diesem „biochemischen Reaktor"[374] finden eine Vielzahl – nicht vollständig bekannter – chemischer Vorgänge statt, bei denen u. a. toxische Abbauprodukte entstehen und die im Abfall enthaltenen Schwermetalle freigesetzt werden. Das resultierende Substanzgemisch bildet zusammen mit den auf die Deponie auftreffenden Niederschlägen und gelösten Salzen das Deponiesickerwasser[375]. Um ein Eindringen ins Erdreich und letztlich in das Grundwasser zu verhindern, werden Deponien auf wasserundurchlässigem geologischen Untergrund errichtet (in neuerer Zeit wird zusätzlich eine Kunststoffolie verlegt, die jedoch im Laufe der Zeit biochemisch zersetzt werden kann). Zur Ableitung des Sickerwassers wird zudem eine Drainageleitung verlegt. Allerdings bieten auch modernste Vorrichtungen keinen hundertprozentigen Schutz, so daß immer ein gewisser Anteil der Sickerwässer ins Grund-

---

[370] Damit ist eine Absenkung der chemischen Reaktionsfähigkeit gemeint, so daß die in den deponierten Abfällen (bzw. Verbrennungs-Schlacken) enthaltenen Schadstoffe, insbesondere Schwermetalle, weniger leicht ausgewaschen werden können.
[371] Zu den Problemen von Abfallexporten siehe den nächsten Abschnitt.
[372] Vgl. SRU (1990), Tz. 1440.
[373] UBA (1994), S. 321
[374] Hierzu und zum folgenden vgl. Förstner (1995), S. 394 ff.; Heintz/Reinhardt (1996), S. 289 f.
[375] Vgl. auch SRU (1990), Tz. 1500 ff.

wasser gelangt[376]. Eine der Hauptgefahren konventioneller Deponien besteht darin, daß auf unabsehbare Zeiträume mit Emissionen gerechnet werden muß und zudem unklar ist, wie sich deren Langzeitverhalten auswirkt[377]. Ältere Deponien dieser Art, die noch nicht mit entsprechenden Schutzvorrichtungen ausgestattet waren, haben das Grundwasser bereits erheblich belastet[378] und werden heute als Altlasten mit großem finanziellen Aufwand saniert[379].

Bei der Zersetzung der organischen Abfallbestandteile entstehen auch größere Mengen an Deponiegas, das sich hauptsächlich aus Kohlendioxid und Methan zusammensetzt, aber je nach Abfallart und Abbauphase auch eine Vielzahl anderer, teilweise stark riechender und hochtoxischer Gase wie Schwefelwasserstoff (H_2S), organische Schwefelverbindungen, chlorierte Kohlenwasserstoffe und flüchtige Schwermetalle enthält[380]. Neben der oft erheblichen Geruchsbelästigung und der toxischen Wirkung der austretenden Gase trägt das entstehende Methangas zum anthropogenen Treibhauseffekt bei[381], andere flüchtige Kohlenwasserstoffe (NM-VOC) fördern die Entstehung bodennahen Ozons, und chlororganische Verbindungen gefährden zudem die Ozonschicht. Da das Deponiegas brennbar ist, besteht außerdem Brandgefahr, wodurch es zur Bildung und zur Emission weiterer Schadgase kommen kann[382]. Immerhin kann das Deponiegas zumindest teilweise kontrolliert abgeführt und verbrannt werden, es eignet sich jedoch kaum zur Energieerzeugung[383].

Des weiteren erfordert die Deponierung von (unbehandelten) Abfällen große Volumina und damit Landschaftsflächen, die auf Kosten anderer Nutzungsmöglichkeiten gehen. Angesichts der besonderen geologischen Anforderungen waren geeignete Standorte bereits Anfang der 1990er Jahre extrem knapp (vgl. Abschnitt V.1). Deponien beeinträchtigen außerdem das Landschaftsbild und sind infolge des Anlieferverkehrs mit Lärmbelastungen verbunden. Lästig sind ferner die Verwehung von Papier und leichten Kunststoffteilen aus offenen Deponien sowie das massenhafte Auftreten von Vögeln und Ratten[384].

---

[376] SRU (1990), Tz. 1946 ff.
[377] Vgl. SRU (1990), Tz. 1510 ff.
[378] Vgl. SRU (1990), Tz. 1953.
[379] Vgl. Förstner (1995), S. 299 m. w. N.
[380] Vgl. Heintz / Reinhardt (1996), S. 290; SRU (1990), Tz. 1520 ff.
[381] Methan (CH_4) ist als Treibhausgas 64mal so wirksam wie Kohlendioxid (CO_2); vgl. Intergovernmental Panel on Climate Change (1995).
[382] Vgl. Heintz / Reinhardt (1996), S. 290.
[383] Vgl. Heintz / Reinhardt (1996), S. 290.
[384] Vgl. SRU (1990), Tz. 1537.

C. Der Vorrang der Abfallvermeidung und die Abfall(vermeidungs)problematik 211

*b) Probleme der Abfallverbrennung
und sonstiger Abfallbehandlungsmethoden*

Angesichts der genannten Probleme der Deponierung werden Abfälle in zunehmendem Maße verbrannt (1994: 28 Prozent der Siedlungsabfälle in Deutschland)[385]. Durch diese thermische Abfallbehandlung[386] kann der im Abfall enthaltene Brennwert größtenteils zur Erzeugung von Strom und/oder Abwärme genutzt werden, weshalb auch oft von thermischer Verwertung die Rede ist. Das Gewicht der Feststoffe reduziert sich dadurch um etwa 60 bis 70 Prozent[387] – deren Volumen noch stärker –, und die verbleibenden Schlacken („Inertstoffe") können meist problemlos deponiert werden, da sie kaum mehr chemisch reagieren und entsprechend wenig das Sickerwasser kontaminieren.

Ökologische Probleme bereitet die thermische Abfallbehandlung, die üblicherweise in geschlossenen Anlagen betrieben wird, vor allem durch die Emission von Luftschadstoffen. Zu nennen sind insbesondere die Schadgase Chlorwasserstoff (HCl), Fluorwasserstoff (HF), Schwefeldioxid (SO_2), Stickoxide (NO_x) und Kohlenmonoxid (CO); flüchtige (Schwer-)Metalle (vor allem Quecksilber, Cadmium und Arsen) sowie polychlorierte Dibenzodioxine und -furane („Dioxin"), wobei das Tetrachlordibenzodioxin (TCDD) zu den giftigsten Umweltchemikalien überhaupt gehört[388]. Durch eine optimierte Feuerungstechnik kann der Entstehung einiger Schadstoffe (besonders CO und Dioxin) vorgebeugt werden. Zusätzlich können saure Schadgase (HCl, HF, SO_2) durch Rauchgaswäsche weitgehend aus dem Abgas entfernt werden. Ein Großteil der Schadstoffe im Abgas der Abfallbehandlungsanlage liegt nicht gasförmig, sondern gebunden an Staubpartikel vor. Diese können durch moderne Elektrofilter zu über 99 Prozent zurückzuhalten werden[389]. Dieser Flugstaub wird wegen seines hohen Schadstoffgehaltes meist als besonders überwachungsbedürftiger Abfall („Sondermüll") deponiert.

Ein geringer Teil der Siedlungsabfälle (1994: 2,4 Prozent) wird in biologischen Abfallbehandlungsanlagen kompostiert. Problematisch sind hier vor allem die entstehenden Geruchsemissionen[390] sowie der Schwermetallgehalt des oft als Dünger verwendeten Kompostes[391].

---

[385] Vgl. Heintz/Reinhardt (1996), S. 287.

[386] Hierzu zählen neben der Verbrennung auch sogenannte Pyrolyseverfahren, als deren Vorteile z. B. besonders inerte und damit ungefährliche Schlacken gelten; bis zur Einführung des KrW-/AbfG im Jahre 1994 war jedoch noch keine derartige Anlage im Einsatz; vgl. Heintz/Reinhardt (1996), S. 298 f.

[387] Vgl. SRU (1990), Tz. 1413.

[388] Vgl. Heintz/Reinhardt (1996), S. 292 ff.

[389] Vgl. Heintz/Reinhardt (1996), S. 291.

[390] Vgl. SRU (1990), Tz. 1158.

[391] Vgl. SRU (1990), Tz. 1163.

3. Entsorgen – Verwerten – Vermeiden: Was ist „Abfallvermeidung"?

Abfallentsorgung. Um die ökologischen Probleme des Anfalls von Abfall einzudämmen, bieten sich zunächst nachsorgende Techniken an – etwa verbesserte Rauchgasfilter und Deponieabdichtungen (vgl. Abb. 16, weiße Dreiecke). Sie sind aber kostspielig (vgl. Abschnitt V.1) und verringern nicht den hohen Stoffdurchsatz, womit weder das Mengenproblem der Abfälle gelöst noch die nicht erneuerbaren Ressourcen geschont werden.

Abfallverwertung. Historisch an zweiter Stelle nach einer umweltverträglichen Entsorgung stand der Gedanke des Recycling[392], d. h. der Wiederverwendung bzw. Wiederverwertung von Abfällen. Bei der Wiederverwendung kommen noch gebrauchsfähige Produkte oder deren Teile zu einem erneuten Einsatz (Beispiele: Pfandflaschen aus Glas oder Kunststoff, Altkleidersammlung). Wiederverwertung kann bedeuten, daß die in einem Abfallprodukt enthaltenen Stoffe zurückgewonnen werden und daraus neue Produkte entstehen können (stoffliche Verwertung). Beispiele sind das Recycling von Papier, Glas, Metallen oder bestimmten Kunststoffen. Abfallprodukte können aber auch in ihre chemischen Bestandteile zerlegt und so zu Sekundärrohstoffen verarbeitet werden (rohstoffliche Verwertung). Aus sehr heterogenen Kunststoffabfällen kann z. B. Öl gewonnen werden, aus dem sich neue (reine) Kunststoffe herstellen lassen. Bildlich betrachtet, wird aus einer ursprünglich linearen Abfolge von Produktion, Nutzung und Abfallentsorgung durch das Recycling ein Zyklus („Kreislaufwirtschaft"), der viele Male durchlaufen werden kann (vgl. Abb. 16, graue Dreiecke). Allerdings benötigt dieser Prozeß seinerseits Energie und Material, was wiederum Abfälle erzeugt. Zudem läßt sich kein Stoff endlos re-zyklieren, da bei jeder Nutzung und Umwandlung von Stoffen ein Teil der Materie sich der Verfügbarkeit durch (räumliche) Verteilung entzieht und die Reinheit von Stoffen durch Vermischung abnimmt. Diese Tatsache, die als Ausprägung des thermodynamischen Entropie-Gesetzes gilt[393], setzt der Kreislaufwirtschaft eine natürliche Grenze. Praktisch bedeutet dies, daß eine Wiederverwertung vieler Abfallarten ökologisch ineffektiv, ja kontraproduktiv wäre, da der mit ihr verbundene Energie- und Ressourcenverbrauch höher läge als derjenige der Abfallentsorgung und Neuproduktion auf der Basis von Primärrohstoffen[394].

Abfallvermeidung. Angesichts dieser Probleme rückt als grundsätzliche Alternative zur Kreislaufwirtschaft die absolute Verringerung der Stoffströme in den Vor-

---

[392] Zu diesem Begriff vgl. SRU (1990), Tz. 47.

[393] Georgescu-Roegen (1971) hat als erster das für die Erklärung von Energieumwandlungen entwickelte Entropiekonzept auf den Bereich der Materie ausgedehnt. Beispielsweise werden in Deutschland jährlich 40.000 Tonnen Reifenmaterial durch Abrieb in der Umwelt verteilt (SRU 1990, Tz. 60). Aus gebrauchten Reifen können zwar neue hergestellt werden, die zur Verfügung stehende Stoffmenge ist aber eine geringere als die ursprünglich eingesetzte.

[394] Vgl. SRU (1990), Tz. 65.

C. Der Vorrang der Abfallvermeidung und die Abfall(vermeidungs)problematik   213

dergrund, wodurch zugleich die natürlichen Ressourcen geschont und geringere Abfallmengen erzeugt werden. In diesem Sinne ist Abfallvermeidung mit Stoffstromvermeidung gleichzusetzen[395]. In einem weiteren Verständnis könnte als Vermeidung bereits gelten, was lediglich zu einem geringeren Anfall von Abfall führt. Recyclingaktivitäten, soweit sie die Abfallmengen insgesamt reduzieren, wären demnach bereits Maßnahmen zur Abfallvermeidung[396]. In Übereinstimmung mit der Begrifflichkeit des KrW-/AbfG soll in dieser Arbeit ausschließlich der engere Begriff der Abfallvermeidung verwendet werden. Nicht auszuschließende Abgrenzungsschwierigkeiten werden jeweils an entsprechender Stelle thematisiert.

Was aber genau heißt es, Abfälle zu vermeiden bzw. Stoffströme zu reduzieren? Produkte, so sei hier unterstellt, dienen der Befriedigung menschlicher Bedürfnisse. Weiter sei vorausgesetzt, die Bedürfnisbefriedigung soll nicht beeinträchtigt werden. Dann lassen sich, wie in Abb. 16 durch die schwarzen Dreiecke illustriert, Stoffströme reduzieren durch:

– abfallarme Produktionsverfahren[397];
– abfallarme Produkte, z. B. unter Verwendung leichter und schadstoffarmer Materialen und den Verzicht auf aufwendige Verpackungen[398];
– den Konsum abfallarmer Produkte[399] sowie
– eine Verlängerung der Nutzungsdauer oder Mehrfachnutzung von Produkten[400], so etwa durch
– Substitution von Produkten durch äquivalente Dienstleistungen (z. B. Mehrfachnutzung von Kfz durch „CarSharing")[401].

Abfallprobleme können schließlich, aus der Sicht eines einzelnen Landes, auch dadurch „gelöst" werden, daß Abfälle ins Ausland exportiert werden. Wie aber die Skandale um die größtenteils illegalen Abfallexporte im Herbst 1992 zeigten[402], verschlimmern diese für die Politik das Problem eher als daß sie es lösten.

---

[395] So das Verständnis bei Looß/Katz (1995), S. 14 f.; vgl. auch Schenkel/Reiche (1993), S. 191.
[396] So etwa das Verständnis des Entwurfs zum KrW-/AbfG von März 1993 (siehe unten S. 222).
[397] Vgl. Appold/Beckmann (1990), S. 324.
[398] Vgl. Looß (1996), S. 413 ff.
[399] Vgl. Appold/Beckmann (1990), S. 325.
[400] Ausführlich hierzu Börlin/Stahel (1993).
[401] Vgl. Börlin/Stahel (1993); Hockerts et al. (1993).
[402] Vgl. SZ, 18. 08. 1992.

II. Rechtliche Ausgangslage

1. Abfallvermeidung nach dem BImSchG

Die historisch erste Rechtsvorschrift, welche die Vermeidung von Abfällen zum Inhalt hatte, bezog sich auf die Produktion in genehmigungsbedürftigen Anlagen. Nach § 5 Abs. 1 Nr. 3 des 1985 novellierten BImSchG[403] waren genehmigungsbedürftige Anlagen so zu errichten und zu betreiben, daß

> Reststoffe[404] vermieden werden, es sei denn, sie werden ordnungsgemäß und schadlos verwertet oder, soweit Vermeidung und Verwertung technisch nicht möglich oder unzumutbar sind, als Abfälle ohne Beeinträchtigung des Wohls der Allgemeinheit beseitigt.

Zwar steht hier das Gebot der Vermeidung an erster Stelle, es wird jedoch nach herrschender Auffassung kein Vorrang vor der Verwertung postuliert, da durch die Formulierung „es sei denn ..." die Gleichrangigkeit beider Ziele herausgestellt wird. Die Wahl zwischen Vermeidung und Verwertung bleibt also dem Anlagenbetreiber überlassen[405]. Im Rahmen der Diskussion der Vermeidungspflichten nach dem KrW-/AbfG wird auf diese Vorschrift zurückzukommen sein.

2. Abfallvermeidung nach dem AbfG von 1986

Mit der vierten Novelle des Abfallgesetzes[406] wurde 1986 der Grundsatz der Abfallvermeidung in das Abfallrecht eingeführt. Nach § 1a Abs. 1 S. 1 AbfG waren Abfälle zu vermeiden; die Vorschrift richtete sich hauptsächlich an die Hersteller, Händler und Konsumenten von Produkten. Rechtsverbindliche Regelungen zur Vermeidung enthielt das Gesetz jedoch nicht; vielmehr wurde bereits in der genannten Vorschrift auf (zu erlassende) Rechtsverordnungen auf Grund von § 14 AbfG verwiesen. Zudem stand § 1a Abs. 1 S. 1 AbfG gleichberechtigt neben § 1a Abs. 2 AbfG, wonach Abfälle zu verwerten waren; eine klare Rangfolge war demnach nicht erkennbar[407].

Die eigentlichen Regelungen zur Abfallvermeidung fanden sich in den Verordnungsermächtigungen des § 14 Abs. 1 Nr. 3 und 4 sowie Abs. 2 S. 3 Nr. 2 bis 5

---

[403] Gesetz zur Änderung des Bundesimmissionsschutzgesetzes vom 04. 10. 1985, BGBl. I, S. 1950.

[404] Reststoffe sind – als Oberbegriff von Abfällen – gem. § 2 Nr. 4 BImSchG und 17. BImSchV sowohl feste, flüssige als auch gasförmige Stoffe; vgl. Jarass (1993), § 5, Rn. 62 f.

[405] In diesem Sinne Marburger (1986), C60; Meidrodt (1993), S. 67; Schimanek (1997), S. 92; für die Annahme eines Vermeidungsvorrangs vgl. Führ (1989), S. 192 f.; Hansmann (1990), S. 410.

[406] Gesetz über die Vermeidung und Entsorgung von Abfällen vom 27. 08. 1986, BGBl. I, S. 1410.

[407] Vgl. Backes (1987), S. 335; Klages (1988), S. 481; Tettinger (1988), S. 44; ausführlich hierzu auch SRU (1990), Tz. 186 ff.

C. Der Vorrang der Abfallvermeidung und die Abfall(vermeidungs)problematik 215

AbfG. Demnach konnten Rechtsverordnungen zu Rücknahme- und Pfandpflichten (§ 14 Abs. 1 Nr. 3 AbfG, Abs. 2 S. 3 Nr. 3), Produktverboten (§ 14 Abs. 1 Nr. 4, Abs. 2 S. 3 Nr. 2 AbfG), zur Trennung von Abfällen (§ 14 Abs. 2 S. 3 Nr. 4 AbfG) sowie zur Zweckbindung bestimmter Produkte (§ 14 Abs. 2 S. 3 Nr. 5 AbfG) erlassen werden. Als neues Verfahren der Rechtsetzung mit der bis dato stärksten Betonung des Kooperationsprinzips[408] war für die Verordnungen auf Grund von § 14 Abs. 2 AbfG vorgesehen, daß die Bundesregierung zunächst bestimmte Zielvorgaben zur Abfallvermeidung oder -verringerung veröffentlichte, bevor – subsidiär – entsprechende Rechtsverordnungen erlassen wurden. Mit Hilfe dieser Instrumente versuchte der Gesetzgeber, die Hersteller und Vertreiber von Produkten stärker in die Verantwortung zu nehmen und zu zwingen, bei der Gestaltung von Produkten deren Verwertbarkeit und den anfallenden Abfall mitzubedenken[409].

Eine Stärkung der Abfallvermeidung sah ferner auch § 11b Abs. 1 Nr. 4 AbfG vor, wonach der Betriebsbeauftragte für Abfall in Betrieben, in denen regelmäßig Sonderabfälle entstehen, auf die Einführung von Maßnahmen zur Abfallreduzierung hinwirken sollte[410].

3. Rechtsverordnungen auf Grund von § 14 AbfG: Die VerpackV

Auf Grund von § 14 AbfG wurde am 20. Dezember 1988 eine Verordnung über die Rücknahme und Pfanderhebung von Getränkepackungen aus Kunststoffen („PET-Verordnung")[411] erlassen und am 12. Juni 1991 durch die wesentlich weitreichendere Verordnung über die Vermeidung von Verpackungsabfällen (Verpackungsverordnung – VerpackV)[412] abgelöst. Ziel der VerpackV war es, Verpackungsabfälle zu vermeiden durch Volumen- und Gewichtsreduzierung, Wiederbefüllbarkeit sowie subsidiär die stoffliche Verwertung[413] von Verpackungen (§ 1 Abs. 2 VerpackV). Hierzu wurden die Hersteller und Händler formell verpflichtet, Transport-, Verkaufs- und Umverpackungen grundsätzlich zurückzunehmen und stofflich zu verwerten (§§ 4 S. 1, 5 Abs. 3 S. 2, 6 Abs. 2 S. 1 VerpackV). Durch die umgehende Einführung des Dualen Systems Deutschland (DSD) als eines Systems nach § 6 Abs. 3 VerpackV, das die flächendeckende Abholung gebrauchter Verkaufsverpackungen gewährleistet, konnte die Wirtschaft der Rücknahmepflicht

---

[408] Vgl. Kloepfer 1998, § 12 Rn. 62.
[409] Vgl. Schenkel / Reiche (1993), S. 187.
[410] Vgl. hierzu Versteyl (1992), § 11b, Rn. 5 ff.
[411] BGBl. I, S. 2455.
[412] BGBl. I, S. 1234, geändert durch Verordnung vom 26. 10. 1993, BGBl. I, S. 1782; inzwischen novelliert durch Verordnung vom 21. 08. 1998, BGBl. I, S. 2379. Gegenstand dieser Analyse ist die geltende Rechtslage vor Erlaß des KrW-/AbfG, d. h. die Fassung vom 26. 10. 1993.
[413] Die stoffliche Verwertung gilt insofern als eine Form der Abfallvermeidung.

jedoch entgehen[414]. Voraussetzung für das weitere Aussetzen der Rücknahmepflicht sind die im Anhang der Verordnung festgelegten Mengenvorgaben zur Abfallverwertung, wonach bis 1995 zwischen 64 und 72 Prozent (je nach Abfallart) aller im Hausmüll anfallenden Verpackungen stofflich verwertet werden mußten.

Zwar wurden zahlreiche Entwürfe für Verordnungen nach dem Muster der VerpackV veröffentlicht[415]; bis zum Inkrafttreten des KrW-/AbfG konnte jedoch keiner davon umgesetzt werden.

4. Abfallvermeidung nach europäischem Abfallrecht

Mit der Novellierung der Abfallrahmenrichtlinie (RL 75/442/EWG)[416] gilt seit 1991 europaweit ein klarer Vorrang der Abfallvermeidung vor der Verwertung. Nach Art. 3 Abs. 1 lit. a RL 75/442/EWG n. F. sind die Mitgliedstaaten gehalten, Maßnahmen zu treffen, um in erster Linie die Verhütung oder Verringerung der Erzeugung von Abfällen und ihrer Gefährlichkeit sowie in zweiter Linie die stoffliche Verwertung der Abfälle oder ihre energetische Nutzung zu fördern. Hierbei handelt es sich jedoch nach überwiegender Auffassung um eine Norm mit programmatischem Charakter[417], zumal auf Gemeinschaftsebene bis zum Erlaß des KrW-/AbfG keine Vorschriften erlassen wurden, die konkrete Maßnahmen zur Abfallvermeidung anordneten[418]. Ob mit den Regelungen des deutschen Abfallrechtes – insbesondere § 1a AbfG – der europarechtliche Vorrang der Vermeidung in ausreichendem Maße in deutsches Recht umgesetzt worden war, blieb bis zum Inkrafttreten des KrW-/AbfG strittig[419].

---

[414] Vgl. Kloepfer (1989), § 18, Rn. 71.

[415] So etwa für Verordnungen über die Entsorgung von Baurestabfällen (Januar 1990), zur Förderung von Getränkemehrwegsystemen (Dezember 1991), zur Vermeidung und Verwertung von Altpapier (September 1992), die Rücknahme von Altautos (August 1992), die Rücknahme und Verwertung von Batterien (Juni 1992) oder zur Vermeidung von Elektronikschrott (Juli 1991); vgl. im einzelnen Staeck (1999), S. 116 ff.

[416] Richtlinie 75/442/EWG des Rates vom 15. 07. 1975 über Abfälle (ABl. EG L 194, 39), geändert durch RL 91/156/EWG vom 18. 03. 1991 (ABl. EG L 78, 32), RL 91/692/EWG vom 23. 12. 1991 (ABl. EG L 377, 48).

[417] Vgl. Kersting (1992), S. 195; Schreier (1994), S. 54.

[418] Vgl. Schreier (1994), S. 54.

[419] Teilweise wurde in richtlinienkonformer Auslegung für § 1a AbfG ein Vorrang der Vermeidung angenommen; vgl. Schreier (1994), S. 55 m. w. N; für eine Ablehnung vgl. die Nachweise in Fn. 407.

III. Entstehungsgeschichte des Abfallvermeidungsgebotes im Rahmen der fünften abfallrechtlichen Novelle

Die Idee der Abfallvermeidung als Spitze der Zielhierarchie Vermeiden – Verwerten – Entsorgen ist eingebettet in einen weiten Kontext der gesamten Abfall- und Ressourcenproblematik. Ihre Entstehungsgeschichte ist daher auch eine Geschichte der Entwicklung des gesamten Abfallrechts,

– angefangen vom ersten Abfallgesetz 1972[420], das erstmals eine geordnete Abfallbeseitigung vorschrieb, um der wilden Müllkippen[421] Herr zu werden
– über das Abfallwirtschaftsprogramm 1975 der Bundesregierung, in dem bereits die Verminderung und Wiederverwertung von Abfällen – auch zur Schonung natürlicher Ressourcen – anvisiert wurde[422]
– und das AbfG von 1986 mit umfangreichen Regelungen zur Verwertung und ersten Ansätzen zur Abfallvermeidung
– bis hin zum Vorrang der Abfallvermeidung im KrW-/AbfG von 1994.

Die Ereignisse, die zu dem normierten Vorrang der Abfallvermeidung in § 4 Abs. 1 KrW-/AbfG führten, begannen 1990 mit den Überlegungen zu einer fünften Novellierung des Abfallgesetzes. Da die Entstehung und Ausgestaltung des § 4 Abs. 1 KrW-/AbfG einschließlich der entsprechenden Regelungen zur Umsetzung der Abfallvermeidung untrennbar mit dem gesamten Gesetzgebungsvorhaben verbunden sind, orientiert sich die folgenden Darstellung an der Entstehungsgeschichte des gesamten KrW-/AbfG.

1. Phase der Problemdefinition und Zielfindung (1990 bis Mai 1992)

Zielsetzungen zu Beginn der 12. Legislaturperiode. Bereits mit Beginn der neuen Legislaturperiode machte die Bundesregierung in der Koalitionsvereinbarung vom 16. Januar 1991 deutlich, daß sie einer Novelle des AbfG im Rahmen der Umweltgesetzgebung höchste Priorität einräumte, wobei der Vermeidung und Verwertung von Abfällen sowie der Verantwortung von Produzenten und Konsumenten für den gesamten Lebenszyklus von Produkten eine besondere Bedeutung zukam[423]. In seiner Regierungserklärung am 30. Januar 1991 betonte auch Bundeskanzler Kohl, „Abfallvermeidung und Abfallverwertung (...) müssen selbstverständlich werden. Dem entspricht die Bundesregierung mit der Novelle des

---

[420] Gesetz über die Beseitigung von Abfallstoffen (AbfG) vom 07. 06. 1972, BGBl. I, S. 873.
[421] Vgl. BT-Drs. 7/2401, S. 7
[422] Vgl. BT-Drs. 7/4826 vom 04. 03. 1975, S. 3, 6, 36. Zur Wirkung des Abfallwirtschaftsprogramms vgl. Klages (1991), S. 10.
[423] Vgl. Versteyl (1998), Einl., Rn. 91; Staeck (1999), S. 118.

AbfG, die auch eine Deponieabgabe auf Sonderabfälle einschließt"[424]. Diesen Zielsetzungen folgend, gab BMU Töpfer am 17. April 1991 das „Gesamtkonzept der Abfallpolitik der 12. Legislaturperiode" bekannt, worin an erster Stelle der „absolute Vorrang der Abfallvermeidung"[425] genannt wurde. Konkretes Ziel des BMU war es, die damals jährlich anfallenden 32 Millionen Tonnen Hausmüll zu halbieren[426].

Initiative des Bundesrates. Auf Antrag Bayerns – noch in der alten Legislaturperiode[427] – brachte der Bundesrat am 29. Mai 1991 einen Gesetzentwurf[428] zur Änderung des AbfG und des BImSchG in den Bundestag ein. Als Grund wurde die „besorgniserregende Situation der Abfallentsorgung" genannt, die es erforderlich mache, „alle Anstrengungen zur Vermeidung und (...) Verwertung zu unternehmen"[429]. Die Änderungsvorschläge betrafen im wesentlichen eine Ausweitung von Ermächtigungen der Bundesregierung zum Erlaß von Verordnungen zur Vermeidung und Verwertung. Die Zielhierarchie in § 1 a AbfG sollte zugunsten eines Vorrangs der Vermeidung vor der Verwertung vor der Entsorgung geändert werden. Zwar stimmte die Bundesregierung dem Entwurf im wesentlichen zu, empfahl aber dem Parlament, die von ihr für 1992 angestrebte Novellierung „aus einem Guß" abzuwarten[430]. Der Antrag des Bundesrates, über den am 17. Oktober 1991 das Plenum des Bundestages erstmals beriet, wurde schließlich am 15. April 1994 endgültig abgelehnt.

Vermeidungsanreiz durch Abfallabgabe? Das Scheitern des Abfallabgabengesetzes. Die erste gesetzgeberische Initiative der Bundesregierung zur Förderung der Abfallvermeidung und Reduzierung der Abfallmengen war die Konzeption eines Abfallabgabengesetzes (AbfAG). Hierzu legte der BMU im September 1991 den Entwurf eines AbfAG[431] vor, von dem Einzelheiten jedoch bereits Monate zuvor aus der Presse bekannt waren[432]. Ziel war es gemäß § 1 E-AbfAG, „Anreize für die Vermeidung einschließlich Verwertung sowie die umweltverträgliche Entsorgung von Abfall und die verminderte Inanspruchnahme von Deponieraum zu schaffen". Vorgesehen waren sowohl eine Vermeidungs- als auch eine Deponieabgabe, deren Höhe je nach Art und Gefährlichkeit des Abfalls zwischen 25 und 100 DM pro Tonne betragen sollte. Von den erwarteten Einnahmen in Höhe von

---

[424] Bundeskanzler Kohl, BT-Pl.Prot. 12/5, S. 77 B.
[425] Umwelt (BMU) 6/1991, S. 264.
[426] taz, 18.04.1991.
[427] BR-Drs. 528/90 vom 19.07.1990.
[428] BT-Drs. 12/631.
[429] BT-Drs. 12/631, S. 8.
[430] Stellungnahme der Bundesregierung zum Entwurf des Bundesrates in BT-Drs. 12/631, S. 15.
[431] Vgl. Umwelt (BMU) 10/1991, S. 463 ff. Der nahezu vollständige, aber nicht autorisierte Entwurf ist abgedruckt in Abfallwirtschaftsjournal 1991, S. 611–618.
[432] So titelte die SZ am 11.04.1991: „150 DM pro Tonne Sondermüll. Töpfers Abfallabgabe nimmt als ‚Arbeitsentwurf' Gestalt an"; vgl. auch Die Zeit, 30.08.1991.

C. Der Vorrang der Abfallvermeidung und die Abfall(vermeidungs)problematik 219

insgesamt 5 bis 6 Milliarden DM[433] sollten 40 Prozent für die Sanierung von Altlasten in den neuen Bundesländern verwendet werden[434].

Während Handwerk und Industrie die Abfallabgabe als wettbewerbsverzerrend, ungeeignet zur Steuerung der Abfallströme und insgesamt als unzumutbar hohe Belastung scharf kritisierten[435], begrüßten viele Bundesländer die geplante Regelung[436]. Noch im Mai 1993 hielten führende Umweltpolitiker im Bundestag[437] sowie die Umweltministerkonferenz die Einführung der Abgabe aus umweltpolitischen Gründen für dringend erforderlich[438]. Unterdessen wurden aus den Reihen des Kabinetts[439] verfassungsrechtliche Bedenken laut, da Sonderabgaben nur erhoben werden dürften, wenn sie den Abgabepflichtigen zugute kämen, was mit der Sanierung ostdeutscher Altlasten nicht der Fall sei. Sei es aus diesen verfassungsrechtlichen Gründen; sei es, weil in einer wirtschaftlichen Schwächephase zusätzliche Belastungen für die Wirtschaft nicht mehr mehrheitsfähig schienen[440]; oder sei es gar – wie ein Abgeordneter der Koalitionsfraktionen vermutete –, weil Bundeskanzler Kohl mit der Streichung der ihm ohnehin unliebsamen Abfallabgabe seinen parteiinternen Widersacher BMU Töpfer schwächen wollte[441], daß der – nie vom Kabinett gebilligte – Entwurf des AbfAG politisch zusehens an Bedeutung verlor, bis er im Zuge der Diskussion um das KrW-/AbfG schließlich ganz fallengelassen wurde[442].

2. Vorparlamentarische Phase: drei Regierungsentwürfe (Mai 1992 bis April 1993)

Referentenentwurf vom Juni 1992 („Töpfer-Entwurf"). Nachdem der BMU bereits im Mai 1992 dem Bundestags-Umweltausschuß in einem „Eckwertepapier" grundlegende Ideen der geplanten Abfallnovelle – unter anderem mit der Pflicht, Rückstände vorrangig zu vermeiden – vorgestellt hatte[443], legte er am 22. Juni

---

433 Vgl. Umwelt (BMU) 10/1991, S. 464.
434 Vgl. § 19 Abs. 2 des Entwurfs (Abfallwirtschaftsjournal 1991, S. 617).
435 Vgl. HB, 30. 09. 1991. Der Bundesverband Druck lehnte nicht nur den Entwurf, sondern die Priorität der Vermeidung vor der Verwertung überhaupt ab, denn „in einer freiheitlichen Gesellschaftsordnung gibt es keine überflüssigen Druckprodukte" (taz, 25. 10. 1991).
436 SZ, 15. 09. 1991; HB, 30. 09. 1991.
437 Interview Koalition, 06. 07. 2000, A:056, 066; SZ, 28. 07. 1993.
438 Vgl. Staeck (1999), S. 98 f.
439 So von BMJ Kinkel (FDP), BMI Schäuble (CDU) sowie BMWi Möllemann (FDP); vgl. taz, 25. 10. 1991.
440 So die Begründung des zuständigen BMU Referatsleiters Kleine (vgl. UmweltMagazin 5/1993, S. 48); ebenso Interview Koalition, 06. 07. 2000, A:056, 066.
441 Interview Koalition, 25. 05. 2000, A:153, 180.
442 Vgl. UmweltMagazin 5/1993, S. 48 f.; SZ, 27. 01. 1994.
443 Vgl. Staeck (1999), S. 126 f.

1992 den ersten Referentenentwurf für ein Rückstands- und Abfallwirtschaftsgesetz (E-RAWG) vor[444]. Zweck des geplanten Gesetzes war laut § 1 E-RAWG „die Förderung einer rückstandsarmen Kreislaufwirtschaft, um Abfälle zu vermeiden und natürliche Ressourcen zu schonen". Hierzu sollten die Verursacher von Abfällen in die Verantwortung genommen werden, wobei ihnen jedoch bei der Ausgestaltung der Vermeidung und Verwertung von Abfällen weite Spielräume gelassen wurden. Im Rahmen einer neuen Terminologie, wonach der Oberbegriff „Rückstände" (bisher: allgemein Abfälle) die verwertbaren „Sekundärrohstoffe" und die nicht-verwertbaren, zu beseitigenden „Abfälle" umfaßte, wurde in § 4 Abs. 1 E-RAWG eine Zielhierarchie aufgestellt, nach welcher Rückstände vorrangig vermieden und nicht-vermeidbare Sekundärrohstoffe verwertet werden sollten. Inwieweit ein strikter Vorrang der Vermeidung bestand, wie ihn noch das Eckwertepapier enthielt, blieb jedoch unklar[445]. Mit der gewählten Begrifflichkeit wurde zumindest deutlich, daß die Verwertung (von Sekundärrohstoffen) nicht als Vermeidung (von Rückständen allgemein) gelten sollte; nur eine Wiederverwendung nach dem ursprünglichen Zweck galt als Vermeidung. Zur direkten Steuerung der Abfallvermeidung ermächtigte § 13 Abs. 2 E-RAWG die Bundesregierung, die u. a. zur Vermeidung einzusetzenden Prozeßtechniken und Verfahren mittels Rechtsverordnung festzusetzen. Damit wären weitreichende staatliche Eingriffe in betriebliche Abläufe zulässig gewesen.

Der gesamte Entwurf wurde in den folgenden Monaten intensiv und vor allem kritisch diskutiert; am 13. August 1992 fand im BMU eine Anhörung betroffener Interessenverbände statt. Die Hauptadressaten des geplanten Gesetzes, Handel und Industrie, lehnten es praktisch einhellig ab. Zwar wurde das programmatische Ziel einer umweltverträglichen Kreislaufwirtschaft, bei der möglichst viel Abfall vermieden oder wiederverwertet werden soll, im Grundsatz überwiegend befürwortet[446]. Die geplanten Vorschriften zur Abfallvermeidung, insbesondere die entsprechenden Verordnungsermächtigungen, wurden jedoch übereinstimmend als zu weitreichende Eingriffe in die Privatautonomie strikt zurückgewiesen[447]. Von Seiten der Umweltverbände wurde der Entwurf zwar grundsätzlich begrüßt, gefordert wurde jedoch eine Konkretisierung der abfallpolitischen Ziele schon im Gesetz, nicht erst in später zu erlassenden Verordnungen (BUND)[448]. Die Grünen im Parlament lehnten den Entwurf jedoch als unzureichend ab und forderten ein Abfallver-

---

[444] Zum Referentenentwurf vgl. Versteyl (1998), Einl., Rn. 93; Staeck (1999), S. 127 ff.

[445] Zwar spricht der Wortlaut für einen Vorrang der Vermeidung; Laut BMU Töpfer gab es in dem Entwurf jedoch „keinen allgemeinen Vorrang der Vermeidung von Rückständen vor der Verwertung von Sekundärrohstoffen. Ein solcher Vorrang würde zu weitreichenden Eingriffen in Bereiche führen, die grundsätzlich der Stoff- und Energiepolitik der Wirtschaft vorbehalten sind" (Töpfer 1992, S. 442).

[446] So etwa von seiten des BDI (vgl. Dittmann 1992, S. 448); vgl. auch SZ 17. August 1992.

[447] Hierzu ausführlich unten Teil 4: C.V.5.

[448] Vgl. SZ, 17. 08. 1992; vgl. auch die bei Ewen/Friedrich (1992) vorgetragenen Kritikpunkte des Freiburger Öko-Instituts.

meidungsgesetz[449]. Die Kritik der kommunalen Spitzenverbände zielte im wesentlichen auf eine Verkomplizierung der Verfahrensregeln (und damit des Vollzuges) sowie eine zu weitreichende Übertragung von Verantwortlichkeiten auf die Kommunen als entsorgungspflichtige Körperschaften; bezüglich der Abfallvermeidung wurde lediglich bemängelt, daß den Kommunen hierfür keine ausreichende Handhabe zur Verfügung stehe[450].

Abfallexporte und drohender Entsorgungsnotstand. Unterdessen spitzte sich der Handlungsbedarf in Sachen Abfallvermeidung zu, da die Kapazität an Abfallentsorgungsmöglichkeiten vielerorts rapide abnahm, so daß das Wort vom „Entsorgungsnotstand" die Runde machte[451]. Die Situation verschärfte sich noch dadurch, daß die bis dato gängige Praxis deutscher – legaler wie illegaler – Abfallexporte[452] im Spätsommer 1992 ein abruptes Ende fand: Nachdem im Mai 1992 das Baseler Übereinkommen, das Abfallexporte grundsätzlich untersagte, in Kraft getreten war und als Hausmüll getarnte Krankenhausabfälle nach Frankreich Schlagzeilen gemacht hatten, sperrte die französische Regierung ihre Grenzen für entsprechende Lieferungen[453]. Auch Exporte in osteuropäische Länder wurden nach deren Bekanntwerden zunehmend unterbunden[454]. Damit jedoch fehlten deutschen Abfallentsorgern mit einem Schlag „Entsorgungs-"Kapazitäten von etwa einer Million Jahrestonnen Abfall; Sonderabfall wurde bis dato nur zu einem Drittel im Inland entsorgt[455]. In Städten mit besonders hohem Anteil exportierter Abfälle wie Ulm oder Heidelberg sanken die Entsorgungskapazitäten binnen Wochenfrist auf null, so daß es hieß: „Nur Müllexport verhindert den Abfallnotstand in Deutschland"[456].

Zweiter BMU-Entwurf vom Oktober 1992. Noch im Oktober desselben Jahres wurde ein neuer Entwurf vorgelegt. Zuvor hatten führende Wirtschaftsverbände in einem Schreiben an Bundeskanzler Kohl sowie an die beteiligten Ressortchefs appelliert, auf die geplanten, „unverhältnismäßig detaillierten" abfallwirtschaft-

---

[449] Vgl. SZ, 17. 08. 1992.

[450] Vgl. Doose (1992), S. 450 ff.

[451] So litt etwa die hessische Industrie an einem „Entsorgungsnotstand" (FAZ, 14. 05. 1991); in München drohte der „Müllnotstand" (FAZ, 01. 10. 1991); das Ruhrgebiet stand vor einem „akuten Müllnotstand" (HB, 18. 02. 1992); in Heidelberg und Ulm war der Müllnotstand bereits erreicht (FAZ, 21. 08. 1992).

[452] Grund waren die wesentlich geringen Entsorgungskosten im Ausland. So kostete die Entsorgung einer Tonne Hausmüll in Frankreich oft weniger als 50 DM statt über 150 DM in Deutschland (vgl. taz, 22. 08. 1992).

[453] FR, 20. 08. 1992.

[454] Beispiel für eine besonders publikumswirksame Maßnahme war die Rückholung deutschen Giftmülls aus Rumänien durch die Umweltorganisation Greenpeace (taz, 15. 09. 1992). Im September 1992 einigten sich Bund und Länder schließlich darauf, ab sofort keine Hausmüllausfuhren mehr zu genehmigen (SZ, 15. 09. 1992).

[455] FAZ, 21. 08. 1992.

[456] FAZ, 21. 08. 1992.

lichen Regelungen zu verzichten, da andernfalls effizientere Regelungsmechanismen des Marktes gehemmt würden[457]. Nicht nur an dieser Intervention zeigt sich ein wachsender Einfluß der Wirtschaft im gesamten Entstehungsprozeß des KrW-/AbfG, sondern auch daran, daß das BMWi – das sich als Vertretung wirtschaftlicher Interessen sah[458] – eine zunehmend stärkere Rolle bei der Ausgestaltung der Entwürfe spielte[459].

Dementsprechend war der zweite Entwurf gegenüber dem ersten bereits „wirtschaftsfreundlicher" ausgestaltet und verfolgte das Ziel der Abfallvermeidung weniger konsequent. So bestand die Zielsetzung nur noch in der „Förderung einer abfallarmen Kreislaufwirtschaft"; zur Abfallvermeidung wurde bereits die energetische Verwertung von Rückständen" gezählt (§ 3 Abs. 5 Nr. 3 E-RAWG). Vor allem aber wurden die Verordnungsermächtigungen entschärft, staatliche Eingriffe in Prozeßtechniken waren nicht mehr vorgesehen. Auch die noch im „Töpfer-Entwurf" enthaltene Vorschrift in § 5 Abs. 2 E-RAWG entfiel: Danach waren genehmigungsbedürftige Anlagen so zu errichten und zu betreiben, daß Rückstände vermieden sowie die Pflichten nach Abs. 1 – Rückstände 1. zu vermeiden, 2. stofflich zu verwerten, 3. energetisch zu verwerten und 4. als Abfall zu entsorgen – erfüllt wurden. Nunmehr galt die weniger stringente Pflichtenhierarchie des § 5 Abs. 1 Nr. 3 BImSchG[460].

Regierungsentwurf vom März 1993. Nach längeren Verhandlungen zwischen BMU, BMWi und den Wirtschaftsverbänden legte der BMU einen dritten, gegenüber dem vorigen nur geringfügig überarbeiteten Entwurf für ein „Kreislaufwirtschafts- und Abfallgesetz" vor, der am 31. März 1993 vom Kabinett verabschiedet wurde. Die vorgenommenen Änderungen betrafen die Regelungen zur Abfallvermeidung jedoch kaum. In dem Entwurf wird nunmehr eine gleichwertige Priorität von Vermeidung und Verwertung vor der Entsorgung angenommen[461], was auch in der Gesetzesbegründung[462] unter den „Zielen des Gesetzes" deutlich zum Ausdruck kommt[463]. § 4 Abs. 1 E-KrW-/AbfG lautete:

> Die Vermeidung von Abfällen in Form der abfallarmen Kreislaufwirtschaft hat Vorrang vor der Abfallentsorgung. Der Vorrang der abfallarmen Kreislaufwirtschaft gilt immer

---

[457] Dittmann (1992), S. 447.

[458] Interview BMWi, 25. 05. 2000, A: 434; Interview BMU, 04. 07. 2000, A:343.

[459] So auch die auf eine eigene empirische Analyse gestützte Einschätzung Staecks (1999, S. 143).

[460] Siehe bereits oben Teil 4: C.II.1.

[461] Andererseits habe dem Gesetzenwurf laut BMU Töpfer dem Gesetz „die Rangfolge Vermeidung – Recycling – Müllverbrennung – Abfallbehandlung und Abfallentsorgung" zugrunde gelegen (SZ, 01. 04. 1993).

[462] BT-Drs. 12/5672.

[463] Gleichwohl ist die zweistufige Zielhierarchie Kreislaufwirtschaft (= Vermeidung von Rückständen = Vermeidung plus Verwertung von Abfällen) vor Entsorgung nicht durchgängig durchgehalten; in der Begründung zu § 4 ist wieder von der dreistufigen Zielhierarchie Vermeidung – Verwertung – Entsorgung die Rede.

C. Der Vorrang der Abfallvermeidung und die Abfall(vermeidungs)problematik   223

dann, wenn der Verwertungszweck überwiegt und die Entsorgung der nichtverwertbaren Bestandteile als Abfall sichergestellt ist.

Während die Koalitionsfraktionen CDU/CSU und FDP und auch BMWi Rexrodt (FDP) den Gesetzentwurf begrüßten, kritisierten Politiker der SPD den Entwurf als Torso, der erst bei den Produkten und ihrem Gebrauch statt schon bei deren Produktion ansetze[464]. Auch habe der politische Kompromiß zwischen Umweltschutz- und Wirtschaftsinteressen zu „Wischi-Waschi-Regelungen" geführt, die von jedem nach Gusto auszulegen seien. So sei zwar die Vermeidung von Abfällen Pflicht, es mangele jedoch an konkreten Vorschriften hierzu[465].

3. Parlamentarische Phase (April 1993 bis September 1994)

Stellungnahme des Bundesrates. Nachdem der Regierungsentwurf am 16. April 1993 dem Bundesrat zugeleitet worden war[466], signalisierten Politiker der Länder bereits vor dessen offizieller Stellungnahme eine Ablehnung des Entwurfes im Bundesrat, da er zu viele Mängel aufweise, wie etwa die zahlreichen Verordnungsermächtigungen und das Fehlen einer grundsätzlichen Priorität der Abfallvermeidung[467]. Trotz der erheblichen Änderungen – im Sinne von Konzessionen an die wirtschaftlichen Interessen –, die der ursprünglichen „Töpfer-Entwurf" erfahren hatte, wurde der Regierungsentwurf auch von der Industrie wegen der befürchteten weitreichenden staatlichen Eingriffsmöglichkeiten in Produktgestaltung und Prozeßtechniken scharf kritisiert[468].

In seiner Stellungnahme[469] vom 28. Mai 1993 kritisierte der Bundesrat – in dem die SPD-geführten Länder die Mehrheit hatten – den vorgelegten Regierungsentwurf aufs Schärfste. In den etwa 100, zum Teil einander widersprechenden, Änderungsvorschlägen manifestierte sich nicht nur die Diskrepanz der Ansichten von Bundesregierung und den Ländern, sondern auch die Heterogenität der Länderinteressen untereinander. In bezug auf die Abfallvermeidung wurde insbesondere die Wiedereinführung der seit dem „Töpfer-Entwurf" abgeschwächten Zielhierarchie mit der Priorität der Abfallvermeidung angemahnt.

Koalitionsentwurf. Angesichts dieser nahezu einmütigen Ablehnung des Gesetzentwurfes, wenn auch je nach Interessenlage der beteiligten Akteure aus den unterschiedlichsten Gründen, hatte sich bereits im Frühjahr 1993 eine Arbeitsgruppe

---

[464] So der umweltpolitische Sprecher der SPD-Fraktion Müller (vgl. SZ, 01. 04. 1993).

[465] So die stellvertretende SPD-Umweltsprecherin Caspers-Merk, vgl. Der Spiegel, 05. 04. 1993, S. 32 f.

[466] Vgl. BR-Drs. 245/93 vom 16. 04. 1993.

[467] So etwa der baden-württembergische Umweltminister Schäfer (SPD), vgl. HB, 04. 05. 1993.

[468] Vgl. FAZ, 01. 04. 1993.

[469] Vgl. BR-Drs. 245/93.

von Abgeordneten der Koalitionsfraktionen konstituiert, um einen mehrheitsfähigen Entwurf zustandezubringen. Dieser Koalitionsarbeitsgruppe gehörten vor allem die Berichterstatter von CDU/CSU und FDP im Bundestags-Umweltausschuß an. Mitausschlaggebend dafür, daß nunmehr das Parlament „die Federführung übernahm"[470], waren die im Entwurf vorgesehenen zahlreichen Ermächtigungen für Verordnungen, die nicht der Zustimmung des Bundestages bedurften; eine solche Politik „am Parlament vorbei" wollte man nicht länger hinnehmen[471]. In ihrem im Juli 1993 vorgestellten Zehn-Punkte-Programm, das die Richtung für die weitere Überarbeitung des Gesetzentwurfs anzeigen sollte, ließen die Berichterstatter das Thema Abfallvermeidung weitestgehend unerwähnt, kritisierten allerdings die „unnötigen staatlichen Eingriffe in die Produktion". Im übrigen wurden „ökonomische" Instrumente wie etwa Abfallabgaben als zwar effektiv und wünschenswert, aber politisch nicht durchsetzungsfähig erachtet[472].

Während die eigentlichen Verhandlungen zwischen Abgeordneten und Interessenvertretern – meist unter Anwesenheit hoher Beamter aus dem BMU[473] – ausschließlich auf informeller Ebene verliefen, spielten die beiden öffentlichen Anhörungen im Umweltausschuß am 10. Mai und am 27./28. September 1993 für die Kompromißfindung „in der Sache" keine Rolle; sie waren für die vertretenen Interessengruppen „nur Schaukämpfe, um sich jeweils gegenüber der eigenen Klientel zu profilieren"[474].

Am 23. September 1993 wurde der Gesetzentwurf vom Bundestag in erster Lesung an die Ausschüsse (federführend: AfUmwelt) verwiesen. In der Debatte hob BMU Töpfer noch einmal seine Grundphilosophie („vom Abfall her denken")[475] hervor und betonte auch die „strenge Hierarchie der Pflichten", wonach „in den im Gesetz genannten Fällen Rückstände vorrangig zu vermeiden" seien[476]. Demgegenüber vermißten Abgeordnete der Opposition einen klaren Vorrang der Vermeidung vor der Verwertung, wie er noch Bestandteil der „Töpfer-Entwurfes" war. Zu dessen Umsetzung bedürfe es beispielsweise „ökonomischer Anreize" wie Steuer- und Abgabenlösungen[477].

Nachdem die CDU/CSU-Fraktion in einem Positionspapier vom 28. September 1993 der Verabschiedung des KrW-/AbfG noch in der laufenden Legislaturperiode höchste Priorität eingeräumt hatte[478], wurde unterdessen der Gesetzentwurf

---

470 Interview Opposition, 06. 07. 2000, A:042.
471 So die Berichterstatter Kampeter (CDU), Friedrich (CSU) und Homburger (FDP), vgl. FR, 12. 05. 1993, 28. 07. 1993.
472 FR, 28. 07. 1993; SZ, 28. 07. 1993; taz, 28. 07. 1993.
473 Interview Koalition, 25. 10. 2000, A:151.
474 Interview Koalition, 06. 07. 2000, A:109.
475 BMU Töpfer, BT-Pl.Prot. 12/176, S. 15208 C.
476 BMU Töpfer, BT-Pl.Prot. 12/176, S. 15209 B.
477 Abg. Hartenstein (SPD), BT-Pl.Prot. 12/176, S. 15211 B f.
478 FR, 30. 09. 1993.

C. Der Vorrang der Abfallvermeidung und die Abfall(vermeidungs)problematik 225

von der Koalitionsarbeitsgruppe – in engem Kontakt mit den Wirtschaftsverbänden – „fast Wort für Wort neu" geschrieben[479]. Zwar blieben die Verbände zunächst bei ihrer ablehnenden Haltung und forderten in einem Brief an den CDU/CSU-Fraktionsvorsitzenden Schäuble eine lediglich geringfügige Anpassung des bestehenden AbfG, unter anderem an die neue EU-Begrifflichkeit, und lehnten eine darüber hinausgehende Novellierung ab[480]. Scharf kritisiert wurde namentlich das Gebot der Rückstandsvermeidung in § 4 Abs. 1 E-KrW-/AbfG, da man hierdurch weitreichende Auswirkungen auf alle produktbezogene Regelungen befürchtete[481].

Nach längeren Verhandlungen und unter Einbeziehung von BMU[482] und BMWi gelang schließlich Ende Januar 1994 ein Kompromiß[483], der – vom Umweltausschuß nur unwesentlich geändert[484] – am 15. April 1994 vom Bundestag in zweiter und dritter Lesung mit Koalitionsmehrheit verabschiedet wurde[485]. § 4 E-KrW-/AbfG lautete nunmehr:

(1) Zur Förderung einer abfallarmen Kreislaufwirtschaft ist das Entstehen von Abfällen zu verhindern durch
 1. die Vermeidung von Rückständen, insbesondere die Verminderung ihrer Menge und Schädlichkeit, oder
 2. die stoffliche und energetische Verwertung von Sekundärrohstoffen.

(2) Maßnahmen zur Vermeidung von Rückständen sind insbesondere die anlageninterne Kreislaufführung von Stoffen und die abfallarme Produktgestaltung.

Damit wurde die Gleichrangigkeit von Vermeidung und Verwertung postuliert[486]. Auch der Umweltausschuß stellte in seiner Begründung fest, „eine Zielrangfolge wird an dieser Stelle nicht festgelegt"[487]. Dies wurde von seiten der Opposition heftig kritisiert und statt dessen der eindeutige Vorrang der Vermeidung gefordert[488]. Entsprechende Änderungsanträge der SPD[489] und von Bündnis 90/Die Grünen[490] waren im Bundestag jedoch abgelehnt worden[491]. Auch die Presse

---

[479] So der Berichterstatter Friedrich (CSU); vgl. Der Spiegel, 13. 12. 1993, S. 26; BT-Pl.Prot. 12/220 vom 15. 04. 1994, S. 19046 A.

[480] SZ, 17. 12. 1993.

[481] Vgl. Staeck (1999), S. 192.

[482] Einige Verhandlungen fanden auf höchster Ebene zwischen BMU Töpfer und BDI-Präsident Necker statt. Zudem wurde zur besseren Koordinierung der einzelnen Interessen im BMU als „Projektmanager" ein neuer zuständiger Referatsleiter eingesetzt.

[483] Vgl. SZ, 27. 01. 1994; FR, 28. 01. 1994 („Koalition kippt Töpfers Müllkonzept"); FAZ, 03. 02. 1994 („Koalition einig über Entwurf für Kreislaufwirtschaftsgesetz").

[484] BT-Drs. 12/7240; Vgl. auch den Bericht vom 14. 04. 1994 in BT-Drs.12/7284.

[485] Vgl. BT-Pl.Prot. 12/220 vom 15. 04. 1994, S. 19068 A.

[486] Vgl. auch Tettinger (1995), S. 216.

[487] BT-Drs. 12/7284, S. 13.

[488] Vgl. Abg. Hartenstein (SPD), BT-Pl.Prot. 12/220, S. 19048 B; Abg. Feige (Bündnis 90/Die Grünen), BT-Pl.Prot. 12/220, S. 19054 B.

[489] BT-Drs. 12/7249 vom 13. 04. 1994, S. 1.

[490] BT-Drs. 12/7257 vom 14. 04. 1994, S. 1.

monierte, die Regierungskoalition wolle ein von Wirtschaftsinteressen verwässertes Gesetz im Vorwahlkampf „durchs Parlament peitschen", um „sich einer vorgeblich umweltpolitischen Großtat zu rühmen"[492]. „Weil die Koalition nicht durch Stoffverbote in die unternehmerische Produktpolitik eingreifen will, handelt sie beim Thema Müllvermeidung im Grunde nur noch nach dem Prinzip Hoffnung"[493].

Zweiter Durchgang / Vermittlungsverfahren. Erwartungsgemäß versagte der Bundesrat dem Gesetz am 20. Mai 1994 – gemäß Art. 84 Abs. 1 GG – die Zustimmung, vor allem aus Gründen, die nicht mit dem Vermeidungsgebot in direktem Zusammenhang standen[494]. Wegen der grundsätzlichen Überarbeitungswürdigkeit des Gesetzes wurde sogar davon abgesehen, den Vermittlungsausschuß anzurufen[495]. Noch am selben Tag rief daher die *Bundesregierung* den Vermittlungsausschuß an. Angesichts der geringen Zahl von Umweltpolitikern im Ausschuß setzte dieser eine politische Arbeitsgruppe ein, der je vier Bundes- und Landesvertreter aus dem Umweltbereich angehörten, jeweils zur Hälfte Politiker von CDU / CSU und FDP einerseits bzw. der SPD andererseits[496].

Durch den im Vermittlungsausschuß erzielten Kompromiß wurde die Formulierung des Vermeidungsgebotes in § 4 Abs. 1 KrW- / AbfG noch einmal wesentlich geändert. Mit der – vom Bundesrat stets geforderten – auch sprachlich-formellen Übernahme der Abfallbegrifflichkeit[497] der EU wurde auch die in der Abfallrahmenrichtlinie normierte Zielhierarchie mit dem klaren Vorrang der Vermeidung[498] wörtlich in § 4 Abs. 1 KrW- / AbfG übernommen. Die Verordnungsermächtigungen sowie die Verzahnung mit dem immissionsschutzrechtlichen Vermeidungsgrundsatz blieben hingegen unverändert.

Der vergleichsweise rasch erzielte Kompromiß wurde am 23. Juni 1994 vom Vermittlungsausschuß beschlossen[499]. Das so geänderte Gesetz erhielt am 24. Juni 1994 die Zustimmung des Bundestages, am 8. Juli 1994 die des Bundesrates. Das Gesetz zur Förderung der Kreislaufwirtschaft und Sicherung der umweltverträglichen Beseitigung von Abfällen (Kreislaufwirtschafts- und Abfallgesetz – KrW- /

---

[491] Vgl. BT-Pl.Prot 12 / 220, S. 19067 C f.

[492] FR, 12. 04. 1994.

[493] SZ, 16. 04. 1994.

[494] Beschluß in BR-Drs. 335 / 94.

[495] Beschluß in BR-Drs. 335 / 94, S. 9.

[496] Vgl. Versteyl (1998), Einl., Rn. 99.

[497] So wurden die allgemeinen „Reststoffe" in „Abfälle" umbenannt, „Sekundärrohstoffe" heißen nun „Abfälle zur Verwertung", die verbleibenden „Abfälle" werden als „Abfälle zur Entsorgung" bezeichnet (§ 3 KrW- / AbfG).

[498] Siehe oben Teil 4: C.II.4.

[499] Daß es überhaupt zu einer Einigung kam, wird in der Literatur unter anderem auf das von der Bundesregierung hergestellt Junktim zwischen dem KrW- / AbfG und dem vom Bundesrat befürworteten Ausführungsgesetz zum Baseler Übereinkommen zurückgeführt; vgl. Versteyl (1998), Einl., Rn. 99.

AbfG) wurde am 6. Oktober 1994 verkündet[500]. Gemäß Art. 13 des Gesetzes zur Vermeidung, Verwertung und Beseitigung von Abfällen traten diejenigen Vorschriften, welche den Erlaß von Rechtsverordnungen betreffen, am Tage nach der Verkündung in Kraft, alle anderen Vorschriften des KrW-/AbfG zwei Jahre später und lösten damit das AbfG von 1986 ab.

4. Verordnungsgebung nach Erlaß des KrW-/AbfG

Zwar wurden mit dem Inkrafttreten der KrW-/AbfG im Oktober 1996 einige Durchführungsbestimmungen („das untergesetzliche Regelwerk") vorgelegt, die das Gesetz erst vollzugsfähig machten[501], jedoch fehlten zunächst die das Gebot der Abfallvermeidung konkretisierenden Rechtsverordnungen nach §§ 23 und 24 KrW-/AbfG. Die geplanten Verordnungen für Altpapier, Batterien, Altautos oder Elektronikschrott waren, abgesehen von der seit 1991 bestehenden VerpackV, zu diesem Zeitpunkt noch nicht einmal in Sicht[502]. In den Folgejahren wurden lediglich zwei Verordnungen auf Grund der §§ 22 Abs. 4, 24 Nr. 6 KrW-/AbfG erlassen: die Rücknahmeverordnung für Altautos[503], welche die „Freiwillige Selbstverpflichtung zur umweltgerechten Altautoverwertung (PKW) im Rahmen des Kreislaufwirtschaftsgesetzes" der Automobilindustrie vom 21. Februar 1996 ergänzte, sowie eine Rücknahmeverordnung für gebrauchte Batterien[504].

IV. Das Abfallvermeidungsgebot – symbolische Gesetzgebung?

1. Antizipative rechtsnormativ-sachliche Effektivität (ARSE)

a) Objektive Indikatoren

aa) Politische Zielsetzung

Grundsätzliches. Wie die Analyse der Entstehungsgeschichte des § 4 Abs. 1 KrW-/AbfG gezeigt hat, befanden sich die Vorstellungen über die abfallwirtschaftliche Zielhierarchie bis ganz zuletzt in einem ständigen Wandel, der erst mit dem im Vermittlungsausschuß ad hoc erzielten Kompromiß zu einem Abschluß kam. Unabhängig von der Schwierigkeit festzustellen, inwieweit nun der Abfallvermeidung die Priorität über die Verwertung eingeräumt werden sollte, bleibt in

---

[500] BGBl. I, S. 2705.
[501] Vgl. Versteyl (1998), Einl., Rn 109 ff. m. w. N.
[502] Vgl. FAZ, 25. 09. 1996.
[503] Verordnung über die Überlassung und umweltverträgliche Entsorgung von Altautos (Altauto-Verordnung – AltautoV) vom 04. 07. 1997, BGBl. I, S. 1666.
[504] Verordnung über die Rücknahme und Entsorgung gebrauchter Batterien und Akkumulatoren (Batterieverordnung – BattV) vom 27. 03. 1998, BGBl. I, S. 658.

jedem Fall fraglich, wie sich eine „Priorität der Abfallvermeidung" als Zielvorstellung überhaupt operationalisieren und damit einer Effektivitätsanalyse zugänglich machen läßt. Bedeutet „Vermeidung" a) eine *Verminderung,* d. h. absolute Senkung der Abfallmengen im Sinne einer finalen Norm[505] (wie dies § 4 Abs. 1 Nr. 1 KrW-/AbfG nahelegt), oder ist damit b) eine Konditionalnorm gemeint, etwa mit dem Tatbestand *vermeidbare Abfälle* und der Rechtsfolge *sind zu vermeiden,* wie die Bevorzugung der Formulierung „vermeiden" gegenüber „vermindern" nahelegt?[506] Erstere ließe sich durch den konkreten Vergleich angefallener Abfallmengen vor und nach Inkrafttreten des Gesetzes umsetzen; die zweite erforderte eine detaillierte Überwachung des Produktions- und Konsumverhaltens, da jeweils zu entscheiden wäre, ob Abfall hätte vermieden werden können oder nicht. Gerade die zweite Alternative läßt großen Interpretationsspielraum zu, denn selbst bei absolut gestiegenen Abfallmengen könnten etwa die Erzeuger argumentieren, man habe bereits eine Menge von Abfällen „vermieden", die anderenfalls angefallen wären; eine Effektivitätsbetrachtung wäre damit praktisch ausgeschlossen.

Abfallminderungsziele. Schon die obige Überlegung macht deutlich, daß mit Abfallvermeidung auch die Verminderung der Abfallmengen gemeint sein muß. Sie muß zumindst eine *relative* Reduzierung umfassen in dem Sinne, daß das Verhältnis von Abfällen zu erzeugten Güter- bzw. Dienstleistungseinheiten sinkt.

Tatsächlich war es das erklärte Ziel der Bundesregierung, das Abfallaufkommen absolut zu senken. So äußerte BMU Töpfer bereits im April 1991 bei der Vorstellung des auf der Koalitionsvereinbarung basierenden Gesamtkonzeptes der Abfallpolitik für die 12. Legislaturperiode, Ziel der anvisierten Novelle des Abfallgesetzes sei es, die damals anfallenden 32 Millionen Jahrestonnen Hausmüll zu halbieren und hierzu einen „absoluten Vorrang der Abfallvermeidung" zu normieren[507]. Entsprechend heißt es in der Begründung zum Regierungsentwurf vom September 1993[508]:

> Ökonomische und ökologische Gründe gebieten, den Anfall von Abfall drastisch zu verringern. An diesen Zielen hat sich die staatliche Abfallpolitik auszurichten, um natürliche Ressourcen zu schonen und die Umwelt zu schützen. (...)
>
> Abfallvermeidung muß daher zum Schutz der Umwelt absoluten Vorrang erhalten.

In der Begründung zum Neuentwurf der Koalitionsarbeitsgruppe findet sich eine ähnliche Zielsetzung[509]:

> Um einem drohenden Entsorgungsnotstand entgegenzuwirken und um die natürlichen Ressourcen zu schonen, muß der Anfall von Abfall erheblich reduziert werden.

---

[505] Zum Unterschied zwischen finaler und konditionaler Programmierung siehe oben Fn. 205 auf S. 71.

[506] Beispielsweise hieße dies, daß jede noch freie Seite eines einseitig beschriebenen, nicht mehr benötigten Blattes Papier vorrangig für Notizen zu benutzen wäre – so denn diese Nutzung in Frage kommt –, bevor das Blatt zum Altpapier-Recycling gegeben wird.

[507] Vgl. taz, 18. 04. 1991.

[508] BT-Drs. 12/5672, S. 1.

[509] BT-Drs. 12/7240, S. 1.

C. Der Vorrang der Abfallvermeidung und die Abfall(vermeidungs)problematik 229

Noch im Mai 1994 betonte BMU Töpfer in einem Zeitungsinterview: „Zuerst steht an allererster Stelle die Vermeidung"[510].

Festzuhalten bleibt, daß die politisch Verantwortlichen offenbar sowohl eine *absolute Reduzierung der Abfallmengen* – Halbierung des Hausmüllaufkommens – als auch einen *Vorrang der Abfallvermeidung* (was immer dies genau bedeutet) anstrebten.

bb) Zielsetzung des Gesetzes

Finden sich diese politischen Ziele im Gesetz wieder? Als grundlegende Zielsetzung wird in § 1 KrW-/AbfG genannt:

> Zweck des Gesetzes ist die Förderung der Kreislaufwirtschaft zur Schonung der natürlichen Ressourcen und die Sicherung der umweltverträglichen Beseitigung von Abfällen.

Mit einer derartigen Formulierung des „objektiven Regelungswillens"[511] fügt sich das KrW-/AbfG in die Reihe der „modernen" Umweltgesetze mit entsprechenden Zweckvorschriften ein[512]. Vermeidungsrelevant ist vor allem das Ziel der Schonung natürlicher Ressourcen (als deren Mittel die Kreislaufwirtschaft angesehen wird), das man auch als Regelungsgrund bezeichnen könnte. Unerwähnt bleibt hingegen die in der Begründung zum Koalitionsentwurf genannte Abwendung des drohenden Entsorgungsnotstandes – vielleicht, weil man dies eher als temporäres Problem denn als langfristige Aufgabe betrachtete. Konkrete Rechtsfolgen ergeben sich aus § 1 KrW-/AbfG nicht[513].

Eine weitere Konkretisierung des Gesetzesziels bildet § 4 Abs. 1 KrW-/AbfG selbst. Systematisch im Gesetz zu Beginn des zweiten Teils („Grundsätze und Pflichten der Erzeuger und Besitzer von Abfällen sowie der Entsorgungsträger") eingeordnet, wurden in § 4 KrW-/AbfG die „Grundsätze der Kreislaufwirtschaft" festgeschrieben. § 4 Abs. 1 KrW-/AbfG lautet:

> Abfälle sind
> 1. in erster Linie zu vermeiden, insbesondere durch die Verminderung ihrer Menge und Schädlichkeit,
> 2. in zweiter Linie
>   a) stofflich zu verwerten oder
>   b) zur Gewinnung von Energie zu nutzen (energetische Verwertung).

Daß die Vorschrift, die sprachlich ein klares Gebot enthält, überhaupt noch auf der Zielebene anzusiedeln ist, liegt in ihrer systematischen Stellung als „Grundsatz" und ihrem damit – lediglich – programmatischen Charakter begründet. Sie

---

[510] SZ, 17. 05. 1994.
[511] Vgl. Kunig (1998), § 1, Rn. 1.
[512] Siehe hierzu bereits oben Fn. 28 auf S. 37.
[513] So dezidiert Kunig (1998), § 1, Rn. 1, 9.

dient zur „Verdeutlichung des gesetzgeberischen Gesamtprogramms" und zur „Erläuterung des Gesetzeszwecks (§ 1 KrW-/AbfG)"[514], begründet aber – in scheinbarem Widerspruch zu ihrem Wortlaut – ebenfalls keinerlei unmittelbare Rechtspflichten[515]. Die sprachliche Ausgestaltung als Gebot („sind ... zu vermeiden") kann aber als vorweggenommene Zusammenfassung der an anderer Stelle im Gesetz erscheinenden Einzelvorschriften interpretiert werden. Nach dieser Lesart wären im materiellen Teil des Gesetzes zwingend entsprechende konkrete Rechtspflichten zu erwarten, die mit der Formulierung in § 4 Abs. 1 KrW-/AbfG nur zusammengefaßt werden. Nur in diesem Lichte macht eine Formulierung als Gebot überhaupt Sinn, die demnach zwar nicht selbst vollziehbar ist, aber eine materielle Konkretisierung zwingend verlangt[516].

Beispielhaft und nicht abschließend sind in § 4 Abs. 2 KrW-/AbfG einige Maßnahmen zur Abfallvermeidung aufgezählt:

> Maßnahmen zur Vermeidung von Abfällen sind insbesondere die anlageninterne Kreislaufführung von Stoffen, die abfallarme Produktgestaltung sowie ein auf den Erwerb abfall- und schadstoffarmer Produkte gerichtetes Konsumverhalten.

Diese Beispiele, die im übrigen die wesentlichen Ansatzpunkte zur Abfallvermeidung darstellen (siehe nochmals Abb. 16), haben lediglich illustrativen Charakter[517].

Insgesamt finden sich die politischen Zielsetzungen weitestgehend in den Gesetzeszielen verankert: Der Abfallvermeidung wird der absolute Vorrang vor der Verwertung (und damit implizit auch der Entsorgung) eingeräumt. Die Formulierung „insbesondere durch die Verminderung ihrer Menge und Schädlichkeit" macht zudem deutlich, daß eine Mengenreduzierung angestrebt wird[518]. Diese wird hingegen nicht quantifiziert, so daß sich letztlich nur schwer ein Wirksamkeitsmaßstab an das Gesetz anlegen läßt.

---

[514] Vgl. Kunig (1998), § 4, Rn. 7.

[515] Vgl. Tettinger (1995), S. 217; Weidemann, NVwZ 1995, S. 631 ff.; Schimanek (1997), S. 27; Kunig (1998), § 4, Rn. 4 m. w. N. Dies wird auch daraus abgeleitet, daß die entsprechende Regelung in Art. 3 Abs. 1 der EG-Rahmenrichtlinie 91/156/EWG, an der sich der Vermittlungsausschuß orientiert hat, selbst lediglich einen Programmsatz darstellt und nicht zur Umsetzung des Vermeidungsvorrangs in nationales Recht zwingt; vgl. Schimanek (1997), S. 30 ff. Hingegen vertritt v. Lersner (2000, S. 225) die Ansicht, es handele sich um ein direktes Gebot, nicht nur um eine Zielformulierung.

[516] Unschlüssig erscheint demgegenüber die von Schimanek (1997, S. 92) vertretene Annahme, aus § 4 Abs. 1 KrW-/AbfG ergebe sich zwar ein absoluter Vorrang der Vermeidung, der sich – bei Fehlen entsprechender konkretisierender Vorschriften – nur noch „nicht in unmittelbaren rechtlichen Folgen für die Betroffenen äußert".

[517] Vgl. Frenz (1998), § 4, Rn. 5.

[518] Damit ist das Konzept der Abfallvermeidung – trotz der Formulierung „insbesondere" – abschließend geregelt, da sich andere Ausprägungen der Abfallvermeidung nicht denken lassen. Vgl. Kunig (1998), § 4, Rn. 13.

cc) Materielle Regelung im Gesetz

Konkrete Rechtspflichten ergeben sich gemäß § 5 Abs. 1 KrW-/AbfG aus § 9 Satz 1 KrW-/AbfG (anlagenbezogene Abfallvermeidung) sowie aus den auf Grund der §§ 23 und 24 KrW-/AbfG erlassenen Rechtsverordnungen zu Produktionsverboten und Rücknahmepflichten. Dies sind die eigentlichen – und die einzigen – materiellen Regelungen zur Abfallvermeidung[519]; d. h., daß in allen anderen Bereichen (z. B. im Konsum) *keine* Pflicht zur Abfallvermeidung besteht[520]. Bereits an dieser Stelle wird das globale Vermeidungsgebot des § 4 Abs. 1 KrW-/AbfG erheblich eingeschränkt.

Abfallvermeidungsgrundsatz im Bereich der Produktion (anlagenbezogen). Gemäß § 9 Satz 1 KrW-/AbfG richten sich die Pflichten der Betreiber von genehmigungsbedürftigen und nicht genehmigungsbedürftigen Anlagen, diese so zu errichten und zu betreiben, daß Abfälle vermieden, verwertet oder beseitigt werden, nach den Vorschriften des BImSchG. Für genehmigungsbedürftige Anlagen ist damit § 5 Abs. 1 Nr. 3 BImSchG (siehe oben Abschnitt II.1) unmittelbar einschlägig. Die hier normierten Anforderungen können in gleicher Weise für nicht genehmigungsbedürftige Anlagen durch Rechtsverordnung auf Grund von § 22 Abs. 1 Satz 2 BImSchG vorgeschrieben werden, wenn Art oder Menge des anfallenden gesamten Abfalls oder einzelner anfallender Abfälle dies erfordern. Sämtliche Vermeidungspflichten aus § 9 Satz 1 KrW-/AbfG werden somit an die Anforderungen des § 5 Abs. 1 Nr. 3 BImSchG „delegiert". Diese Vorschrift bestand jedoch schon vor dem KrW-/AbfG und begründet – wie gesehen – gerade keinen Vorrang der Vermeidung. Gegenüber der Fassung von 1985 wurde in § 5 Abs. 1 Nr. 3 BImSchG durch Art. 2 des Gesetzes zur Vermeidung, Verwertung und Beseitigung von Abfällen[521] lediglich das Wort „Reststoffe" durch das Wort „Abfälle" ersetzt und die Vorschrift damit an die neue kreislaufwirtschafts- und abfallrechtliche Begrifflichkeit angepaßt[522]. Eine mögliche Ausweitung des Anwendungsbereiches durch diese begriffliche Anpassung wird allgemein verneint[523]. Somit folgen aus § 5 Abs. 1 Nr. 3 BImSchG – und damit aus § 9 S. 1 KrW-/AbfG – keine vermeidungsrelevanten Rechtspflichten, die nicht auch ohne das KrW-/AbfG bestanden hätten.

Abfallvermeidung im Rahmen der Produktverantwortung. Die §§ 23 und 24 KrW-/AbfG stehen systematisch im Bereich „Produktverantwortung" und sind insofern auch im Zusammenhang mit § 22 KrW-/AbfG zu sehen, der hierzu allgemeine Grundsätze nennt. So sind nach § 22 Abs. 1 Satz 2 KrW-/AbfG Erzeug-

---

[519] Vgl. Petersen/Rid (1995), S. 9; Kloepfer (1998), § 18, Rn. 77.
[520] So die Argumentation bei Locher (2000, S. 174) mit Bezug auf Petersen/Rid (1995), S. 9. – Eine Ausnahme bilden lediglich die (kaum rechtlich bedeutsamen) Abfallberatungspflichten (siehe unten).
[521] Gesetz vom 27. 09. 1994, BGBl. I, S. 2705; Art. 1 des Gesetzes ist das KrW-/AbfG.
[522] Vgl. Rebentisch (NVwZ 1995), S. 640; Locher (2000), S. 207.
[523] Schimanek, S (1997), S. 44 ff. m. w. N.

nisse möglichst so zu gestalten, daß bei deren Herstellung und Gebrauch das Entstehen von Abfällen vermindert wird. Diese Vorschrift ist aber – selbst als „latente Grundpflicht" für die Produzenten interpretiert[524] – für sich genommen nicht vollzugsfähig, sondern bedarf – schon wegen des Verordnungsvorbehaltes in § 22 Abs. 4 KrW-/AbfG – der näheren Ausgestaltung durch Rechtsverordnungen nach §§ 23 und 24 KrW-/AbfG[525]; sie stellt hierfür lediglich ermessenslenkende Grundsätze auf.

Welche Bedeutung haben nun die §§ 23 und 24 KrW-/AbfG – auch als „Kernstück der Kreislaufwirtschaft"[526] bezeichnet – und die hiernach möglichen Rechtsverordnungen für die antizipative rechtsnormativ-sachliche Effektivität des KrW-/AbfG? Zum Zeitpunkt der Verabschiedung des KrW-/AbfG – dies ist der hierfür entscheidende Referenzzeitpunkt – lagen noch keine entsprechenden Verordnungen vor[527]. Die Abschätzung einer antizipativen Effektivität gestaltet sich damit äußerst schwierig. Drei Kriterien lassen sich dennoch untersuchen.

(1) Zunächst ist nach der *grundsätzlichen Geeignetheit* der in den §§ 23 und 24 KrW-/AbfG vorgesehenen Instrumente zur Abfallvermeidung zu fragen. § 23 KrW-/AbfG ermächtigt die Bundesregierung, nach Anhörung der beteiligten Kreise und mit Zustimmung des Bundesrates, durch Rechtsverordnung Beschaffenheit und Einsatzmöglichkeiten bestimmter Erzeugnisse (besonders von Verpackungen) zu reglementieren (Nr. 1) sowie das Inverkehrbringen bestimmter Erzeugnisse zu verbieten (Nr. 2) bzw. nur in einer bestimmten Form zuzulassen (Nr. 3). § 24 Abs. 1 KrW-/AbfG ermächtigt zum Erlaß von Verordnungen, welche die Hersteller oder Vertreiber von Erzeugnissen zur Rücknahme gebrauchter Produkte zwingen. Alle genannten Maßnahmen erscheinen – zumindest grundsätzlich – geeignet, zur Abfallvermeidung beizutragen[528]. Insbesondere die Beschaffenheit (z. B. Langlebigkeit; Menge und Art der verwendeten Materialien) von Erzeugnissen ist, wie oben gesehen, ein maßgeblicher Ansatzpunkt zur Abfallvermeidung. Durch das Verbot bestimmter hoch emittierender Erzeugnisse kann besonders die Schädlichkeit der entstehenden Abfälle vermindert werden. Rücknahmepflichten schließlich können einen Anreiz für die Produzenten darstellen, von vornherein einen möglichst geringen Materialeinsatz ihrer Erzeugnisse anzustreben, um die mit der Rücknahme verbundenen Kosten (Transport, Lagerung) niedrig zu halten.

---

[524] So etwa Petersen/Rid (1995), S. 10; fraglich bleibt aber, welche einzelnen Pflichten sich an welche Adressaten richten, zumal § 22 KrW-/AbfG keinerlei Rechtsfolgen anordnet. Vgl. auch Schink (1999), S. 220.

[525] Vgl. Petersen/Rid (1995), S. 10; Schimanek (1997), S. 85; Kloepfer (1998), § 18, Rn. 67. Berg/Hösch (1995, S. 94) erkennen der Vorschrift nur einen bloßen Appellcharakter zu.

[526] Vgl. Kloepfer (1998), § 18, Rn. 78.

[527] Eine Ausnahme bildet die noch auf Grund von § 14 AbfG ergangene VerpackV, die insofern nicht der Gesetzgebung im Zusammenhang mit dem KrW-/AbfG zuzurechnen ist.

[528] Zu Rücknahmeverpflichtungen vgl. etwa Laistner (1990), S. 109.

C. Der Vorrang der Abfallvermeidung und die Abfall(vermeidungs)problematik 233

(2) Zweites Kriterium ist die *Wahrscheinlichkeit, daß entsprechende Verordnungen überhaupt und in naher Zukunft erlassen werden.* Sie muß aus der Ex-ante-Sicht des Jahres 1994 als gering eingestuft werden: Bereits die Komplexität[529] und politische Brisanz[530] abfallrechtlicher Themen, die in Produktions- und Verteilungsprozesse eingreifen, ließen jeweils längere regierungsinterne Abstimmungsverfahren erwarten[531]; wie die Entstehung der VerpackV gezeigt hat, konnte ein weiteres halbes Jahr vom Kabinettsbeschluß bis zur Verkündigung im Bundesgesetzblatt vergehen. Zusätzlich waren weitere Verzögerungen durch die in § 59 KrW-/AbfG festgeschriebenen Mitwirkungsrechte des Bundestages zu erwarten. Selbst wenn erste Verordnungen zur Abfallvermeidung nach §§ 23, 24 KrW-/AbfG vorlägen, wäre damit höchstwahrscheinlich erst ein Teilbereich (jeweils „bestimmte Erzeugnisse") der vermeidungsrelevanten Materie abgedeckt. Wann für die Mehrzahl abfallrelevanter Produktklassen Rechtsverordnungen zu deren Vermeidung vorliegen würden, war zum Zeitpunkt der Verabschiedung des KrW-/AbfG wohl überhaupt nicht absehbar[532].

(3) Allerdings war der Erlaß von Rechtsverordnungen vom Gesetzgeber nicht notwendig als prioritäre Maßnahme zur Durchsetzung des Ziels der Abfallvermeidung vorgesehen. Wie schon im alten AbfG von 1986 setzte man eher auf das Instrument der Zielfestlegungen und freiwilligen Vereinbarungen (§ 25 KrW-/AbfG). Obwohl nicht rechtlich fixiert, war doch zumindest auf politischer Ebene klar, daß zunächst „freiwillige" Vereinbarungen mit der Wirtschaft getroffen werden sollten; erst im Falle eines Scheiterns sollte von den Verordnungsermächtigungen Gebrauch gemacht werden[533]. Diese dienten daher weniger der rechtlichen Steuerung, sondern eher als politisches Drohpotential[534]. Zwar kann in dieser Konstellation kaum mehr von „Freiwilligkeit" auf seiten der Wirtschaft gesprochen werden; es bleibt aber unklar, wie stark der politische Gestaltungswille in Fragen der Abfallvermeidung tatsächlich war. *Die Wahrscheinlichkeit der raschen politischen Durchsetzung weitreichender Vermeidungsmaßnahmen im Rahmen der „freiwilligen" Produktverantwortung* – drittes Kriterium – ist analog der Überlegungen zum Verordnungserlaß insgesamt als recht gering einzustufen[535].

---

[529] Näher unten Teil 4: C.V.3.

[530] Dies zeigte bereits die Entstehungsgeschichte des KrW-/AbfG, vgl. oben Teil 4: C.III.

[531] Hierzu und zum folgenden Schimanek (1997), S. 81 f.

[532] Noch im Januar 1996 war nicht zu erwarten, daß bis zum Inkrafttreten des gesamten KrW-/AbfG im Oktober 1996 irgendeine Verordnung nach §§ 23, 24 KrW-/AbfG vorliegen würde; vgl. Schimanek (1997), S. 82.

[533] Vgl. etwa die Antwort der Bunderegierung auf die Kleine Anfrage einiger Koalitionsabgeordneter in BT-Drs. 13/8406; so auch die Koalitionsvereinbarung zwischen CDU/CSU und FDP vom 11. 11. 1994; vgl. Berg/Hösch (1995), S. 94 f.

[534] Zu den Zielfestlegungen und den Verordnungsermächtigungen aus institutionenökonomischer Perspektive sehr erhellend Christoph Engel (1998), S. 13 ff., 35 ff. u. passim. Zu den mit derartigen informalen Regelungsinstrumenten verbundenen rechtsdogmatischen Problemen vgl. etwa Kloepfer (1998), § 5, Rn. 187 mit zahlreichen weiteren Nachweisen.

[535] So auch die Einschätzung von Schink (1999), S. 224.

Pflichten der öffentlichen Hand; Abfallberatungspflicht. Als weitere, in der juristischen Literatur allerdings kaum thematisierte, Instrumente zur Abfallvermeidung sind schließlich die Pflichten der öffentlichen Hand in § 37 KrW-/AbfG sowie die Abfallberatungspflicht der Entsorgungsträger in § 38 KrW-/AbfG zu nennen.

Nach § 37 Abs. 1 KrW-/AbfG ist die öffentliche Verwaltung verpflichtet, zur Förderung der Kreislaufwirtschaft (§ 1 KrW-/AbfG) „beizutragen" und konkret bei der Erfüllung ihrer Aufgaben die Ziele der §§ 4 und 5 KrW-/AbfG – etwa im Hinblick auf Langlebigkeit und Wiederverwendbarkeit eingesetzter Produkte – zu berücksichtigen. Diese etwa beim Beschaffungswesen zu berücksichtigenden Ziele sind jedoch den Geboten der Sparsamkeit und Wirtschaftlichkeit nachgeordnet und insofern von geringer Bedeutung[536].

Die Entsorgungsträger sind nach § 38 Abs. 1 KrW-/AbfG dazu verpflichtet, u. a. über Möglichkeiten zur Abfallvermeidung zu informieren und zu beraten. Sicherlich erhöht eine fundierte Beratung der Bürger, wie sich Abfälle im Haushalt vermeiden lassen, die Chance, daß dort tatsächlich etwas weniger Hausmüll anfällt[537]. Allerdings nahmen die entsorgungspflichtigen Körperschaften diese Aufgabe bereits vor der Verabschiedung des KrW-/AbfG wahr („Abfallfibeln" etc.), so daß zu bezweifeln ist, daß durch das KrW-/AbfG in diesem Bereich tatsächlich ein spürbarer Effekt erzielt werden kann. Diese Zweifel gelten auch für die Beratung durch die Selbstverwaltungskörperschaften der Wirtschaft (§ 38 Abs. 1 S. 2 KrW-/AbfG), da für eine sachkundige Beratung von Wirtschaftsbetrieben erhebliche Wissensressourcen über betriebliche Prozesse notwendig wären, was aber in der Regel nicht anzunehmen ist[538].

dd) Kontroll- und Sanktionsmöglichkeiten

Nach § 40 Abs. 1 KrW-/AbfG unterliegt die Abfallvermeidung nach Maßgabe der aufgrund der §§ 23, 24 KrW-/AbfG erlassenen Rechtsverordnungen der Überwachung durch die zuständige Behörde. Des weiteren müssen die Erzeuger großer Abfallmengen im Rahmen der alle fünf Jahre vorzulegenden Abfallwirtschaftskonzepte auch Angaben zu den getroffenen und geplanten Maßnahmen zur Abfallvermeidung machen (§ 19 Abs. 1 Nr. 2 KrW-/AbfG). Auf diesem Wege mag eine gewisse (Selbst-)Kontrolle in Fragen der Abfallvermeidung erreicht werden.

Allerdings sind den vermeidungsrelevanten Vorschriften des KrW-/AbfG keine Sanktionsmöglichkeiten im Sinne von Ordnungswidrigkeiten zur Seite gestellt; lediglich die nach den §§ 23, 24 KrW-/AbfG zu erlassenden Rechtsverordnungen können Bußgeldvorschriften enthalten (§ 61 Abs. 1 Nr. 5 KrW-/AbfG). Auch das

---

536 Näher Versteyl (1998), § 37, Rn. 6.
537 Vgl. Schink (1999), S. 216 f.
538 Vgl. Versteyl (1998), § 38, Rn. 7 f.

produktionsbezogene Abfallvermeidungsgebot des § 5 Abs. I Nr. 3 BImSchG ist nicht bußgeldbewehrt.

ee) Antizipative Einhaltung und Anwendung von Primär- und Sekundärnorm

Wie gezeigt, sah das abfallrechtliche Instrumentarium des KrW-/AbfG und der Normen, auf die es verweist, zum Zeitpunkt der Gesetzesverabschiedung praktisch keine rechtsverbindlichen Vorschriften zur Abfallvermeidung vor. Es stellt sich daher die Frage, inwieweit anzunehmen war, daß von den zahlreichen Grundsätzen und „Grundpflichten" zur Vermeidung möglicherweise doch eine positive Wirkung auf die Vermeidung durch Produzenten, Handel und/oder Konsumenten ausgehen würde. Dies erscheint jedoch so schwer abzuschätzen, daß an dieser Stelle auf die subjektiven Einschätzungen der beteiligten Akteure verwiesen werden muß (Abschnitt b)). Zwar mag das von einem beteiligten Abgeordneten vorgebrachte Argument, schon die öffentliche Diskussion um die fünfte abfallrechtliche Novelle und die Produktverantwortung habe zu einem „Umdenken" bei den künftigen Rechtsadressaten geführt[539], nicht ganz von der Hand zu weisen sein. In den besonders vermeidungsrelevanten Bereichen der Produktion und der Produktgestaltung – also der privaten Wirtschaft – dürften hingegen Kostenaspekte ausschlaggebend sein: Wenn sich durch die Einführung einer abfallarmen Produktionsweise Kosten sparen lassen, wird diese sich durchsetzen, anderenfalls nicht[540]. Insofern mochten 1994 zwar von seiten der Wirtschaft große „Vermeidungsanstrengungen" zu erwarten gewesen sein – mit dem KrW-/AbfG bzw. dessen Verabschiedung standen sie wohl kaum im Zusammenhang[541].

ff) Ergebnis

Angesichts der teilweise anspruchsvollen Zielsetzungen zur Abfallvermeidung einerseits, deren mangelhafter rechtsverbindlicher Umsetzung andererseits ist die antizipative rechtsnormativ-sachliche Effektivität des Abfallvermeidungsgebotes als äußerst gering zu bezeichnen. Eine quantitative Abschätzung nach der Formel auf S. 76 ergibt folgendes Bild:

- *Zielkonformität:* sehr hoch (100 Prozent), da die wesentlichen politischen Ziele in das KrW-/AbfG übernommen wurden;
- *materielle Geeignetheit:* in bezug auf die *produktionsbezogene Vermeidung* – § 5 Abs. 1 Nr. 3 BImSchG – 0 (Gewichtung: Faktor 2); in bezug auf die *Produktverantwortung* – §§ 22 ff. KrW-/AbfG sowie „freiwillige Vereinbarungen" – je-

---

[539] Interview Koalition, 17. 01. 2001, A:268.
[540] Vgl. SRU (1990), Tz. 413.
[541] Vgl. ebenso Schink (1999), S. 213.

weils gering (25 Prozent; Gewichtung: Faktor 2), ebenso für §§ 37, 38 KrW-/ AbfG (Gewichtung: Faktor 1) und damit insgesamt durchschnittlich 15 Prozent;

– *Normdurchsetzbarkeit:* angesichts der vorwiegend rechtlich unverbindlichen Vorschriften und fehlender Sanktionsmöglichkeiten: gering (25 Prozent);

– *Geltungschance:* angesichts des geringen Eigeninteresses der Rechtsadressaten ebenfalls gering (25 Prozent).

Aus den so geschätzten objektiven Indikatorwerten ergibt sich eine antizipative rechtsnormativ-sachliche Effektivität von:

$$\begin{aligned} \text{ARSE (objektiv)} &= \text{Zielkonformität} \times \text{materielle Geeignetheit} \times \\ &\quad \text{Normdurchsetzbarkeit} \times \text{Geltungschance} \\ &= 100\% \times 15\% \times 25\% \times 25\% \\ &= 0{,}94\%. \end{aligned}$$

Nach alledem kann dem Abfallvermeidungsgebot aus objektiver Perspektive kaum eine antizipative rechtsnormativ-sachliche Effektivität attestiert werden.

b) Subjektive Indikatoren

aa) Handlungsbedarf

Im Gegensatz zum Ozongesetz sahen die politisch verantwortlichen Akteure für Regelungen zur Abfallvermeidung übereinstimmend hohen Handlungsbedarf. Dabei ließen sich kaum Unterschiede in den Einschätzungen von Politikern der Oppositions- und Koalitionsfraktionen sowie der beteiligten Ministerialbeamten feststellen.

Als Motiv für notwendige Maßnahmen zur Vermeidung wurden an erster Stelle die steigenden Abfallmengen und die resultierende Verknappung der Deponieplätze genannt. So habe man Anfang der 1990er Jahre überspitzt festgestellt: „Das kostbarste Gut, das es in Deutschland gibt, ist ein Kubikmeter nicht verfüllter Deponieraum"[542]. Daher habe sich in den Kommunen ein „Müllnotstand" angebahnt[543], der mangels Akzeptanz in der Bevölkerung nur schwer durch neue Verbrennungsanlagen habe gemildert werden können[544], die – skandalträchtigen – Abfallexporte seien ebenfalls keine Lösung gewesen[545]. Auch angesichts der steigenden Entsorgungskosten infolge wachsender Umweltstandards habe man die Abfallmengen reduzieren wollen[546]. Als Motiv wurden auch die knapper werden-

---

[542] Interview Koalition, 07. 06. 2000, A:005.
[543] Interview Opposition, 20. 05. 2000, A:279. In diesem Sinne auch Interview Koalition, 25. 05. 2000, A:249; Interview Koalition, 17. 01. 2001, A:227, 257.
[544] Interview Koalition, 07. 06. 2000, A:005; Interview Koalition, 17. 01. 2001, A:257.
[545] Interview Koalition, 17. 01. 2001, A:257; Interview Opposition, 20. 05. 2000, A:279.
[546] Interview Opposition, 07. 12. 2000, A:145.

den natürlichen Ressourcen[547] und die Vergiftung des Grundwassers durch Deponien[548] genannt, wobei das Problem der Schadstoffe gegenüber dem der Abfallmengen als vordringlicher gesehen wurde[549].

Häufig wurden auch eher moralische Überlegungen zur heutigen Wirtschaftsweise angeführt: Von einer „Wohlstandsgesellschaft, die viel Abfall produziert"[550], einer „Ex-und-hopp-Gesellschaft"[551] mit einer „Wegwerfmentalität"[552] habe man zu einer „nachhaltigen Kreislaufwirtschaft"[553] kommen müssen. Die Abfallprobleme habe man nicht „für die kommenden Generationen abladen" dürfen[554]. Schließlich habe man die Regelungen zur Abfallvermeidung schon wegen der EU-rechtlichen Vorgaben übernehmen müssen[555].

bb) Intendierte rechtsnormativ-sachliche Zielsetzung

Der geschilderten Problemsicht entsprechend, strebten die politisch verantwortlichen Akteure sowohl die Schonung natürlicher Ressourcen (Vermeidung unnötigen Energie- und Rohstoffverbrauchs)[556] als auch die Verminderung von Schadstoffen[557] durch Abfallvermeidung an. Da die von vielen Befragten an sich favorisierte Abfallabgabe als nicht durchsetzbar erschien[558], wollte man mit dem KrW-/AbfG zumindest „die Produzenten anregen, sich Gedanken zu machen über die Abfallminimierung: Wenn ich einen Produzenten zwinge, ein Produkt am Ende des Lebenszyklus' zurückzunehmen und die Reststoffe zu verwerten, dann wird er sich sehr wohl überlegen, wie er sein Produkt konzipiert, so daß am Ende keine großen Kosten mehr entstehen"[559]. Es ging also „um die Verantwortung der Wirtschaft für die Produkte"[560]. Da man von staatlicher Seite weder unmittelbar lenkend in Produktionsprozesse eingreifen noch die Produktgestaltung bestimmen wollte, habe man das Vermeidungsgebot als bloßen Appell ausgestaltet[561].

---

547 Interview Koalition, 25. 05. 2000, A:372.
548 Interview Opposition, 20. 05. 2000, A:279.
549 Interview Koalition, 06. 07. 2000, A:159.
550 Interview Koalition, 05. 06. 2000, A:192.
551 Interview Koalition, 07. 06. 2000, A:101.
552 Interview Koalition, 25. 05. 2000, A:249.
553 Interview Koalition, 07. 06. 2000, A:101.
554 Interview Koalition, 17. 01. 2001, A:257.
555 Interview Koalition, 17. 01. 2001, A:257.
556 Interview Koalition, 25. 05. 2000, A:372; Interview Opposition, 20. 05. 2000, A:109.
557 Interview Koalition, 25. 05. 2000, A:372; Interview Koalition, 06. 07. 2000, A:159.
558 Interview Koalition, 06. 07. 2000, A:056; Interview Koalition, 25. 05. 2000; A:153; Interview Opposition, 06. 07. 2000, A:117; Interview BMU, 15. 05. 2000, A:179, 287; Interview BMWi, 25. 05. 2000, A:423; lediglich ein Abgeordneter bekundete, eine Abgabenlösung immer abgelehnt zu haben, Interview Koalition, 07. 06. 2000; A:139.
559 Interview Koalition, 07. 06. 2000, A:161.
560 Interview Koalition, 17. 01. 2001, A:257.

cc) Intendierte und antizipierte rechtsnormativ-sachliche Effektivität

Insgesamt herrschte bei den Befragten die Auffassung vor, eine Zielhierarchie mit der Priorität der Abfallvermeidung sei zwar „grundsätzlich sinnvoll", sie dürfe aber nicht absolut gesetzt werden[562]. Das Vermeidungsgebot sei als „logischer Programmsatz" und „reine Absichtserklärung"[563] daher „nicht strikt exekutierbar"[564], bzw. sogar „juristisch bedeutungslos"[565]. Auch habe man kaum entsprechende Instrumente zur Umsetzung erlassen[566]. Obwohl das Vermeidungsgebot weder direkt vollziehbar noch einklagbar und insofern eine „softe Maßnahme" gewesen sei[567], erhofften sich etliche der politisch Verantwortlichen dennoch – indirekte – sachliche Wirkungen hiervon. Zum einen sah man in der Vorschrift eine Richtschnur für die Interpretation anderer Bestimmungen des KrW-/AbfG sowie zukünftiger untergesetzlicher Normen[568]. Zum anderen nannte ein vollzugserfahrener hoher Beamter im BMU die Möglichkeit, daß es im Rahmen der behördlichen Überwachung der Abfallvermeidung zu neuen Ansätzen der Vermeidung kommen könne: „Gerade im technischen Umweltschutz spielt sich der Vollzug so ab, daß der Vollzugsbeamte im Betrieb fragt: Müssen diese Abfälle sein? Dann wird diskutiert, und dabei kommt zum Schluß etwas heraus". Hierfür habe es eine entsprechende gesetzliche Grundlage gebraucht[569].

2. Antizipative symbolisch-politische Effektivität (ASPE)

a) Objektive Indikatoren

Zur Analyse der symbolisch-politischen Dimension des Abfallvermeidungsgebotes anhand objektiver Indikatoren ist danach zu fragen, welche politischen, nicht-sachlichen Zielsetzungen hierfür handlungsleitend gewesen sein mögen und ob das Vermeidungsgebot geeignet war, diesen Zielsetzungen zu entsprechen.

Politischer Erfolgsdruck. In bezug auf das Gesetzgebungsvorhaben des KrW-/ AbfG als ganzes ist zunächst hervorzuheben, daß BMU Töpfer mit diesem wichtigsten umweltpolitischen Gesetzgebungsvorhaben der 12. Legislaturperiode[570] unter

---

561 Vgl. nur Interview BMU, 15. 05. 2000, A:153; Interview Koalition, 25. 10. 2000, A:094.
562 Vgl. nur Interview Koalition, 05. 06. 2000, A:210.
563 Interview Koalition, 25. 05. 2000, A:409.
564 Interview Koalition, 05. 06. 2000, A:234.
565 Interview Koalition, 06. 07. 2000, A:145.
566 Interview Opposition, 06. 07. 2000, A:112.
567 Interview BMU, 04. 07. 2000, A:395, 333.
568 Interview Koalition, 05. 06. 2000, A:236; Interview Koalition, 17. 01. 2001, A:308.
569 Interview BMU, 04. 07. 2000, A:295.
570 So das Positionspapier der CDU/CSU-Fraktion vom 28. 09. 1993, siehe oben S. 224. Vgl. auch Versteyl/Wendenburg (1994), S. 843.

C. Der Vorrang der Abfallvermeidung und die Abfall(vermeidungs)problematik

erheblichem Erfolgsdruck stand. Zumal da das favorisierte AbfAG bereits gescheitert war[571], wurde so das KrW-/AbfG zur Nagelprobe für den BMU und hätte diesen – wäre es nicht mehr in der zu Ende gehenden Legislaturperiode verabschiedet worden – politisch sicherlich deutlich geschwächt[572]. Speziell der Vorrang der Abfallvermeidung war eine von Umweltverbänden sowie den Grünen und der SPD regelmäßig geäußerte politische Forderung, die im Gesetzgebungsverfahren von der Opposition im Bundestag, aber auch von SPD-geführten Landesregierungen immer wieder erhoben wurde. Daß das Vermeidungsgebot in seiner Gesetz gewordenen Form nach jahrelangem Tauziehen schließlich innerhalb weniger Tage im Vermittlungsausschuß zustandekam, ist ein starkes Indiz für den vornehmlich politischen Charakter des gefundenen Kompromisses.

Sprachliche Schärfe des Vermeidungsgebotes. Für eine hohe ASPE des Vermeidungsgebotes spricht auch die sprachliche Schärfe des § 4 Abs. 1 KrW-/AbfG. Die Formulierung „Abfälle sind in erster Linie zu vermeiden" signalisiert ein resolutes Vorgehen des Gesetzgebers gegen die Gewohnheiten der Ex-und-hopp-Gesellschaft. Sie suggeriert eine rechtliche Verbindlichkeit, die sich – wie gesehen – dem Gesetz nicht entnehmen läßt und täuscht damit über den rein programmatischen Charakter der Vorschrift hinweg. Um einen reinen Appell oder eine Zielvorstellung auszudrücken, hätte der Gesetzgeber es auch bei einer reinen Zweckbestimmung belassen können[573]. Das Nichtausnutzen des gesetzgeberischen Handlungsspielraumes ist bereits ein Indiz für das Vorliegen symbolischer Gesetzgebung[574].

Komplexitätsreduktion / Verdichtungssymbolik. Nicht zuletzt konnte von dem Vorrang der Abfallvermeidung, wie er in § 4 Abs. 1 KrW-/AbfG normiert wurde, auch eine komplexitätsreduzierende Wirkung angenommen werden. Schon seit längerem dienten Abfälle als „zentrale Kulturmetapher"[575], als Symbole einer verschwenderischen Konsumgesellschaft:

> Vor allem Müllverbrennungsanlagen, aber auch Deponien sind treffliche Symbole unserer Verschwendungsgesellschaft (...), in der es um den möglichst schnellen Durchlauf möglichst großer Mengen an Sachgütern von der Produktion bis hin zur „Entsorgung" geht, in der Besitzen und Verbrauchen weitaus wichtiger zu sein scheint als Nutzen und Genießen[576].

---

[571] Siehe oben S. 218.

[572] In diesem Sinne auch die Analyse Staecks (1999), S. 174.

[573] Denkbar wäre etwa eine Formulierung der Art: „Zweck dieses Gesetzes ist es, zur Schonung nicht-erneuerbarer Ressourcen und zum Schutz vor schädlichen Umwelteinwirkungen durch Abfälle in erster Linie dem Entstehen von Abfällen vorzubeugen und in zweiter Linie die ordnungsgemäße und schadlose Wiederverwertung und Beseitigung von Abfällen zu gewährleisten".

[574] Siehe oben S. 38 (Fn. 37).

[575] Runge (1994), S. 33.

[576] Runge (1994), S. 10.

Insofern kann das Schlagwort „Abfallvermeidung" als symbolische Verdichtung der Kritik an der Konsum- und Wegwerfgesellschaft gesehen werden. Angesichts der zudem überaus komplexen abfallwirtschaftlichen und abfallrechtlichen Zusammenhänge, die in der öffentlichen Diskussion eine Rolle spielten[577] mochte die simple Forderung nach einem absoluten Vorrang der „Vermeidung" wie eine alleinseligmachende Lösung zu erscheinen – auch wenn oft unklar blieb, wie diese auszugestalten sei.

b) Subjektive Indikatoren

Aus der subjektiven Sicht der befragten Akteure bestätigt sich das Bild einer ausgeprägten symbolisch-politischen Dimension im Kontext der Entstehung des Abfallvermeidungsgebotes.

aa) Handlungsbedarf

Nicht nur aufgrund der sachlichen Problemlage, sondern auch wegen des politischen Drucks von seiten umweltorientierter Interessen sahen die verantwortlichen Akteure großen Handlungsbedarf. Auf kommunaler Ebene habe es „Riesenaufstände gegen Müllverbrennungsanlagen" gegeben, so daß einzelne Landräte sich mit dem Thema Vermeidung zu profilieren suchten[578]. Bürgerinitiativen hätten die Abfallproblematik immer wieder auf die Tagesordnung gebracht, u. a. von den Grünen seien immer wieder Verzichtsforderungen (weniger verschiedene Verpackungen, weniger Käsesorten usw.) erhoben worden[579]. Die Umweltverbände hätten geglaubt, man könne sämtliche Abfälle entweder vermeiden oder zumindest verwerten[580]. Auch „Bürgerinitiativen wie ‚Das Bessere Müllkonzept' in Bayern, aber auch der BUND und einzelne Verbraucherinitiativen schrien alle: Vermeiden, vermeiden, vermeiden"[581]. Zwar sei das Vermeidungsgebot in aller Munde gewesen, man habe es sogar selbst als Schlagwort gebraucht, es habe sich aber keiner getraut zu definieren, was überflüssig ist und daher vermieden werden kann[582].

bb) Intendierte symbolisch-politische Zielsetzung

Aus Sicht der verantwortlichen Akteure wurde das Vermeidungsgebot vor allem deshalb in seiner scharfen Form ins Gesetz genommen, um den kritischen Stimmen den Wind aus den Segeln zu nehmen. Man habe sich nicht sagen lassen wollen,

---

577 Näher unten Teil 4: C.V.3.
578 Interview Koalition, 06. 07. 2000, A:023.
579 Interview Koalition, 07. 06. 2000, A:130.
580 Interview Koalition, 06. 07. 2000, A:023.
581 Interview BMU, 04. 07. 2000.
582 Interview Koalition, 25. 05. 2000, A:342, 422.

C. Der Vorrang der Abfallvermeidung und die Abfall(vermeidungs)problematik 241

daß man das Modethema Vermeidung nicht ernst nähme[583]. In diesem Sinne sei das Vermeidungsgebot letztlich ein „Lippenbekenntnis, ein Appell"[584]. Ein Politiker der Koalitionsfraktionen formulierte gar, das Vermeidungsgebot sei bloße „Lyrik", man habe es nur ins Gesetz geschrieben, „weil man sonst gesteinigt worden wäre"[585]. Andere Beteiligte hingegen hielten das Vermeidungsgebot für „mehr als bloße Symbolik", es habe sich um eine gutgemeinte Absichtserklärung gehandelt, die aber schwer mit Leben zu füllen sei[586]. Ein Beamter im BMU resümierte, letztlich sei „das Gesetz in vielen Fragen ein Kompromiß" gewesen. „Man hat die Lösung des Problems vertagt, um der ganzen Sache einen Fortgang zu geben"[587].

cc) Intendierte und antizipierte symbolisch-politische Effektivität

Welche symbolisch-politischen Folgen sich die verantwortlichen Akteure von der rechtlichen Normierung des Vermeidungsgebotes erhofften, kam in den durchgeführten Interviews nicht klar zum Ausdruck und läßt sich daher nur indirekt erschließen. Da man wußte, daß die Öffentlichkeit das Gesetzgebungsverfahren nur am Rande zur Kenntnis nahm[588], konnte man es nicht – wie etwa beim Ozongesetz – auf eine durchschlagende öffentliche Wirkung abgesehen haben, eher schon auf eine entsprechende Wirkung bei den Umweltverbänden. Maßgeblich intendierte politische Wirkung war aber wohl, daß das Gesetz überhaupt zustande kam, so daß die im Vermittlungsausschuß beschlossene scharfe Formulierung des Vermeidungsgebotes als Tribut an den Kompromiß mit dem politischen Gegner (i. e. dem SPD-dominierten Bundesrat) zu sehen ist. Nicht zuletzt mag in der Formulierung des Vermeidungsgebotes auch eine gewissen Selbstberuhigung gelegen haben, wie die oben zitierten Äußerungen („gutgemeinte Absichtserklärung, schwer mit Leben zu füllen") nahelegen. Insofern liegt in der Symbolik des Abfallvermeidungsgebotes auch ein ausgeprägtes expressives[589] Element.

---

583 Interview BMU, 15. 05. 2000, A:282.
584 Interview Opposition, 06. 07. 2000, A:112.
585 Interview Koalition, 06. 07. 2000, A:145.
586 Interview Koalition, 25. 05. 2000, A:342. In diesem Sinne auch Interview Opposition, 20. 05. 2000, A:186; Interview Opposition, 07. 12. 2000, A:219; Interview BMU, 04. 07. 200, A:320.
587 Interview BMU, 15. 05. 2000, A:263.
588 Zur ÖFFENTLICHEN AUFMERKSAMKEIT vgl. Teil 4: C.V.4, zu den INTERESSEN der Wähler Teil 4: C.V.5.c).
589 Vgl. hierzu Fn. 26 (S. 30), Fn. 25 (S. 36), Fn. 87 (S. 45 f.).

V. Analyse der Entstehungsvoraussetzungen

1. Objektive Problemsituation – Kosten des Problems, Nutzen einer Regelung

Abgrenzung des Sachbereichs. Angesichts der hohen Komplexität[590] der abfallpolitischen Fragestellungen empfiehlt es sich, vorab den Problembereich zu definieren. Als Probleme – im Sinne von Soll-Ist-Differenzen – können zunächst die in Abb. 16 (S. 208) dargestellten Größen gelten:

- der Grad der Verknappung natürlicher, nicht-erneuerbarer Ressourcen;
- die von Abfalldeponien ausgehenden Gefahren, insbesondere die Grundwassergefährdung durch Deponiesickerwässer, aber auch die Geruchsbelästigung und der Platzbedarf (Ressourcenverbrauch) von Deponien sowie die mit dem Deponiebetrieb verbundenen Kosten;
- die von Anlagen zur thermischen Behandlung / Verwertung ausgehenden Gefahren, insbesondere die Emissionen von Luftschadstoffen, sowie die mit dem Betrieb der Anlagen verbundenen Kosten.

Ressourcenproblem. Zwar stellt der Verbrauch nicht-erneuerbarer Ressourcen vor allem längerfristig sicherlich ein Problem dar[591] und wurde in der Debatte um die Abfallvermeidung auch immer wieder im Zusammenhang mit dem Begriff der „nachhaltigen Entwicklung" thematisiert. Gleichwohl war eine Ressourcenverknappung in Deutschland Anfang der 1990er Jahre kaum spürbar, weder in einer Beeinträchtigung der Lebensbedingungen noch in einem signifikanten Kostenanstieg aufgrund zunehmender Verknappung. So gesehen macht es wenig Sinn, die Ressourcenverknappung als Indikator für die OBJEKTIVE PROBLEMSITUATION heranzuziehen.

Senkenproblem. Demgegenüber waren die von Abfallbeseitigungsanlagen emittierten Schadstoffe ein durchaus spürbares Problem[592]. Obwohl hierzu eine Vielzahl von Untersuchungen (z. B. für einzelne Schadstoffe oder für die Grundwasserbelastung aus bestimmten Deponien) existieren[593], läßt sich wegen der Fülle emittierter Stoffe in die Umweltmedien Luft, Boden und Grundwasser die Entwicklung der Belastungen kaum durch wenige aussagekräftige Kennzahlen beschreiben (wie dies etwa für die Ozonbelastung möglich ist). Da Anfang der 1990er Jahre noch beträchtlichen Potentiale im Bereich der Deponieabdichtung[594] und der Rauchgasreinigung von Müllverbrennungsanlagen[595] bestanden, konnte dem Schadstoff-

---

[590] Hierzu ausführlich unten Teil 4: C.V.3.
[591] Siehe oben Teil 4: C.I.1.
[592] Siehe oben Teil 4: C.I.2.
[593] Vgl. etwa SRU (1990), Tz. 1742 ff.
[594] Vgl. UBA (1994), S. 563.
[595] Eine wichtige Rolle spielte hierbei die Umsetzung der Emissionsgrenzwerte für Abfallbeandlungsanlagen in der 17. BImSchV vom 23. 11. 1990 (BGBl. I, S. 2545, 2832), die

C. Der Vorrang der Abfallvermeidung und die Abfall(vermeidungs)problematik   243

problem sowohl durch derartige nachsorgende Maßnahmen als auch durch die Verringerung der Abfallmengen begegnet werden.

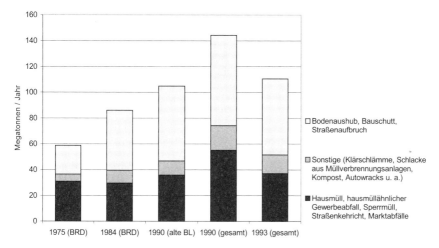

Abb. 17: Abfallaufkommen in Deutschland

An öffentliche Anlagen in Deutschland angelieferte Abfallmengen nach Abfallarten (neueste verfügbare Daten im August 2001). Quelle: Statistische Jahrbücher des Statistischen Bundesamtes.

Indikator: Abfallmengen. Als übergreifender Indikator für die genannten Problemfelder bietet sich daher die *Menge jährlich zu entsorgender Abfälle* an (vgl. Abb. 17). Leider ist das Datenmaterial im Abfallbereich, anders als etwa im Falle der kontinuierlichen Ozonmessungen, von insgesamt schlechter Qualität. Dies hängt zum einen mit dem erheblichen Aufwand zusammen, Abfallströme überhaupt zu messen; problematisch ist auch die Frage, ob etwa sämtliche anfallenden Abfälle oder nur die letztlich entsorgten erfaßt werden[596]. Hinzu kommt, daß auf Bundesebene nur alle drei Jahre eine Abfallstatistik erhoben wird, deren Kategorien zudem nur bedingt mit der abfallrechtlichen Begrifflichkeit vereinbar sind[597]. Als am aussagekräftigsten und zuverlässigsten gelten die Angaben über die jeweiligen Entsorgungswege, etwa gegenüber diejenigen über die Abfallentstehung[598].

---

gegenüber der TA Luft 1986 Teilweise eine deutliche Verschärfung darstellten. Vgl. hierzu Förstner (1995), S. 367.

[596] Hier stellt sich auch das Problem, ob das bei einem Betrieb anfallendes Abfallaufkommen x, das zur Weiterbehandlung an einen weiteren Betrieb abgegeben wird, welches dieser seinerseits an eine öffentliche Abfallentsorgungsanlage abgibt, zweimal erfaßt wird (amtliche Abfallstatistik) oder nur einmal als anfallender Abfall (amtliche Abfallbilanz). Vgl. hierzu SRU (1990), Tz. 542.

[597] Runge (1994), S. 35.

[598] Vgl. SRU (1990), Tz. 543.

Wie aus Abb. 17 hervorgeht, sind die jährlich an öffentlichen Anlagen angelieferten Abfallmengen bis 1990 insgesamt zwar gestiegen; der Großteil dieser Steigerung geht jedoch auf das Konto der vergleichsweise unproblematischen Bauabfälle (oberes Segment), während die jährlichen Mengen sonstiger Abfälle, und insbesondere von Hausmüll, von 1975 bis 1990 im alten Bundesgebiet fast konstant geblieben sind. Seit 1990 ist für alle Abfallarten eine Trendumkehr zu beobachten, die sich sowohl in den neuen als auch in den alten Bundesländern in einer deutlichen Reduzierung der Abfallmengen äußerte.

Um darüber hinaus die Schädlichkeit dieser Abfälle zu quantifizieren, kann als weiterer Indikator die *Menge jährlich zu entsorgender besonders überwachungsbedürftiger Abfälle* („Sonderabfälle") herangezogen werden (vgl. Abb. 18). Ebenso wie bei den übrigen Abfallarten ist auch hier seit 1990 insgesamt eine deutliche Reduzierung zu konstatieren.

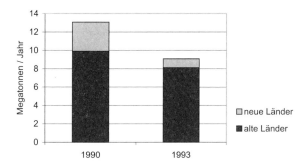

Abb. 18: Aufkommen besonders überwachungsbedürftiger Abfälle.
Quelle: Statistische Jahrbücher des Statistischen Bundesamtes

Indikator: Entsorgungsengpässe. Trotz dieser ökologisch positiven Tendenzen überstieg die Rate der Abfallproduktion diejenige der Neuschaffung von Entsorgungskapazitäten. Als besonders drängendes Problem wurde daher Ende der 1980er und Anfang der 1990er Jahre der in verschiedenen Kommunen drohende oder erreichte „Entsorgungsnotstand" aufgrund fehlender Entsorgungskapazitäten wahrgenommen. Einen gewissen Eindruck hiervon vermitteln die durchschnittlichen Restlaufzeiten von Deponien (Abb. 19). Aus der Perspektive des Jahres 1993 würden demnach binnen fünf Jahren 58 Prozent aller zu diesem Zeitpunkt bestehenden deutschen Hausmülldeponien verfüllt sein. Allerdings handelt es sich hierbei um reine Durchschnittswerte; in einigen Regionen wurden bereits 1992 die Kapazitätsgrenzen erreicht und der „Müllnotstand" ausgerufen[599]. Hierbei handelt es sich im Grunde aber um ein sekundäres, d. h. abgeleitetes Problem: Niemand

---

[599] Dies hing unter anderem mit den aus politischen und rechtlichen Gründen gestoppten Abfallexporten zusammen, siehe bereits oben S. 221.

C. Der Vorrang der Abfallvermeidung und die Abfall(vermeidungs)problematik 245

drohte wirklich im Müll zu ersticken. Entsorgungsengpässen kann kurzfristig durch Verbringung in weiter entfernt gelegene Entsorgungsanlagen bzw. langfristig durch den Bau neuer Anlagen begegnet werden; sie erscheinen demnach als Problem des Platzbedarfs, der öffentlichen Akzeptanz sowie des Zeitbedarfs (Planung und Bau von Behandlungs- und Entsorgungsanlagen).

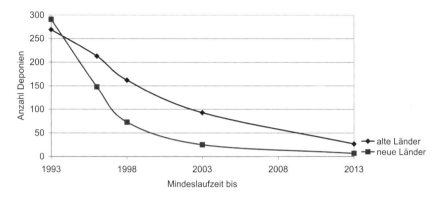

Abb. 19: Voraussichtliche Restlaufzeiten von Hausmülldeponien in Deutschland, Stand 1993, ohne Planungen. Quelle: UBA (1997), S. 452

Festzuhalten ist, daß das akute Problem Anfang der 1990er Jahre weniger in gestiegenen Abfallmengen als solchen, als vielmehr in dem Entsorgungsnotstand durch fehlende Anlagenkapazitäten bestand. Die Verringerung der Abfallmengen durch Abfallvermeidung (aber auch durch Verwertung) versprach hier Abhilfe.

Wie läßt sich nun der Nutzen, der von einer abfallrechtlichen Regelung zur Vermeidung – und damit: zur Verringerung – von Abfällen und ihrer Schädlichkeit zu erwarten war, näher bestimmen? Hierzu sollen die mit der Abfallentsorgung Anfang der 1990er Jahre verbundenen Kosten betrachtet werden. Diese Sichtweise hat den Vorteil, auch die schwer bestimmbaren ökologischen Folgen von Deponierung und Verbrennung miteinzubeziehen: Denn die gestiegenen Anforderungen an die Sicherheit von Deponien und die Abgasreinigung von Verbrennungsanlagen hatten sich schon zu der fraglichen Zeit in deutlich gestiegenen Entsorgungskosten niedergeschlagen. So wurden 1990 für die Entsorgung einer Tonne Siedlungsabfall nach dem Standard der 17. BImSchV etwa 250 bis 350 DM veranschlagt[600], für die Deponierung von Hausmüll je nach Deponiestandard 5 bis 120 DM/t (Mittelwert: 70 DM/t), wobei für die Folgejahre mit erheblichen Kostensteigerungen, insbesondere durch die Sickerwasserreinigung, gerechnet wurde[601]. Legt man für 1991 – bei 32 Millionen Jahrestonnen Hausmüll, der zu 70 Prozent deponiert, zu 30 Pro-

---

[600] Vgl. Heintz/Reinhardt (1996), S. 296.
[601] Vgl. SRU (1990), Tz. 1473. Vgl. auch Runge (1994), S. 83 ff; Heintz/Reinhardt (1996), S. 295 f.

zent verbrannt wurde – durchschnittliche Entsorgungskosten nach modernen Standards von 150 DM/t zugrunde, so ergibt sich daraus für Deutschland eine jährliche Kostenbelastung von 4,8 Milliarden DM. Eine Halbierung der Hausmüllmengen, wie von BMU Töpfer 1991 anvisiert[602], entspräche damit – ceteris paribus – einer gesamtgesellschaftlichen Kostenentlastung in Höhe von 2,4 Milliarden DM, weitere Einsparungen durch Abfallvermeidung in anderen Bereichen kämen hinzu[603]. Ungeachtet der ökologischen Entlastung durch Emissionsminderungen lag der zu erwartende Nutzen einer effektiven abfallrechtlichen Regelung zur Abfallvermeidung gesamtgesellschaftlich im Bereich von mehreren Milliarden DM jährlich[604].

Wer würde von diesen Einsparungen profitieren? Alle diejenigen, bei denen Abfälle anfallen, also die einzelnen Bürger und die Gewerbebetriebe; ebenso die Kommunen, soweit die Abfallentsorgung nicht durch die Müllgebühren gedeckt wird. Hinzu kommt das Problem der Altlasten. Für die Sanierung der in den neuen und alten Bundesländern bestehenden Altlasten wurden 1993 zwischen 30 und 200 Milliarden DM angesetzt[605], die zum Großteil auf das Konto von alten Abfalldeponien gingen. Zwar würden künftige Deponien aufgrund verbesserter Sicherheitsstandards nicht in demselben Maße zu Altlasten werden; dennoch gibt diese Ziffer einen Eindruck von den Langzeitkosten, die mit der Deponierung von Abfällen verbunden sind und durch Abfallvermeidung eingespart werden konnten.

2. Verfügbare Lösungsoptionen – Kosten einer Regelung

„Deutliche Erfolge in der Abfallvermeidung sind nur durch die Umstellung von Produktionsprozessen möglich"[606]. Je nach Ansatzpunkt ergeben sich eine Fülle von Lösungsoptionen (Techniken, Abfallarten) und damit von Kostenaspekten, die hier keinesfalls auch nur annähernd vollständig erfaßt werden können[607]. Vielmehr sollen exemplarisch einige Vermeidungsansätze und mögliche resultierende Kosten genannt werden.

Abfallarme Produktionsverfahren. Die Einführung abfallarmer Produktionsverfahren erfordert – wie jede Umstellung technischer Abläufe – in der Regel Investi-

---

[602] Siehe oben S. 228.

[603] Nach Untersuchungen an den Universitäten Köln und Münster stieg der Preis für die Entsorgung unsortierten Gewerbemülls zwischen 1991 und 1995 um etwa 150 Prozent; vgl. Ewers et al. 1997.

[604] Zu berücksichtigen ist allerdings, daß diese Einsparungen nur dann in voller Höhe eintreten, wenn durch die gesunkenen Abfallmengen der Bau neuer Anlagen vermieden werden kann, da ein großer Anteil der Entsorgungskosten – nach Ewers et al. (1997) etwa 60 bis 70 Prozent – auf fixen Kosten durch Investition in Anlagen beruht.

[605] Vgl. Wicke (1993), S. 96.

[606] Vgl. M. Geiger (1989), S. 39.

[607] Die *subjektive* Wahrnehmung der mit dem geplanten KrW-/AbfG verbundenen Kosten wird bei der Variable INTERESSEN thematisiert.

tionen[608]. Wenn sich diese betriebswirtschaftlich rechnen, kann davon ausgegangen werden, daß sie auch ohne rechtliche Regelung getätigt werden. Zusätzliche Vermeidungsmaßnahmen erfordern demzufolge Investitionen, die nicht in voller Höhe durch die eingesparten Entsorgungskosten ausgeglichen werden[609]. Sofern der Gesetzgeber die Gestaltung der Produktionsverfahren nicht im einzelnen vorschreiben will, bietet sich als Ansatzpunkt daher die Verteuerung der Entsorgungskosten an[610], etwa durch abgabenrechtliche Instrumente[611], wie 1991 von BMU Töpfer vorgeschlagen, oder aber durch eine Subventionierung abfallvermeidender Produktionsverfahren[612]. Indirekte Maßnahmen (wie beispielsweise die Pflicht zur Erstellung von Abfallbilanzen) verursachen bei den betroffenen Betrieben ebenfalls Kosten[613]. Nicht zuletzt dürfen die Kosten, derer es bedarf, um eingespielte Verfahren und Denkweisen zu durchbrechen und durch neue zu ersetzen – Stichwort: „Macht der Gewohnheit" –, nicht unterschätzt werden[614].

Abfallarme Produktgestaltung, Nutzungsverlängerung. Auch zur Gestaltung langlebiger und abfallarmer Produkte sind auf betrieblicher Ebene Investitionen nötig. Da die eingesparten Entsorgungskosten nicht den Betrieben, sondern den Konsumenten zugute kommen (bei ihnen fällt der Abfall durch gebrauchte Produkte an), muß die Neigung der Betriebe zur abfallarmen Produktgestaltung noch geringer als in bezug auf die Produktion angesetzt werden[615]. Für den Gesetzgeber bieten sich hier zahlreiche Ansatzpunkte: Bestimmte Stoffe können verboten werden, oder der Produzent kann indirekt über Rücknahme- und Verwertungspflichten zu einer abfallarmen Produktgestaltung angeregt werden.

Abfallarmer Konsum. Abfallarmer Konsum umfaßt den Gebrauch weniger, langlebiger und abfallarmer Produkte. Er verursacht meist weniger monetäre Kosten, vielmehr „zahlt" der Verbraucher mit einem Verzicht auf Bequemlichkeit, Komfort oder – wie im Falle von Konzepten zur Gemeinschaftsnutzung – den mit dem Besitz bzw. dem Eigentum von Produkten verbundenen Vorteilen[616]. Für eine wirksame Abfallvermeidung wäre in diesem Bereich eine oft grundlegende Änderung der Konsumgewohnheiten notwendig[617]. Eine 1992 in Baden-Württemberg durchgeführte empirische Studie zeigte, daß hierzu in der Bevölkerung nur eine

---

[608] Hierzu näher Sutter (1989), S. 26 ff.
[609] Vgl. SRU (1990), Tz. 710.
[610] Vgl. M. Geiger (1989), S. 39.
[611] Vgl. Klages (1991), S. 87 ff.; Looß / Katz (1995), S. 44 ff.
[612] Vgl. M. Geiger (1989), S. 39; Klages (1991), S. 101 f.; Looß / Katz (1995), S. 48.
[613] Vgl. etwa VDI-N, 12. 02. 1993
[614] Der SRU (1990, Tz. 696 ff.) sieht darin ein wesentliches Hindernis für die Investition in abfallarme Produktionsverfahren.
[615] Hinzu kommen Wissensdefizite auf seiten der Produzenten z. B. über die Schädlichkeit von Produktabfällen; vgl. Förstner (1995), S. 77.
[616] Vgl. SRU (1990), Tz. 715 ff.
[617] Vgl. Looß (1996), S. 399 ff., 419.

recht geringe Bereitschaft bestand. Abgelehnt wurde insbesondere der Verzicht auf bestimmte Güter und die Zahlung höherer Preise und Gebühren; zur „Veränderung der Lebensgewohnheiten" bestand eine mittelhohe Bereitschaft; einzig der Konsum abfallärmerer Produkte wurde weitgehend akzeptiert[618].

Insgesamt ist die Höhe der Kosten (monetär und nicht-monetär) einer effektiven Abfallvermeidung aus der Perspektive von Anfang der 1990er Jahre kaum abzuschätzen. (Einen gewissen Anhaltspunkt mag die Höhe der Investitionen von Unternehmen des Produzierenden Gewerbes im Bereich „Abfallwirtschaft" geben; diese lagen in den Jahren 1991 bis 1994 bei durchschnittlich 877 Millionen DM jährlich). Möglicherweise lagen die gesamtgesellschaftlichen Nutzen einer deutlichen Verringerung der Abfallmengen sogar höher als die damit verbundenen Kosten, was aber nicht ausschließt, daß letztere angesichts der notwendigen Umstellung technischer Prozesse und der Verhaltensänderungen der Konsumenten als höher eingeschätzt bzw. die wirtschaftlichen Vorteile der Abfallvermeidung unterschätzt wurden[619]. Nicht zuletzt müssen auch die von dem geplanten KrW-/AbfG erwarteten staatlichen Eingriffe in Produktionsverfahren[620] als Kosten für die betroffenen Betriebe bzw. Wirtschaftszweige angesehen werden.

3. Komplexität der Regelungsmaterie

Abgrenzung des Problembereichs. Die politische Materie Abfall / Abfallvermeidung war (und ist) überaus komplex[621]. Dies zeigt sich schon an dem schwierigen Versuch, den Problembereich präzise abzugrenzen. Je nach Vermeidungsbegriff fallen auch Themen der Verwertung hierunter; selbst die Abfallverbrennung trägt, da sie die Abfallvolumina reduziert, zu einer Verringerung anfallender Abfallmengen bei. Angesichts dessen soll hier eine Zweiteilung vorgenommen werden: Der *äußere* Problembereich umfaßt die gesamte Nutzungskette von Produkten bzw. Stoffen einschließlich der resultierenden ökologischen Probleme, wie sie in Abb. 16 (S. 208) skizziert wurde. In diesem Gesamtkontext steht der *innere* Problembereich der Ansatzpunkte zur Abfallvermeidung (schwarze Dreiecke in Abb. 16). Ausgeklammert bleiben damit die spezifischen Probleme der Abfallverwertung und -entsorgung.

Komplexität des Ist-Zustandes. In bezug auf die *Ressourcenproblematik* ist eine Unmenge an Einzelinformationen nötig, allein um die Vorräte der wesentlichen Rohstoffe zu nennen; in vielen Fällen sind diese überhaupt nicht bekannt. Hinzu kommen, wie etwa beim Erdöl, Fragen internationaler Abhängigkeiten und politi-

---

[618] Einschätzungen der Bereitschaft der Bevölkerung in Baden-Württemberg aus Gründen der Abfallvermeidung und Verwertung bestimmte Verhaltensweisen zu zeigen; vgl. Martens (1999), S. 154.

[619] So die Feststellung des SRU (1990), Tz. 712.

[620] Zur Perspektive der Wirtschaft hierzu Fleckenstein (1994), S. 27 u. passim.

[621] So auch die Einschätzung von Looß (1996), S. 411.

scher Preis- und Förderabsprachen. Noch schwieriger gestaltet sich eine komplette Erfassung des Ist-Zustandes der *Senkenproblematik.* Die Schadstoffemissionen von Entsorgungsanlagen variieren mit der Größe, der Ausstattung, der Lage und dem Alter der Anlage. Diese Vielzahl von Einzelinformationen ist zudem mit einem hohen Maß an Unsicherheit behaftet, zumal die von der Abfallbehandlung und -deponierung ausgehenden Schadstoffarten fast ausnahmslos auch von anderen Quellen emittiert werden. Auch die *Bilanzierung der Abfallmengen* ist alles andere als einfach, da, wie gesehen, zahlreiche Unsicherheiten bezüglich des Abfallbegriffs und der Doppelterfassung bestehen und zudem eine Vielzahl unterschiedlicher Abfallarten erfaßt werden muß, um den unterschiedlichen Verwertungs- und Gefährdungspotentialen Rechnung zu tragen. Nicht zuletzt sorgen auch die oben geschilderten Unsicherheiten um den *Begriff der Abfallvermeidung* für eine erhöhte Komplexität.

Komplexität des Soll-Zustandes. Insbesondere für die *Senkenproblematik* existieren etliche unterschiedliche Grenzwerte, die im wesentlichen in der 17. BImSchV, der TA Siedelungsabfall sowie der TA Abfall geregelt sind[622]. Die Komplexität dieser Vorschriften ergibt sich aus der Fülle von Einzelvorschriften für die vielen unterschiedlichen Eigenschaften von Abfallarten, Stoffen und Deponien. Maßgeblich für den Komplexitätsgrad des Soll-Zustandes erscheint insbesondere die *Vielzahl unterschiedlicher Problemdimensionen,* die je nach Sichtweise unterschiedlich gewichtet werden. Dementsprechend wurden unterschiedliche abfallpolitische Ziele verfolgt, die von der Gewährleistung der Entsorgungssicherheit über verbesserte Emissionsstandards, die Abschaffung der Müllverbrennung, den Vorrang der Abfallvermeidung bis zur absoluten Reduzierung der Abfallmengen reichten.

Komplexität der Lösungsmöglichkeiten. Allein für das engere Ziel der Abfallvermeidung wurden eine Vielzahl von Lösungsmöglichkeiten diskutiert (siehe oben S. 212 f.), mitunter werden mehrere Dutzend unterschiedlicher Arten von Instrumenten zur Abfallvermeidung aufgezählt[623], die von „weichen" Maßnahmen wie Beratungspflichten bis zu „harten" Maßnahmen wie Abgabenlösungen reichen.

Insgesamt muß das politische Thema Abfall / Abfallvermeidung in praktisch jeder Hinsicht als äußerst komplex bezeichnet werden. Insbesondere zu den produktionsbezogenen Fragen der Abfallvermeidung (Lösungsmöglichkeiten) kann davon ausgegangen werden, daß die Wirtschaft hier enorme Informationsvorsprünge gegenüber der Öffentlichkeit, aber auch gegenüber der Politik besaß; die Politik

---

[622] Konkrete Emissionswerte für Verbrennungsanlagen gibt seit 1992 die 17. BImSchV vor; für Hausmülldeponien gelten seit 1993 – mit Übergangsvorschriften bis 2005 – die sehr weitreichenden Anforderungen der TA Siedlungsabfall (dritte Allgemeine Verwaltungsvorschrift zum Abfallgesetz vom 14. 05. 1993, BAnz Nr. 99a, S. 4967). Für besonders überwachungsbedürftige Abfälle sieht Nr. 9 TA Abfall (Zweite allgemeine Verwaltungsvorschrift zum Abfallgesetz vom 12. 03. 1991, GMBl. S, 139) detaillierte Vorschriften u. a. zur Untergrundabdichtung, Abdeckung und Sickerwasserbehandlung von Abfalldeponien vor.

[623] Looß / Katz (1995) nennen 30 verschiedene Instrumenten-Typen (vgl. ebd., S. 39 ff.).

wiederum war über Fragen des Ist- und des Soll-Zustandes besser, weitaus besser informiert als die Öffentlichkeit und auch als die Mehrzahl der Umweltverbände.

4. Öffentliche Aufmerksamkeit

Zwar nahm die breite Öffentlichkeit von dem Gesetzgebungsverfahren des KrW-/AbfG weit weniger Notiz als vom Ozongesetz, wie sich aus dem Verlauf der Intensität der Presseberichterstattung zum Thema Kreislaufwirtschaft (Abb. 20) zeigt.

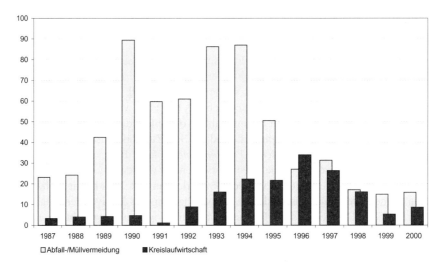

Abb. 20: Öffentliche Aufmerksamkeit zu abfallpolitischen Themen

Jährliche Anzahl von Presseberichten zu den Themen Abfall-/Müllvermeidung und Kreislaufwirtschaft[624]. Quelle: Eigene Erhebung mittels CD-ROM-Recherche.

Die Themen Abfall- bzw. Müllvermeidung (Abb. 20) und insbesondere die Problemschwerpunkte Müllverbrennung und Mülldeponierung (Abb. 21) wurden dagegen sehr stark thematisiert und erreichten Anfang der 1990er Jahre, als die fünfte abfallrechtliche Novellierung anstand, jeweils ihren Höhepunkt. Bis zur Verabschiedung des KrW-/AbfG 1994 war die ÖFFENTLICHE AUFMERKSAMKEIT an den letztgenannten Themen jedoch bereits erheblich abgeflaut, während das Thema Vermeidung nach wie vor nicht an Popularität verloren hatte.

Was die öffentliche *Meinung* zu Abfallfragen betraf, so wurde in einer empirischen Studie, die 1992 in Baden-Württemberg durchgeführt wurde, die Abfallvermeidung als wichtigste Maßnahme zur Lösung des Abfallproblems genannt,

---

[624] Gezählt wurden alle in der „taz" erschienenen Artikel, welche die Wortanfänge „Abfallvermeid" oder „Müllvermeid" bzw. „Kreislaufwirtschaft" enthalten.

C. Der Vorrang der Abfallvermeidung und die Abfall(vermeidungs)problematik 251

dicht gefolgt von der Verwertung[625]. Demgegenüber lehnte die überwiegende Mehrheit der Bevölkerung sowohl Deponien als auch Verbrennungsanlagen in ihrer Nähe ab[626].

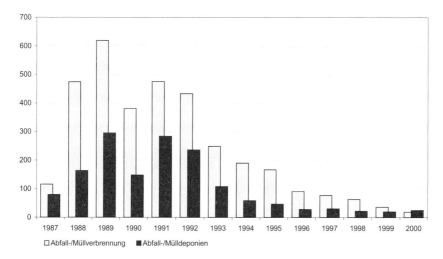

Abb. 21: Öffentliche Aufmerksamkeit zu abfallpolitischen Themen

Jährliche Anzahl von Presseberichten zu den Themen Deponierung und Verbrennung von Abfällen[627]. Quelle: Eigene Erhebung mittels CD-ROM-Recherche.

5. Interessen der relevanten Akteure

Die Interessenkonstellation in bezug auf die Abfallproblematik ergibt sich u. a. aus der Verteilung öffentlicher Güter bzw. „Übel"[628]. Zu unterscheiden sind[629]:

– Natürliche, nicht-erneuerbarer Ressourcen[630]. Da ihre tatsächliche Knappheit nicht in ihrem Preis berücksichtigt ist, ist ihre Nutzung mit dem negativen inter-

---

[625] Gezählt wurden alle in der „taz" erschienenen Artikel, welche die Wortanfänge „Abfalldeponie" oder „Mülldeponie" bzw. „Abfallverbrenn" oder „Müllverbrenn" enthalten.

[626] Auf die Frage nach Konzepten zur Lösung des Abfallproblems nannten aus dem Bereich „Schule" 87 Prozent die Abfallvermeidung (Verwertung: 82 Prozent); aus dem Bereich „Medien" 83 (80) Prozent und aus dem Bereich „Interessierte Öffentlichkeit" 97 (75) Prozent der Befragten. Verbrennung (bzw. Deponierung) wurden demgegenüber nur von jeweils 25 (24), 20 (21) bzw. 14 (25) Prozent der Befragten genannt; vgl. Martens (1999), S. 157.

[627] So waren zwischen 1991 und 1994 im Durchschnitt etwa 43 Prozent der Befragten für die Errichtung neuer Müllverbrennungsanlagen und etwa 23 Prozent für die Errichtung neuer Mülldeponien; vgl. Freisendörfer / Wächter-Scholz (1997), S. 184.

[628] Siehe oben Teil 3: A.I.3.

[629] Vgl. Gawel (1999), S. 191 ff.

[630] Zum ökonomischen Problem erschöpfbarer Ressourcen vgl. Hackl (1994), S. 143 ff.

temporalen externen Effekt – und damit dem öffentlichen Übel – verbunden, daß zukünftige Generationen heute verbrauchte Rohstoffe nicht mehr nutzen können[631]. Da dieser Effekt aber im wesentlichen ein zukünftiger ist, spielte er für die Interessenkonstellation, die für das Zustandekommen des Abfallvermeidungsgebotes maßgeblich war, nur insofern eine Rolle, als Umweltinitiativen die Interessen kommender Generationen vertraten.

– Der mit der Anlage von Deponien verbundene Landschaftsverbrauch. Insoweit die in Anspruch genommenen Flächen auf lange Zeit nicht mehr anderweitig genutzt werden können, liegt hier ebenfalls ein negativer intertemporaler externer Effekt vor. Von kurzfristigen Knappheiten („Entsorgungsnotstände") aufgrund langer Planungs- und Genehmigungsverfahren sind vor allem die Kommunen bzw. Kommunalverbände als entsorgungspflichtige Körperschaften betroffen.

– Die von Deponien ausgehenden Umweltbelastungen (insbesondere Grundwasserverschmutzung). Sie treten zwar nur lokal auf; der Kreis der hiervon Betroffenen ist jedoch in aller Regel nicht mit dem der Verursacher identisch, so daß in jedem Fall von einem öffentlichen Übel gesprochen werden kann.

– Emissionen von Luftschadstoffen aus Abfallentsorgungsanlagen. Viele der emittierten Schadstoffe verteilen sich über größere Entfernungen und gefährden damit die Allgemeinheit, während die Verursacher (Abfallproduzenten) mit der Allgemeinheit keineswegs identisch sind. Auch hier liegt daher ein klassisches öffentliches Übel vor.

a) Unternehmen

Produzierende Wirtschaft. Die produzierende Wirtschaft – im Gesetzgebungsverfahren vertreten insbesondere durch deren Spitzenverbände BDI, DIHT und VCI – besaß in bezug auf die geplanten Regelungen zur Abfallvermeidung ein „handfestes"[632] *Verursacherinteresse,* da die Vermeidung der mit der Produktion von Gütern und deren Nutzung verbundenen Abfälle Kosten erwarten ließ (siehe oben). Sie lehnte daher das geplante KrW-/AbfG und insbesondere die für die Abfallvermeidung wichtige Produktverantwortung strikt ab[633]. Man befürchtete „tiefe Eingriffe in die Produktion, Produkte und Märkte" (DIHT); zudem schadete ein solcher „Wirtschaftsdirigismus" (BDI) dem Industriestandort Deutschland. Es sei auch fragwürdig, ob die Abfallwirtschaft auf Kosten der freien Wirtschaft durch mehr Abfallvermeidung um jeden Preis „optimiert" werden könnte (DIHT)[634]. Auch die längere Zeit diskutierte Abfallabgabe war u. a. am Widerstand der produzierenden Wirtschaft gescheitert[635]. Befragte Politiker bezeichneten die involvier-

---

[631] Vgl. hierzu Römer/Feld (1994), S. 200 ff.
[632] Interview Koalition, 05. 06. 2000, A:240.
[633] Interview Koalition, 06. 07. 2000, A:103; Interview Koalition, 17. 01. 2001, A:331.
[634] Alle Zitate aus HB, 13. 08. 1992.
[635] Siehe oben S. 218 f.

C. Der Vorrang der Abfallvermeidung und die Abfall(vermeidungs)problematik 253

ten Verbände – im Vergleich zu anderen politischen Themen – insgesamt als außerordentlich gut informiert; sie „haben in allen Phasen [der Gesetzgebung – d. Verf.] versucht mitzumischen"[636]. Obwohl man eine Priorität der Abfallvermeidung als „grundsätzlich sinnvoll" erachtete, wurde bereits der Ansatz, „vom Abfall her zu denken" und die geplante Intensivierung der Reglungsdichte aufs heftigste kritisiert[637]. „Die Wirtschaft hatte große Angst, die Ideologen würden vorschreiben, daß Nachweise zu erbringen sind, daß gewisse Abfälle unvermeidlich sind."[638] Statt dessen drängte man auf den Ausbau der Entsorgungsinfrastruktur, um Engpässe zu vermeiden[639].

Entsorgungswirtschaft. Demgegenüber befürworteten die gewerblichen Abfallentsorger – vertreten durch den Bundesverband der Entsorgungswirtschaft (BDE) – grundsätzlich das geplante Gesetzgebungsvorhaben. Als mächtiges Helferinteresse (Entsorgerinteresse[640]) waren sie von berufs wegen an einer Lösung der Abfallproblematik interessiert und erhofften sich von der Regelung eine staatlich induzierte Ausweitung ihrer Aktivitäten[641]. Zugleich konnte man eine strenge Abfallvermeidung nicht befürworten, da hierdurch der Fortbestand ihrer Zunft gefährdet worden wäre.

b) Kommunen

Als entsorgungspflichtige Körperschaften waren die Gemeinden bzw. Landkreise und kreisfreien Städte von den Entsorgungsengpässen Ende der 1980er und Anfang der 1990er Jahre besonders betroffen. Sie mußten Deponiekapazitäten schaffen und Standorte für Abfallverbrennungsanlagen ausweisen (und trafen damit meist auf erheblichen Widerstand der anliegenden Bevölkerung), ohne jedoch in nennenswerter Weise Einfluß auf die Vermeidung von Abfällen nehmen zu können[642]. Sie waren daher an gesetzlichen Maßnamen zur Förderung der Abfallvermeidung und Verringerung der Abfallmengen außerordentlich interessiert. Demzufolge machten die kommunalen Spitzenverbände (Deutscher Städtetag, Deutscher Landkreistag und Deutscher Städte- und Gemeindebund) gegenüber der Politik bereits frühzeitig entsprechende Forderungen geltend, was den Handlungsdruck auf die Politik verstärkte[643]. Allerdings befürchtete man von einer weitreichenden Novelle des Abfallrechts auch Schwierigkeiten und Verzögerungen im Vollzug, so daß man in vielen Verfahrens- und Kompetenzfragen das Gesetzgebungsvorhaben nicht unterstützte[644].

---

[636] Interview Koalition, 05. 06. 2000, A:240.
[637] Vgl. Staeck (1999), S. 132.
[638] Interview BMU, 04. 07. 2000, A:259.
[639] Vgl. Dittmann (1992), S. 449.
[640] Siehe oben S. 103.
[641] Vgl. Staeck (1999), S. 136; 140.
[642] Vgl. Huter / Wiebe / Lahl (1992), S. 82.
[643] Interview Opposition, 20. 05. 2000, A:279.

c) Wähler

Die allgemeinen Wähler, d. h. die Öffentlichkeit als ganzes, waren in unterschiedlicher Weise mit Abfallproblemen konfrontiert. An erster Stelle sind die Müllgebühren zu nennen, die praktisch alle Haushalte betreffen, allerdings je nach Region erheblich variieren. Im Zuge zunehmend umweltschonender Abfallbeseitigungstechniken waren die Müllgebühren Anfang der 1990er Jahre spürbar gestiegen, weitere Erhöhungen waren zu erwarten. Infolgedessen sank in dieser Zeit die Bereitschaft zur Akzeptanz (noch) höherer Müllgebühren zur Förderung der Abfallvermeidung deutlich[645]. An staatlichen Maßnahmen zur Abfallvermeidung im Sinne abfallärmerer Verpackungen oder leichter und damit kostengünstiger zu entsorgender Konsumgüterbestandteile mußte daher grundsätzlich ein allgemeines Interesse bestehen. Zweiter wichtiger Punkt waren die von Deponien und Verbrennungsanlagen ausgehenden direkten Beeinträchtigungen und Gefahren (Grundwasserbelastung, Luftschadstoffe). Sie betrafen hauptsächlich die anliegenden Bewohner – und damit ein vergleichsweise geringes Wählerpotential –, in geringerem Maße jedoch auch die gesamte Allgemeinheit (Flächenverbrauch durch Deponien, weit transportierte Luftschadstoffe, Klimaproblematik durch Methanemissionen usw.). Gerade auf kommunaler Ebene formierte sich ein nicht unerheblicher politischer Druck gegen das Problem der Abfallmengen[646].

Das zur „Lösung" der Abfallproblematik konzipierte, für Laien jedoch schwer durchschaubare Gesetzgebungsvorhaben des KrW-/AbfG wurde von der Öffentlichkeit kaum beachtet, zumal der einzelne Bürger – im Gegensatz zu Industrie- und Handelsunternehmen – nie als Rechtsadressat des Gesetzes im Vordergrund stand. Befragte politisch Verantwortliche äußerten hierzu: „Da das KrW-/AbfG wahnsinnig kompliziert ist, stand es nie so in der Öffentlichkeit wie etwa Fahrverbote"[647]. „Die Öffentlichkeit hat das Gesetz überhaupt nicht zur Kenntnis genommen"[648], „das Gesetz war für den Bürger recht abstrakt"[649]. Dementsprechend waren die Interessen der Öffentlichkeit im Gesetzgebungsprozeß kaum vertreten. Auch die Umweltverbände hielten sich beim KrW-/AbfG eher zurück. Das Öko-Institut, der BUND, die Verbraucherinitiative, der DNR sowie der BBU begrüßten die Stoßrichtung des Gesetzes, hielten es aber nicht für ausreichend; insbesondere der Vorrang der Vermeidung wurde als zu unkonkret („zahnloser Tiger") kritisiert. Darüber hinaus fand aber kaum eine Auseinandersetzung mit der Gesetzesmaterie

---

[644] Vgl. Doose (1999), S. 450 f.

[645] Für die Erhöhung von Müllgebühren sprachen sich 1991 noch etwa 30 Prozent, 1994 nur noch 15 Prozent der Befragten aus; vgl. Freisendörfer/Wächter-Scholz (1997), S. 184. Dieser Befund steht im Einklang mit der These Staecks (1999, S. 95) von einer zunehmenden Ökonomisierung der Umwelt- und Abfallpolitik Anfang der 1990er Jahre.

[646] Siehe oben Teil 4: C.IV.2.b)aa).

[647] Interview BMWi, 25. 05. 2000, A:487,

[648] Interview Koalition, 25. 10. 2000, A:147.

[649] Interview BMU, 15. 05. 2000, A:254.

statt, da diese wegen der mangelnden unmittelbaren Relevanz für die Bevölkerung kaum Möglichkeiten zur Mitgliedermobilisierung eröffnete[650].

d) Politik und Ministerialbürokratie

Die massiv interessengeleiteten Auseinandersetzungen zum KrW-/AbfG allgemein und zur Abfallvermeidung im besonderen spiegelten sich in den Positionen der politischen Entscheidungsträger wider. Die (Verursacher-)Interessen der (produzierenden) Wirtschaft lassen sich sehr deutlich dem BMWi zuordnen[651]; auch die Koalitionsfraktionen, die das Gesetz maßgeblich mitgestalteten, berücksichtigten zunehmend wirtschaftliche Interessen. Die Betroffeneninteressen der Wähler im Sinne des Umwelt- und Gesundheitsschutzes wurden anfangs auch vom BMU, später nur noch von der parlamentarischen Opposition unterstützt. SPD und Bündnis 90/Die Grünen forderten beständig eine Ausweitung der Abfallvermeidung und entsprechende Maßnahmen zu ihrer Umsetzung, insbesondere durch „ökonomische" Anreize wie Steuer- und Abgabenlösungen[652]. „Der Vermeidungsgedanke hatte bei der SPD einen höheren Stellenwert als bei der CDU/CSU"[653]. Daß es bei dem Gesetzgebungsvorhaben im übrigen um einen klaren Gegensatz zwischen Umwelt- und Wirtschaftsinteressen ging, verdeutlichen Aussagen befragter politischer Akteure, wonach – neben den antagonistischen Positionen von Koalition und Opposition – als Hauptkontrahenten im Gesetzgebungsprozeß die Umweltpolitiker auf der einen, die Wirtschafts- und Finanzpolitiker auf der anderen Seite gesehen wurden[654]. Die Bundesländer „als Rechtsvertreter der Kommunen"[655] setzten sich im Bundesrat mehrheitlich – vor allem, aber nicht nur von seiten der SPD-regierten Länder – für eine starke Stellung der Abfallvermeidung ein, wie sie bereits im Bundesrats-Entwurf von 1991 propagiert wurde. Dabei bevorzugten sie eine klare Regelung: „Die Länder wollten etwas Vollziehbares und hatten zum Beispiel kein Interesse an der ‚spinnerten' Produktverantwortung, die wiederum der SPD-Fraktion sehr wichtig war"[656].

---

[650] So die Einschätzung bei Staeck (1999), S. 137, 141.
[651] Siehe oben S. 222.
[652] Siehe nur oben zur Kritik am Koalitionsentwurf, S. 223.
[653] Interview Koalition, 05. 06. 2000, A:219.
[654] So etwa Interview BMWi, 25. 05. 2000; Interview Koalition, 06. 07. 2000, A:078.
[655] Interview Koalition, 07. 06. 2000, A:079.
[656] Interview Opposition, 06. 07. 2000, A:139.

6. Machtpositionen der relevanten Akteure

a) Unternehmen

Zur politischen Beurteilung der überaus komplexen Materie der Abfall- und Abfallvermeidungsproblematik waren – wie gesehen – eine Vielzahl von Informationen über technische Abläufe und einzelne Kosten / Nutzen-Betrachtungen nötig, die den politischen Akteuren in der nötigen Differenziertheit jedoch nicht zur Verfügung standen. Sie waren daher auf die Mitwirkung der Wirtschaftsverbände angewiesen. Zusätzlich zu strukturellen Potentialen von Markt- und finanzieller Macht konnten die Wirtschaftsverbände vor allem ihre erheblichen Informationsvorsprünge im Verlaufe des Gesetzgebungsverfahrens zunehmend in reale Einflußnahme ummünzen und so u. a. den geplanten Regelungen zur Abfallvermeidung die Schärfe nehmen. Dies kann als eine wesentliche Ursache für die mangelnde Rechtsnormativität des Vermeidungsgebotes gelten.

b) Wähler

Trotz der im Sommer 1994 unmittelbar bevorstehenden Wahlen und der damit regelmäßig einhergehenden verstärkten Berücksichtigung von Wählerbelangen muß der direkte Wählereinfluß auf die Regelungen zur Abfallvermeidung im Rahmen des KrW-/AbfG als eher gering eingeschätzt werden. Unmittelbar hing dies mit der geringen Vertretung von Wählerinteressen im Gesetzgebungsverfahren überhaupt zusammen. Letztlich spielte wohl die KOMPLEXITÄT der Materie die entscheidende Rolle: Wer sich auch nur einigermaßen über die Zusammenhänge des geplanten Gesetzes informieren wollte, hatte mit extrem hohen Transaktionskosten zu rechnen, die nur die wenigsten bereit waren aufzubringen. Nicht unterschätzt werden darf jedoch das indirekte Machtpotential der Wähler über die politische Zusammensetzung der gewählten Landesregierungen. Der Bundesrat spielte in allen Phasen der Gesetzgebung und besonders zum Schluß im Vermittlungsausschuß eine wesentliche Rolle, gerade in bezug auf das Vermeidungsgebot.

7. Adressatenstruktur

Rechtsadressaten der Regelungen zur Abfallvermeidung im KrW-/AbfG sind weniger die einzelnen Bürger, sondern praktisch ausschließlich die Betreiber genehmigungsbedürftiger Anlagen (§ 9 KrW-/AbfG) sowie die Hersteller und Vertreiber von Erzeugnissen (§§ 23, 24 KrW-/AbfG), mithin also Handel und produzierendes Gewerbe. Diese verteilen sich auf eine Fülle von Branchen mit jeweils spezifischen Produktionsverfahren, Vertriebs- und Absatzstrukturen, was sich einerseits in der Vielzahl der Ansprechpartner für die Politik, andererseits in komplexen Vollzugsstrukturen äußert. Diese Komplexität der Adressatenstruktur schlägt sich auch in der Menge erlassener bzw. geplanter branchen- und produktbezogener Rechtsverordnungen nach §§ 23, 24 KrW-/AbfG (Verpackungen, Elektronikschrott, Batterien, Altautos usw.) nieder.

VI. Analyse der Folgen und Wirkungen

1. Rechtsnormativ-sachliche Effektivität (RSE)

Die Folgen und Wirkungen der Regelungen des KrW-/AbfG zur Abfallvermeidung lassen sich gegenwärtig, nur fünf Jahre nach deren Inkrafttreten, erst schwer abschätzen. Die einzigen Vorschriften, welche die Abfallvermeidung rechtsverbindlich regeln – nämlich Rechtsverordnungen aufgrund der §§ 23 und 24 KrW-/AbfG – sind bislang die Altauto- und die Batterieverordnung[657] von 1997 bzw. 1998. Sie enthalten – bis auf gewisse Produktverbote nach § 13 BattV – beide kaum Regelungen zur Abfallvermeidung[658]. Bisher muß daher eine weitgehende rechtsnormative Ineffektivität konstatiert werden. Anhaltspunkte über die Effektivität entsprechender Rechtsverordnungen mag im übrigen die bereits 1991 in Kraft getretene VerpackV („Vorreiter der Produktverantwortung") geben, in deren Folge der Verpackungsverbrauch in Deutschland sich von 1991 bis 1996 um lediglich 10 Prozent verringerte[659]. So konstatiert die Bundesregierung im Herbst 1997, „der Übergang von der Abfallwirtschaft in die Kreislaufwirtschaft" sei „manchmal auch mit schwierigen Anpassungen verbunden. Die Umsetzung des Kreislaufwirtschaftsgesetzes bleibt daher vor allem eine langfristige Aufgabe"[660]. Nach einem Gutachten im Auftrag der Friedrich-Ebert-Stiftung waren bis 1998 keine Vermeidungswirkungen des KrW-/AbfG belegbar, seine stoffflußreduzierende Wirkung tendiere gegen null[661]. Auch seien aufgrund des Gesetzes keine verstärkten Investitionen in Kreislaufführung und Abfallvermeidung getätigt worden; nur insoweit es sich für den Verursacher wirtschaftlich rechne, würde die Abfallvermeidung gefördert[662].

Inwieweit das KrW-/AbfG bzw. die Abfallvermeidungsdebatte im Zuge des Gesetzgebungsverfahrens indirekte Auswirkungen auf betriebliche Maßnahmen zur Abfallvermeidung hatte, wie von einem maßgeblichen politischen Akteur angenommen[663], läßt sich kaum nachweisen.

Ungeachtet dessen hat sich die bereits angesprochene Entschärfung der Entsorgungssituation weiter fortgesetzt, die aber kaum auf direkte Wirkungen des Abfall-

---

[657] Siehe oben Teil 4: C.III.4.
[658] Vgl. Schink (1999), S. 222 f.; Verheyen/Spangenberg (1998), S. 64.
[659] Umwelt (BMU) 11/1997, S. 480.
[660] Umwelt (BMU) 11/1997, S. 480.
[661] Verheyen/Spangenberg (1998), S. 9.
[662] Verheyen/Spangenberg (1998), S. 11, 47 f.

vermeidungsgebotes bzw. das KrW-/AbfG überhaupt zurückzuführen ist. Es liegen hier „Gratiseffekte" vor. Auf dem Gebiet des Ressourcenschutzes haben sich überhaupt keine Verbesserungen ergeben, da der bundesdeutsche Energie- und Rohstoffverbrauch in den Jahren zwischen 1993 und 1998 praktisch konstant geblieben ist[664].

2. Symbolisch-politische Effektivität (SPE)

Unmittelbarer politischer Erfolg des KrW-/AbfG war zunächst, daß es überhaupt verabschiedet wurde, womit noch wenige Monate zuvor viele nicht gerechnet hatten[665]. Damit war nach einer knapp vierjährigen Diskussionszeit das prioritäre umweltpolitische Ziel der Regierungskoalition für die 12. Legislaturperiode doch noch erreicht worden und der drohende (umwelt-)politische Mißerfolg abgewendet.

Inwieweit der programmatische Vorrang der Abfallvermeidung seiner symbolisch-politischen Zielsetzung, umweltpolitische Interessen symbolisch zu befriedigen, genügte, ist schwer meßbar. Immerhin läßt sich ein deutlicher Rückgang der ÖFFENTLICHEN AUFMERKSAMKEIT an Themen zur Abfallpolitik und speziell zur Abfallvermeidung nach der Verabschiedung des KrW-/AbfG feststellen. Wie aus Abb. 20 (S. 250) hervorgeht, sank die Zahl der Presseartikel, in denen Abfall- oder Müllvermeidung thematisiert wurde, von 86 im Jahre 1994 auf 27 im übernächsten Jahr, also ein Rückgang um 68 Prozent in zwei Jahren. Gleichwohl erscheint zweifelhaft, ob dieser Rückgang hauptsächlich auf die Verabschiedung des KrW-/AbfG zurückzuführen ist. Denn nachdem das drängendste Problem der Entsorgungsnotstände sich durch Neuplanungen von Entsorgungsanlagen ab 1993 entschärft hatte, war auch das öffentliche Interesse an Themen wie Abfalldeponien und Verbrennungsanlagen (vgl. Abb. 21 auf S. 251) gesunken.

VII. Zwischenfazit

Das Gebot der Abfallvermeidung, wie es in § 4 Abs. 1 KrW-/AbfG und untergeordneten Vorschriften normiert ist, erscheint im wesentlichen als Programmsatz, der ausdrückt, was der Gesetzgeber für wünschenswert erachtete, aber angesichts des massiven Widerstandes der betroffenen Industrie nicht rechtsverbindlich zu normieren vermochte. Das Vermeidungsgebot wurde Gesetz zu einer Zeit, da das Schlagwort der Abfallvermeidung angesichts knapper Entsorgungskapazitäten und

---

[663] Interview Koalition, 17. 01. 2001, A:268.

[664] Statistisches Bundesamt (2000), S. 691.

[665] So etwa die Berichterstatterin für das KrW-/AbfG im AfUmwelt Hartenstein (SPD) im Hinblick auf die erwartete Ablehnung des Gesetzes durch den Bundesrat (taz, 12. 04. 1994).

der Diskussion um nachhaltiges Wirtschaften und Schonung natürlicher Ressourcen die Runde machte. Ob die Regelung in irgendeiner Weise zur Verringerung von Abfallmengen beigetragen hat, ist bislang nicht abzusehen.

D. Die Großfeuerungsanlagenverordnung und die Luftreinhalte- und Waldschadensproblematik

I. „Waldsterben" und Luftschadstoffe

Die im Juli 1983 in Kraft getretene GFAnlV hatte zum Ziel, die Schadstoff-Emissionen aus Großfeuerungsanlagen, insbesondere von Schwefeldioxid aus Kohlekraftwerken, drastisch zu senken. Den entscheidenden Impuls für die Verabschiedung der Verordnung gab das seit Anfang der 1980er Jahre öffentlich bekannt gewordene „Waldsterben"[666].

1. Das Phänomen „neuartiger Waldschäden"

Waldschädigungen, verursacht durch Schädlinge, Trockenheit, Kälte oder lokale Rauchgasimmissionen, wurden schon zu allen Zeiten beobachtet[667]. Seit Mitte der 1970er Jahre wurde in Mitteleuropa jedoch zunehmend über Waldschäden berichtet, die in Art und Ausmaß die bisherigen bei weitem übertrafen. Hierfür wurde in der Öffentlichkeit der Begriff „Waldsterben" geprägt (und später von seiten der Politik durch die neutraler klingende Bezeichnung „neuartige Waldschäden" abgelöst).

Als Schadsymptome wurden beispielsweise beobachtet[668]:
– bei Nadelbäumen ein Verlust der Nadeln, insbesondere eine zunehmende Ausdünnung der Baumkrone; Gelb- bis Braunfärbung der Nadeln;
– speziell bei geschädigten Tannen: Auftreten eines sogenannten Naßkerns (abnormal starke Feuchtigkeit im Innern des Stammes);
– bei Laubbäumen: verfrühte Herbstfärbung der Blätter und Blattfall bereits im Frühsommer;
– eine Schädigung des Feinwurzelsystems mit der Folge, daß weniger Nährstoffe aufgenommen werden können;
– Absterben besonders geschädigter Bäume.

---

[666] Vgl. nur Davids / Lange (1984), S. V.

[667] Diese und die folgenden Ausführungen beziehen sich im wesentlichen auf Heintz / Reinhardt (1996), S. 140 ff. m. w. N.

[668] Hierzu näher auch SRU (1983), Tz. 194 ff. m. w. N.

Als das Neue und Bedrohliche an dem Phänomen galt vor allem, daß es praktisch alle Baumarten betraf[669], extrem großflächig (in nahezu ganz Europa und Nordamerika) auftrat und daß die Schäden – im Gegensatz zu früheren Zeiten – lange anhielten.

2. Ursachen des „Waldsterbens" – die Rolle von Luftschadstoffen und „saurem Regen", insbesondere von SO_2

Die Ursachen dieser neuartigen Waldschäden waren und sind naturwissenschaftlich nicht unumstritten. Einigkeit herrschte aber bereits Anfang der 1980er Jahre darüber, daß eine Vielzahl von Faktoren für die beobachteten Schäden verantwortlich sind[670]. Zusätzlich zu den oben erwähnten natürlichen Streßfaktoren werden vor allem Luftschadstoffe für das massenhafte Auftreten der Waldschäden verantwortlich gemacht[671] (vgl. den Überblick in Abb. 22). Zwei Mechanismen der Schadstoffaufnahme und -wirkung spielen dabei eine Rolle: die direkte Einwirkung auf die Pflanzenoberfläche sowie die indirekte Wirkung über den Boden[672].

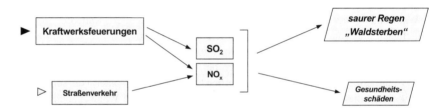

Abb. 22: Das materielle Regelungsproblem Waldschäden / Großfeuerungsanlagen im Überblick

Die Pfeile deuten kausale Wirkungsketten an, die Dreieckssymbole signalisieren Ansatzpunkte für mögliche Problemlösungen.

Direkt können Schadstoffe über die Blatt- bzw. Nadeloberfläche, Knospen und Äste aufgenommen werden. Auf dem Wege der „trockenen Deposition" werden Feststoffe – z. B. Ruß, schwermetallhaltiger Staub – oder Schadgase wie Schwefeldioxid (SO_2), Stickoxide (NO_x), Ozon (O_3)[673] oder Ammoniak (NH_3) auf-

---

[669] Wenn hier in der Vergangenheitsform berichtet wird, so soll damit keinesfalls negiert werden, daß die beschriebenen ökologischen Probleme möglicherweise heute noch andauern. Vielmehr soll der historische Kontext der getroffenen Aussagen betont werden.

[670] Vgl. SRU (1983), Tz. 264.

[671] Vgl. SRU (1983), Tz. 363 m. w. N.

[672] Vgl. Heintz / Reinhardt (1996), S. 148 ff.; SRU (1983), Tz. 304 ff.

[673] Zum Einfluß von Ozon und anderen Photooxidantien auf Waldbäume vgl. Prinz / Krause / Stratmann (1982).

D. Die Großfeuerungsanlagenverordnung und die Waldschadensproblematik 261

genommen; über die „nasse Deposition" gelangen im Regenwasser gelöste Schadstoffe wie Schwefelsäure, Sulfate, Salpetersäure und Nitrate in das Blattinnere. Die letztgenannten chemischen Verbindungen bilden sich durch Lösung von SO_2 und NO_x in Regenwasser.

Indirekt können Bäume durch veränderte Bodeneigenschaften – die wiederum auf Schadstoffeinträge zurückgehen – geschädigt werden. Eine besondere Rolle spielt hierbei die Versauerung der Böden[674]: Die in der Luft befindlichen sauren Gase SO_2 und NO_x lösen sich im Regenwasser und bilden in Verbindung damit starke Säuren, den sogenannten „sauren Regen". In Abhängigkeit von den puffernden Eigenschaften des jeweiligen Bodens können regelmäßige Einträge von Säuren dessen pH-Wert[675] im Laufe der Zeit mehr oder weniger stark absenken. Hierdurch werden für Pflanzen toxische Metallionen – vor allem Aluminium und Mangan – verstärkt aus der Bodensubstanz freigesetzt und können so über die Wurzeln aufgenommen werden und die Pflanzen schädigen. Bei einem sehr niedrigen pH-Wert wird zudem das Wurzelwerk direkt angegriffen.

Als mit Abstand wichtigster Einzelschadstoff wurde – zumindest bis etwa 1983 – allgemein das SO_2 angesehen:

[M]an sah die rasch fortschreitenden Baumschädigungen in engem Zusammenhang mit den hierzulande hohen Schwefeldioxidemissionen, als deren Quelle vor allem Großfeuerungsanlagen gelten[676].

Daneben spielten auch die NO_x-Emissionen eine gewisse Rolle in der öffentlichen Diskussion. Daher soll im folgenden der Schwerpunkt der Darstellung auf diesen beiden Schadgasen liegen. Während NO_x (Abb. 9, S. 151) vor allem durch Verbrennungsprozesse im Verkehrsbereich und erst in zweiter Linie in stationären Feuerungsanlagen (Industrie und Kraftwerke) entstehen, wurde SO_2 (Abb. 23, S. 278) auf dem Höhepunkt der Waldschadensdiskussion zu 60 % aus Kraft- und Fernheizwerken emittiert, zu weiteren 29 % aus Industrieanlagen. Sonstige Emittentengruppen spielten Anfang der 1980er Jahre jeweils nur eine untergeordnete Rolle.

---

674 Vgl. hierzu insbesondere Ulrich / Mayer / Khanna (1979) sowie Ulrich (1982).

675 Der pH-Wert ist ein Maß für den Säuregrad; je niedriger der gemessene Wert, desto saurer das entsprechende Medium.

676 Donner (1989), S. 73. Vgl. ebenso Kutscheidt (1984), S. 409; Roqueplo (1986), S. 403; Mez (1995), S. 180; wohl auch SRU (1983), Tz. 368 ff., 411 f.

II. Rechtliche Ausgangslage

1. BImSchG

Das BImSchG[677] von 1974 schrieb für den Betrieb genehmigungsbedürftiger Anlagen allgemeine Betreiberpflichten fest und statuierte hierzu ein Vorsorgeprinzip[678]. So sind gemäß § 5 BImSchG „genehmigungsbedürftige Anlagen so zu errichten und zu betreiben, daß 1. schädliche Umwelteinwirkungen und sonstige Gefahren, erhebliche Nachteile und erhebliche Belastungen für die Allgemeinheit und die Nachbarschaft nicht hervorgerufen werden können, 2. Vorsorge gegen schädliche Umwelteinwirkungen getroffen wird, insbesondere durch die dem Stand der Technik entsprechenden Maßnahmen zur Emissionsbegrenzung (...)". Hierzu schuf § 7 BImSchG eine Ermächtigung zum Erlaß von Rechtsverordnungen zur Präzisierung von Anforderungen, denen „die Errichtung, Beschaffenheit und der Betrieb genehmigungsbedürftiger Anlagen zur Erfüllung der sich aus § 5 ergebenden Pflichten" genügen müssen – die Ermächtigungsgrundlage der späteren GFAnlV. Zudem konnten gemäß § 17 BImSchG nach bereits erteilter Genehmigung „nachträgliche Anordnungen" zum Anlagenbetrieb erlassen werden, wenn festgestellt wird, „daß die Allgemeinheit oder die Nachbarschaft nicht ausreichend vor schädlichen Umwelteinwirkungen oder sonstigen Gefahren, erheblichen Nachteilen oder erheblichen Belästigungen geschützt ist".

Mit diesen Vorschriften, die keine Grenzwerte für Luftschadstoffe, statt dessen aber eine Vielzahl unbestimmter Rechtsbegriffe („Stand der Technik", „schädliche Umwelteinwirkungen", „erhebliche Nachteile" usw.) enthalten, mußten die Vollzugsbehörden im Einzelfall entscheiden, ob die getroffenen anlagenbezogenen Maßnahmen zur Schadstoffbegrenzung ausreichen oder nicht[679]. Das für die Sanierung bestehender Anlagen („Altanlagen") an sich wichtige Instrument der nachträglichen Anordnungen gemäß § 17 BImSchG wurde von den Behörden wegen der Vielzahl an Abwägungsgründen (wirtschaftliche Vertretbarkeit, technische Machbarkeit, Bestandsschutz)[680] sowie der daraus resultierenden Gefahr gerichtlicher Verfahren jedoch nur äußerst sparsam angewendet, so daß hierdurch keine spürbare Reduzierung der Schadstoffemissionen gelang[681].

---

[677] Gesetz zum Schutz vor schädlichen Umwelteinwirkungen durch Luftverunreinigungen, Geräusche, Erschütterungen und ähnliche Vorgänge (Bundes-Immissionsschutzgesetz – BImSchG) vom 15.03.1974, BGBl. I, S. 721, ber. S. 1193, in Kraft getreten im wesentlichen am 01.04.1974. Für die gesamte Fallstudie zur GFAnlV wird das BImSchG in dieser Fassung zitiert.

[678] Hierzu Jarass (1983), § 5, Rn. 25 ff.

[679] Jarass (1983), § 17, Rn. 20 ff.

[680] Hierzu Jarass (1983), vor § 4, Rn. 2 ff.; § 17, Rn. 23 ff.

[681] Mayntz et al. (1978), S. 36 ff. Zur rechtlichen Problematik vgl. auch E. Müller (1995, S. 194 ff.) m. w. N.

2. TA Luft

Auch die noch 1974 auf der Grundlage von § 48 BImSchG erlassene TA Luft[682] trug nicht zu einer Verringerung der SO_2-Emissionen bei. Vielmehr zementierte sie durch ihre *Immissions*orientierung die sogenannte „Politik der hohen Schornsteine": Die für die Anlagenzulassung relevanten Immissionskonzentrationen wurden nach der TA Luft in einer Entfernung von wenigen Kilometern von der Schadstoffquelle entfernt gemessen; eine Überschreitung der zulässigen Werte konnte gegebenenfalls durch den Bau höherer Schornsteine und die resultierende stärkere Schadstoffverdünnung verhindert werden, wovon ausgiebig Gebrauch gemacht wurde[683]. Diese Folge war letztlich Ausdruck einer alleinigen Orientierung am Gesundheitsschutz; hierzu genügten die durch die Grenzwerte erreichten Immissionskonzentrationen, nicht aber zum Schutz der weitaus sensibleren Vegetation abseits der Ballungsräume[684]. Gerade sie wurde jedoch durch den erhöhten SO_2-Ferntransport infolge der höheren Schornsteine zunehmend belastet[685].

Insgesamt erwies sich das immissionsschutzrechtliche Instrumentarium als ungeeignet zur Eindämmung der „neuartigen Waldschäden". Es bewirkte auch insgesamt keine Reduzierung des SO_2-Ausstoßes von Industrie- und Kraftwerksfeuerungen, denn trotz im wesentlichen gleichbleibender Produktion stiegen die Emissionen bis 1980 noch weiter an (Abb. 23, S. 278).

3. Brennstoffentschwefelung

Als grundsätzliche, vorbeugende Maßnahme zur Verringerung von SO_2-Emissionen jedweden Anlagentyps bot sich die Entschwefelung der verwendeten Energieträger an. Die Verordnung über Schwefelgehalt von leichtem Heizöl und Dieselkraftstoff[686] vom Januar 1975 bewirkte zwar eine deutlich Emissionsminderung in den Bereichen Haushalte und Verkehr (vgl. Abb. 23); der mengenmäßig deutlich größere Bereich der Kohleverfeuerung mit seinem erheblichen Potential zur Emissionsminderung blieb jedoch ausgespart[687] und damit auch die für den Vegetationsschutz weitaus relevanteren Quellen weiträumigen SO_2-Transports.

---

[682] Erste Allgemeine Verwaltungsvorschrift zum Bundes-Immissionsschutzgesetz (Technische Anleitung zur Reinhaltung der Luft – TA Luft) vom 28. 08. 1974, GMBl. S. 426, ber. S. 525.

[683] Vgl. Hartkopf (1984), S. 128; ausführlich hierzu E. Müller (1995), S. 187 f., 192 ff.

[684] Vgl. BR-Drs. 95/83, S. 35 f.

[685] Zu den – fehlenden – Rechtsschutzmöglichkeiten etwa für Waldbesitzer vgl. E. Müller (1995), S. 188 ff.

[686] Dritte Verordnung zum Bundes-Immissionsschutzgesetz (3. BImSchV) vom 15. 01. 1975, BGBl. I, S. 264.

[687] Vgl. im einzelnen E. Müller (1995), S. 255 ff.

III. Entstehungsgeschichte der GFAnlV im Kontext der Waldschadensdebatte

Die Entstehungsgeschichte der GFAnlV hängt eng mit der Geschichte der Waldschadensdebatte in Deutschland zusammen, sie ist aber nicht identisch mit ihr. Sie ist zugleich enger als auch weiter als diese: enger, da das Thema SO_2-Emissionen und Großfeuerungsanlagen nur die erste – wenn auch vielleicht die wichtigste – Phase der umweltpolitischen Problemlösung markierten, bevor sodann die NO_x-Emissionen als Waldschadensverursacher und damit der Kfz-Verkehr in das Zentrum des Interesses rückten; weiter, insofern als auch andere Gründe für die Entstehung der Verordnung eine Rolle spielten, namentlich bestimmte rechtspolitische Überlegungen, die zu den ersten Verordnungsentwürfen führten, noch *bevor* das „Waldsterben" zum öffentlichen Thema wurde. Da das öffentliche Interesse am „Waldsterben" aber als ausschlaggebend für die Verabschiedung der GFAnlV gilt[688], soll ihre Entstehungsgeschichte hier im Kontext der Waldschadensdebatte bis 1983 analysiert werden[689].

1. Latenzphase: wissenschaftliche Entdeckung von „saurem Regen" und „Waldsterben", wachsender internationaler Druck (ca. 1970 bis Frühjahr 1981)

Der Zusammenhang zwischen Waldschäden und Rauchgasen war seit langem grundsätzlich bekannt. Schon seit Mitte des 19. Jahrhunderts wurde darüber berichtet[690]. Im stark industrialisierten Nordrhein-Westfalen waren die Vegetationsschäden infolge der hohen SO_2-Immissionen in den 1950er Jahren mitausschlaggebend für die Verabschiedung eines Landes-Immissionsschutzgesetzes im Jahre 1962, das zum Vorbild für das BImSchG wurde[691]. Schließlich wußte man auch um die zum Teil verheerenden Waldschäden durch extreme SO_2-Belastungen in den Mittelgebirgen der damaligen DDR und der Tschechoslowakei[692].

Auch das Phänomen des „sauren Regens" kann spätestens seit Anfang der 1970er Jahre als bekannt gelten. In Schweden wurde nach etwa 30 Jahren kontinuierlicher Messungen Ende der 1960er Jahre der Nachweis erbracht, daß die skandinavischen Länder zunehmend von Säureeinträgen, verursacht durch die Emission

---

[688] Vgl. nur Kuhnt (1983), S. 568.

[689] E. Müller ordnet ihre 1986 vorgelegte Analyse der Entstehung immissionsschutzrechtlicher Vorschriften – u. a. der GFAnlV – unter das „Schutzgut Wälder" ein; vgl. dies. (1995), S. 172 ff.

[690] Die ersten umfassenden Forschungen hierzu wurden an der Forstwissenschaftlichen Fakultät der Technischen Universität Dresden in Tharandt unternommen (vgl. E. Müller 1995, S. 174).

[691] Vgl. E. Müller (1995), S. 174.

[692] Menke-Glückert (1985), S. 225.

D. Die Großfeuerungsanlagenverordnung und die Waldschadensproblematik 265

saurer Gase aus den Industrieregionen Großbritanniens und Mitteleuropas, betroffen waren und daß sich dadurch auch der Säuregrad der skandinavischen Seen erheblich veränderte[693]. In der Folge gingen die politischen Initiativen zur Eindämmung der SO_2-Emissionen in den 1970er Jahren vornehmlich von Norwegen und Schweden aus[694]. Auf der Stockholmer Umweltkonferenz der Vereinten Nationen 1972 gelang es dem Gastgeberland mit seinem Bericht „Grenzüberschreitende Luftverschmutzung: Die Wirkungen des Schwefels in der Luft und im Niederschlag", international auf das Problem aufmerksam zu machen und die Teilnehmerländer der Konferenz zu verpflichten, nach Kräften ihre Nachbarn nicht durch SO_2-Emissionen zu schädigen[695]. Nachdem auf Initiative Schwedens auch die Organisation für wirtschaftliche Zusammenarbeit und Entwicklung (OECD) sich des Problems angenommen und ein großräumiges Forschungs- und Meßprogramm eingerichtet hatte, wurde im Jahre 1979 die Genfer Luftreinhaltekonvention unterzeichnet[696]. Darin wurde – auf starken Druck der skandinavischen und osteuropäischen Länder auf die mitteleuropäischen Hauptemittentenländer – festgelegt, daß sich die Vertragspartner bemühen, „die Luftverunreinigung einschließlich der weiträumigen grenzüberschreitenden Luftverunreinigung einzudämmen und soweit wie möglich schrittweise zu verhindern", wobei die Schwefelverbindungen im Vordergrund des Interesses standen[697].

Die politischen Entscheidungsträger in Deutschland wußten also um die Problematik[698]; gleichwohl wollte dies hierzulande zunächst niemand wahrhaben[699]. Noch bis 1981 galt Deutschland international als Blockierer gegen wirksame Maßnahmen zur Eindämmung der Emissionen saurer Gase[700]. Auch als seit 1977 die ersten wissenschaftlichen Publikationen[701] nachdrücklich auf die durch „sauren Regen" entfernt von Ballungsgebieten verursachten Waldschäden hinwiesen, reagierte die Politik nicht – dies obwohl bereits 1974 der Sachverständigenrat für Umweltfragen in seinem Umweltgutachten die Wirkungskette von SO_2-Immission, Bodenversauerung und Auswaschung pflanzentoxischer Elemente genau beschrieben hatte[702].

---

[693] Vgl. Odén (1968).

[694] SRU (1983), Tz. 10.

[695] SRU (1983), Tz. 11; Roqueplo (1986), S. 405.

[696] Sie wurde von Deutschland 1982 ratifiziert (BGBl. II vom 02. 04. 1982, S. 373) und trat am 16. 03. 1983 in Kraft.

[697] SRU (1983), Tz. 13.

[698] Vgl. die Ausführungen zu SO_2, Bodenversauerung und Störung schutzwürdiger Ökosysteme, insbesondere von Nadelhölzern, im Immissionsschutzbericht der Bundesregierung, BT-Drs. 8 / 2006, S. 31.

[699] Menke-Glückert (1985), S. 225.

[700] Roqueplo (1986), S. 406 f. ; Interview UBA, 16. 08. 2000, A:166.

[701] Vgl. insbesondere Schütt (1977) sowie Ulrich / Mayer / Khanna (1979).

[702] SRU (1974), Tz. 428, 433 f. Zur Behandlung der Waldschäden durch den SRU ausführlich H.-J. Luhmann (1991), S. 305 u. passim.

2. Erste Vorentwürfe zu einer GFAnlV
(ab November 1977)

Parallel und unabhängig von der geschilderten Entwicklung beauftragte die Bundesregierung im November 1977 das BMI – im Rahmen einer allgemeinen immissionsschutzrechtlichen Novellierung[703] – mit dem Entwurf einer Rechtsverordnung nach § 7 Abs. 1 BImSchG zur Definition des Standes der Technik für Großfeuerungsanlagen. Anlaß hierfür war die von seiten der Industrie beklagte Rechtsunsicherheit bei der Anlagenzulassung aufgrund der Vielzahl unbestimmter Rechtsbegriffe im BImSchG (siehe oben) sowie einer fehlenden Konkretisierung des Vorsorgegebots, insbesondere nachdem zwei Jahre zuvor das OVG Münster[704] ein erstinstanzliches Urteil bestätigt hatte, das den Bau des Kohlekraftwerks Voerde stoppte, weil schädliche Umwelteinwirkungen – trotz Beachtung der einschlägigen TA Luft-Grenzwerte – nicht auszuschließen seien[705]. Kernpunkte dieses Vorentwurfs waren[706]:

– ein SO_2-Emissionswert von 850 mg pro Kubikmeter Abgas für Neuanlagen ab einer elektrischen Wärmeleistung von 170 MW sowie weniger strenge Emissionswerte für kleinere Anlagen;

– eine Umrüstungspflicht für Altanlagen innerhalb einer fünfjährigen Übergangsfrist, von der die Länder Ausnahmen zulassen durften.

Infolge des massiven Widerstandes der betroffenen Kraftwerksbetreiber-Industrie, aber auch aus Gründen der Arbeitsüberlastung des zuständigen Referats wurde die Arbeit an dem Entwurf zu einer GFAnlV Mitte 1978 zunächst eingestellt[707]. In den Folgejahren kam der Entwurf angesichts erheblicher Meinungsunterschiede zwischen den beteiligten Ministerien (BMI und BMWi), den Ländern und der betroffenen Industrie kaum voran. Ein neuer Vorentwurf vom Dezember 1980 enthielt bereits einen niedrigeren SO_2-Grenzwert von 650 mg/m^3 für Neuanlagen ab 175 MW elektrischer Leistung, nachdem die Umweltministerkonferenz im Februar desselben Jahres empfohlen hatte, diesen Wert bei Genehmigungsverfahren zugrundezulegen[708].

---

[703] Hierzu E. Müller (1995), S. 271 ff.
[704] OVG Münster, NJW 1976, S. 2360.
[705] Vgl. Menke-Glückert (1985), Einführung, Rn. 90 f.
[706] E. Müller (1995), S. 300.
[707] E. Müller (1995), S. 296.
[708] Vgl. Davids/Lange (1984), S. 9.

3. Politisierung
(ca. Frühjahr 1981 bis September 1982)

Während die Politik die von der Wissenschaft aufgeworfene Waldschadensproblematik zunächst jahrelang ignorierte[709], wurden die Erkenntnisse von den Medien zunehmend stärker aufgegriffen[710]. Mit einem Titelbericht des Spiegel („Saurer Regen über Deutschland: Der Wald stirbt") und einer dreiteiligen Serie vom November 1981[711] gelang dem Waldsterben-Thema endgültig der „Durchbruch"[712], und es war fortan aus der öffentlichen Diskussion nicht mehr wegzudenken. „[D]ie Arbeiten am Entwurf einer Großfeuerungsanlagen-Verordnung gerieten zunehmend in den Sog der Diskussion um die sauren Niederschläge"[713]. Die Politik reagierte diesmal sofort und bekannte sich zunächst öffentlich zu dem Problem. So erklärte BML Ertl Ende November 1981: „Dem Wald drohen erhebliche Gefahren durch Schwefeldioxid-Immissionen (...) Wir brauchen dringend die schon seit einigen Jahren in Vorbereitung befindliche Großfeuerungsanlagen-Verordnung"[714].

Ein wichtiger Impuls folgte von seiten der Länder: Noch im November 1981 beschloß die UMK die Einrichtung einer Bund-Länder-Arbeitsgruppe zur Problematik des „Waldsterbens" und des „sauren Regens", der neben Vertretern der zuständigen Länderministerien Beamte des BMI sowie des Umweltbundesamtes angehörten[715]. Dem Umweltbundesamt kam insofern eine maßgebliche Rolle bei der fachlichen Konzeption der Verordnung zu[716]. Noch im selben Monat forderte der Deutsche Forstwirtschaftsrat eine rasche und durchgreifende Minderung der SO_2-Emissionen[717]. Das „Waldsterben" wurde somit zur „Initialzündung für das Zustandekommen der GFAnlV"[718].

---

[709] Noch im Februar 1981 erwähnte BMI Baum in einer Rede zu den Schwerpunkten bisheriger und künftiger Umweltpolitik die Waldschadensproblematik und die in Arbeit befindliche GFAnlV mit keinem Wort (Bulletin des Presse- und Informationsamtes der Bundesregierung, 13. 02. 1981, S. 117).

[710] Bereits am 18. 05. 1978 titelte die SZ mit Bezug auf SO_2 und „sauren Regen": „Der deutsche Wald muß sterben, der Kölner Dom zerfallen, weil die Schlote qualmen". Weitere Schlagzeilen folgten: „Waldbesitzer fordern Schadensausgleichs-Fonds für Waldschäden durch Luftverunreinigungen, besonders in NRW" (HB, 22. 10. 1979); Spiegel-Bericht über „Tannensterben" (08. 09. 1980); „Baumtod macht Experten ratlos" (Die Welt, 18. 05. 1981); „Baum-Killer Schwefel ist das Kernproblem" (HB, 03. 07. 1981); „Saurer Regen schlägt die Fichtenwälder tot – Vergiftungserscheinungen in den hessischen Wäldern und die ‚Hochschornsteinpolitik'" (FR, 28. 07. 81).

[711] „Säureregen: ‚Da liegt was in der Luft' – Schwefelhaltige Niederschläge vergiften Wälder, Atemluft und Nahrung" (Der Spiegel, 16., 23., 30. 11. 1981).

[712] Vgl. H.-J. Luhmann (1991), S. 303; Holzberger (1995), S. 57; E. Müller (1995), S. 302; Zierhofer (1998), S. 74.

[713] SRU (1983), Tz. 28. Vgl. auch Bültmann / Wätzold (2000), S. 172.

[714] FR, 27. 11. 1981.

[715] Vgl. E. Müller (1995), S. 296.

[716] Interview BMI, 05. 07. 2000, A:199.

Im Verlaufe des Jahres 1982 wurde im BMI die Arbeit an der GFAnlV zunehmend intensiviert, als deren Ergebnis mehrere neue „Arbeitsentwürfe" entstanden[719]. Sie wurden von der betroffenen Kraftwerksindustrie zwar wegen der verbesserten Rechtssicherheit grundsätzlich begrüßt, in materieller Hinsicht jedoch stark kritisiert, unter anderem da die vorgeschlagenen Grenzwerte teilweise nach dem Stand der Technik nicht erfüllbar seien. Gänzlich abgelehnt wurde die Altanlagenregelung, die wegen der hohen Sanierungs- und Nachrüstungskosten die Konkurrenzfähigkeit der deutschen Industrie gefährdete und aus Gründen des Bestandsschutzes auch rechtlich problematisch wäre[720].

4. Verordnungsgebung
(September 1982 bis Juli 1983)

Auf massives Drängen von BML Ertl (FDP), aber auch des als „koalitionstreu" geltenden BMI Baum (FDP) – denen gegenüber Bundeskanzler Schmidt (SPD) unter dem drohenden Bruch der sozialliberalen Koalition in besonderem Maße zu Zugeständnissen bereit war[721] – sowie von dem Hintergrund sich abzeichnender politischer Erfolge der Grünen[722] beschloß das Bundeskabinett am 1. September 1982 auf einer richtungsweisenden Sondersitzung eine baldige Verabschiedung der GFAnlV und legte den SO_2-Grenzwert für Neu- und Altanlagen auf im Regelfall nurmehr 400 mg/m^3 fest[723]. Der Beschluß bildete die Grundlage für den Referentenentwurf, der am 24. September 1982 den beteiligten Kreisen zugesandt wurde.

Die seit Oktober 1982 amtierende CDU/CSU/FDP-Bundesregierung – vor allem der neue zuständige BMI Zimmermann (CSU) – räumten der GFAnlV eine außerordentlich hohe Priorität ein[724]. Nachdem es den beteiligten Wirtschaftsverbänden[725] nicht gelungen war, sich auf eine freiwillige Emissionsreduzierung im Rahmen eines Branchenabkommens zu einigen[726], wurde die Verordnung – zum Überraschen[727] und gegen den heftigen Widerstand der Kraftwerksindustrie[728] –

---

[717] Stellungnahme des Forstwirtschaftsrates zur Novellierung der TA Luft (FR, 04. 01. 1982).

[718] Interview UBA, 16. 08. 2000, A:173.

[719] Kuhnt (1983), S. 269.

[720] Vgl. E. Müller (1995), S. 304 f.; Kuhnt (1983), S. 570 f.

[721] Interview UBA, 16. 08. 2000, A:173; vgl. auch FAZ, 03. 09. 1982.

[722] Der Spiegel, 23. 08. 1982.

[723] BT-Drs. 9/1955, S. 3.

[724] Vgl. FAZ, 21. 10. 1982.

[725] Siehe unten Teil 4: D.V.5.b).

[726] Vgl. Kuhnt (1983), S. 571.

[727] Ein Industrievertreter äußerte sich „überrascht über den ‚Drive', mit der die Großfeuerungsanlagen-Verordnung von der neuen Bundesregierung weiterbehandelt worden ist" (HB, 12. 02. 1983).

bereits am 23. Februar 1983, kurz vor den Wahlen zum 10. Deutschen Bundestag am 6. März 1983, vom Bundeskabinett beschlossen und dem Bundesrat zur Zustimmung zugeleitet[729]. Dieser setzte nach intensiven Beratungen in seinen Ausschüssen noch wesentliche Verschärfungen durch (Beschluß vom 29. April 1983), denen die Bundesregierung zustimmte. Die GFAnlV[730] trat am 1. Juli 1983 in Kraft. Damit waren vom Grundsatzbeschluß der sozialliberalen Bundesregierung im September 1982 bis zum Inkrafttreten der Verordnung nur neun Monate vergangen.

5. Umsetzung der GFAnlV

Im Februar 1984 bestätigte das Bundesverwaltungsgericht die Zulässigkeit emissions-orientierter Vorschriften der GFAnlV, die zur Umsetzung des Vorsorgeprinzips (§ 5 Nr. 2 BImSchG) auch dann geboten seien, wenn keine unmittelbare kausale Zuordnung bestimmter Anlagenemissionen mit weiter entfernt liegenden Immissionen mehr möglich sei[731]. Nach dieser Entscheidung erfolgte eine rasche Umsetzung der Altanlagensanierung, wobei freiwillige Vereinbarungen zwischen den Landesregierungen und den Energieversorgern eine zunehmend wichtige Rolle spielten[732].

Auf „freiwilliger" Basis wurden auch weitergehende Maßnahmen zur Minderung der NO_x-Emissionen vorangetrieben, deren technische Entwicklung sich zum Zeitpunkt der Verordnungsgebung just im Umbruch befand. Zwar sahen bereits die Dynamisierungsklauseln der §§ 5 Abs. 1 S. 2, 10 Abs. 1 S. 2, 15 Abs. 2 sowie 19 Abs. 1 S. 2 GFAnlV ein Ausschöpfen der technischen Möglichkeiten zur Rauchgasentstickung über die vergleichsweise moderaten Grenzwerte der Verordnung hinaus vor, die allerdings auf dem Wege nachträglicher Anordnungen gemäß § 17 BImSchG vorzuschreiben waren[733]. Anstatt, nachdem die technischen Möglichkeiten abzusehen waren, die NO_x-Grenzwerte der GFAnlV in einer Novellierung zu verschärfen, beschloß die Umweltministerkonferenz im April 1984 entsprechend verschärfte, jedoch nicht rechtsverbindliche Werte als „Interpretationshilfe für die Dynamisierungsklausel"[734], die von der Kraftwerksindustrie angesichts einer dennoch möglichen rechtlichen Fixierung ebenfalls zügig umgesetzt wurden[735].

---

[728] Interview UBA, 16. 08. 2000, A:309.

[729] BR-Drs. 95/83 vom 02. 03. 1983.

[730] Dreizehnte Verordnung zur Durchführung des Bundesimmissionsschutzgesetzes (Verordnung über Großfeuerungsanlagen – 13. BImSchV), vom 22. 06. 1983, BGBl. I, S. 719.

[731] BVerwG, DÖV 1984, S. 631 ff. (633). Vgl. auch Donner (1989), S. 74 f.

[732] Vgl. Mez (1995), S. 181; ausführlich zum Umsetzungsprozeß vgl. Bültmann / Wätzold (2000), S. 168 ff.

[733] Kutscheidt (1984), S. 411.

[734] Kutscheidt (1984), S. 411.

[735] Interview BMI, 05. 07. 2000, A:366.

IV. Die GFAnlV – symbolische Gesetzgebung?

1. Antizipative rechtsnormativ-sachliche Effektivität (ARSE)

a) Objektive Indikatoren

aa) Politische Zielsetzung

Im Sommer 1982 ging die Bundesregierung davon aus, daß – bei unveränderter Rechtslage – die gesamten SO_2-Emissionen von rund 3500 kt (1978) bis 1995 auf Werte zwischen 2500 und 3000 kt absinken würden[736]. Der BMI der neuen Bundesregierung, Zimmermann, betonte anläßlich der Zuleitung des Entwurfs der GFAnlV an die beteiligten Kreise, „daß nur eine deutliche Verminderung der Emissionen an der Quelle die Voraussetzungen dafür schaffen könne, das gerade in jüngerer Zeit verstärkt zu beobachtende Waldsterben, für das insbesondere der ‚saure Regen' verantwortlich gemacht wird, in den Griff zu bekommen"[737]. Zu dem Beschluß des Bundeskabinetts über die GFAnlV erklärte Bundeskanzler Kohl am 23. Februar 1983 vor der Presse in Bonn[738]:

> Der deutsche Wald ist in Gefahr. Jahrelange Versäumnisse müssen sofort behoben werden. (...) Nach Meinung der Experten ist die Luftverunreinigung durch Schwefeldioxid die größte Gefahr. Großfeuerungsanlagen sind die Hauptverursacher der Luftverunreinigung durch Schwefeldioxid (56 Prozent = 2 Millionen Tonnen von insgesamt 3,5 Millionen Tonnen). Diese Luftverunreinigungen werden, sobald die neue Verordnung für Großfeuerungsanlagen greift, weitgehend zurückgehen.

In der amtlichen Begründung der Bundesregierung zum Verordnungsentwurf heißt es schließlich[739]:

> Ziel der Verordnung über Großfeuerungsanlagen ist es, durch Maßnahmen an der Quelle diese hohen Gesamtemissionen an Schwefeloxiden, Stickstoffoxiden, Halogenverbindungen sowie Stäuben mit den darin enthaltenen Schwermetallverbindungen drastisch zu senken. Damit soll ein Abbau der immer noch sehr hohen Belastungen in den Ballungsgebieten und eine Entschärfung der Auswirkungen des großräumigen Transports von Luftverunreinigungen erreicht werden. Zugleich werden auf diese Weise die Voraussetzungen für eine verstärkte Kohlenutzung geschaffen, wie es die Vereinbarungen zwischen Kohlebergbau und Elektrizitätswirtschaft im sog. Jahrhundertvertrag vorsehen.
>
> Die Verordnung zieht Konsequenzen aus den Ergebnissen der Wirkungsforschung und der Ökosystemforschung. Die vom Bundesminister des Innern durchgeführten Expertenanhörungen kamen für Schwefeldioxid zu der Feststellung, daß die Werte der TA Luft (...), was den Gesundheitsschutz anbelangt, auf der sicheren Seite liegen, nicht jedoch

---

[736] Antwort der Bundesregierung auf die Große Anfrage der CDU/CSU zu Luftverunreinigung, saurem Regen und Waldsterben, BT-Drs. 9/1955, S. 7.

[737] Bulletin des Presse- und Informationsamtes der Bundesregierung, 06. 11. 1982.

[738] Bulletin des Presse- und Informationsamtes der Bundesregierung, 25. 02. 1983, S. 197.

[739] BR-Drs. 95/83 vom 02. 03. 1983, S. 35 f.

D. Die Großfeuerungsanlagenverordnung und die Waldschadensproblematik

für den Schutz der Pflanzen und Ökosysteme ausreichen. Die inzwischen bekanntgewordenen schwerwiegenden ökologischen Beeinträchtigungen auch in bisher wenig belasteten Gebieten liefern einen weiteren aktuellen Anstoß für die vorgesehenen emissionsmindernden Maßnahmen.

Konkret sollte mit der GFAnlV der jährliche Ausstoß an SO_2 gegenüber 1983 (2,8 Millionen Tonnen) um etwa 1 bis 1,6 Millionen Tonnen bis zum Jahre 1995 gedrosselt werden[740]. Zusätzlich erhoffte man sich von den anstehenden Investitionen in die Altanlagensanierung positive Auswirkungen auf die Beschäftigungssituation sowie den Export von Umwelttechnik[741].

Festzuhalten ist also, daß mit der GFAnlV eine erhebliche Reduzierung der genannten Luftschadstoffe, insbesondere von SO_2, gegenüber der eingangs genannten Ist-Prognose der Bundesregierung intendiert wurde. Zwar wurden das „Waldsterben" und der „saure Regen" als Begründung hierfür herangezogen und eine Verbesserung auf diesen Gebieten eindeutig angestrebt. Hierzu finden sich jedoch an keiner Stelle nähere Angaben. Die sachliche Dimension der GFAnlV soll daher auf die Emissionsseite beschränkt werden. Zu fragen ist also im Rahmen der Analyse der ARSE, inwieweit die GFAnlV geeignet war, die angestrebte Emissionsminderung tatsächlich zu erzielen.

bb) Materielle Regelung im Gesetz

Die GFAnlV als Rechtsverordnung nach § 7 BImSchG konkretisiert den Vorsorgegrundsatz des § 5 Nr. 2 BImSchG[742] und gilt für Feuerungsanlagen mit einer Feuerungswärmeleistung[743] ab 50 MW für feste oder flüssige Brennstoffe sowie ab 100 MW für gasförmige Brennstoffe[744]. Die wichtigste Rolle kommt den Kohlekraftwerken als mit Abstand größter Emittentengruppe zu. Die Verordnung schreibt strenge Emissionsgrenzwerte für SO_2, NO_x, Chlor- und Fluorverbindungen, Kohlenmonoxid, Staub sowie Schwermetalle vor, die sich je nach Anlagentyp und Brennstoffart unterscheiden; die schärfsten Anforderungen werden jeweils an die größten Anlagen gestellt. Für diese gilt beispielsweise ein SO_2-Emissionswert von 400 mg/m^3. Einen Spezialfall stellen die Grenzwerte für NO_x dar, die einer „Dynamisierungsklausel" (§ 19 Abs. 1 GFAnlV) unterliegen, nach der die Anforderungen im Laufe der Zeit an den Stand der Technik angepaßt werden sollen[745].

---

[740] BMI Zimmermann, Bulletin des Presse- und Informationsamtes der Bundesregierung, 25. 02. 1983, S. 198; Interview BMI, 22. 12. 2000, A:316.

[741] BMI Zimmermann, Bulletin des Presse- und Informationsamtes der Bundesregierung, 25. 02. 1983, S. 198; Parl. Staatssek. beim BMI Waffenschmidt, BR-Plenarprotokoll 521 vom 29. 04. 1983, S. 88 D.

[742] Vgl. Kutscheidt (1984), S. 410.

[743] Zur Umrechung von thermischer und elektrischer Leistung vgl. Kuhnt (1983), S. 569 (Fn. 10).

[744] Die GFAnlV gilt damit nicht für alle genehmigungsbedürftigen Anlagen (ab 1 MW).

[745] Siehe bereits oben Teil 4: D.III.5.

Von besonderer Relevanz für die materielle Geeignetheit der GFAnlV ist die Einbeziehung bereits bestehender oder im Bau befindlicher Anlagen (Altanlagen)[746]. So gilt etwa für Altanlagen ab 300 MW Feuerungswärmeleistung – und damit 93 Prozent der Feuerungswärmeleistung des gesamten Anlagenbestandes[747] – nach einer Übergangszeit von 5 Jahren derselbe Emissionsgrenzwert wie für Neuanlagen. Differenzierte Regelungen waren – auch aus Gründen des Bestandsschutzes[748] – für die Restnutzung von Altanlagen vorgesehen: Je länger eine Anlage noch genutzt werden sollte, desto höhere Emissionsstandards waren anzuwenden. Spätestens ab April 1993 mußten sämtliche Altanlagen entweder den Anforderungen für Neuanlagen genügen oder aber stillgelegt werden.

Angesichts der Tatsache, daß die eingeführten Emissionsgrenzwerte die bisher gültigen um ein Vielfaches unterschritten[749], konnte an der grundsätzlichen *materiellen Geeignetheit* der Regelung in Bezug auf eine drastische Senkung der Emissionen kein Zweifel bestehen.

cc) Kontroll- und Sanktionsmöglichkeiten

Mit den genannten Emissionsgrenzwerten ist den Anlagenbetreibern eine konkrete Rechtspflicht auferlegt, die keiner weiteren Konkretisierung seitens der Vollzugsbehörden bedarf. Im Rahmen dieses „Selbstvollzuges" ist es den Betreibern überlassen, auf welche Weise sie die gesetzten Grenzwerte einhalten[750]. Die Messung von Emissionswerten – d. h. Massenkonzentrationen von Stoffen im Abgas – gestaltet sich zudem einfacher als die Bestimmung von Immissionswerten mit Hilfe aufwendiger Meß- und Modellierungsverfahren (wie etwa in der TA Luft vorgesehen). Gemäß §§ 21 GFAnlV müssen die Anlagenbetreiber selbst entsprechende Messungen vornehmen und der zuständigen Behörde regelmäßig Bericht erstatten[751].

Die Überschreitung von Grenzwerten sowie die Verletzung der Berichts- und sonstigen Pflichten wird gemäß § 35 GFAnlV i. V. m. § 62 Abs. 1 Nr. 2 BImSchG mit Bußgeld bis zu einer Höhe von 100.000 DM geahndet.

Insgesamt kann daher für die GFAnlV eine sehr gute *Normdurchsetzbarkeit* angenommen werden.

---

[746] Die Altanlagenregelung wurde als „Kern der Verordnung" bezeichnet (BR-Drs. 95/83 vom 02. 03. 1983, S. 36).

[747] Nach Informationen des Umweltbundesamtes machen die Anlagen über 300 MW thermischer Leistung zusammen 14985 von insgesamt 16092 MW aus; vgl. Umwelt (BMI), Nr. 100, S. 21.

[748] Vgl. Kutscheidt (1984), S. 412 f.

[749] Vgl. etwa Davids/Lange (1984), S. 8.

[750] Hierzu Kutscheidt (1984), S. 414.

[751] Zum Meßverfahren vgl. Kutscheidt (1984), S. 410 f.

dd) Antizipative Einhaltung und Anwendung von Primär- und Sekundärnorm

Die GFAnlV ist zudem außerordentlich vollzugsfreundlich angelegt. Schon wegen ihres „selbstvollziehenden" Charakters (siehe oben) waren Vollzugsdefizite seitens der zuständigen Behörden, wie sie für andere Normen immer wieder festgestellt wurden[752], hier kaum zu erwarten. Hinzu kommt der äußerst überschaubare Adressatenkreis der Norm: 90 Prozent aller unter die GFAnlV fallenden Kraftwerke befanden sich in der Hand der wenigen öffentlichen Energieversorger. Damit war auch die faktische Kontrollierbarkeit der Verordnung gegeben. Da die Anforderungen der Verordnung an die Umrüstung der Altanlagen innerhalb der gesetzten Fristen als technisch ohne weiteres machbar galten, war insoweit auch von einem hohen Normbefolgungsgrad auszugehen[753]. Die *Geltungschance* der Verordnung war damit insgesamt sehr hoch.

ee) Ergebnis

Angesichts der strengen Grenzwerte und der guten Vollziehbarkeit ließ die GFAnlV eine äußerst effektive Minderung der Luftschadstoffe im Sinne der proklamierten Ziele erwarten. Selbst bei geringeren Vollzugsschwierigkeiten konnte man noch von einer drastischen Reduzierung der Emissionen an Luftschadstoffen ausgehen, da die Grenzwerte entsprechend niedrig angesetzt waren. Eine quantitative Abschätzung nach der Formel auf S. 76 ergibt:

– *materielle Geeignetheit:* wegen der Striktheit der Grenzwerte für die wichtigsten Schadstoffe 100 Prozent (Gewichtung: 3), allein für NO_x etwas weniger (50 Prozent, Gewichtung: 1); insgesamt: 87,5 Prozent;
– *Normdurchsetzbarkeit:* wegen des Selbstvollzugs und der zahlreichen Kontroll- und Sanktionsmöglichkeiten: 100 Prozent;
– *Geltungschance:* ebenfalls 100 Prozent.

Aus den so geschätzten objektiven Indikatorwerten ergibt sich eine

$$\text{ARSE (objektiv)} = \text{materielle Geeignetheit} \times \text{Normdurchsetzbarkeit} \times \text{Geltungschance}$$
$$= 87{,}5\% \times 100\% \times 100\%$$
$$= 87{,}5 \text{ Prozent}.$$

Im Ergebnis kann der GFAnlV somit eine äußerst hohe antizipative rechtsnormativ-sachliche Effektivität bescheinigt werden.

---
[752] Siehe Teil 2: E.II.1.d).
[753] Interview BMI, 05. 07. 2000, A:366. – Bis 1988 wollen die öffentlichen Energieversorger 80 Prozent ihrer Kraftwerke umgerüstet und den Rest stillgelegt haben; vgl. Umwelt (BMI) Nr. 102, S. 25.

b) Subjektive Indikatoren

aa) Handlungsbedarf

Die befragten Akteure sahen für eine GFAnlV in dreifacher Hinsicht Handlungsbedarf: Ende der 1970er Jahre sei es nach dem „Voerde-Urteil" zunächst darum gegangen, die Rechtssicherheit für die Anlagenbetreiber durch Verrechtlichung von Anforderungen zu erhöhen[754]. Weiterhin habe man aus den verschiedensten Gründen des Umweltschutzes die hohen Schadstoffemissionen reduzieren wollen[755]. Ab 1980/81 hätten schließlich der „saure Regen" und das „Waldsterben" im Vordergrund gestanden, wobei es insoweit primär darum gegangen sei, Schwefeldioxid und Ozon – und mittelbar daher auch Stickoxide – zu reduzieren[756].

bb) Intendierte rechtsnormativ-sachliche Zielsetzung
und antizipierte Effektivität

Erklärte Zielsetzung der GFAnlV war es nach Aussagen der beteiligten Akteure, eine Reduzierung der Schwefelemissionen um 1,6 Millionen Jahrestonnen[757] innerhalb einer bestimmten Frist zu erzielen: „Wir schaffen auf einen Schlag einen Riesendurchbruch in der Gesamtluftsituation"[758]. Besonders hervorgehoben wurde die Bedeutung der Altanlagensanierung zur Erreichung dieser Ziele[759]. Als weitere Punkte wurden die Modernisierung des Kraftwerkparks und damit die Verbesserung der Exportchancen deutscher Anlagen genannt, wobei auch Image-Aspekte eine wichtige Rolle gespielt hätten: „Wir geben Nordrhein-Westfalen damit ein ganz anderes, modernes, technisches Image"[760].

2. Antizipative symbolisch-politische Effektivität (ASPE)

a) Objektive Indikatoren

aa) Symbolisch-politische Zielsetzungen

Allerdings ist die GFAnlV nicht frei von einer symbolisch-politischen Dimension. „Kein anderes Instrument der Luftreinhaltung hat die Gemüter so erhitzt und soviel Aufmerksamkeit bei den Massenmedien, aber auch bei den Bürgern ge-

---

[754] Interview BMI, 05. 07. 2000, A:122.
[755] Interview BMI, 05. 07. 2000, A:345.
[756] Interview UBA, 16. 08. 2000, A:155, A:166.
[757] Interview BMI, 22. 12. 2000, A:323.
[758] Interview BMI, 22. 12. 2000, A:290.
[759] Interview UBA, 16. 08. 2000, A:275; Interview BMI, 05. 07. 2000, A:122.
[760] Interview BMI, 22. 12. 2000, A:290.

D. Die Großfeuerungsanlagenverordnung und die Waldschadensproblematik

funden wie diese Maßnahme. Daher rührt der hohe politische Stellenwert dieser Verordnung als Kampfmittel gegen die Luftverschmutzung und die Waldschäden"[761]. Vor diesem Hintergrund suchte bereits die SPD/FDP-Regierung unter Bundeskanzler Schmidt sich in den letzten Wochen ihrer Amtszeit mit der GFAnlV zu profilieren. Nach dem Regierungswechsel schrieb sich besonders der neue für Umweltschutz zuständige BMI Zimmermann die Rettung des Waldes auf die Fahnen.

Im Vorfeld der Wahlen zum 10. Deutschen Bundestag am 6. März 1983 avancierte das „Waldsterben" zu einem wichtigen Wahlkampfthema[762]. Während die Regierungskoalition aus CDU/CSU und FDP die Schärfe der mit der GFAnlV anvisierten Maßnahmen betonte, kritisierten SPD und Grüne, aber auch Umweltschützer, die neuen Bestimmungen als „Großschwindelverordnung" mit zu vielen „Schlupflöchern" und Ausnahmen[763]. Insbesondere gedachte die amtierende Regierung, den Grünen – die erstmals für den Deutschen Bundestag kandidierten und denen gute Chancen auf einen Einzug ins Parlament eingeräumt wurden – mit einer ökologisch effektiven Regelung den Wind aus den Segeln zu nehmen[764].

bb) Symbolisch-politische Geeignetheit

Ein Grund, warum die Diskussion um das „Waldsterben" mit solcher Vehemenz geführt wurde, lag in der symbolischen Bedeutung des Waldes für die deutsche Öffentlichkeit[765]. In der Presse hieß es hierzu etwa: „Der Wald wird zu einem Symbol für ein aus den Fugen geratenes Industriesystem, das seine Grenzen überschritten hat"[766] oder: „das emotionale Potential ist weitgehend mobilisiert und äußert sich in Baumschutzaktionen, die einen gewissen symbolischen Charakter haben"[767]. Daß sich die Politik dieser Emotionen bediente, zeigt paradigmatisch die oben (S. 270) zitierte Äußerung des damaligen Bundeskanzlers Kohl („Der deutsche Wald ist in Gefahr ..."). Vor diesem Hintergrund resümierte der Sachverständigenrat[768]:

> Die Großfeuerungsanlagenverordnung wird als eine Art therapeutische Antwort auf die Herausforderung gesehen, vor die sich die Umweltpolitik angesichts der neuen Waldschäden gestellt sieht; dabei kam dem Emissionsgrenzwert von 400 mg/m^3 Schwefeldioxid, der mit der Rauchgasentschwefelung bei allen neu zu genehmigenden Anlagen ab 400 MW Feuerungswärmeleistung erreicht werden soll, die wichtigste Signalwirkung zu[769].

---

[761] Kuhnt (1983), S. 568.
[762] FR, 23. 02. 1983; Die Zeit, 04. 03. 1983. Vgl. auch Holzberger (1995), S. 37.
[763] Die Welt, 01. 03. 1983.
[764] Vgl. Mez (1995), S. 180.
[765] Vgl. Holzberger (1995), S. 160 f. u. passim.
[766] Journalistische Pointe, anonym zitiert bei Holzberger (1995), S. 161.
[767] Journalistische Pointe, anonym zitiert bei Holzberger (1995), S. 161.
[768] SRU (1983), Tz. 413.

b) Subjektive Indikatoren

aa) Handlungsbedarf

Politisch sahen die befragten Akteure sich und die verantwortlichen Bundesminister unter großem Handlungsdruck angesichts den über das „Waldsterben" alarmierten Waldbauern, den Umweltverbänden und der Öffentlichkeit[770]. Es wurde bekräftigt, daß die GFAnlV in ihrer tatsächlich verabschiedeten Form nur durch das öffentliche Interesse an dem Thema möglich gewesen sei: „Die würde man heute nicht mehr durchbekommen"[771]. Ein maßgeblich Beteiligter brachte es auf den Punkt: „Ganz simpel gesagt: Der Grund für das Zustandekommen der Verordnung ist das Waldsterben"[772]. Zudem hätten sich die etablierten Parteien durch die sich abzeichnenden Wahlerfolge der Grünen in Sachen Umweltpolitik unter Druck gesehen[773].

bb) Intendierte symbolisch-politische Zielsetzung
und antizipierte Effektivität

Vor diesem Hintergrund habe sich insbesondere BMI Zimmermann bei der Öffentlichkeit profilieren wollen. Ein Beteiligter erläuterte: „Das politische Kalkül war, daß man sich profilieren wollte gegenüber der wachsenden Umweltszene. (...) Auch gegenüber der ehemaligen sozialliberalen Koalition wollte man ein Reform-Image, eine Art konservative Revolution entgegensetzen, die alles solider und gründlicher macht und letztlich für die Umwelt viel mehr bringt als die vielen Einzelaktionen, Ankündigungen und Versprechungen. Sie wollten zeigen, daß sie auch für die Gesundheit und für die Lebensqualität der Wähler, die im Ruhrgebiet sitzen, etwas tun wollen"[774]. Auch habe „Zimmermann als BMI ja ein Negativimage [gehabt], aber mit dem Umweltthema konnte er sich positiv in der Öffentlichkeit darstellen"[775].

Nach subjektiven Indikatoren kann der GFAnlV demzufolge ebenfalls eine durchaus hohe ASPE zugeschrieben werden.

---

[769] Tatsächlich war der Emissionsgrenzwert für Neuanlagen von eher untergeordneter Bedeutung, da er ohnehin von einem Großteil geplanter Anlagen eingehalten werden würde; für das Ziel der SO_2-Minderungen wichtiger waren die Grenzwerte und Übergangsfristen für die Altanlagen.

[770] Interview BMI, 22. 12. 2000, A:323; Interview BMI, 15. 06. 2000, S. 1 f.

[771] Interview BMI, 05. 07. 2000, B:018.

[772] Interview UBA, 16. 08. 2000, A:226.

[773] Interview UBA, 16. 08. 2000, A:239.

[774] Interview BMI, 22. 12. 2000, A:323.

[775] Interview UBA, 16. 08. 2000, A:182.

V. Analyse der Entstehungsvoraussetzungen

1. Objektive Problemsituation – Kosten des Umweltproblems

In Übereinstimmung mit der Zieldefinition der GFAnlV soll die Erfassung der OBJEKTIVEN PROBLEMSITUATION die Waldschäden außen vor lassen[776] und sich auf die Situation der Luftschadstoffe[777] beschränken.

Schwefeldioxid. Während der gesamte SO_2-Ausstoß im früheren Bundesgebiet von Mitte der 1950 Jahre bis etwa 1980 nahezu konstant um 3500 kt/a pendelte[778] (vgl. auch Abb. 23), zeigte sich bei den *Immissionen* eine zweigeteilte Situation: Zwar erfolgte in den Ballungsräumen im selben Zeitraum eine erhebliche Abnahme der SO_2-Belastung (z. B. von etwa 200 $\mu g/m^3$ in den 1960er Jahren bis unter 100 $\mu g/m^3$ Anfang der 1980er Jahre in Gelsenkirchen und Frankfurt am Main)[779]; im ländlichen Raum hingegen stagnierten die Immissionen von 1973 bis 1987 bei 10 bis 13 $\mu g/m^3$.[780] Zurückzuführen ist diese räumliche Diskrepanz auf die Hochschornsteinpolitik der 1970er Jahre, die nur zu einem Rückgang der Immission im Bereich der Emittenten und zu einer weiträumigeren Verteilung der Schadstoffe führte.

Stickoxide. Während die NO_x-Immissionen im ländlichen Bereich von Anfang der 1970er bis Anfang der 1980er Jahre ebenfalls stagnierten (zwischen 7 und 9 $\mu g/m^3$)[781], stiegen sie in den Ballungsräumen stark an (z. B. in Frankfurt am Main von etwa 75 $\mu g/m^3$ um 1970 bis etwa 150 $\mu g/m^3$ zwischen 1976 und 1986)[782]. Die Emissionen erhöhten sich seit Mitte der 1960er Jahre von etwa 2100 kt/a auf etwa 3000 kt/a Anfang der 1980er Jahre[783] (vgl. auch Abb. 12 auf S. 188). Der weitaus größte Anteil dieser Emissionssteigerung geht auf das Konto der Verkehrszunahme; demgegenüber blieben die Emissionen aus Industriefeuerungen sowie Kraft- und Fernheizwerken im selben Zeitraum konstant bei etwa 1000 kt/a.

Bereits 1980 legte die Bundesregierung eine Schätzung über die von der SO_2-Belastung ausgehenden Schäden an Bauwerken vor und gab diese mit jährlich etwa 4 Milliarden DM an[784]. In der umfassenden Studie von Wicke werden für Anfang der 1980er Jahre die Kosten allein des „Waldsterbens" (Forstwirtschaft,

---

[776] Siehe oben S. 271.
[777] Wegen ihrer immer wieder hervorgehobenen Bedeutung soll exemplarisch auf die Entwicklung der SO_2- und NO_x-Situation eingegangen werden.
[778] UBA (1994), S. 242.
[779] UBA (1994), S. 273 f.
[780] UBA (1994), S. 270.
[781] UBA (1994), S. 270.
[782] UBA (1994), S. 274.
[783] UBA (1994), S. 240.
[784] Vgl. SRU (1983), Tz. 421.

278   4. Teil: Empirische Fallstudien

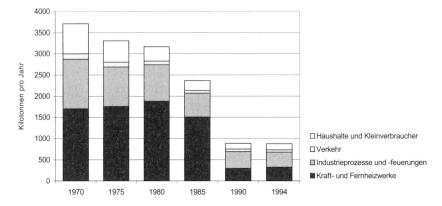

Abb. 23: Jährliche SO$_2$-Emissionen in Westdeutschland nach Sektoren.
Quelle: UBA (1997)

Freizeit und Erholung sowie Wasser und Boden) mit 5,5 bis 8,8 Milliarden DM pro Jahr beziffert[785]; hinzu kommen weitere durch Luftverschmutzung verursachte Schäden an Gesundheit, Material, Tierwelt und Freilandvegetation von jährlich 5,7 bis 9,2 Milliarden DM, so daß sich insgesamt ein jährlicher Schaden zwischen 10 und 20 Milliarden DM ergab. Zusätzlich wurde in einer großangelegten Umfrage die Bereitschaft der Bevölkerung zur Zahlung von Mehrkosten für saubere Luft mit 48 Milliarden DM jährlich bestimmt[786]. Folgt man dem Fazit Wickes und betrachtet die Obergrenze als realistischeren Wert[787] und nimmt weiter eine erwartete Schadstoffreduktion durch die GFAnlV von einem Drittel gegenüber der Ist-Entwicklung für das Zieljahr 1995 an[788], so ergeben sich zu diesem Zeitpunkt jährliche Einsparungen in Höhe von 16 Milliarden DM (in Preisen von Anfang der 1980er Jahre).

Der erwartbare Nutzen der GFAnlV durch Wegfall von Schäden durch Luftschadstoffe (ohne Einbeziehung subjektiver Schäden) lag damit[789] bei durchschnittlich 8 Milliarden DM pro Jahr oder rund 80 Milliarden DM für die gesamte folgende Dekade.

---

[785] Wicke (1986), S. 27.

[786] Wicke (1986), S. 56.

[787] Wicke (1986), S. 57.

[788] Nach den Annahmen der Bundesregierung sollte der jährliche SO$_2$-Ausstoß bis 1995 auf etwa 2500 bis 3000 kt/a absinken; von der GFAnlV erwartete man bis 1995 eine Abnahme der Emissionen auf 1500 bis 2100 kt/a (siehe oben Teil 4: D.IV.1.a)aa)), das entspricht einer Minderung von 30 bzw. 40 Prozent gegenüber der Ist-Prognose.

[789] Angenommen werden ein Beginn der Schadstoffreduzierung im Jahre 1985 und eine zehnjährige lineare Entwicklung bis 1995.

D. Die Großfeuerungsanlagenverordnung und die Waldschadensproblematik 279

2. Verfügbare Lösungsoptionen – Kosten einer Regelung

Die technischen Möglichkeiten zur weitgehenden Emissionsreduktion in Großfeuerungsanlagen waren Anfang der 1980er Jahre eindeutig gegeben[790]. Die zur Umsetzung der GFAnlV notwendigen Investitionskosten (insbesondere Rauchgasentschwefelung und -entstickung) galten als recht gut bekannt. So ging die Bundesregierung 1983 für die Rauchgasentschwefelung von Investitionskosten für die Altanlagensanierung zwischen 6 und 10 Milliarden DM sowie jährlichen Betriebskosten von 3 Milliarden DM aus[791]. Insgesamt rechnete man mit Gesamtkosten von 25 bzw. 30 Milliarden DM zur Erfüllung der Anforderungen der GFAnlV[792]. Damit lagen die erwarteten (gesamtgesellschaftlichen) Kosten zumindest in derselben Größenordnung wie die erwarteten Nutzen der geplanten Verordnung[793], wenn nicht gar deutlich darunter, wie die Schätzungen Wickes (siehe oben) nahelegen.

Durch die zu erwartende vollständige Umlegung dieser Kosten auf die Verbraucher rechnete man mit einer Erhöhung der Stromkosten zwischen 1,5 und 2,5 Pfg. pro kWh[794].

3. Komplexität der Regelungsmaterie

Das Regelungsproblem „Waldsterben"/GFAnlV erscheint, je nach Betrachtungsweise, unterschiedlich komplex: Von Naturwissenschaftlern sowie den politikberatenden Institutionen (UBA, SRU) wurde und wird immer wieder auf die Komplexität der Ursache-Wirkungs-Zusammenhänge hingewiesen[795]. Beispielsweise stand lange Zeit zur Diskussion, ob die feststellbaren Waldschäden eher auf eine direkte Einwirkung von Schadgasen wie SO_2 und NO_x, auf eine indirekte Schädigung durch die Versauerung der Waldböden durch Deposition saurer Gase (im wesentlichen SO_2 und NO_x) oder doch auf eine Vielzahl von Faktoren zurückzuführen seien (siehe oben I.2). Diese Debatte zeigt bereits, daß zwar der Wirkungsmechanismus hochkomplex oder zumindest mit großen Unsicherheiten behaftet ist, daß die Ursachen der „neuartigen Waldschäden" aber letztlich auf die Immission von Luftschadstoffen zurückgeführt wurden. Indem der Wirkungsmechanismus als „black box" aus der Betrachtung ausgeklammert wurde, reduzierte sich die Komplexität des Problems auf einen simplen Kausalzusammenhang: Der Ferntransport von Schwefel- und Stickoxidemissionen (hauptsächlich aus

---

[790] Vgl. Bültmann/Wätzold (2000), S. 201.

[791] BR-Drs. 95/83, S. 48. Vgl. auch SRU (1983), Tz. 421, 601 ff., 608 f.; Menke-Glückert (1985), Einleitung, Rn. 142.

[792] Interview BMI, 22. 12. 2000, A:290; Interview BMI, 05. 07. 2000, A:275.

[793] Der SRU (1983, Tz. 421) wertete die Investitionskosten der Rauchgasentschwefelung als „nicht unverhältnismäßig" im Vergleich zur Summe aller „eindeutig auf Schadwirkungen durch SO_2 zurückgehende[n] Vermögensschäden".

[794] Menke-Glückert (1985), Einleitung, Rn. 142.

[795] Eindrucksvoll hierzu Tampe-Oloff (1985), S. 9.

Kraftwerksfeuerungen) verursacht das „Waldsterben"; also müssen, um es einzudämmen, die Schadstoffemissionen aus diesen Quellen gesenkt werden[796] (Abb. 22).

So abgegrenzt, stellt sich die KOMPLEXITÄT der Regelungsmaterie wie folgt dar. Der *Ist-Zustand* des Problems ist durch die Emissionsraten und Immissionskonzentrationen der betrachteten Schadstoffe, wie sie in der vorstehenden Kapiteln aufgeführt wurden, praktisch vollständig charakterisiert; zeitliche und räumliche Heterogenitäten (wie etwa beim Ozon) spielen dabei kaum eine Rolle. Auch der *Soll-Zustand* kann durch einige wenige Kenngrößen, nämlich die genannten Emissionsraten, beschrieben werden. Die *Lösungsmöglichkeiten* schließlich waren hinreichend bekannt und bestanden in einer überschaubaren Anzahl von Techniken zur Emissionsminderung (vor allem Rauchgasentschwefelung und -entstickung). Sie erforderten zwar je nach Anlagentyp unterschiedliche ingenieurtechnische Lösungen[797], grundsätzlich jedoch funktionieren Feuerungsanlagen nach demselben Grundprinzip[798]. Zumal angesichts der begrenzten Zahl von Anlagen[799] blieb die politisch-gesellschaftlich relevante Komplexität auch hier eher gering.

Insgesamt stellte sich der zu durchdringende Sachverhalt der Emissionsminderung zur Eindämmung der Waldschäden als – vergleichsweise – überschaubar und wenig komplex dar.

4. Öffentliche Aufmerksamkeit

Kaum ein umweltpolitisches Thema stand so im Licht der Öffentlichkeit wie das „Waldsterben", welches – so das Ergebnis der vorliegenden Analyse – als maßgeblicher Auslöser für die Verabschiedung der GFAnlV gesehen werden muß[800]. Abb. 24 gibt ein quantitatives Bild über den Verlauf der Medienberichterstattung zum Thema „Waldsterben". 1981 auf die Tagesordnung gesetzt, schnellte das Thema explosionsartig an die Spitze der Top-Themen der Presseberichterstattung, um bereits 1983 den Höhepunkt seiner „Karriere" zu erreichen und dann im Verlaufe mehrerer Jahre langsam von der Tagesordnung zu verschwinden[801].

---

[796] Der SRU (1983, Tz. 413) bemerkte seinerzeit kritisch: „Die Ursachenlage wurde vereinfacht, ungeklärte forstepidemologische Zusammenhänge wurden als gesichert dargestellt, die Kraftwerke mit ihren Schwefeldioxidemissionen als Hauptverantwortliche für das Waldsterben dargestellt".

[797] Vgl. Menke-Glückert (1985), Einleitung, Rn. 144.

[798] Interview BMI, 05. 07. 2000, A:469.

[799] Mez (1995, S. 183) berichtet von 159 installierten Rauchgasentschwefelungsanlagen an 72 Kraftwerksstandorten.

[800] So auch das Ergebnis der Analyse von Bültmann/Wätzold (2000, S. 201).

[801] Einen ganz analogen Kurvenverlauf, wenn auch mit etwa einjähriger Verzögerung, beschreibt Zierhofer (1998, S. 200) für die Medienaufmerksamkeit in der Schweiz zum selben Thema.

D. Die Großfeuerungsanlagenverordnung und die Waldschadensproblematik 281

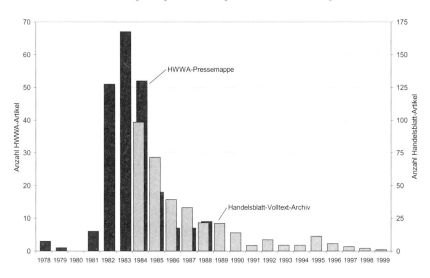

Abb. 24: Öffentliche Aufmerksamkeit zum Thema „Waldsterben"

Jährliche Anzahl von Presseberichten zum Thema „Waldsterben"[802]. Quellen: eigene Auszählung aus HWWA-Pressemappe bzw. dem Handelsblatt-Volltext-Archiv.

Infolge der anfänglichen Konzentration der Debatte auf SO_2 wurden als Hauptverursacher des „Waldsterbens" letztlich die Betreiber der Großfeuerungsanlagen gesehen, welche den größten Teil der Kraft- und Fernheizwerke bilden. Erst etwa 1983, also nach bzw. während der Verabschiedung der GFAnlV, rückten Ozon und NO_x als Hauptverursacher ins Blickfeld der wissenschaftlichen wie der öffentlichen Aufmerksamkeit:

> Die Ursachen für das Waldsterben sind weiterhin nicht eindeutig geklärt. Nach überwiegender Auffassung der Experten spielen Luftverunreinigungen vermutlich eine wichtige Rolle. Noch im Herbst letzten Jahres [d. h. 1982 – d. Verf.] wurde das Schwefeldioxid als Hauptschadstoff angesehen. In der Zwischenzeit wird von einigen Wissenschaftlern dem Ozon eine starke Bedeutung zugesprochen. Ozon entsteht insbesondere als Folgeprodukt aus Stickstoffoxiden.[803]

---

[802] Gezählt wurden – in der HWWA-Pressemappe „Luftverschmutzung" – alle Artikel, welche das „Waldsterben" thematisieren. Im HB-Volltextarchiv wurden alle Artikel berücksichtigt, welche den Wortanfang „Waldsterben" enthalten; zur Vergleichbarkeit der HB-Jahrgänge untereinander wurden – ebenso wie bei der Analyse der taz-Artikel – die Zählungen jeweils auf die Gesamtzahl von Artikeln pro Jahr normiert; Basisjahr ist 1990. Um darüber hinaus die absoluten Zahlen von HWWA- und HB-Artikeln vergleichen zu können, wurde die Skalierung so festgelegt, daß die Differenzen der Säulenhöhen in den „überlappenden" Jahren 1984 bis 1988 minimiert werden (Methode der kleinsten Quadrate); daraus ergibt sich ein Skalenverhältnis von HWWA zu HB von 1 zu 2,5.

[803] BMI (1983), S. 1

Im Gefolge dieser Verschiebung der Problemwahrnehmung wurde schließlich „das Auto" als Hauptverursacher des „Waldsterbens" ausgemacht[804].

5. Interessen der relevanten Akteure

Deutlicher noch als bei den vorangegangenen Fallbeispielen lassen sich in bezug auf das „Waldsterben" und die GFAnlV Verursacher-, Helfer und Betroffeneninteressen ausmachen. Daneben spielten Wissenschaftler bei der „Entdeckung" des „Waldsterbens" eine herausragende Rolle[805]. Ihnen wie auch den Zeitungsmedien[806] kamen im Rahmen der Gesamtproblematik jedoch keine genuinen Eigeninteressen (allenfalls: Helferinteressen[807]) zu; sie stellten aber wirkungsvolle Katalysatoren dar, um die öffentliche Debatte in Gang zu bringen.

a) Land- und Forstwirtschaft

Vom „Waldsterben" (und anderen Schäden durch den Ferntransport von Luftschadstoffen) betroffen sah sich in erster Linie die Land- und Forstwirtschaft[808], die daher als prototypisches *Betroffeneninteresse* gelten kann. Seit der „Entdeckung" des „Waldsterbens" Anfang der 1980er Jahre fürchtete man sinkende Erträge bzw. stellte bereits eingetretene Schäden fest[809]. Diese bewegten sich, wie die Ausführungen zur OBJEKTIVEN PROBLEMSITUATION zeigten, in Höhe von mehreren Milliarden DM jährlich.

b) Unternehmen

Energieversorgungsunternehmen. Hauptadressat der GFAnlV waren die öffentlichen Energieversorger[810], die für den weitaus größten Teil der von der Verord-

---

[804] Hierzu ausführlich Roqueplo (1986).

[805] Siehe bereits oben Teil 4: D.III.1.

[806] Ein maßgeblicher politischer Akteur lobte die engagierte Leistung des Umweltjournalismus (Interview BMI, 22. 12. 2000, A:355).

[807] Vor dem Hintergrund der umfangreichen finanziellen staatlichen Förderung der Waldschadensforschung seit Anfang der 1980er Jahre – Holzberger (1995, S. 8) nennt die Zahl von 500 Millionen DM – kam diesen möglicherweise ein nicht unerhebliches Gewicht zu.

[808] Sie wurde gegenüber der Politik vor allem vertreten durch den Deutschen Forstwirtschaftsrat (DFWR) sowie die Arbeitsgemeinschaft Deutscher Waldbesitzerverbände (ADWV).

[809] Siehe bereits oben S. 268. Vgl. auch E. Müller (1995), S. 306 ff.

[810] Siehe oben Teil 4: D.IV.1.a)dd). Sie waren auf politischer Ebene vertreten durch die Spitzenverbände der deutschen Wirtschaft BDI und DIHT sowie die Vereinigung deutscher Elektrizitätswerke (VDEW), die Vereinigung Industrieller Kraftwirtschaft (VIK), die Technische Vereinigung der Großkraftwerksbetreiber (TVK) sowie die öffentlichen Energiever-

D. Die Großfeuerungsanlagenverordnung und die Waldschadensproblematik

nung erfaßten Schadstoff-Emissionen verantwortlich zeichneten und insofern typische *Verursacherinteressen* vertraten. Sie lehnten eine strikte Regelung, die eine Nachrüstung praktisch des gesamten Kraftwerksparks nötig machen würde, strikt ab, da hierdurch enorme Investitions- und Betriebskosten (siehe oben: VERFÜGBARE LÖSUNGSOPTIONEN) drohten[811]. Im einzelnen wurden folgende Argumente gegen die GFAnlV vorgebracht:

– Die Umlage der nötigen Investitionskosten auf die Verbraucher würde zu einer Verteuerung des Stroms um zwei bis drei Pfennig pro Kilowattstunde führen[812].
– Die Rauchgasschwefelung habe 1983 noch nicht dem Stand der Technik entsprochen und würde bei bestimmten Verfahren sogar zu einem Energiemehrverbrauch in Höhe von fünf bis acht Prozent führen[813].
– Angesichts der Typenvielfalt von Altanlagen sei es unmöglich, hierfür generelle Anforderungen zu stellen, so daß die Altanlagen von der geplanten Regelung ausgenommen werden sollten[814].
– Von seiten der produzierenden Industrie wurde angesichts der hohen Kosten zudem der drohende Verlust internationaler Wettbewerbsfähigkeit kritisiert[815].
– Schließlich wurden auch die ungeklärten Ursache-Wirkungszusammenhänge zwischen Schadstoff-Emissionen und Waldschäden bemängelt[816].

Allerdings waren die Kosten der Rauchgasschwefelung und -entstickung (sowie sonstige Investitions- und Betriebskosten) im Rahmen der damaligen Gebietsmonopole der Energieversorger vollständig auf die Endkunden abwälzbar, so daß spürbare wirtschaftliche Nachteile für die betroffenen Unternehmen eigentlich kaum zu erwarten waren[817]. Die Vehemenz, mit der die GFAnlV von seiten der öffentlichen – also nicht privatwirtschaftlich operierenden – Energieversorger bekämpft wurde, läßt sich besser erklären, wenn man diese als „Verwaltung" im Sinne der Ökonomischen Theorie der Bürokratie[818] betrachtet: Dieser zufolge trachten Bürokraten nach einer Wahrung bzw. Erhöhung ihrer Einflußmöglich-

---

sorgungsunternehmen wie etwa die RWE (Interview BMI, 22. 12. 2000, A:290, B:108; E. Müller 1995, S. 216).

[811] Kostengründe als Hauptargument der Energieversorger gegen die geplante GFAnlV nennt auch Dose (1997), S. 157.
[812] Vgl. E. Müller (1995), S. 305.
[813] Vgl. E. Müller (1995), S. 304 f.
[814] Vgl. E. Müller (1995), S. 305.
[815] Vgl. Kuhnt (1983), S. 571.
[816] Vgl. Donner (1989), S. 74 m. w. N.
[817] Interview UBA, 16. 08. 2000, A:370; Interview BMI, 22. 12. 2000, A:425. Ein Jahr nach Inkrafttreten der GFAnlV schrieb Die Zeit (01. 06. 1984): „Trotz einiger Vorbehalte leisten die Stromerzeuger wenig Widerstand gegen die Säuberung der Abgase der Kraftwerke, denn ihre Gewinne werden dadurch kaum geschmälert – Die Kunden zahlen die Zeche".
[818] Siehe oben Teil 3: A.II.2.b).

keiten gegenüber der Politik und speziell einer fortwährenden Erhöhung ihres Budgetrahmens. Eben diese Ziele waren aber durch die Einführung der streng ordnungsrechtlich konzipierten und massiv in die Betriebsabläufe eingreifenden GFAnlV in erheblichem Maße gefährdet[819].

Ungeachtet ihrer mißbilligenden Haltung verfolgten die Energieversorger noch eine andere Interessenlinie, die vermutlich von großer Bedeutung für die rasche Umsetzung der GFAnlV war: Vor dem Hintergrund einer stagnierenden bzw. nachlassenden Stromnachfrage in den 1980er Jahren und der folglich geringen Neigung zum Aufbau neuer Kapazitäten bot die Investition in Sanierung und technische Aufrüstung von Altanlagen bessere Abschreibungsmöglichkeiten als der Bau neuer Kraftwerke[820].

Filteranlagenhersteller. Die Hersteller von Filteranlagen[821] (Rauchgasentschwefelung und -entstickung usw.) waren in erster Linie daran interessiert, ihre Produkte zu verkaufen. Sie verfolgten damit ein – wiederum typisches – Helferinteresse[822] und konnten von der Einführung der GFAnlV nur profitieren. Allerdings konnten sie ihre zustimmende Haltung wegen massiver Abhängigkeiten von der Energiewirtschaft nicht öffentlich äußern und mußten sich daher auf informelle Kontakte mit den politischen Gremien beschränken[823].

c) Wähler

Die breite Öffentlichkeit sah sich selbst eher als Betroffene der Luftschadstoffe und des „Waldsterbens"[824] und damit als Nutznießer der GFAnlV. Dies mag insofern überraschen, als sie über die Umlage auf den Strompreis letztlich die Kosten von etwa 1 bis 3 Pfennig pro kWh (siehe unter VERFÜGBARE LÖSUNGSOPTIONEN) für die Kraftwerksnachrüstungen zu tragen hatten, was einer Strompreiserhöhung um

---

[819] Treffend vermutete ein Befragter hierzu: „Es geht auch um Macht, um politische Behauptung" (Interview UBA, 16. 08. 2000, A:370).

[820] So die These von Mez (1995), S. 182 f.

[821] Vertreten durch den Fachverband des Dampfkessel-, Behälter- und Rohrleitungsbaus (FDBR), den Verband Deutscher Maschinen- und Anlagenbau (VDMA) sowie einzelne Herstellerfirmen (Interview BMI, 22. 12. 2000, A:290).

[822] Genauer: Entsorgungsinteresse, da sie grundsätzlich vom Fortbestand der bestehenden Technologie der Kohleverfeuerung profitierten und ihnen daher an grundsätzlichen Alternativen (Ausbau der Kernenergie, Energieeinsparung, regenerativen Energieerzeugung) nicht gelegen war.

[823] Interview UBA, 16. 08. 2000, A:309.

[824] Nach einer empirischen Befragung von 377 Personen in vier Städten im Dezember 1995 fühlten sich 73 Prozent der Befragten „stark" oder „ziemlich" vom Waldsterben betroffen, nur 26 Prozent waren „kaum" oder „überhaupt nicht" betroffen (Fietkau/Matschuk/Moser/Schulz 1986, S. 10); 68 Prozent der Befragten nannten die Luftverschmutzung als „alleinige" oder „wichtigste" Ursache; 31 Prozent als „eine Ursache unter vielen"; „nebensächlich" waren diese für 0 Prozent (ebd., S. 11).

größenordnungsmäßig immerhin 10 Prozent gleichkam. Offenbar drang dieser Aspekt jedoch nicht ins Bewußtsein der Öffentlichkeit; zumindest wurde er kaum je thematisiert[825]. Das Hauptaugenmerk der Öffentlichkeit und damit der Wähler richtete sich auf die „Verursacher", nämlich „die Industrie"[826]. Unabhängig von den land- und forstwirtschaftlichen Verbänden (die praktisch dieselben Interessen vertraten), nahmen sich zahlreiche, teilweise neugegründete Umweltinitiativen – wie etwa der BBU, Robin Wood, der BUND[827] – rasch der Thematik an und richteten an die Politik Forderungen nach entsprechenden Maßnahmen, zu denen auch eine effektive GFAnlV gehörte.

d) Politik und Ministerialbürokratie

Auf politischer Ebene spiegelte sich die dargestellte Interessenkoalition wider, allerdings weniger in unterschiedlichen Parteiideologien: So nahmen zwar die (zunächst noch nicht im Bundestag vertretenen) Grünen in den Kommunal- und Länderparlamenten die gestiegenen Umweltbedürfnisse der Bevölkerung auf und setzten sich nachdrücklich für wirksame Regelungen gegen das „Waldsterben" ein; in den etablierten Parteien fanden sich jedoch – ungeachtet ihrer parteipolitischen Couleur – sowohl Fürsprecher wie Gegner einer geplanten GFAnlV[828].

Die gesellschaftlichen Interessengegensätze fanden ihren Ausdruck vielmehr in den unterschiedlichen Positionen der beteiligten Ressorts. Während das BML in Vertretung der land- und forstwirtschaftlichen Interessen[829] eine strikte Emissionsminderung forderte, suchte das BMWi als Vertreter der von der GFAnlV betroffenen Wirtschaft[830] die geplante Verordnung zu verhindern bzw. abzuschwächen. Im federführenden BMI war die GFAnlV nicht unumstritten: Selbst in der Umweltabteilung des Ministeriums fanden sich Gegner der Verordnung[831]; die mit der Ausarbeitung des Entwurfs beauftragten Mitglieder der Bund-Länder-Arbeitsgruppe unter dem Vorsitz des BMI-Abteilungsleiters Umwelt sowie der Minister Baum stellten dagegen eine treibende Kraft beim Zustandekommen der GFAnlV dar[832].

---

825 Interview UBA, 16. 08. 2000, A:146, 417;

826 In der Studie von Fietkau / Matschuk / Moser / Schulz (1986, S. 12) nannten 59 Prozent der Befragten die Industrie, es folgten Kraftwerke (19 Prozent) und Kraftfahrzeuge (17 Prozent). Auch Interview UBA, 16. 08. 2000, A:140.

827 Vgl. Roqueplo (1986), S. 412 f.; FR, 22. 02. 1983.

828 Interview BMI, 22. 12. 2000, A:280.

829 Interview BMI, 22. 12. 2000, A:194. Vgl. auch E. Müller (1995), S. 307.

830 E. Müller (1995), S. 172; Interview BMI, 15. 06. 2000, S. 2; Interview BMI, 22. 12. 2000, B:099.

831 Interview BMI, 15. 06. 2000, S. 2; Interview UBA, 16. 08. 2000, A:200.

832 Interview UBA, 16. 08. 2000, A:200.

Eine entsprechende Interessenverteilung zeigte sich auch während der Beratungen in den Ausschüssen des Bundesrates. So sprachen sich im Frühjahr 1983 sowohl der Innen- als auch der Agrarausschuß für erhebliche Verschärfungen der geplanten Verordnung aus, denen der Wirtschaftsausschuß jeweils widersprach[833]. Auch in der Verteilung der Länderinteressen traten Verursacher- und Betroffeneninteressen zu Tage[834]: Zwar befürworteten alle Länder im Grundsatz die geplante Regelung[835]; allerdings waren die südlichen, waldreichen Bundesländer – insbesondere Baden-Württemberg[836] mit einem hohen Anteil an Kernkraftwerken – an einer deutlichen Verschärfung der Verordnung interessiert, wohingegen Nordrhein-Westfalen als Hauptstandort der Kohlekraftwerke eine weitere Verschärfung der Regelung ablehnte[837].

6. Machtpositionen der relevanten Akteure

a) Verursacherinteressen: Energieversorger, BMWi

Die öffentlichen Elektrizitätsversorger galten zu Zeiten der bestehenden Gebietsmonopole allgemein als strukturell besonderes mächtige Interessengruppe[838]. Dies steht im Einklang mit den Aussagen der Ökonomischen Theorie der Interessengruppen, wonach kleine Gruppen mit homogenen, d. h. weitgehend übereinstimmenden, Interessen einen hohen Organisationsgrad aufweisen und daher über besondere Einflußpotentiale verfügen[839]. Diese Bedingungen waren im Falle der öffentlichen Energieerzeuger gegeben; begünstigend kam ihre außerordentlich gute Finanzausstattung hinzu. Andererseits fehlte ihnen wegen des öffentlichen Versorgungsauftrages das Drohpotential einer Abwanderung ins Ausland, der Schließung von Standorten und damit des Verlustes von Arbeitsplätzen.

Situativ bezogen auf die GFAnlV verändert sich das Bild zuungunsten der Energieversorger. Zum einen konnten sie wegen der Überschaubarkeit der Materie (siehe oben: KOMPLEXITÄT) gegenüber der Politik keinerlei Informationsvorsprünge geltend machen; zum anderen sahen sie sich einer mächtigen Koalition von Verursacherinteressen gegenüber (dazu sogleich). Ähnliches galt für das BMWi, das bei der Ressortabstimmung zur GFAnlV erst spät und auf höchster politischer Ebene hinzugezogen wurde und dann „einen schwierigen Stand" hatte[840].

---

[833] BMI (1983), S. 2.
[834] Hierzu Mez (1995), S. 180.
[835] Interview UBA, 16. 08. 2000, A:173.
[836] Vgl. Ministerpräsident Späth, BR-Pl.Prot. 521 vom 29. 04. 1983, S. 90 f.
[837] Vgl. Ministerpräsident Rau, BR-Pl.Prot. 521 vom 29. 04. 1983, S. 96 f.
[838] Mez (1995), S. 180; Interview BMI, 22. 12. 2000, A:091.
[839] Siehe oben Fn. 92 auf S. 100.
[840] Interview BMI, 05. 07. 2000, A:199, 275.

D. Die Großfeuerungsanlagenverordnung und die Waldschadensproblematik

b) Betroffeneninteressen: Land- und Forstwirtschaft, Wähler, Umweltverbände, BML, BMI, Bundesrat

Die für die GFAnlV politisch verantwortlichen Akteure, welche die Betroffeneninteressen vertraten (BML, BMI, Länderministerien, Bundesrat), fanden sich gegenüber der Energiewirtschaft und deren Interessenvertretung im BMWi in der überlegenen Position. Zum einen konnten sie sich der breiten Zustimmung in der Bevölkerung sicher sein (und standen diesbezüglich sogar unter beträchtlichem Handlungsdruck) und wußten die land- und forstwirtschaftlichen Verbände, die Umweltverbände, die Hersteller von Filteranlagen sowie Wissenschaftler und zahlreiche Journalisten hinter sich. Ein maßgeblich Beteiligter stellte fest: „Wir hatten eine Lobby aufgebaut, der auf Dauer die Industrielobby nicht standhalten konnte"[841].

Zum anderen waren die politischen Akteure der Energiewirtschaft wissensmäßig mindestens ebenbürtig, wenn nicht überlegen. Beispielsweise waren Regierungsbeamte eigens nach Japan gereist, um sich dort vor Ort über den fortgeschrittenen technischen Stand der Rauchgasentstickung zu informieren[842]. Insbesondere die Landesregierungen hatten einen hohen technischen Sachverstand aufgebaut; unter anderem wurden über 30 Kohlekraftwerke besucht, um sich ein Bild von den notwendigen Maßnahmen zu machen. Gegen diese „geballte Kraft der Länderreferenten"[843] konnte – nach der Einschätzung eines Beteiligten – niemand in der Regierung, vor allem nicht das BMWi, etwas ausrichten.

7. Adressatenstruktur

Nahezu 90 Prozent aller von der GFAnlV betroffenen Kraftwerke befanden sich in der Hand der öffentlichen Energieversorger[844]. Der Kreis der Ansprechpartner für die Politik im Prozeß der Verordnungsgebung beschränkte sich damit auf wenige Großunternehmen; auch die vollziehende Verwaltung hatte es nur mit wenigen Rechtsadressaten zu tun. Die Adressatenstruktur zeichnet sich somit durch eine extrem geringe Komplexität aus.

---

[841] Interview BMI, 22. 12. 2000, A:290.
[842] Interview UBA, 16. 08. 2000, A:331.
[843] Interview BMI, 22. 12. 2000, A:290.
[844] Mez (1995), S. 173.

VI. Analyse der Folgen und Wirkungen

1. Rechtsnormativ-sachliche Effektivität (RSE)

a) Direkte Wirkungen

Die durch die GFAnlV ausgelösten Emissionsminderungen übertrafen nahezu alle Erwartungen. Nachdem das Bundesverwaltungsgericht im Februar 1984 den selbstvollziehenden Charakter der Verordnung bestätigt hatte[845], begannen die Kraftwerksbetreiber rasch und teilweise vorfristig mit der Nachrüstung der Altanlagen. Nachdem bis Ablauf der Übergangsfrist Mitte 1988 die Altanlagensanierung größtenteils abgeschlossen war[846], waren die jährlichen SO_2-Emissionen aus öffentlichen Wärmekraftwerken bereits von etwa 1550 kt/a (1982) auf etwa 350 kt/a und damit um gut drei Viertel gegenüber 1982 gesunken (Abb. 25); bis 1993 fand eine weitere Absenkung auf etwa 150 kt/a (alte Bundesländer) statt, womit gegenüber 1982 eine Reduzierung um rund 90 Prozent erreicht wurde. Bei den Stickoxiden wurde eine Reduzierung von etwa 750 kt/a (1982) bis auf etwa 200 kt/a (1993) und damit um rund 75 Prozent erzielt[847].

Die gesamten SO_2-Emissionen sanken von etwa 3000 kt/a (1982) auf knapp 900 kt/a (1994) und damit um rund 70 Prozent (vgl. Abb. 23). Die erwartete Reduzierung auf 1500 bis 2100 kt/a im Jahre 1995[848] wurde damit bei weitem übertroffen.

Diese Reduzierungen wirkten sich auf die Immissionssituation im ländlichen Bereich aus. Hier ging die SO_2-Belastung von Werten zwischen 10 und 47 $\mu g/m^3$ im Jahr der höchsten Belastung (1983) bis auf Werte zwischen 2,5 und 11 $\mu g/m^3$ (1998) zurück, also ein Rückgang um etwa 75 Prozent innerhalb von 15 Jahren[849]. Auch der Säuregrad des Regens verbesserte sich in diesem Zeitraum: So nahmen die pH-Werte des Niederschlages an den Meßstellen des Umweltbundesamtes kontinuierlich von 4,1 bis 4,6 (1982) auf 4,7 bis 5,1 (1998) zu[850]. Allein bei den Waldschäden zeigten sich keinerlei Verbesserungen[851], was möglicherweise mit den extrem langfristigen ökologischen Prozessen (u. a. der Bodenversauerung) zusammenhängt[852].

---

[845] BVerwG (Urteil vom 17. 02. 1984), NVwZ 1984, S. 371 ff.
[846] Donner (1989), S. 75 f.; Mez (1995), S. 173.
[847] Vgl. auch die Bilanz über „zehn Jahre Großfeuerungsanlagen-Verordnung" in Umwelt (BMU) 9/1993, S. 354–356.
[848] Vgl. Fn. 788 auf S. 278.
[849] Vgl. UBA (2000), S. 160.
[850] Vgl. UBA (2000), S. 184.
[851] UBA (2000), S. 291.
[852] UBA (2000), S. 295.

D. Die Großfeuerungsanlagenverordnung und die Waldschadensproblematik 289

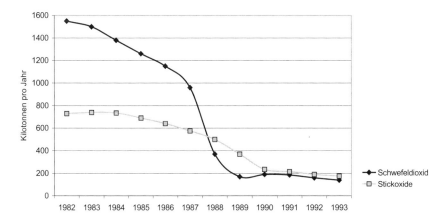

Abb. 25: Jährliche Emissionen von Schwefeldioxid (SO_2) und Stickoxiden (NO_x) aus öffentlichen Wärmekraftwerken in Westdeutschland. Quelle: Mez (1995)

Die Kosten, welche die Kraftwerksindustrie zur Umsetzung der GFAnlV aufbrachte, werden von seiten der Bundesregierung wie der Energiewirtschaft übereinstimmend mit etwa 22 Milliarden DM beziffert[853]. Im Zusammenhang mit der Investition in die Altanlagensanierung wurden außerdem 47.000 Arbeitsplätze[854] geschaffen. Hervorgehoben wird auch immer wieder die infolge der GFAnlV erreichte Spitzenposition deutscher Firmen im Bereich Umwelttechnik[855] und speziell die Strukturveränderungen im Ruhrgebiet „von einer der verschmutztesten Regionen zur technologisch führenden Region Europas"[856].

Insgesamt wurden und werden die Bestimmungen der GFAnlV als „äußerst einschneidend"[857] bezeichnet: „Man hätte die gesteckten Ziele nicht schneller und effektiver erreichen können"[858]. In der Presse war von einem „bislang beispiellosen Altanlagen-Sanierungsprogramm" die Rede[859], und ein beteiligter Akteur urteilte: „Keine Vorschrift hat auch nur *vergleichbar* eine solche Verbesserung gebracht wie die Großfeuerungsanlagenverordnung"[860].

---

[853] HB, 08. 05. 1991; Umwelt (BMU) 9/1993, S. 354.
[854] Umwelt (BMU) 9/1993, S. 355.
[855] Umwelt (BMU) 9/1993, S. 354.
[856] Interview BMI, 22. 12. 2000, A:036.
[857] Kuhnt (1983), S. 567.
[858] Interview UBA, 16. 08. 2000, A:275.
[859] HB, 28. 06. 1988.
[860] Interview BMI, 05. 07. 2000, A:006.

b) Indirekte Wirkungen und „Gratiseffekte"

Neben den direkten Wirkungen kraft ihrer Rechtsnormativität änderte sich im Gefolge der GFAnlV auch die Haltung der Energieversorger in Umweltfragen. Nachdem diese sich zuvor insbesondere einer Nachrüstung bestehender Kraftwerke vehement widersetzt hatten, präsentierten sie sich nach Verabschiedung der Verordnung als Vorreiter im Umweltschutz[861]. Hierbei mochte auch das Interesse der Energiewirtschaft an besseren Abschreibungsmöglichkeiten durch Investition in die Altanlagensanierung[862] eine Rolle gespielt haben ebenso wie die Tatsache, daß nach der Reaktorkatastrophe von Tschernobyl das allgemeine Interesse an Kernkraft nachließ, so daß die Modernisierung bestehender Wärmekraftwerke noch attraktiver wurde[863]. Da der letzte Punkt in keinem erkennbaren Zusammenhang mit der GFAnlV steht, muß hier von einem „Gratiseffekt" gesprochen werden.

c) Nebenwirkungen

Auf eine ökologisch nachteilige Nebenfolge der SO_2-Emissionsminderung ist noch hinzuweisen. Bei der Filterung und Entschwefelung von Rauchgasen entstehen beträchtliche Mengen an Filterstäuben und vor allem Gips ($CaSO_4$) als Reaktionsprodukt aus SO_2 und dem zur Entschwefelung eingesetzten Kalk[864]. Zudem erhöht sich der Wasserverbrauch, und die Energieausbeute sinkt infolge eines erhöhten Eigenverbrauchs leicht ab. In gewissem Maße findet also eine Problemverlagerung statt. Diese ist aber insgesamt aber als deutlich geringer einzuschätzen als die erzielten Erfolge in der Luftreinhaltung – zumal ein beträchtlicher Teil des anfallenden Gipses als Sekundärrohstoff nutzbar ist[865].

2. Symbolisch-politische Effektivität (SPE)

Die politische Wirksamkeit der GFAnlV läßt sich angesichts der Vielzahl von Einflußfaktoren schwer abschätzen. So sie kausal im Zusammenhang mit der GFAnlV stehen, sind folgende Punkte zu notieren: Die neue Bundesregierung unter Bundeskanzler Kohl wurde bei den Wahlen am 6. März 1983 bestätigt, konnte jedoch nicht den Einzug der Grünen in den Bundestag verhindern. Sicherlich stellte der Erlaß der Verordnung für die Regierung und speziell den BMI Zimmermann einen großen umweltpolitischen Erfolg dar[866], auf den noch über ein Jahrzehnt

---

[861] Interview BMI, 05. 07. 2000, B:043.
[862] Siehe oben S. 284.
[863] Vgl. Mez (1995), S. 182.
[864] Vgl. Heintz / Reinhardt (1996), S. 109.
[865] Vgl. Heintz / Reinhardt (1996), S. 138 f.; Förstner (1995), S. 424 f.
[866] Interview BMI, 22. 12. 2000, A:323.

D. Die Großfeuerungsanlagenverordnung und die Waldschadensproblematik 291

später immer wieder hingewiesen wurde[867]. Soweit beabsichtigt, ist eine De-Thematisierung des „Waldsterbens" mit der Verordnung nicht gelungen; allerdings wurde auf dem Höhepunkt der Waldschadensdebatte das Thema SO_2 und Großfeuerungsanlagen durch das Thema NO_x und Straßenverkehr abgelöst[868]. Erst danach – ab etwa 1985 – nahm die ÖFFENTLICHE AUFMERKSAMKEIT an dem Thema kontinuierlich ab (siehe Abb. 24).

VII. Zwischenfazit

Insgesamt handelt es sich bei der GFAnlV um eine im ökologischen Sinne effektiv angelegte Maßnahme, die möglich wurde vor dem Hintergrund der Waldschadensdebatte und angesichts einer überschaubaren technisch-naturwissenschaftlichen Materie und der Existenz effektiver technischer Lösungsmöglichkeiten. Ihr unbestreitbarer Erfolg beruht allerdings nur teilweise auf ihrer Rechtsnormativität. Vielmehr muß auch die große Zahl flankierender Maßnahmen berücksichtigt werden sowie die gewandelte Interessenlage der Industrie nach Erlaß der Verordnung, die so (wohl) nicht vorhersehbar war[869]. Der eminent politische und symbolische Charakter der GFAnlV als „therapeutische" (SRU) Maßnahme gegen das Waldsterben mag ihren umweltpolitischen Erfolg noch verstärkt haben.

---

[867] Z. B. im Zuge der Sommersmog-Diskussion, siehe oben S. 160.
[868] Siehe oben Teil 4: D.V.4.
[869] Vielleicht liegt hier eine Art selbstverstärkender Effekt vor, der sich möglicherweise auf andere Regelungsgegenstände und -vorhaben übertragen läßt: Sobald eine der „objektiven" Interessenlage entgegenkommende Regelung von allen Beteiligten akzeptiert wird, treten die Adressen die Flucht nach vorn an, und es kommt zu einer Übererfüllung der gesteckten Ziele.

Teil 5

Schlußfolgerungen und Ausblick

A. Konzepte und Hypothesen zur symbolischen Umweltgesetzgebung vor dem Hintergrund der Fallstudienergebnisse

I. Dimensionen symbolischer Umweltgesetzgebung

Symbolische Gesetzgebung wurde eingangs definiert als zweidimensionales soziales Phänomen: als Gesetzgebung, die zwar mit symbolisch-politischen Intentionen (ASPE) verbunden ist, die aber nicht darauf abzielt, rechtsnormative bzw. sachliche Effektivität zu entfalten (ARSE), obwohl sie diesen Anspruch erhebt[1]. Tatsächlich konnten diese beiden gesetzgebungssoziologischen Dimensionen in allen untersuchten Fällen beobachtet werden: Alle drei Gesetze waren jeweils sowohl mit einem offiziellen rechtsnormativ-sachlichen Steuerungsanspruch als auch mit (verdeckten) politischen Zielsetzungen verbunden, wobei das Abfallvermeidungsgebot auch nach außen hin nur zum Teil überhaupt als rechtsnormativ-sachlich effektive Regelung verstanden wurde. Nur im Falle der GFAnlV stimmte der offizielle Steuerungsanspruch mit dem durch die Expertenbefragung ermittelten überein; Ozongesetz und Abfallvermeidungsgebot waren sowohl nach objektiver wie nach subjektiver Analyse nicht dazu konzipiert, ihre offiziellen Steuerungsziele tatsächlich zu erreichen.

Diese Überlegungen lassen sich graphisch unter Rückgriff auf die oben (S. 48) entworfene Darstellung verdeutlichen (siehe Abb. 26), indem jedem der untersuchten Gesetze ein „Punkt" in der durch die beiden Dimensionen ARSE und ASPE aufgespannten Ebene zugeordnet wird. Selbstverständlich kann es sich dabei nur um eine grobe Abschätzung entsprechend der in Teil 4 gewonnenen Einschätzungen handeln.

Ozongesetz. Das Ozongesetz stellt sich als paradigmatisches Beispiel symbolischer Umweltgesetzgebung dar: Seiner anspruchsvollen – offiziellen – sachlichen Zielsetzung wird es auf Grund seiner extrem niedrigen ARSE und zugleich sehr hohen ASPE in keinster Weise gerecht. Es liegt ein prototypisches Alibigesetz[2]

---

[1] Siehe oben Teil 2: B.
[2] Siehe oben Teil 2: C.I

A. Konzepte und Hypothesen vor dem Hintergrund der Fallstudienergebnisse 293

vor, das eine besorgte Öffentlichkeit und besonders die Vertreter von Umweltschutzinteressen symbolisch befriedigen sollte, ohne dabei die Interessen der Automobilindustrie und der Autofahrer zu beschädigen. Die antizipative rechtsnormativ-sachliche Ineffektivität des Gesetzes äußert sich vor allem in seiner mangelnden Vollzugstauglichkeit, womit das Ozongesetz auch Züge eines programmierten Vollzugsdefizits trägt[3].

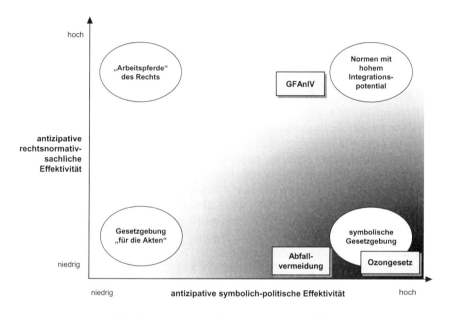

Abb. 26: Die untersuchten Gesetze unter dem Blickwinkel
von symbolisch-politischer und rechtsnormativ-sachlicher Dimension

Abfallvermeidungsgebot. Das Gebot der Abfallvermeidung nach dem KrW-/AbfG zeichnet sich sowohl nach objektiven wie auch nach subjektiven Kriterien durch eine niedrige antizipative rechtsnormativ-sachliche Effektivität (ARSE) aus. Gleichwohl ist dieser Befund differenzierter zu beurteilen als im Falle des Ozongesetzes: Während bei diesem ein unmittelbar rechtsverbindliches Instrumentarium gegeben war (Fahrverbot), das jedoch zur Bekämpfung hoher Ozonkonzentrationen von vornherein ungeeignet blieb, kommt dem Abfallvermeidungsgebot im KrW-/AbfG keine vergleichbare Rechtsnormativität zu. Der zweifellos vorhandene sachliche Steuerungsanspruch verbleibt im wesentlichen auf der politischen Ebene. Insofern kann von einem Auseinanderklaffen der bislang zusammen thematisierten rechtsnormativen und sachlichen Dimensionen gesprochen werden[4]:

---

[3] Siehe oben Teil 2: C.IV.
[4] Siehe hierzu bereits oben Teil 2: C.III.

Neben einer stark ausgeprägten sachlichen Dimension (klare Steuerungsabsicht vorhanden) steht eine schwach ausgeprägte rechtsnormative Dimension, was sich in der Bevorzugung „weicher" Steuerungsinstrumente ausdrückt. Die rechtsnormativ-sachliche Dimension ist mithin durchaus vorhanden, die ARSE jedoch sehr niedrig anzusetzen. – Daß das Abfallvermeidungsgebot in seiner sprachlichen Schärfe überhaupt gesetzlich fixiert wurde, hängt mit den symbolisch-politischen Intentionen (ASPE) der verantwortlichen Akteure zusammen[5]. In den Kategorien der oben entwickelten Typologie ist die Norm angesichts ihres programmatischen Charakters als Appellgesetz zu charakterisieren. Wie die Entstehungsgeschichte gezeigt hat, stellt sie daneben ein Kompromißgesetz dar, genauer gesagt: einen dilatorischen Formelkompromiß, da sich die ARSE größtenteils im Fehlen ausführender Bestimmungen äußert.

GFAnlV. Als Paradebeispiel nicht-symbolischer Gesetzgebung war die GFAnlV in jeglicher Hinsicht als effektive Regelung im Hinblick auf die verfolgten Ziele der Emissionsminderung angelegt. Während die offiziellen Zielsetzungen eine Eindämmung des Waldsterbens betonten, hoben die befragten Akteure, die 1982/83 bereits seit Jahren mit Fragen der Luftreinhaltung und speziell der GFAnlV befaßt waren, eher die Emissionsminderung als solche hervor. Vor dem Hintergrund der Waldschadensdebatte und anstehender Bundestagswahlen wollten sich die politisch Verantwortlichen mit der GFAnlV zugleich bei der Öffentlichkeit und dem politischen Gegner als ökologische Reformer profilieren. Der GFAnlV kommt damit nicht nur eine ausgeprägte sachlich-rechtsnormative (ARSE), sondern auch eine kaum minder starke symbolisch-politische Dimension (ASPE) zu. Die Verordnung kann somit – nach den Überlegungen in Teil 2: B.III – als Norm mit hohem Integrationspotential (Typ III) charakterisiert werden.

II. Hypothesen zu den Entstehungsbedingungen symbolischer (Umwelt-)Gesetzgebung

Zu den Entstehungsbedingungen symbolischer (Umwelt-)Gesetzgebung waren, ausgehend von einem institutionenökonomischen Modell, in Teil 3: B sechs Hypothesen formuliert worden. Um ihre empirische Falsifizierbarkeit zu ermöglichen, wurden eine Reihe von empirischen Variablen und Indikatoren definiert, die als analytisches Raster zur Untersuchung der Fallbeispiele dienten. Auf der Basis der in Teil 4 gewonnenen empirischen Informationen soll nun verglichen werden, inwieweit die in den Hypothesen aufgestellten Wirkungszusammenhänge tatsächlich beobachtet werden konnten und der „Theorie symbolischer Umweltgesetzgebung" insoweit ein empirischer Gehalt zukommt[6].

---

[5] Siehe oben Teil 4: C.IV.2.
[6] Zur Überprüfbarkeit von Theorien und Hypothesen vgl. Schnell/Hill/Esser (1999), S. 58 ff.

A. Konzepte und Hypothesen vor dem Hintergrund der Fallstudienergebnisse   295

1. Problemdruck (Hypothese 1)

Gemäß Hypothese 1 ist für das Entstehen symbolischer Gesetzgebung ein hoher Problemdruck von seiten der Öffentlichkeit (Variable: ÖFFENTLICHE AUFMERKSAMKEIT) bzw. entsprechender Interessengruppen (Variable: INTERESSEN) notwendig. Dies war bei allen untersuchten Gesetzen gegeben, wenn auch in jeweils unterschiedlicher Weise:

Ozongesetz. Im Falle des Ozongesetzes hatte sich über mehrere Jahre hinweg ein beträchtlicher Handlungsdruck durch eine zunehmend sensibilisierte Öffentlichkeit aufgebaut[7], deren Anliegen rasch unterstützt und verstärkt wurde durch SPD und Grüne auf Landes- wie auf Bundesebene[8], später auch von seiten der einschlägigen Umweltverbände[9]. In besonderer Weise sah sich die Regierungskoalition aus CDU/CSU und FDP, die statt verkehrspolitischer Kurzfristmaßnahmen eher technikorientierte Langfristmaßnahmen bevorzugte, mit den Ozonverordnungen SPD-regierter Bundesländer konfrontiert, mit deren Ausweitung die UMK ultimativ drohte, falls es zu keiner bundeseinheitlichen Regelung käme[10]. Auffallend ist der mit dem jahreszeitlichen Auftreten des Sommersmogs zusammenhängende Saisoncharakter der ÖFFENTLICHEN AUFMERKSAMKEIT mit der Folge, daß dieses im Jahresmittel nur durchschnittlich behandeltes Umweltthema für wenige Monate jeweils die umweltpolitischen Schlagzeilen beherrschte. Zwar blieb das quantitative Niveau der ÖFFENTLICHEN AUFMERKSAMKEIT selbst in diesen Monaten noch deutlich unterhalb dessen anderer Umweltthemen zu anderen Zeiten (z. B. der Waldschadensdiskussion), allerdings richteten sich die politischen Forderungen sehr spezifisch auf den Erlaß großräumiger Verkehrsbeschränkungen bei Ozonsmog, was den Problemdruck noch verstärkte.

Abfallvermeidungsgebot. Demgegenüber äußerte sich der Problemdruck im Hinblick auf eine Regelung zur Abfallvermeidung weniger drastisch: Ausgelöst durch die „Müllnotstände" Anfang der 1990er Jahre ging zwar von den Kommunen ein erheblicher politischer Handlungsdruck aus, der auch das Thema Abfallvermeidung verstärkt auf die Tagesordnung brachte; die Forderungen richteten sich allerdings primär auf die beschleunigte Einrichtung neuer Entsorgungskapazitäten. Gemessen an der Intensität der Presseberichterstattung erreichte das Thema Abfallvermeidung im Jahresdurchschnitt ein ähnliches Niveau wie das Sommersmog-Thema[11], ohne dabei allerdings vergleichbar intensive Kurzzeit-Spitzen aufzuweisen. Zudem blieben die Forderungen nach mehr Abfallvermeidung vage und uneinheitlich und erreichten nicht die Spezifität der Forderungen nach einem Ozongesetz.

---

[7] Siehe oben Teil 4: B.V.4.
[8] Siehe oben Teil 4: B.V.5.c).
[9] Siehe oben Teil 4: B.V.5.b).
[10] Siehe oben Teil 4: B.III.3.
[11] Vgl. Abb. 20, Abb. 14.

GFAnlV. Das „Waldsterben" war unbestritten eines der am längsten und intensivsten diskutierten Umweltthemen in der (bundes-)deutschen Geschichte[12]. Der Handlungsdruck von seiten der Öffentlichkeit, der Umweltverbände sowie der Land- und Forstwirtschaft, die sinkende Erträge durch Luftschadstoffe fürchtete, war immens. Zudem verfolgten die Hersteller von Filteranlagen ein rationales Interesse an einer entsprechenden Regelung.

Die beiden Fälle symbolischer Gesetzgebung – Ozongesetz und Abfallvermeidungsgebot – bestätigen damit die Hypothese 1. Wollte man eine weitergehende Verallgemeinerung wagen, so ließe sich ergänzen: Je stärker der Problemdruck auf die Politik, desto stärker die ARSE des Gesetzes und damit auch dessen Symbolcharakter. Daß auch die nicht-symbolische GFAnlV aufgrund eines äußerst hohen Problemdrucks zustandekam, zeigt nur, daß politischer Problemdruck eine zwar notwendige, nicht aber eine hinreichende Bedingung für das Zustandekommen symbolischer Gesetzgebung darstellt.

2. Regelungskosten größer als Nutzen (Hypothese 2)

Nach Hypothese 2 wird symbolische Gesetzgebung dadurch begünstigt, daß es gesamtgesellschaftlich teurer ist, ein Umweltproblem effektiv zu lösen (VERFÜGBARE LÖSUNGSOPTIONEN) als den Problemzustand weiter auszuhalten (OBJEKTIVE PROBLEMSITUATION). Zusammen mit der Bedingung aus Hypothese 1 stellt der faktische Widerspruch – „Problem erkannt, aber nicht zufriedenstellend lösbar" – die wohl wichtigste Entstehungsbedingung für eine Gesetzgebung dar, die Probleme bloß symbolisch löst. Genau diese war im Falle des Ozongesetzes gegeben, in bezug auf die nicht-symbolische GFAnlV traf – erwartungsgemäß – der Umkehrschluß zu, während sich für das Abfallvermeidungsgebot hier keine eindeutige Aussage treffen läßt.

Ozongesetz. Die Anfang der 1990er Jahre durch Ozon verursachten Schäden an Mensch, Vegetation und Material waren – bei insgesamt strittiger Beurteilung – sicherlich nicht unerheblich[13]. Allerdings waren bereits seit 1990 die Ozon-Spitzenkonzentrationen leicht rückläufig. Wegen der zeitverzögerten Minderung der Emissionen von Ozon-Vorläufersubstanzen infolge der Katalysatoreinführung und der GFAnlV war selbst bei geltender Rechtslage auch für die Zukunft mit einer weiteren Entspannung der Ozon-Situation zu rechnen. Abgesehen von den kaum thematisierten VOC-Emissionen im Bereich Lacke / Lösemittel bestanden *mittelfristig* kaum mehr effektive Reduktionspotentiale. *Kurzfristig* hätte es tage- oder wochenlanger flächendeckender Verkehrs- und Produktionsstillegungen bedurft. Die damit verbundenen gesellschaftlichen Kosten in Form wirtschaftlicher Einbußen und Freiheitseinschränkungen mußten ungleich höher veranschlagt werden

---

[12] Siehe oben Teil 4: D.V.4.
[13] Vgl. im einzelnen oben Teil 4: B.V.1.

A. Konzepte und Hypothesen vor dem Hintergrund der Fallstudienergebnisse   297

als die hiervon zu erwartenden Nutzen, zumal angesichts der bestehenden Unsicherheiten bezüglich der Wirksamkeit derartiger Maßnahmen[14]. Damit findet sich die Hypothese 2 durch die Entstehungsgeschichte des Ozongesetzes geradezu idealtypisch bestätigt: So konnte der unvereinbare Widerspruch zwischen dem Interesse an einer Lösung des Ozonproblems einerseits und dem Interesse an möglichst geringen Verhaltenseinschränkungen (und wirtschaftlichen Einbußen) andererseits (wohl) nur symbolisch gelöst werden.

Abfallvermeidungsgebot. Anfang der 1990er Jahre wurden als abfallpolitische Probleme vor allem eine Verkappung der Entsorgungskapazitäten sowie die Umweltgefahren durch Deponiesickerwässer und Emissionen von Müllverbrennungsanlagen wahrgenommen[15]. Im Zuge leicht sinkender Abfallmengen, der Verfügbarkeit verbesserter Rauchgas-Filtertechniken (wodurch das Gesundheitsrisiko bei neuen Abfallverbrennungsanlagen erheblich reduziert werden konnte) sowie die Ausweisung neuer Entsorgungskapazitäten verbesserte sich jedoch die PROBLEMSITUATION innerhalb weniger Jahre. Insofern hatte sich, als das Abfallvermeidungsgebot 1996 in Kraft trat, das zu bekämpfende Problem bereits merklich abgeschwächt, wenn auch überwiegend auf dem Wege nachsorgender Technik. Gleichwohl muß der gesamtgesellschaftliche Nutzen einer wirksamen Regelung zur Abfallvermeidung als hoch eingeschätzt werden. Deren (hypothetische) Kosten lassen sich kaum beziffern; vermutlich hätten sie jedoch eher darunter gelegen[16]. Die Voraussetzungen für Hypothese 2 sind damit empirisch nicht – zumindest nicht in eindeutiger Weise – gegeben. Eine *gesamtgesellschaftliche* Kosten / Nutzen-Betrachtung führt daher zur Erklärung des symbolischen Charakters des Abfallvermeidungsgebotes nicht weiter.

GFAnlV. Die gesamten Kosten für die Sanierung des Altanlagenbestandes in der Folge GFAnlV lagen nach Schätzungen eher unter den durch die Schadstoffemissionen aus Großfeuerungsanlagen verursachten Kosten (Waldschäden, Schädigungen für Gesundheit, Material, Tierwelt)[17]. Zwar konnten die Sanierungskosten praktisch vollständig auf die Stromkunden abgewälzt werden, die vergleichsweise geringe Erhöhung der Endverbraucher-Kosten wurde jedoch kaum wahrgenommen, so daß der Nutzen der GFAnlV für die Luftreinhaltung und die Eindämmung des Waldsterbens klar im Vordergrund stand. – Folgert man aus Hypothese 2 im Umkehrschluß, daß *nicht*-symbolische Gesetzgebung dadurch begünstigt wird, daß gesamtgesellschaftlich die Nutzen einer umweltrechtlichen Regelung die hierzu aufzubringenden Kosten *überwiegen,* so trifft dies auf die GFAnlV unzweifelhaft zu. Damit bestätigt die Analyse die Hypothese 2 auch in bezug auf die Entstehung nicht-symbolischer Gesetzgebung.

---

[14] Siehe oben Teil 4: B.V.2.
[15] Siehe oben Teil 4: C.IV.1.a)aa); Teil 4: C.IV.2.b)aa).
[16] Siehe oben Teil 4: C.V.2.
[17] Siehe oben Teil 4: D.V.2.

3. Selektive Bedienung konfligierender Interessen (Hypothesen 3 und 4)

Die Hypothesen 3 und 4 postulierten, daß symbolische Gesetzgebung durch Interessenkonflikte in bezug auf das jeweils relevante Problem (Variable: INTERESSEN) begünstigt wird, wobei das jeweils mächtigere Interesse tendenziell faktisch, das schwächere hingegen tendenziell bloß symbolisch bedient wird (Variable: MACHTPOSITIONEN). Die Analyse der beiden symbolischen Gesetze bestätigt grundsätzlich beide Hypothesen, wobei die Voraussetzungen im Falle des Abfallvermeidungsgebotes mehr, im Falle des Ozongesetzes weniger gegeben sind. Auch die GFAnlV bediente faktisch das mächtigere Interesse – hier dasjenige des Umweltschutzes –; eine etwaige symbolische Befriedigung von Industrie-Interessen war demgegenüber nicht auszumachen.

Ozongesetz. Der Interessengegensatz in der Ozon-Frage zwischen automobiler Freiheit auf der einen Seite und der Eindämmung des Sommersmogs – oft verbunden mit einer Kritik am Automobil als „Umweltfeind Nummer eins" – sowie der Gesundheit speziell von Kindern auf der anderen Seite hätte größer nicht sein können[18]. Diese in der Analyse zu Hypothese 2 als Widerspruch charakterisierte Gespaltenheit läßt sich überdies bestimmten gesellschaftlichen Interessengruppen zuordnen. Während ein Teil der Wählerschaft, vor allem aber die institutionalisierten Umweltinteressen, politisch vertreten namentlich durch die Regierungsbeteiligung der Grünen auf Länderebene, ein strikt exekutiertes Fahrverbot bei Ozonsmog befürworteten, wurde dies von seiten der Automobilindustrie und der Regierungskoalition aus CDU/CSU und FDP in dieser Form abgelehnt. Damit bestätigt die Analyse des Ozongesetzes in gewissem Maße auch die Hypothese 3, womit das Gesetz nicht mehr als reines Alibigesetz, sondern als Mischform mit partiellem Charakter eines Kompromißgesetzes gesehen werden kann. Daß das mächtigere Verursacherinteresse (die Automobilindustrie) faktisch-materiell bedient wurde (nämlich durch eine absehbar rechtsnormativ-sachlich ineffektive Regelung), das schwächere Betroffeneninteresse des Umwelt- und Gesundheitsschutzes hingegen bloß symbolisch (durch die scheinbar „harte" Rechtsfolge des generellen Fahrverbotes), bestätigt zudem die Hypothese 4.

Abfallvermeidungsgebot. Deutlich stärker noch als bei der Sommersmog-Problematik war die Diskussion um das Abfallvermeidungsgebot im Rahmen der fünften abfallrechtlichen Novelle von grundsätzlichen Interessengegensätzen geprägt: Während sich die Kommunen als entsorgungspflichtige Körperschaften vor dem Hintergrund drohender Entsorgungsengpässe für eine verstärkte Abfallvermeidung einsetzten, hielt insbesondere die produzierende Wirtschaft an dem Status quo fest und lehnte mögliche Änderungen von Produktionsverfahren sowie entsprechende Investitionen strikt ab[19]. Die Wirtschaftsverbände konnten im Verlauf der infor-

---

[18] Siehe oben Teil 4: B.V.5.
[19] Siehe oben Teil 4: C.V.5.

A. Konzepte und Hypothesen vor dem Hintergrund der Fallstudienergebnisse 299

mellen Beratungen angesichts der hohen Komplexität der Abfallthematik ihre Informationsvorsprünge und sonstigen Machtpositionen weitreichend geltend machen, was als eine wesentliche Ursache für die mangelnde Rechtsnormativität des Vermeidungsgebotes gelten kann. Sowohl für Hypothese 3 als auch für Hypothese 4 werden damit empirisch gestützt.

GFAnlV. Ausgelöst bzw. verstärkt durch die Waldschadendebatte hatte sich im Vorfeld der Verordnungsgebung eine breite Interessenallianz für eine effektive Emissionsminderung gebildet (siehe zu Hypothese 1), der gegenüber sich die *strukturell* mächtige Kraftwerksindustrie *situativ* in der schwächeren Position befand, die aber dennoch mit Vehemenz die geplante Regelung ablehnte und später abzuschwächen suchte. Gleichwohl existieren Hinweise darauf, daß den Elektrizitätserzeugern angesichts eines stagnierenden Elektrizitätsbedarfs und hoher Kapitalüberschüsse die Ausgaben für die Anlagennachrüstung nicht so ungelegen kamen, wie ihr Protest gegen die Verordnung vermuten ließ[20].

4. Problemkomplexität und (Wähler-)Interessen (Hypothese 5)

Gemäß Hypothese 5 ist symbolische Gesetzgebung um so wahrscheinlicher, je komplexer sich das Regelungsproblem darstellt (Variable: KOMPLEXITÄT) und je geringer der von dem Gesetz zu erwartende Nutzen von der Wählerschaft bzw. anderen Interessen (Variable: INTERESSEN) wahrgenommen wird.

Ozongesetz. Das Regelungsproblem Sommersmog muß schon angesichts des schwer nachvollziehbaren chemischen Ozon-Bildungsmechanismus' – der auch in Parlamentsdebatten immer wieder zu Verwirrungen führte – als äußerst komplex eingestuft werden. Widersprüchliche Befunde zur gesundheitsschädlichen Wirkung von Ozon und zur Wirksamkeit kurzfristiger Verkehrsbeschränkungen erschweren die Durchschaubarkeit der Materie[21]. So konnten die Wähler mit einem Gesetz, das scheinbar harte Fahrverbote vorsah, über dessen – für informierte Akteure absehbare – Ineffektivität getäuscht werden. Hypothese 5 findet sich damit beispielhaft bestätigt.

Abfallvermeidungsgebot. Noch weitaus komplexer als das Ozonproblem stellen sich die Fragen der Abfallvermeidung dar. Schon der Begriff der Abfallvermeidung wirft erhebliche Probleme auf, hinzu kommen Schwierigkeiten der Bilanzierung von Abfallmengen sowie eine kaum überschaubare Vielzahl diskutierter Vermeidungsstrategien[22], bezüglich derer die produzierende Industrie gegenüber der Politik erhebliche Informationsvorsprünge (s. o.) besaß. Den zu einer adäquaten Durchdringung der komplexen Abfallproblematik aufzubringenden Transaktions-

---

[20] Siehe oben Teil 4: D.V.5.b).
[21] Siehe oben Teil 4: B.V.3.
[22] Siehe oben Teil 4: C.V.4.

kosten stand indes keine vergleichbare Motivation an einer effektiven Abfallvermeidung gegenüber, weder von seiten der Konsumenten, noch von seiten der Kommunen, deren Interesse an einer Abwendung drohender Entsorgungsnotstände letztlich auch durch andere Maßnahmen erzielt werden konnte.

GFAnlV. Wenngleich sich die Waldsterbens-Problematik naturwissenschaftlich höchst komplex darstellte, stand in der politischen Diskussion letztlich die ursächliche Rückführung auf Luftschadstoffe, insbesondere Schwefeldioxid, außer Frage, so daß sich die PROBLEMKOMPLEXITÄT im Rahmen einer „black box"-Betrachtung auf einen äußerst überschaubaren Kausalzusammenhang reduzierte[23]. Damit bestätigt sich der Umkehrschluß aus Hypothese 5, der besagt, daß eine geringe PROBLEMKOMPLEXITÄT nicht-symbolische Gesetzgebung begünstigt.

Grundsätzlich, so bleibt festzuhalten, wird die Hypothese, daß komplexe Regelungsprobleme zu symbolischer, wenig komplexe zu nicht-symbolischer Gesetzgebung führen, durch die empirische Analyse gestützt. Für sich genommen wäre außerdem zu erwarten gewesen, daß das Ozongesetz – als diejenige Regelung mit dem stärksten Symbolcharakter – mit dem komplexesten der untersuchten Regelungsprobleme verbunden sei. Die Analyse hat aber gezeigt, daß der Abfallvermeidungsproblematik eine noch größere KOMPLEXITÄT zukommt. In der Zusammenschau mit Hypothese 1 relativiert sich diese scheinbare Unstimmigkeit jedoch: Danach ist der stärkere Symbolcharakter des Ozongesetzes vor allem auf die ungleich stärkere Politisierung des Sommersmog-Problems zurückzuführen. Als Konsequenz für die Gültigkeit des Gesamtmodells läßt sich schlußfolgern, daß der Symbolcharakter eines Gesetzes weniger eine monotone Funktion jeder einzelnen Einflußvariable ist, sondern sich eher als Funktion mehrerer (oder aller) Variablen ergibt, die jede für sich nur verstärkende, gerichtete Einflüsse markieren.

5. Großer und heterogener Adressatenkreis (Hypothese 6)

Hypothese 6 postuliert, daß große und heterogene Adressatenkreise wegen des höheren Aufwandes im Vollzug sowie in der Antizipation möglicher Vollzugsprobleme tendenziell symbolische Gesetzgebung begünstigen.

Ozongesetz. Die zwar äußerlich homogene Gruppe der Autofahrer als Rechtsadressaten des Ozongesetzes stellt für den Vollzug eine praktisch unüberschaubare Menge von Einzelpersonen dar. Die Überwachung eines möglichen Fahrverbotes in der beschränkten Zeit seiner jeweiligen Geltungsdauer war damit von vornherein erheblich erschwert, wenn nicht praktisch unmöglich[24].

Abfallvermeidungsgebot. Die ADRESSATENSTRUKTUR des Abfallvermeidungsgebotes ist im Vergleich mit derjenigen des Ozongesetzes zugleich mehr und weniger

---

[23] Siehe oben Teil 4: D.V.3.
[24] Siehe oben Teil 4: B.V.7.

A. Konzepte und Hypothesen vor dem Hintergrund der Fallstudienergebnisse 301

komplex. So haben es die Vollzugsbehörden – bedingt durch die hohe PROBLEM-KOMPLEXITÄT – mit den unterschiedlichsten Unternehmen und Branchen zu tun (höhere Heterogenität des Adressatenkreises). Andererseits ist die Zahl der Ansprechpartner insgesamt begrenzt (geringere Größe); zudem muß der Gesetzesvollzug nicht innerhalb einer kurzen Zeitspanne erfolgen.

GFAnlV. Rechtsadressaten der GFAnlV waren ganz überwiegend die öffentlichen Energieversorger. Sowohl die Politik als auch die vollziehende Verwaltung hatte es daher mit einem äußerst überschaubaren, da homogenen und kleinen, Adressatenkreis zu tun.

Damit bestätigen alle drei Fallbeispiele die Hypothese 6; auch ein quantitativer Zusammenhang der Form *je komplexer der Adressatenkreis, desto stärker der Symbolcharakter der Regelung* scheint nach der empirischen Analyse naheliegend.

III. Hypothesen zu den Folgen und Wirkungen symbolischer (Umwelt-)Gesetzgebung

Für eine abschließende Analyse der Folgen und Wirkungen der untersuchten Beispiele symbolischer Umweltgesetzgebung ist es eigentlich noch zu früh, sind doch seit Inkrafttreten des Abfallvermeidungsgebotes erst fünf, seit Inkrafttreten des Ozongesetzes erst sechs Jahre vergangen. Diesem Befund steht die Tatsache, daß letzteres mittlerweile außer Kraft getreten ist, im übrigen nicht entgegen; lediglich die rechtsnormative Effektivität des Ozongesetzes läßt sich abschließend bewerten. Eine grobe Abschätzung erscheint dennoch in einigen Punkten möglich.

1. Kurzfristige Auswirkungen im Sinne der gesetzgeberischen Intentionen (Hypothese 7)

Die Hypothese, daß sich kurzfristig die Erwartungen und Intentionen der politisch Verantwortlichen erfüllen werden, wird durch die untersuchten Gesetzeswirkungen – wo dies möglich war – bestätigt.

Ozongesetz. Die rechtliche und sachliche Ineffektivität, die in dem Ozongesetz nach objektiven wie nach subjektiven Kriterien angelegt war, ist tatsächlich eingetreten, wurde es doch nur ein einziges Mal und dann ohne meßbaren Erfolg überhaupt angewendet. Ähnliches gilt für die symbolisch-politischen Intentionen, wobei vor allem der unmittelbar auf die Gesetzesverabschiedung folgende nachhaltige Rückgang der Intensität der Presseberichterstattung[25] für eine äußerst gelungene De-Thematisierung spricht.

---

[25] Siehe oben Teil 4: B.V.4.

Abfallvermeidungsgebot. Erwartungsgemäß zeigt das Abfallvermeidungsgebot des § 4 Abs. 1 KrW-/AbfG praktisch keine rechtsnormativ-sachlichen Auswirkungen: Weder tragen die bisher erlassenen Rechtsverordnungen auf Grund der §§ 23, 24 KrW-/AbfG zu seiner Konkretisierung bei, noch läßt sich bislang eine tatsächliche Förderung der Abfallvermeidung nachweisen[26]. Die symbolisch-politischen Folgen lassen sich ebenfalls schwer ermitteln: Zwar ist nach Verabschiedung des KrW-/AbfG in den für die Abfallvermeidung relevanten Themenbereichen eine langsame, wenn auch deutliche De-Thematisierung eingetreten[27]; diese läßt sich – anders als im Falle des Ozongesetzes – jedoch teilweise durch andere Faktoren, etwa als Folge einer Abwendung des „Müllnotstandes" durch Neuplanung von Entsorgungsanlagen, erklären.

GFAnlV. Die Erwartungen an eine effektive Emissionsminderung durch die GFAnlV haben sich in der vorgesehenen Frist mehr als erfüllt[28]. In politisch-symbolischer Hinsicht lassen sich eingetretene Ereignisse hingegen nur mit größter Vorsicht als Wirkungen des GFAnlV-Erlasses interpretieren. Daß die seinerzeit neue Regierungskoalition aus CDU/CSU und FDP, die den Erlaß der GFAnlV mit hoher Priorität und – als Wahlkampfthema – überaus öffentlichkeitswirksam vorangetrieben hatte, die Bundestagswahlen gewann, spricht zumindest dafür, daß die „harte Linie" in der Umweltpolitik bei den Wählern gut ankam.

2. Re- bzw. De-Thematisierung bei Verbesserung der Lösungsmöglichkeiten bzw. bei Verschwinden der Problemsituation (Hypothesen 8 und 9)

Nach Hypothese 8 wird ein bislang ungelöstes (oder bloß symbolisch „gelöstes") Umweltproblem dann wieder auf die politische Agenda gebracht (und sachlich effektiv angegangen), wenn die mittel- oder langfristige Kosten/Nutzen-Relation zugunsten einer effektiven Regelung ausfällt. Andernfalls wird – so Hypothese 9 – das Thema langfristig von der Tagesordnung verschwinden.

Ozongesetz. Aufgrund der merklichen Emissionsminderungen im Bereich der Ozon-Vorläufersubstanzen (im wesentlichen als Folge der GFAnlV und der Katalysatoreinführung) hat sich die Ozon-Situation seit Anfang der 1990er Jahre bis heute langsam, aber merklich entspannt[29]. Die Forderung nach kurzfristigen Verkehrsbeschränkungen zur weiteren Minderung von Ozonspitzenkonzentrationen ist damit weniger drängend, wenn nicht obsolet, geworden. In Übereinstimmung mit Hypothese 9 ist das Sommersmog-Thema nicht erneut Gegenstand einer politischen Regelung geworden. Vielmehr blieben sämtliche Versuche der Re-Thema-

---

[26] Siehe oben Teil 4: C.VI.1.
[27] Vgl. Abb. 20 und Abb. 21.
[28] Vgl. Abb. 25.
[29] Vgl. Abb. 12, Abb. 15.

tisierung bzw. Neuregelung von seiten einiger SPD-geführter Länder und des neuen BMU praktisch im Keim stecken[30]. Als Medienthema ist das Sommersmog-Problem zwar noch existent, aber seit 1996 auf einem durchgängig niedrigen Niveau.

Abfallvermeidungsgebot. Die noch Anfang der 1990er Jahre bestehende abfallpolitische Problemsituation hat sich seitdem deutlich gemildert. Eine verstärkte Re-Thematisierung oder gar Novellierungsabsichten in bezug auf die Abfallvermeidung sind bislang nicht erkennbar; vielmehr hat sich in den letzten Jahren die Abschwächung der Presseberichterstattung weiter fortgesetzt[31]. Eine aussagekräftige Beurteilung dieser – die Hypothese 9 insoweit bestätigenden – Befunde bleibt jedoch späteren Analysen vorbehalten.

GFAnlV. Trotz der eindrucksvollen Emissionsminderungen, welche die GFAnlV bewirkte, sind die Waldschäden bislang kaum zurückgegangen[32]. Dennoch ist das „Waldsterben" im Laufe des vergangenen Jahrzehnts als Medienthema praktisch erloschen[33]. Weitere substantielle Emissionsminderungen im Bereich Großfeuerungsanlagen lassen sich kaum mehr erzielen; allenfalls die Stickoxid-Emissionen des Straßenverkehrs könnten eines Tages im Zusammenhang mit dem Zustand des Waldes wieder thematisiert werden. Daß dies bislang nicht geschah, hängt vermutlich mit den – bereits im Zusammenhang mit dem Ozongesetz diskutierten – hohen gesellschaftlichen Kosten in bezug auf Einschränkungen des Autoverkehrs zusammen.

B. Kritischer Rück- und Ausblick

Die vorgeschlagene „Theorie symbolischer Umweltgesetzgebung" hat ihre empirische Bewährungsprobe fürs erste bestanden: Die begriffliche Unterscheidung zwischen rechtsnormativ-sachlichen und symbolisch-politischen Dimensionen ließ sich ebenso durch empirische Evidenz untermauern wie die Hypothesen zu Entstehungsbedingungen und Folgen symbolischer und nicht-symbolischer Gesetzgebung, die in keinem Punkt falsifiziert werden konnten. Dabei erwies sich die Einbeziehung eines Falles nicht-symbolischer Gesetzgebung als aufschlußreiche Gegenüberstellung. Gleichwohl bedeutet dies nur ein Vorab-Ergebnis. Die empirische Basis aus n = 3 Fällen ist noch zu dünn für statistisch abgesicherte Verallgemeinerungen. Gefragt sind daher weitere Untersuchungen, die etwa Aufschluß darüber geben können, ob der hier gewählte Blickwinkel auf wenige Einflußfaktoren bei einer größeren Zahl von Fallbeispielen noch aufrechtzuerhalten ist. Das analytische Handwerkszeug dafür steht bereit. Wider – manches – Erwarten hat sich

---

[30] Siehe oben Teil 4: B.IV.
[31] Vgl. Abb. 20 und Abb. 21.
[32] Siehe oben Teil 4: D.VI.1.a).
[33] Vgl. Abb. 24.

namentlich das Instrument der Expertenbefragung als taugliches Mittel erwiesen, gesetzgeberische Intentionen glaubwürdig zu erkunden: Daß politisch Verantwortliche sich durchaus zu Widersprüchen zwischen „offiziellen" und „tatsächlichen" Zielsetzungen bekennen und diese offen darlegen würden, war schließlich nicht ohne weiteres absehbar.

Den Ausgangspunkt der theoretischen Beschäftigung mit symbolischer Gesetzgebung bildete die in den klassischen Arbeiten zur Rechtssoziologie und Gesetzgebungslehre übliche (wenn auch häufig nur implizite) Unterscheidung zwischen „instrumentellen" (sachlichen) und „symbolischen" (politischen) Zwecken, Intentionen und Wirkungen von Gesetzgebung. Dem politischen Gesetzgeber wird dadurch strategisches Verhalten unterstellt, insofern er neben den offiziellen, sachlichen Zwecken weitere, verdeckte, politische Zwecke verfolgt.

Diese in der Rechtssoziologie verbreitete Konzeption wurde in der vorliegenden Untersuchung aufgegriffen und konsequent weitergeführt, indem der zweidimensionale Begriff symbolischer Gesetzgebung präzisiert und das strategische Verhalten des Gesetzgebers im Rahmen eines institutionenökonomischen Ansatzes modelliert wurde. Eine gleichsam nahtlose Anschlußfähigkeit an die „klassischen" Arbeiten ist folglich gegeben. So ließen sich sowohl die verbreitete Typologie symbolischer Gesetzgebung als auch eine Reihe bestehender, mehr oder weniger explizierter Hypothesen im Rahmen des ausgearbeiteten Modells reformulieren.

Zweifellos könnte man den Fragen nach dem Auftreten, nach den Entstehungsbedingungen symbolischer Gesetzgebung auch in anderen Theorie-Kontexten nachgehen, etwa indem man auf gesamtgesellschaftliche Funktionsbezüge abstellte. Es bleibt aber fraglich, ob sich dadurch sowohl ein *in sich* vergleichbar schlüssiges Modell als auch eine entsprechend hohe Übereinstimmung mit empirischen Beobachtungen erzielen ließe.

Literaturverzeichnis

Agassi, Joseph (1975): Institutional individualism; in: BJS vol. 26 (1975), pp. 144–155.

Amelung, Knut (1980): Strafrechtswissenschaft und Strafgesetzgebung; in: ZStW 92 (1980), S. 19 ff.

Appold, Wolfgang / *Beckmann,* Martin (1985): Ziele und rechtliche Instrumente der integrierten Abfallwirtschaft; in: VerwArch 1993, S. 307–326.

Arndt, Uwe (1980): Wirkungsaspekte im Hinblick auf die Grenzwertziehung von Ozon.

– (1985): Ozon und seine Bedeutung für das Waldsterben in Mitteleuropa; in: Nießlein, Erwin / Voss, Gerhard (Hg.): Was wir über das Waldsterben wissen, S. 160–174.

Arnold, Thurman (1962): The Symbols of Government (Original: 1935).

Aubert, Vilhelm (1967): Einige soziale Funktionen der Gesetzgebung; in: Hirsch, Ernst / Rehbinder, Manfred (Hg.): Studien und Materialien zur Rechtssoziologie, S. 284–309.

Axelrod, Robert (1991): Die Evolution der Kooperation, 2. Aufl. (engl. Original: 1984).

Backes, Christoph (1987): Das neue Abfallgesetz des Bundes und seine Entstehung; in: DVBl. 1987, S. 333–339.

Bär, Monika (1995): Stickoxide und Ozon – Reinigungsmittel der Atmosphäre; in: Frankenberg, Peter (Hg.): Umwelt und Wirtschaft: Zur Situation des Rhein-Neckar-Dreiecks unter ökologischen, wirtschaftlichen und rechtlichen Gesichtspunkten, S. 79–99.

Bartel, Rainer (1994): Hauptinstrumente der Umweltpolitik und ihre Wirkungen; in: Bartel / Hackl (Hg.), S. 33–60.

Bartel, Rainer / *Hackl,* Franz (Hg.) (1994): Einführung in die Umweltpolitik.

Bartling, Hartwig / *Luzius,* Franz (1993): Grundzüge der Volkswirtschaftslehre, 10. Aufl.

Barton, Stephan (1994): Der Tatbestand der Abgeordnetenbestechung (§ 108 e StGB); in: NJW 1994, S. 1098–1101.

Bauer, F. (1983): Inwieweit ist Ozon am Waldsterben in der Bundesrepublik Deutschland beteiligt? Die Bundesregierung soll über die Großfeuerungsanlagen-Verordnung unverzüglich entscheiden; in: AFZ Bd. 38, S. 16–18.

Baumheier, Ralph (1988): Altlasten als politisches Problem; in: VR 1988, 409–416.

Beaucamp, Guy (1999): Das „Ozongesetz" vor den Verwaltungsgerichten; in: JA 1999, S. 170–175.

Beck, Ulrich (1986): Risikogesellschaft: auf den Weg in eine andere Moderne.

Becker, Gary S. (1982): Der ökonomische Ansatz zur Erklärung menschlichen Verhaltens.

– (1983): A Theory of Competition Among Pressure Groups for Political Influence; in: Quarterly Journal of Economics XCVIII, pp. 371–400.

– (1985): Public policies, pressure groups, and dead weight costs; in: Journal of public economics 28, pp. 275–399.

Behnke, Joachim (1999): Die politische Theorie des Rational Choice: Anthony Downs; in: Brodocz / Schaal (Hg.), S. 311–336.

Berg, Wilfried / *Hösch,* Ulrich (1997): Die Produktverantwortung nach § 22 KrW- / AbfG; in: Jahrbuch des Umwelt- und Technikrechts 1997, S. 83–118.

Berger, Peter L. / *Luckmann,* Thomas (1966): The Social Construction of Reality.

Berkhout, Frans (1999): The Symbolic and the Real: Making Sense of the Environment; in: Energy & Environment 1999, pp. 209–212.

Bernholz, Peter / *Breyer,* Friedrich (1994): Grundlagen der Politischen Ökonomie, Band 2: Ökonomische Theorie der Politik.

v. Beyme, Klaus (1997): Der Gesetzgeber. Der Bundestag als Entscheidungszentrum.

Binding, Karl (1885): Handbuch des Strafrechts I.

Blankenburg, Erhard (1977): Über die Unwirksamkeit von Gesetzen; in: ARSP 1977, S. 31–56.

– (1980): Die Implementation von Recht als Programm; in: Mayntz, Renate (Hg.), S. 127–137.

– (1986): Rechtssoziologie und Rechtswirksamkeitsforschung; in: Schreckenberger (Hg.), S. 109–120.

BMI – Bundesministerium des Innern (1983): Internes Papier zum Entwurf der Großfeuerungsanlagenverordnung vom Frühjahr 1983.

Böhm, Monika (2000): Institutionelle Rahmenbedingungen symbolischer Umweltpolitik; in: Hansjürgens / Lübbe-Wolff (Hg.), S. 239–256.

Bonus, Holger (1978): Ordnungspolitische Aspekte öffentlicher Güter; in: Helmstädter, Ernst (Hg.): Neuere Entwicklungen in den Wirtschaftswissenschaften: Verhandlungen auf der Arbeitstagung des Vereins für Socialpolitik, Gesellschaft für Wirtschafts- und Sozialwissenschaften in Münster 1977, S. 51–73.

Bonus, Holger / *Bayer,* Ivo (1999): Symbolische Umweltpolitik; in: Henke, Klaus-Dirk (Hg.): Öffentliche Finanzen zwischen Wachstum und Verteilung. Fachkonferenz anläßlich des 65. Geburtstages von Horst Zimmermann.

Börlin, Max / *Stahel,* Walter R. (1983): Instrumente zur Umsetzung von Strategien der Langzeitprodukte, der Produktdauerverlängerung und der effizienten Produkt-Nutzung mit dem Ziel der Abfallvermeidung im Haushaltssektor; TA-Projekt „Abfallvermeidung und Hausmüllentsorgung – Vermeidung und Verminderung von Haushaltsabfällen".

Bossel, Hartmut (1990): Umweltwissen – Daten, Fakten, Zusammenhänge.

Bouska, Wolfgang (1996): Verkehrsrechtliche Bestimmungen des Bundes-Immissionsschutzgesetzes, insbesondere des „Ozon-Gesetzes"; in: DAR 1996, 227–233.

Brandt, Edmund (1999): Vergleich zwischen den Zielsetzungen des Gesetzgebers und den tatsächlichen Wirkungen des Gesetzes; in: Hof / Lübbe-Wolff (Hg.), S. 23–34.

Brodocz, André / *Schaal,* Gary S. (Hg.) (1999): Politische Theorien der Gegenwart. Eine Einführung.

Bronner, Rolf (1990): Experimente zum Umgang mit Komplexität in Entscheidungsprozessen; in: Fisch/Boos (1990), S. 215–234.

– (1992): Komplexität; in: Frese (Hg.), Sp. 1121–1130.

Bültmann, Alexandra/*Wätzold,* Frank (2000): The implementation of national and European environmental legislation in Germany: Three case studies (= UFZ-Bericht 20).

Bürklin, Wilhelm P. (1986): Evolution und Zyklus. Mögliche Beiträge der Zyklentheorie zur Verbesserung sozialwissenschaftlicher Theoriebildung; in: Kaase, Max (Hg.): Politische Wissenschaft und politische Ordnung.

Carbonnier, Jean (1974): Rechtssoziologie.

Coleman, James Samuel (1990): Foundations of Social Theory.

– (1995): Grundlagen der Sozialtheorie, Band 1: Handlungen und Handlungssysteme.

Davids, Peter/*Lange,* Michael (1984): Die Großfeuerungsanlagen-Verordnung, Technischer Kommentar.

Derlien, Hans-Ulrich (1984): Implementationsprobleme: Bürokratische Ineffizienz oder politische Programmfehler?; in: VerwArch 1984, S. 256 ff.

Diederichsen, Uwe (1997): Die Methodologie des mißglückten Gesetzes – zur Einführung in die Schlußdiskussion; in: Diederichsen/Dreier (Hg.), S. 159–172.

Diederichsen, Uwe/*Dreier,* Ralf (Hg.) (1997): Das mißglückte Gesetz. 8. Symposion der Kommission „Die Funktion des Gesetzes in Geschichte und Gegenwart".

Diekmann, Andreas (1980): Die Befolgung von Gesetzen. Empirische Untersuchungen zu einer rechtssoziologischen Theorie.

– (1996): Homo ÖKOnomicus – Anwendungen und Probleme der Theorie rationalen Handelns im Umweltbereich; in: Diekmann/Jaeger (Hg.), S. 89–118.

Diekmann, Andreas/*Jaeger,* Carlo C. (Hg.) (1996): Umweltsoziologie (=Kölner Zeitschrift für Soziologie und Sozialpsychologie, Sonderheft 36/1996).

Dittmann, Bernd (1992): Die Novelle des Abfallgesetzes aus der Sicht der Industrie; in: ZAU 1992, S. 447–450.

Dombrowski, Ines (1997): Politisches Marketing in den Massenmedien.

Donner, Hartwig (1989): Das Luftreinhalterecht auf dem Wege zum Vorsorgeprinzip. Das Beispiel der Großfeuerungsanlagenverordnung; in: NuR 1989, S. 72–77.

Donsbach, Wolfgang (1991): Medienwirkung trotz Selektion.

Doose, Ulrich (1992): Der Entwurf eines Kreislaufwirtschafts- und Abfallgesetzes aus kommunaler Sicht; in: ZAU 1992, S. 450–454.

Dörenbach, Wilfried (1982): Bounded Rationality – Problemlösung bei kognitiver Beschränkung des Individuums und Komplexität der Umwelt.

Dörner, Dietrich (1983): Die Anforderungen komplexer und unbestimmter Probleme; in: Dörner et al. (Hg.): Lohhausen: vom Umgang mit Unbestimmtheit und Komplexität; ein Forschungsbericht.

Dose, Nicolai (1997): Die verhandelnde Verwaltung. Eine empirische Untersuchung über den Vollzug des Immissionsschutzrechts.

Downing, Paul B./*Hanf,* Kenneth (1983): Modeling Environmental Regulation; in: Downing/Hanf (Eds.): International Comparisons in Implementing Pollution Laws, pp. 318–334.

Downs, Anthony (1968): Ökonomische Theorie der Demokratie (Original: An Economic Theory of Democracy, 1957).

– (1972): Up and down with ecology – the „issue-attention cycle"; in: The Public Interest 1972, pp. 38–50.

Dreier, Ralf (1997): Mißlungene Gesetze; in: Diederichsen/ders. (Hg.), S. 1–16.

Driendl, Johannes (1983): Zur Notwendigkeit und Möglichkeit einer Strafgesetzgebungswissenschaft in der Gegenwart.

Dyllick, Thomas (1992): Management der Umweltbeziehungen: Öffentliche Auseinandersetzungen als Herausforderung.

Edelman, Murray (1976): Politik als Ritual.

Eidenmüller, Horst (1995): Effizienz als Rechtsprinzip.

Eisenschink, Christian (1996): Frühaufklärung und Marktumbrüche. Theoretische Hintergründe und empirische Analysen zu ökologischen Marktveränderungen insbesondere mit Hilfe des Diffusionskurvenkonzeptes.

Eliade, Mircea (1952): Images et Symboles.

Endres, Alfred et al. (1991): Der Nutzen des Umweltschutzes: Synthese d. Ergebnisse d. Forschungsschwerpunktprogramms „Kosten der Umweltverschmutzung/Nutzen des Umweltschutzes" (= Berichte des Umweltbundesamtes 12/1991).

Endres, Alfred/*Holm-Müller,* Karin (1998): Die Bewertung von Umweltschäden: Theorie und Praxis sozioökonomischer Verfahren.

Engel, Christoph (1998): Selbstregulierung im Bereich der Produktverantwortung; in: Staatswissenschaften und Staatspraxis 9 (4), S. 535–592.

Epp, Ursula (1997): Die Abgeordnetenbestechung, § 108 e StGB.

Esser, Hartmut (1993): Soziologie. Allgemeine Grundlagen.

Ewen, Christoph/*Friedrich,* Harald (1992): Schleichender Fortschritt: Der Entwurf zum Rückstands- und Abfallwirtschaftsgesetz ist in vielen Punkten unbefriedigend; in: Müllmagazin 4/1992, S. 20–23.

Ewers, Hans-Jürgen (1986): Zur monetären Bewertung von Umweltschäden: methodische Untersuchung am Beispiel der Waldschäden (= Umweltforschungsplan des Bundesministers des Innern, Forschungsbericht 10103086, Umweltplanung, Ökologie).

v. Falckenstein, Roland (1985): Rechtstatsachenforschung – Geschichte, Begriff, Arbeitsweisen; in: Chiotellis/Fikentscher (Hg.): Rechtstatsachenforschung. Methodische Probleme und Beispiele aus dem Schuld- und Wirtschaftsrecht, S. 77–88.

Festinger, Leon (1957): A theory of cognitive dissonance.

Fietkau, Hans-Joachim/*Matschuk,* Heide/*Moser,* Helmut/*Schulz,* Wolfgang (1986): Waldsterben. Urteilsgewohnheiten und Kommunikationsprozesse – Ein Erfahrungsbericht (= IIUG-Reports 1986 – 6).

Fisch, Rudolf / *Boos,* Margarete (Hg.) (1990): Vom Umgang mit Komplexität in Organisationen. Konzepte – Fallbeispiele – Strategien (= Konstanzer Beiträge zur sozialwissenschaflichen Forschung Bd. 5).

Fisch, Rudolf / *Wolf,* Michael F. (1990): Die Handhabung von Komplexität beim Problemlösen und Entscheiden; in: ders. / Boos (Hg.), S. 11 – 40.

Fischer-Menshausen, Herbert (1996); Kommentierung zu Art. 114 GG; in: Kunig, Philip (Hg.): Grundgesetz-Kommentar, 3. Aufl.

Fleckenstein, Kurt (1994): Kreislaufwirtschafts- und Abfallgesetz. Bemerkungen aus der Sicht der Wirtschaft; in: Schriften zum deutschen und europäischen Umweltrecht 4, S. 25 – 44 (1994).

Folkers, Cay (1998): Wettbewerb zwischen Pressure groups und Verteilungskampf im politischen Prozeß : zur Bedeutung von Institutionen und Informationsstrukturen für die Interessenpolitik; in: Pies, Ingo / Leschke, Martin (Hg.): Gary Beckers ökonomischer Imperialismus, S. 185 – 216.

Förstner, Ulrich (1995): Umweltschutztechnik: eine Einführung, 5. Aufl.

Foster, John (2000): Is there a Role for Transaction Cost Economics if we View Firms as Complex Adaptive Systems?; in: Contemporary Economic Policy vol. 18, pp. 369 ff.

Frank, Jürgen (1998): Ökonomische Analyse und Recht; in: Salje (Hg.), S. 77 – 118.

Franke, Siegfried F. (1996): (Ir)Rationale Politik?

Freisendörfer, Peter / *Wächter-Scholz,* Franziska (1996): Umweltbewußtsein und Umweltverhalten (= Forschungsbericht 101 07 112 / 05 UBA-FB 97 – 086).

Frenz, Walter (1998): Kreislaufwirtschafts- und Abfallgesetz: Kommentar, 2. Aufl.

Frese, Erich (Hg.) (1992): Handwörterbuch der Organisation, 3. Aufl.

Frey, Bruno S. (1972): Umweltökonomie.

Friedman, Lawrence M. (1972): Einige Bemerkungen über eine allgemeine Theorie des rechtsrelevanten Verhaltens; in: Rehbinder, Manfred / Schelsky, Helmut (Hg.): Zur Effektivität des Rechts (=Jahrbuch für Rechtssoziologie und Rechtstheorie Band III), S. 206 - 223.

Friedrichs, Jürgen (1980): Methoden empirischer Sozialforschung.

Fuchs, Friedhelm (1994): Modellierung der Ozon-Immissionsbelastung in Rheinland-Pfalz: Studien zur physikochemischen Entwicklung von Oxidantien in anthropogen kontaminierten Luftmassen.

Führ, Martin (1989): Sanierung von Industrieanlagen: am Beispiel des Änderungsgenehmigungsverfahrens nach 15 BImSchG.

Gawel, Erik (1995): Bürokratietheorie und Umweltverwaltung – ökonomische Einsichten in verwaltungsrechtliches Handeln im Umweltschutz; in: ZAU 1995, S. 79 – 89.

– (1999): Produktverantwortung zur Steuerung abfallwirtschaftlicher Produktrisiken; in: Hansjürgens (Hg.), S. 188 – 205.

Geiger, Matthias (1989): Marktwirtschaftliche Auswirkungen der Vermeidung und Verwertung von Sonderabfällen vor dem Hintergrund der TA Sonderabfall; in: Sutter (Hg.), S. 37 – 45.

Geiger, Theodor (1964): Vorstudien zu einer Soziologie des Rechts.

Georgescu-Roegen, Nicholas (1971): The entropy law and the economic process, 2nd print.

Gessner, Wolfgang / *Kaufmann-Hayoz,* Ruth (1995): Die Kluft zwischen wollen und Können; in: SPP-Umwelt-Themenhefte, Ökologisches Handeln als sozialer Prozess, S. 11 – 25.

Goedkoop, Mark (1995): The Eco indicator 95: weighting method for environmental effects that damage ecosystems or human health on a European scale.

Görlitz, Axel (1994): Umweltpolitische Steuerung.

GSF – Forschungszentrum für Umwelt und Gesundheit (1995): Fachinformation „Umwelt und Gesundheit" – Bodennahes (anthropogenes) Ozon; in: http://www.umweltministe rium.bayern.de/service/umwberat/ubbozo.htm.

Gusfield, Joseph R. (1963): Symbolic Crusade.

Gusy, Christoph (1999): Was bewirken Gesetze? Zusammenfassende Thesen; in: Hof / Lübbe-Wolff (Hg.), S. 289 – 292.

Gutmann, Thomas (1994): Lebendspende von Organen – nur unter Verwandten?; in: ZRP 1994, S. 111.

Hackl, Franz (1994): Die Nutzung erschöpfbarer und erneuerbarer Ressourcen; in: Bartel / Hackl (Hg.), S. 141 – 158.

Haft, Frithjof / *Hof,* Hagen / *Wesche,* Steffen (Hg.) (2001): Bausteine zu einer Verhaltenstheorie des Rechts.

Hansjürgens, Bernd (2000): Symbolische Umweltpolitik – eine Erklärung aus der Sicht der Neuen Politischen Ökonomie; in: ders. / Lübbe-Wolff (Hg.), S. 144 – 182.

– (2001): Äquivalenzprinzip und Staatsfinanzierung.

– (Hg.) (1999): Umweltrisikopolitik (= ZAU Sonderheft 10 / 1999).

Hansjürgens, Bernd / *Lübbe-Wolff,* Gertrude (Hg.) (2000): Symbolische Umweltpolitik.

Hansmann, Klaus (1990): Inhalt und Reichweite der Reststoffvorschrift des § 5 I Nr. 3 BImSchG; in: NVwZ 1990, S. 409 ff.

Hartkopf, Günter (1984): Emissionsbegrenzung bei Feuerungsanlagen – Bilanz und Perspektiven; in: NuR 1984, S. 128 – 131.

Hassemer, Winfried (1989): Symbolisches Strafrecht und Rechtsgüterschutz; in: NStZ 1989, S. 553 – 559.

Hauschildt, Jürgen (1990): Komplexität, Zielbildung und Effizienz von Entscheidungen in Organisationen; in: Fisch / Boos (Hg.), S. 131 – 148.

Heck, Philipp (1914): Gesetzesauslegung und Interessenjurisprudenz.

Hegenbarth, Rainer (1981): Symbolische und instrumentelle Funktionen moderner Gesetze; in: ZRP 1981, S. 201 – 224.

Heintz, Andreas / *Reinhardt,* Guido A. (1996): Chemie und Umwelt – Ein Studienbuch für Chemiker, Physiker, Biologen und Geologen, 4. Aufl.

Heller, Hermann (1934): Staatslehre.

Hellstern, Gerd-Michael / *Wollmann,* Helmut (1978): Wirkungsanalysen: Eine neue Variante wissenschaftlicher Politikberatung; in: Transfer Bd. 4, S. 160 ff.

Hennen, Leo / *Peters,* Hans Peter (1990): „Tschernobyl" in der öffentlichen Meinung der Bundesrepublik Deutschland: Risikowahrnehmung, politische Einstellungen und Informationsbewertung; in: Spezielle Berichte der Kernforschungsanlage Jülich, S. 551 ff.

Herder-Dorneich, Philipp (1959): Politisches Modell zur Wirtschaftstheorie. Theorie der Bestimmungsfaktoren finanzwirtschaftlicher Staatstätigkeit.

Héritier, Adrienne (Hg.) (1993): Policy-Analyse. Kritik und Neuorientierung (= PVS 1993 Sonderheft 24).

Heyen, Erk Volkmar (1986): Historische und philosophische Grundfragen der Gesetzgebungslehre; in: Schreckenberger (1986), S. 11 – 20.

Hof, Hagen (2001): Rationales Verhalten – eine wissenschaftlich brauchbare Kategorie?; in: Ahrens, Martin / Donner, Hartwig / Simon, Jürgen (Hg.): Arbeit – Umwelt: Joachim Heilmann zum 60. Geburtstag, S. 167 – 172.

Hof, Hagen / *Lübbe-Wolff,* Gertrude (Hg.) (1999): Wirkungsforschung zum Recht I – Wirkungen und Erfolgsbedingungen von Gesetzen.

Holm-Müller, Karin / *Hansen,* Hendrik / *Klockmann,* Michael / *Luther,* Peter (Hg.) (1991): Die Nachfrage nach Umweltqualität in der Bundesrepublik Deutschland (= Umweltbundesamt-Berichte 91,4).

Holzberger, Rudi (1995): Das sogenannte Waldsterben. Zur Karriere eines Klischees: Das Thema Wald im journalistischen Diskurs.

Holzheu, Franz (1987): Die Bewältigung von Unsicherheit als ökonomisches Grundproblem; in: Bayerische Rückversicherung AG (Hg.): Gesellschaft und Unsicherheit, S. 11 – 36.

Honoré, Anthony Maurice (1977): Real Laws; in: Hacker, Peter Michael Stephan (Ed.): Law, Morality and Society. Essays in Honour of H. L. A. Hart, pp. 99 – 118.

Horan, Barbara (1989): Functional Explanation in Sociobiology; in: Biology and Philosophy 4, pp. 131 – 158.

Horbach, Jens (1992): Neue Politische Ökonomie und Umweltpolitik.

Hucke, Jochen / *Wollmann,* Helmut (1994): Vollzug des Umweltrechts; in: Kimminich, Otto (Hg.): Handwörterbuch des Umweltrechts, 2. Aufl., Sp. 2694 – 2703.

Hugger, Werner (1979): Legislative Effektivitätssteigerung: Von den Grenzen der Gesetzesevaluierbarkeit zum Gesetz auf Zeit; in: PVS 1979, S. 202 – 220.

– (1983): Gesetze – ihre Vorbereitung, Abfassung und Prüfung. Ein Handbuch für Praxis und Studium.

Huter, Otto / *Wiebe,* Andreas / *Lahl,* Uwe (1992): Kommune und Abfallentsorgung; in: WSI Mitteilungen 2 / 1992, S. 81 – 88.

Intergovernmental Panel on Climate Change (Ed.) (1995): Climate Change 1994.

Ipos – Institut für praxisorientierte Sozialforschung (1993): Einstellungen zu Fragen des Umweltschutzes 1993. Ergebnisse jeweils einer repräsentativen Bevölkerungsumfrage in den alten und den neuen Bundesländern.

Ismayr, Wolfgang (1992): Der Deutsche Bundestag. Funktionen – Willensbildung – Reformansätze.

Jänicke, Martin (1990): Erfolgsbedingungen von Umweltpolitik im internationalen Vergleich; in: ZfU 1990, S. 213–232.

– (1993): Ökologische und politische Modernisierung in entwickelten Industriegesellschaften; in: v. Prittwitz (Hg.), S. 15–30.

– (1995): Akteure der Umweltpolitik; in: Junkernheinrich, Martin / Klemmer, Paul / Wagner, Gerd Rainer (Hg.): Handbuch zur Umweltökonomie (= Handbücher zur angewandten Umweltforschung Bd. 2), S. 11–15.

Jänicke, Martin / *Kunig,* Philip / *Stitzel,* Michael (1999): Lern- und Arbeitsbuch Umweltpolitik; Politik, Recht und Management des Umweltschutzes in Staat und Unternehmen.

Jänicke, Martin / *Mönch,* Harald / *Ranneberg,* Thomas (1989): Strukturwandel und ökologische Gratiseffekte; in: ZAU 1989, S. 55–68.

Jänicke, Martin / *Weidner,* Helmut (1995): Successful Environmental Policy: An Introduction; in: dies. (Eds.), pp. 10–26.

Jarass, Hans D. (1983): Bundesimmissionsschutzgesetz: Kommentar.

– (1993): Bundesimmissionsschutzgesetz: Kommentar, 2. Aufl.

Kappel, Matthias (1990): Ökonomische Bewertung von Umweltschäden und ihre Widerspiegelung in ökonomischen Kategorien der wirtschaftlichen Rechnungsführung.

Kaufmann, Arthur / *Hassemer,* Winfried (Hg.) (1996): Rechtsphilosophie, 6. Aufl.

Keck, Otto (1991): Macht und Information bei Max Weber: Eine spieltheoretische Rekonstruktion; in: Greven, Michael Th. (Hg.): Macht in der Demokratie: Denkanstöße zur Wiederbelebung einer klassischen Frage in der zeitgenössischen Politischen Theorie, S. 639–685.

Kelman, Mark (1987): A Guide to Critical Legal Studies.

Kelsen, Hans (1934): Reine Rechtslehre: Einleitung in die rechtswissenschaftliche Problematik. Mit Vorwort zum Neudruck von Stanley L. Paulson und Vorrede zum 2. Neudruck von Robert Walter. – 1. Aufl. – 2. Neudr. d. 1. Aufl. Leipzig und Wien 1934.

– (1979): Allgemeine Theorie der Normen.

Kepplinger, Hans Mathias (1989): Der Einfluß der Fernsehnachrichten auf die politische Meinungsbildung.

– (1998): Die Demontage der Politik in der Informationsgesellschaft.

Kern, Christine / *Bratzel,* Stefan (1996): Umweltpolitischer Erfolg im internationalen Vergleich; in: ZfU 1996, S. 277–312.

Kersting, Andreas (1992): Die Abgrenzung zwischen Abfall und Wirtschaftsgut.

Kiener, Stefan (1990): Die Principal-Agent-Theorie aus informationsökonomischer Sicht.

Kindermann, Harald (1988): Symbolische Gesetzgebung; in: Jahrbuch für Rechtssoziologie und Rechtstheorie 13, 222–245.

– (1989): Alibigesetzgebung als symbolische Gesetzgebung; in: Voigt (Hg.), S. 257–273.

Kirchgässner, Gebhard (1991): Homo Oeconomicus: Das ökonomische Modell individuellen Verhaltens und seine Anwendung in den Wirtschafts- und Sozialwissenschaften.

– (1994): Umweltschutz als Staatsaufgabe – einige Überlegungen aus ökonomischer Perspektive; in: Grimm, Dieter (Hg.): Staatsaufgaben, S. 453–485.

Kirchner, Christian (1997): Ökonomische Theorie des Rechts.

Kirsch, Guy (1993): Neue Politische Ökonomie.

Kirste, Stephan (1998): Die Zeitlichkeit des positiven Rechts und die Geschichtlichkeit des Rechtsbewußtseins – Momente der Ideengeschichte und Grundzüge einer systematischen Begründung.

Klages, Christoph (1988): Rechtliche Instrumente zur Abfallvermeidung; in: NVwZ 1988, S. 481–487.

– (1991): Vermeidungs- und Verwertungsgebote als Prinzipien des Abfallrechts: zur Fortentwicklung des Abfallbeseitigungsrechts zu einem Recht der Abfallwirtschaft.

Klein, Ansgar / *Braun*, Ingo / *Schroeder*, Christiane / *Hellmann*, Kai-Uwe (Hg.) (1995): Kunst, Symbolik und Politik: die Reichstagsverhüllung als Denkanstoß.

Kloepfer, Michael (1989): Umweltrecht.

– (1997): Kommentierung zu Art. 20a GG; in: Bonner Kommentar zum Grundgesetz.

– (1998): Umweltrecht, 2. Aufl.

Knie, Andreas / *Berthold*, Otto (1996): Das Ceteris paribus-Syndrom in der Mobilitätspolitik: tatsächliche Nutzungsprofile von elektrischen Straßenfahrzeugen; in: ZfU 1996, S. 75 ff.

Knoepfel, Peter / *Weidner*, Helmut (1980): Normbildung und Implementation: Interessenberücksichtigung in Programmstrukturen von Luftreinhaltepolitiken; in: Mayntz, Renate (1980), S. 82–104.

Köcher, Renate (2001): Öffentliche Aufregung als Risiko und Chance: In den Augen der Bevölkerung hat der Zeitgeist die größte Schuld an BSE; in: FAZ, 14. 02. 2001, S. 5.

Köck, Wolfgang / *Lemke*, Marcus (1996): Verkehrsimmissionsschutzrecht und „Ozongesetz". Die Regulierung verkehrsbedingter Luftverunreinigungen unter besonderer Berücksichtigung der Ozonproblematik; in: ZUR 1996, S. 133–140.

König, Klaus (1982): Zur Evaluation der Gesetzgebung; in: Kindermann, Harald (Hg.): Studien zu einer Theorie der Gesetzgebung.

Kommentierung zu § 40 BImSchG; in: Landmann / Rohmer: Umweltrecht, Kommentar (Loseblatt).

Krampe, Gerd (1989): Ein Früherkennungssystem auf der Basis von Diffusionsfunktionen als Element des Strategischen Marketing; in: Raffée / Wiedmann (Hg.), S. 349–369.

Kreissl, Reinhard (1993): „Symbolisches Strafrecht"-Tagung des AJK vom 16.–18. 10. 92 in Bielefeld; in: KrimJ 1993, 152–153.

Kromrey, Helmut (1998): Empirische Sozialforschung, 8. Aufl.

Krüger, Hans-Peter (1999): Verzicht auf Sanktionsnormen im Straßenverkehrsrecht 96 ein Beitrag zur Effektivität von Verhaltensnormen; in: Hof / Lübbe-Wolff (Hg.), S. 223–233.

Kuhlen, Lothar (1986): Zur Rechtfertigung von Gewässerverschmutzungen; in: StV 1986, S. 544.

Kuhnt, Dietmar (1983): Die Verordnung über Großfeuerungsanlagen (13. BImSchV), Verfahrensgeschichte, Inhalte, Auswirkungen, Problematik; in: Energiewirtschaftliche Tagesfragen 1983, S. 567–584.

Kunig, Philip / *Paetow,* Stefan / *Versteyl,* Ludger-Anselm (1998): Kreislaufwirtschafts- und Abfallgesetz (KrW- / AbfG), Kommentar.

Kunig, Philip / *Schwermer,* Gerfried / *Versteyl,* Ludger-Anselm (1992): Abfallgesetz – AbfG – Kommentar.

Kunz, Volker (1997): Theorie rationalen Handelns. Konzepte und Anwendungsprobleme.

Kutscheidt, Ernst (1984): Die Verordnung über Großfeuerungsanlagen; in: NVwZ 1984, S. 409–414.

– (1995): Das Ozongesetz – ein Reizthema; in: NJW 1995, S. 3153–3156.

Lahl, Uwe (1993): Das programmierte Vollzugsdefizit – Hintergründe zur aktuellen De-Regulierungsdebatte; in: ZUR 1993, S. 249–256.

Lahmann, Erdwin (1990): Luftverunreinigung – Luftreinhaltung: Eine Einführung in ein interdisziplinäres Wissensgebiet.

Laistner, Hermann (1990): Ökonomische Abfallvermeidungs- und Verminderungsmodelle; in: Schenkel / Thomé-Kozmiensky (Hg.), S. 107–113.

Leidig, Guido (1986): Effizienz der Umweltgesetzgebung – Die Ordnung des Bodens im Fortschritt der Wissenschaften; in: Forschungen der Europäischen Fakultät für Bodenordnung 2, S. 15–44.

v. Lersner, Heinrich (2000): Sind Abfälle Sachen ohne Wert?; in: v. Köller, Henning (Hg.): Umweltpolitik mit Augenmaß. Gedenkschrift für Staatssekretär Dr. Günter Hartkopf anlässlich seines 10. Todestages am 19. September 1999, S. 223–228.

Lewis, David (1969): Convention: A Philosophical Study.

Löbmann, Rebecca / *Krüger,* Hans-Peter (2001): Fahren unter Alkohol in Deutschland: Der Einfluß der Promillegrenze auf das Verhalten und Einstellung von Autofahrern; in: Haft / Hof / Wesche (2001), S. 310–316.

Locher, Matthias (2000): Produktionsverantwortung – Die Pflichten zur Vermeidung und Verwertung von Abfällen bei der industriellen und gewerblichen Produktion.

Looß, Anneliese (1996): Abfallvermeidung als Strategie: Schwierigkeiten und Konflikte; in: Bechmann, Gotthard (Hg.) (1996): Praxisfelder der Technikfolgenforschung. Konzepte, Methoden, Optionen, S. 397–432.

Looß, Anneliese / *Katz,* Christine (1995): Abfallvermeidung: Strategien, Instrumente und Bewertungskriterien.

Lübbe-Wolff, Gertrude (1981): Rechtsfolgen und Realfolgen: Welche Rolle können Folgenerwägungen in der juristischen Regel- und Begriffsbildung spielen?

– (1993): Rechtsnorm und Rechtswirklichkeit im Umweltschutz; in: Aarnio (Hg.), S. 383–396.

– (2000a): Erscheinungsformen symbolischen Umweltrechts; in: Hansjürgens / dies. (Hg.), S. 25–62.

- (2000b): Verfassungsrechtliche Grenzen symbolischer Umweltpolitik; in: Hansjürgens / dies. (Hg.), S. 217–238.

Lühle, Stefan (1998): Beschränkungen und Verbote des Kraftfahrzeugverkehrs zur Verminderung der Luftbelastung. Das deutsche Immissionsschutzrecht in seinem verfassungs-, europa- und völkerrechtlichen Rahmen.

Luhmann, Hans-Jochen (1991): Warum hat nicht der Sachverständigenrat für Umweltfragen, sondern der SPIEGEL das Waldsterben entdeckt?; in: Simonis, Udo Ernst et al. (Hg.): Jahrbuch Ökologie 1992, S. 292–307.

Luhmann, Niklas (1969): Legitimation durch Verfahren.

- (1971): Öffentliche Meinung; in: ders. (Hg.): Politische Planung, S. 9–34.
- (1974): Die Funktion des Rechts: Erwartungssicherheit oder Verhaltenssteuerung?; in: ARSP Beiheft N. F. 8.
- (1987): Soziale Systeme. Grundriß einer allgemeinen Theorie (1. Aufl.: 1984).
- (1987): Rechtssoziologie, 3. Aufl.
- (1989): Politische Steuerung: Ein Diskussionsbeitrag; in: PVS 1989, S. 4969.
- (1990): Ökologische Kommunikation. Kann die moderne Gesellschaft sich auf ökologische Gefährdungen einstellen?, 3. Aufl.
- (1993): Gesellschaftsstruktur und Semantik: Studien zur Wissenssoziologie der modernen Gesellschaft, Band 3.
- (1997): Das Recht der Gesellschaft, 2. Aufl.

Mader, Luzius (1985): L'Évaluation Législative. Pour une analyse empirique des effets de la législation.

Mandl, Heinz / *Huber,* Günter L. (1978): Kognitive Komplexität. Bedeutung, Weiterentwicklung, Anwendung.

Marburger, Peter (1986): Gutachten C zum 56. Deutschen Juristentag 1986.

Martens, Bernd (1999): Die gesellschaftliche Resonanz auf das Abfallproblem.

März, Thomas (1990): Interessengruppen und Gruppeninteressen in der Demokratie: zur Theorie des Rent-Seeking.

Mayntz, Renate (1980): Die Implementation politischer Programme: Theoretische Überlegungen zu einem neuen Forschungsgebiet; in: dies. (Hg.), S. 236–250.

- (1987): Politische Steuerung und gesellschaftliche Steuerungsprobleme 96 Anmerkungen zu einem theoretischen Paradigma; in: Jahrbuch zur Staats- und Verwaltungswissenschaft 1987, S. 89–110.
- (Hg.) (1980): Implementation politischer Programme.

Mayntz, Renate / *Derlien,* Hans-Ulrich / *Bohne,* Eberhard / *Hesse,* Beate / *Hucke,* Jochen / *Müller,* Axel (1978): Vollzugsprobleme der Umweltpolitik. Empirische Untersuchungen der Implementation von Gesetzen im Bereich der Luftreinhaltung und des Gewässerschutzes.

Mayr, Ernst (1961): Cause and Effect in Biology; in: Science 1961, pp. 1501–1506.

McCormick, Robert E. / *Tollison,* Robert D. (1981): Politicians, Legislations, and the Economy.

Meadows, Dennis (1972): Die Grenzen des Wachstums: Bericht des Club of Rome zur Lage der Menschheit.

Meidrodt, Dagmar (1993): Das immissionsschutzrechtliche Reststoffvermeidungs- und -verwertungsgebot.

Melchior, Wolfgang (1997): Politische Theorie: Die liberalistische Auffassung von Gesellschaft als Individuenaggregat versus die holistische Auffassung von Gesellschaft; in: http://www.wmelchior.com/wis/tourphilopol.htm.

Menke-Glückert, Peter C. (1985): Kommentar Großfeuerungsanlagenverordnung: Instrumentarium der Luftreinhaltepolitik.

Merton, Robert K. (1957): Social Theory and Social Structure (Revised and enlarged edition; first printing: 1949).

Meuser, Michael / *Nagel,* Ulrike (1991): ExpertInneninterviews – vielfach erprobt, wenig bedacht. Ein Beitrag zur qualitativen Methodendiskussion; in: Garz, Detlef / Kraimer, Klaus (Hg.): Qualitativ-empirische Sozialforschung: Konzepte, Methoden, Analysen.

Meyer, Sigrid (1996): Ökonomische Theorie der Umweltpolitik.

Meyer, Thomas (1992): Die Inszenierung des Scheins. Essay-Montage.

Meyer-Krahmer, Frieder (1979): Politische Entscheidungsprozesse und Ökonomische Theorie der Politik.

Mez, Lutz (1995): Reduction of Exhaust Gases at Large Combustion Plants in the Federal Republic of Germany; in: Jänicke / Weidner (Hg.), pp. 173–186.

Morand, Charles-Albert (1985): Préface; in: Mader (1985), p. IX–XI.

Mueller, Dennis C. (1979): Public Choice.

– (1989): Public Choice II.

Müller, Edda (1995): Innenwelt der Umweltpolitik (1. Aufl.: 1986).

Müller-Brandeck-Boquet, Gisela (1993): Von der Fähigkeit des deutschen Föderalismus zur Umweltpolitik; in: v. Prittwitz (Hg.), S. 103–112.

Murswiek, Dietrich (1996): Kommentierung zu Art. 20a GG; in: Sachs, Michael (Hg.), Grundgesetz – Kommentar.

Musgrave, Richard A. / *Musgrave,* Peggy B. / *Kullmer,* Lore (1987): Die öffentlichen Finanzen in Theorie und Praxis.

Neidhardt, Friedhelm (1994): Einleitung; in: ders. (Hg.): Öffentlichkeit, Öffentliche Meinung, Soziale Bewegungen.

Nerb, Josef (2000): Die Bewertung von Umweltschäden: kognitive und emotionale Folgen von Medienmeldungen.

Neves, Marcelo (1998): Symbolische Konstitutionalisierung.

Niskanen, William A. (1971): Bureaucracy and Representative Government.

Noll, Peter (1973): Gesetzgebungslehre.

– (1981): Symbolische Gesetzgebung; in: ZSR 1981, S. 347–364.

Nußbaum, Arthur (1914): Die Rechtstatsachenforschung. Ihre Bedeutung für Wissenschaft und Unterricht.

Odén, Svante (1968): The Acidification of Air and Precipitation and Its Consequences in the Natural Environment; in: Ecology Community Bulletin No. 1. Stockholm: Swedish National Science Research Council.

Olson, Mancur (1968): Die Logik kollektiven Handelns. Kollektivgüter und die Theorie der Gruppen (= Die Einheit der Gesellschaftswissenschaften Bd. 10).

Opp, Karl-Dieter (1983): Die Entstehung sozialer Normen: Ein Integrationsversuch soziologischer, sozialpsychologischer und ökonomischer Erklärungen.

– (1996): Aufstieg und Niedergang der Ökologiebewegung in der Bundesrepublik; in: Diekmann / Jaeger (Hg.), S. 350 – 379.

Pawlowski, Hans-Martin (1986): Zu den Ursachen normativer Fehlleistungen; in: Tammelo / Mock (Hg.), S. 353 ff.

Penski, Ulrich (1986): Recht als Mittel der Politik. Möglichkeit oder Mißverständnis?; in: Voigt (Hg.), S. 35 – 59.

Peter, Brigitte (1998): Der Bluff mit dem Umweltschutz. Symbolische Politik soll die Bürger beruhigen, der Ökologie hilft sie meist nicht; in: Frankfurter Rundschau, 22. 09. 1998.

Petersen, Frank / *Rid,* Urban (1995): Das neue Kreislaufwirtschafts- und Abfallgesetz; in: NJW 1995, S. 7 – 14.

Plett, Konstanze / *Ziegert,* Klaus A. (Hg.) (1984): Empirische Rechtsforschung zwischen Wissenschaft und Politik. Zur Problemlage rechtssoziologischer Auftragsforschung.

Prigogine, Ilya (1979): From Being to Becoming – Time and Complexity in Physical Sciences.

Prinz, Berhard / *Krause,* Georg H. M. / *Stratmann,* Heinrich (1982): Waldschäden in der Bundesrepublik Deutschland (= LIS-Berichte 28).

v. Prittwitz, Volker (1990): Das Katastrophenparadox. Elemente einer Theorie der Umweltpolitik.

– (1994): Politikanalyse.

– (Hg.) (1993): Umweltpolitik als Modernisierungsprozeß. Politikwissenschaftliche Umweltforschung und -lehre in der Bundesrepublik.

Pürer, Heinz / *Raabe,* Johannes (1994): Medien in Deutschland, Band 1: Presse.

Radcliffe-Brown, Alfred R. (1935): On the Concept of Function in the Social Science; in: American Anthropologist vol. 37, pp. 394 – 402.

Raffée, Hans / *Wiedmann,* Klaus-Peter (Hg.) (1989): Strategisches Marketing.

Raiser, Thomas (1999): Das lebende Recht: Rechtssoziologie in Deutschland, 3., überarb. Aufl.

Raufeisen, Michael (2000): Konzept zur Komplexitätsmessung des Auftragsabwicklungsprozesses. Eine empirische Untersuchung.

Reese, Moritz (1994): Sommersmog – technische, politische und rechtliche Aspekte des bodennahen Ozons; in: ZfU 1994, S. 507 – 527.

Rehbinder, Eckard (1993): Gutachten über Rechtsfragen von Verkehrsverboten, Verkehrsbeschränkungen und Abgaben zur Verminderung verkehrsbedingter Luftverunreinigungen in Ballungsgebieten (unveröffentlicht; in: Der Oberstadtdirektor der Stadt Münster – Umweltamt – (Hg.): Werkstattberichte zum Umweltschutz).

– (1994): Verkehrsbeschränkungen in Ballungsgebieten nach § 40 Abs. 2 BImSchG; in: ZUR 1994, S. 101–108.

Rehbinder, Manfred (2000): Rechtssoziologie, 4., neu bearb. Aufl.

Reiß, Michael (1993): Komplexitätsmanagement; in: WISU 1993, S. 54–60 (Teil I), S. 132–137 (Teil II).

Rey, Peter (1990): Der Einfluß von Interessengruppen im ökonomischen System der Bundesrepublik Deutschland auf politische Entscheidungsprozesse, dargestellt am Beispiel der Umweltpolitik.

Richter, Rudolf / *Furubotn,* Erik (1996): Neue Institutionenökonomik – Eine Einführung und kritische Würdigung.

Röhl, Klaus F. (1987): Rechtssoziologie.

– (1999): Rechtssoziologische Befunde zum Versagen von Gesetzen; in: Hof / Lübbe-Wolff (Hg.), S. 413–438.

– (2001): Allgemeine Rechtslehre. Ein Lehrbuch; 2. Aufl.

Rohmeder, Ernst (1970): Vergiftung von Fichten durch Flugzeugabgase; in: Forstwissenschaftliches Centralblatt 1970, S. 335–339.

Römer, Anselm U. / *Feld,* Lars P. (1994): Einsteig in die ökologische Kreislaufwirtschaft: Recycling am Beispiel des Dualen Systems Deutschland; in: Bartel / Hackl (Hg.), S. 101–118.

Roqueplo, Philippe (1986): Der saure Regen: ein „Unfall in Zeitlupe". Ein Beitrag zu einer Soziologie des Risikos; in: Soziale Welt 37, S. 402–426.

v. Rosenstiel, Lutz (1992): Symbolische Führung; in: io Management Zeitschrift 1992, 55–58.

Rottleuthner, Hubert (1981): Rechtstheorie und Rechtssoziologie.

– (1987): Einführung in die Rechtssoziologie.

Rucht, Dieter (1991): Parteien, Verbände und Bewegungen als System politischer Interessenvermittlung; in: WZB Discussion Paper FS III 91–107.

Rudzio, Wolfgang (1996): Das politische System der BR Deutschland, 4. Aufl.

Runge, Martin (1994): Milliardengeschäft Müll: vom Grünen Punkt bis zur Müllschieberei; Argumente und Strategien für eine andere Abfallpolitik.

Ruß-Mohl, Stephan (1981): Reformkonjunkturen und politisches Krisenmanagement.

– (1993): Konjunkturen und Zyklizität in der Politik: Themenkarrieren, Medienaufmerksamkeitszyklen und „lange Wellen"; in: Héritier (Hg.), S. 356–370.

Ryffel, Hans (1972): Recht und Politik; in: ZSR 1972, I, S. 464 ff.

– (1974): Rechtssoziologie.

Sabatier, Paul A. (1993): Advocacy-Koalitionen, Policy-Wandel und Policy-Lernen: Eine Alternative zur Phasenheuristik; in: Héritier (Hg.), S. 116–148.

Salje, Peter (Hg.) (1998): Festschrift für Helmut Pieper: Recht – Rechtstatsachen – Technik.

Salzwedel, Jürgen (1985): Das Umweltrecht – Lücken und Vollzugsdefizite; in: Wissenschaftsmagazin 1985 Nr. 8, S. 27–29.

Sarcinelli, Ulrich (1989): Symbolische Politik und politische Kultur. Das Kommunikationsritual als politische Wirklichkeit; in: PVS 1989, S. 292–309.

– (1995): Aufklärung und Verschleierung – Anmerkungen zur symbolischen Politik; in: Klein et al. (Hg.), S. 325–338.

Sartor, Ralph (2000): Symbolische Politik. Eine Neubewertung aus prozeß- und rezeptionsorientierter Perspektive.

Scharpf, Fritz W. (1989): Politische Steuerung und Politische Institutionen; in: PVS 1989, S. 10–21.

Schenke, Wolf-Rüdiger (1993): Die Zulässigkeit verkehrsbeschränkender Maßnahmen in Verbindung mit dem von der baden-württembergischen Landesregierung geplanten Modellversuch zur Senkung von Ozonspitzenkonzentrationen durch lokal begrenzte und zeitlich befristete Emissionsminderungsmaß; in: WiVerw 1993, S. 145–205.

Schenkel, Werner / *Reiche,* Jochen (1993): Stoffpolitik und Umweltrecht – zur Diskussion um die 5. Novelle des Abfallgesetzes; in: ZAU 1993, S. 184–196.

Schenkel, Werner / *Thomé-Kozmiensky,* Karl J. (Hg.) (1990): Konzepte in der Abfallwirtschaft 3.

Schild, Wolfgang (1986): Funktionale und nicht-funktionale Bedeutung des Gesetzes. Einige Anmerkungen zur Gesetzgebungslehre am Beispiel des materiellen Strafrechts; in: Tammelo / Mock (Hg.), S. 195–215.

Schimanek, Peter (1997): Die abfallwirtschaftliche Zielhierarchie nach dem neuen KrW-/AbfG.

Schink, Alexander (1992): Vollzugsdefizite im Umweltschutz; in: ZAU 1992, A. 16–21.

– (1999): Elemente symbolischer Umweltpolitik im Abfallrecht; in: KritJ 1999, S. 205–230.

Schlette, Volker (1996): Die Verfassungswidrigkeit des „Ozon-Gesetzes"; in: JZ 1996, S. 327–335.

Schmehl, Arndt (1991): Symbolische Gesetzgebung; in: ZRP 1991, S. 251–253.

Schmidt, Manfred Gustav (1990): Soziale Sicherung im Nationenvergleich. Sozialökonomische Gesetzmäßigkeiten und Politik; in: Bermbach, Udo et al. (Hg.): Spaltungen der Gesellschaft und die Zukunft des Sozialstaates: Beiträge eines Symposiums aus Anlaß des 60. Geburtstages von Hans-Hermann Hartwich, S. 113–132.

Schmidt-Eichstaedt, Gerd (1999): Pointierte Zusammenfassung: Unter welchen Voraussetzungen erfüllen Gesetze ihren Zweck?; in: Hof / Lübbe-Wolff (Hg.), S. 617–626.

Schmitt, Carl (1928): Verfassungslehre.

Schneider, Volker (1988): Politiknetzwerke der Chemikalienkontrolle.

Schnell, Rainer/*Hill,* Paul B./*Esser,* Elke (1993): Methoden der empirischen Sozialforschung, 4. Aufl.

– (1999): Methoden der empirischen Sozialforschung, 6. Aufl.

Scholz, Rupert (1996): Kommentierung zu Art. 20a GG; in: Maunz/Dürig: Grundgesetz. Kommentar.

Schreckenberger, Waldemar (Hg.) (1986): Gesetzgebungslehre: Grundlagen – Zugänge – Anwendung.

Schreier, Axel (1994): Die Auswirkungen des EG-Rechts auf die deutsche Abfallwirtschaft – Umsetzungsdefinite und gesetzgeberischer Handlungsbedarf.

Schubert, Rudolf (1991): Lehrbuch der Ökologie.

Schüller, Alfred (1988): Ökonomik der Eigentumsrechte in ordnungstheoretischer Sicht; in: Cassel, Dieter et al. (Hg.): Ordnungspolitik, S. 155–184.

Schulte, Martin (1993): Recht, Staat und Gesellschaft – rechtsrealistisch betrachtet; in: Aarnio, Aulis/Paulson, Stanley L./Weinberger, Ota/von Wright, Georg Henrik/Wyduckel, Dieter (Hg.): Rechtsnorm und Rechtswirklichkeit, Festschrift für Werner Krawietz zum 60. Geburtstag, S. 317–332.

– (1995): Schlichtes Verwaltungshandeln. Verfassungs- und verwaltungsrechtsdogmatische Strukturüberlegungen am Beispiel des Umweltrechts.

– (1998a): Wer steuert den Umweltstaat – das Ordnungsrecht oder die Marktwirtschaft?; in: Oebbecke, Janbernd/Bauer, Joachim/Faber, Angela (Hg.): Umweltrecht und Kommunalrecht, S. 86–99.

– (1998b): Materielle Regelungen: Umweltnormung; in: Rengeling, Hans-Werner (Hg.): Handbuch zum europäischen und deutschen Umweltrecht – Eine systematische Darstellung des europäischen Umweltrechts mit seinen Auswirkungen auf das deutsche Recht und mit rechtspolitischen Perspektiven, Band I: Allgemeines Umweltrecht, S. 449–499.

– (2002): Zum Umgang mit Wissen, Nichtwissen und Unsicherem Wissen im Recht – dargestellt am Beispiel des BSE- und MKS-Konflikts; in: Engel, Christoph/Halfmann, Jost/Schulte, Martin (Hg.): Wissen – Nichtwissen – Unsicheres Wissen, S. 351–370.

Schulz, Werner (1985): Der monetäre Wert besserer Luft: eine empirische Analyse individueller Zahlungsbereitschaften und ihrer Determinanten auf der Basis von Repräsentativumfragen.

Schulz, Winfried (1997): Politische Kommunikation: theoretische Ansätze und Ergebnisse empirischer Forschung zur Rolle der Massenmedien in der Politik.

Schulze-Fielitz, Helmuth (1988): Theorie und Praxis parlamentarischer Gesetzgebung – besonders des 9. Deutschen Bundestages (1980 – 1983).

– (1998): Anmerkung zum Urteil des VGH Kassel zu Verkehrsbeschränkungen bei Ozon-Belastung; in: ZUR 1998, S. 257–260.

Schumpeter, Joseph A. (1950): Kapitalismus, Sozialismus und Demokratie.

Schuppert, Gunnar Folke (1998): Das Gesetz als zentrales Steuerungsinstrument des Rechtsstaates.; in: ders. (Hg.): Das Gesetz als zentrales Steuerungsinstrument des Rechtsstaates. Symposion anläßlich des 60. Geburtstages von Christian Starck, S. 105–155.

Schütt, Peter (1977): Das Tannensterben, der Stand unseres Wissens über eine aktuelle und gefährliche Komplexkrankheit der Weißtanne (Abies alba Mill.); in: Forstwissenschaftliches Centralblatt 1977, S. 177–186.

Seel, Andreas (1993): Zur Effizienz der Umweltpolitik: die Sicht der ökonomischen Theorie der Politik.

Seelmann, Kurt (1992): Risikostrafrecht – die „Risikogesellschaft" und ihre „symbolische Gesetzgebung" im Umwelt- und Betäubungsmittelstrafrecht; in: KritVJ 1992, 452–471.

Seifritz, Walter (1987): Wachstum, Rückkopplung und Chaos: Eine Einführung in die Welt der Nichtlinearität und des Chaos.

Sendler, Horst (1995): Heinrich Böll und das Ozonsmoggesetz; in: NJW 1995, S. 2829–2830.

Siebert, Jürgen (1995): Ozonalarm.

Simon, Herbert A. (1957): Models of Man.

– (1973): The Structure of Ill Structured Problems; in: Artificial Intelligence 1973, pp. 181–201.

– (1976): From substantive to procedural rationality; in: Latsis, Spiro J. (Ed.): Method and Appraisal in Economics, pp. 129–148.

Smend, Rudolf (1928): Verfassung und Verfassungsrecht.

SRU – Rat von Sachverständigen für Umweltfragen (1974): Umweltgutachten, BT-Drs. 7/2802.

– (1978): Umweltgutachten, BT-Drs. 8/1938.

– (1983): Waldschäden und Luftverunreinigungen. Sondergutachten März 1983, BT-Drs. 10/113.

– (1990): Sondergutachten Abfallwirtschaft, BT-Drs. 11/8493.

Staeck, Florian (1999): Vom Reformprojekt zur symbolischen Politik – Politikformulierung im Netzwerk am Beispiel des Kreislaufwirtschafts- und Abfallgesetzes.

Statistisches Bundesamt (2000): Statistisches Jahrbuch für die Bundesrepublik Deutschland.

Steger, Ulrich / *Winter,* Matthias (1996): Strategische Früherkennung zur Antizipation ökologisch motivierter Marktveränderungen; in: Der Betriebswirt 1996, S. 607–629.

Steinberg, Rudolf (2000): Symbolische Umweltpolitik unter besonderer Berücksichtigung der Beschleunigungsgesetzgebung; in: Hansjürgens / Lübbe-Wolff (Hg.), S. 63–101.

Steurer, Reinhard (1998): Psychologie der Umweltpolitik: transdisziplinäre Erklärungen der Schwierigkeiten beim Umweltschutz.

Stollmann, Frank (1994): Entwurf eines Bundesbodenschutzgesetzes aus umweltrechtlicher Sicht – ein Schritt nach vorn oder nur symbolische Umweltpolitik?; in: ZAU 1994, S. 391–402.

Sutter, Hans (Hg.) (1989): Vermeidung und Verwertung von Abfällen 1.

Tammelo, Ilmar / *Mock,* Erhard (Hg.) (1986): Rechtstheorie und Gesetzgebung: Festschrift für Robert Weimar.

Tampe-Oloff, Martin (1985): Zur Komplexität als Hindernis problemorientierter Reaktion auf das Waldsterben.

Tettinger, Peter Josef (1988): Randnotizen zum neuen Recht der Abfallwirtschaft; in: Gewerbearchiv 1988 Nr. 2, S. 41–49.

– (1995): Rechtliche Bausteine eines modernen Abfallwirtschaftsrechts; in: DVBl. 1995, S. 213–221.

Teubner, Gunter / *Willke,* Helmut (1985): Kontext und Autonomie: Gesellschaftliche Selbststeuerung durch reflexives Recht; in: Zeitschrift für Rechtssoziologie 1985, S. 15 ff.

Tils, Ralf (2000): Professionelle Koordination – Handlungslogiken in der Ministerialbürokratie; mündl. Vortrag am 17. 11. 2000, Universität Lüneburg.

Tollison, Robert D. (1989): Chicago Political Economy; in: Public Choice 63, S. 293–297.

– (1997): Rent Seeking; in: Mueller, Dennis (Ed.): Perspectives on Public Choice: A Handbook, pp. 506–525.

Tönnies, Ferdinand (1922): Kritik der öffentlichen Meinung.

Tullock, Gordon (1965): The Politics of Bureaucracy.

– (1980): Rent-Seeking as a Negative-Sum-Game; in: Buchanan, James M. / Tollison, Robert D. / Tullock, Gordon (Ed.): Towards a Theory of the Rent-Seeking Society, pp. 16–36.

Ule, Carl Hermann / *Laubinger,* Hans-Werner (1978): Verhandlungen des 52. Deutschen Juristentages Wiesbaden 1978, Band I (Gutachten), Teil B: Empfehlen sich unter dem Gesichtspunkt der Gewährleistung notwendigen Umweltschutzes ergänzende Regelungen im Verwaltungsverfahrens- und Verwaltungsprozeßrecht?

Ulrich, Bernhard (1982): Gefahren für das Waldökosystem durch Saure Niederschläge.

Ulrich, Bernhard / *Mayer,* Robert / *Khanna,* P. K. (1979): Deposition von Luftverunreinigungen und ihre Auswirkung in Waldökosystemen im Solling.

Umweltbundesamt (1994): Daten zur Umwelt 1992 / 93.

– (1995): Hintergrundinformation: Sommersmog.

– (1997): Daten zur Umwelt 1997.

– (2000): Daten zur Umwelt 2000, CD-ROM.

– (2001): Hintergrundinformation: Sommersmog (aktualisiert, Stand: Mai 2001).

Umweltministerium Baden-Württemberg (Hg.) (1995): Ozonversuch Neckarsulm / Heilbronn Band II.

UPI – Umwelt- und Prognose-Institut (1996): Bodennahes Ozon: Belastungen, Gegenmaßnahmen, Wirksamkeit des Sommer-Smog-Gesetzes (= UPI-Bericht 40).

Vagedes, Michael (1992): Kreislaufwirtschaft und Abfallentsorgung aus der Sicht der Abfallwirtschaft; in: ZAU 1992, S. 444–447.

Verheyen, Roda / *Spangenberg,* Joachim H. (1998): Die Praxis der Kreislaufwirtschaft – Ergebnisse des KrW- / AbfG. Gutachten im Auftrag der Friedrich-Ebert-Stiftung.

Versteyl, Ludger-Anselm (1992): in: Kunig / Schwermer / Versteyl (Hg.).

– (1998): in: Kunig / Paetow / Versteyl (Hg.).

Versteyl, Ludger Anselm / *Wendenburg,* Helge (1994): Änderungen des Abfallrechts – Anmerkungen zum Kreislaufwirtschafts- und Abfallgesetz sowie den Gesetzen zu dem Basler Übereinkommen; in: NVwZ 1994, S. 833–936.

Vierhaus, Hans-Peter (1992): Das 2. Gesetz zur Bekämpfung der Umweltkriminalität – Beitrag zur Vollzugseffektivierung oder symbolische Gesetzgebung?; in: Breuer, Rüdiger / Kloepfer, Michael / Marburger, Peter / Schröder, Meinhard (Hg.): Jahrbuch des Umwelt- und Technikrechts 1992, S. 79–90.

Voigt, Rüdiger (1986): Recht als Instrument der Politik (= Beiträge zur sozialwissenschaftlichen Forschung Bd. 72).

– (Hg.) (1989): Politik der Symbole – Symbole der Politik.

Voß, Monika (1989): Symbolische Gesetzgebung: Fragen zur Rationalität von Strafgesetzgebungsakten.

Weber, Max (1972): Wirtschaft und Gesellschaft (1. Aufl.: 1922).

Weck-Hannemann, Hannelore (1994): Die politische Ökonomie der Umweltpolitik; in: Bartel / Hackl (Hg.), S. 101–117.

Weinberger, Ota (1976): Zur Theorie der Gesetzgebung; in: Mokre, Johann / Weinberger, Ota (Red.): Rechtsphilosophie und Gesetzgebung. Überlegungen zu den Grundlagen der modernen Gesetzgebung und Gesetzesanwendung (= Forschungen aus Staat und Recht 36).

– (1988): Norm und Institution.

Weiß, Jens (2000): Umweltpolitik als Akteurshandeln. Eine Theorie der kooperativen Bearbeitung von Informations- und Verteilungsproblemen in der umweltpolitischen Steuerung.

Werber, Nils (1998): Die Schlacht der Medien. Das schnellere Medium setzt das langsamere unter Druck. Ein erster medienkritischer Rückblick auf Zippergate; in: taz, 05. 02. 1998, S. 19.

Wesche, Steffen (2001): Gegenseitigkeit und Recht. Eine Studie zur Entstehung von Normen.

Wicke, Lutz (1986): Die ökologischen Milliarden: das kostet die zerstörte Umwelt – so können wir sie retten.

– (1993): Umweltökonomie. Eine praxisorientierte Einführung, 4. Aufl.

Wiesenthal, Helmut (1987): Rational choice: Grundlinien, Theoriefelder und neuere Themenakquisition eines sozialwissenschaftlichen Paradigmas.

Williamson, Oliver E. (1985): The Economic Institutions of Capitalism.

Windhoff-Héritier, Adrienne (1987): Policy Analyse. Eine Einführung.

Wood, R. E. (1986): Task complexity: Definition of the construct; in: Organizational Behavior and Human Decision Processes 37, S. 60–82.

Zeh, Wolfgang (1984): Wille und Wirkung der Gesetze. Verwaltungswissenschaftliche Untersuchung am Beispiel des Städtebauförderungsgesetzes, Bundesimmissionsschutzgesetzes, Flurlärmgesetzes und Bundesausbildungsförderungsgesetzes.

– (1986): Verwaltungswissenschaftliche Zugänge zur Gesetzgebungslehre; in: Schreckenberger (Hg.), S. 57–71.

Ziegert, Klaus A. (1984): Rechtssoziologie und Wissenschaft. Recht als ökologischer Wirkungszusammenhang; in: Plett/Ziegert (Hg.), S. 122–156.

Zielcke, Andreas (1980): Die symbolische Natur des Rechts – Analyse der Rechtssoziologie Niklas Luhmanns.

Zierhofer, Wolfgang (1998): Umweltforschung und Öffentlichkeit. Das Waldsterben und die kommunikativen Leistungen von Wissenschaft und Massenmedien.

Zippelius, Reinhold (1999): Allgemeine Staatslehre (Politikwissenschaft).

Personen- und Sachregister

Abfallabgabe 218, 237
Abfallbegriff 213, 220, 225 f., 231
Abfallbehandlung 211, 216, 242
Abfalldeponierung 209 ff., 216, 242, 251 f.
Abfallentsorgung 212, 249
Abfallexport 213, 221
Abfallgesetz 214 ff.
Abfallgesetzgebung 147, 217, *siehe auch* Kreislaufwirtschafts- und Abfallgesetz
Abfallnotstand *siehe* Entsorgungsnotstand
Abfallrahmenrichtlinie 216
Abfallverbrennung 100, 211, 236, 239 f., 242, 245, 250 f., 253 f.
Abfallvermeidung 51, 72, 212 f., 228, 248, 250, *siehe auch* Immissionsschutzrecht und Abfallvermeidung
– Vorrang der 207, 214, 218, 220, 222, 225 ff., 229, 238
Abfallverwertung 212
Abgaskatalysator 158, 160, 162, 166
Abgeordnetenbestechung (§ 108e StGB) 51
ADAC 161
Adressatenkreis 115
Adressatenstruktur 115, 137, 273
Akteur 85 ff., 93
Akteurstyp 93
Akteurstypen 104
Akzeptanz
– politische 80, 141
Alibi-Gesetzgebung 49 ff., 112, 178, 185, 206
Altanlagen 158, 262, 266, 268 f., 271 ff., 275, 280, 285, 290 f., 298
Altautoverordnung 227, 257
Amelung, Knut 32, 52, 62
Anreizregelungen 61
Appellgesetze *siehe* Gesetzgebung, appellative
„Arbeitspferde des Rechts" 47

Arnold, Thurman 32, 44
ARSE 43, 47, 66 ff., 82
– Quantifizierung 75 f.
ASPE 47, 77 ff.
– Quantifizierung 82
Aubert, Vilhelm 53, 113
Aufmerksamkeit, öffentliche *siehe* öffentliche Aufmerksamkeit
Aufmerksamkeitszyklus 96, 127

Batterieverordnung 227, 257
Baum, Gerhart Rudolf 268, 276, 287
Becker, Gary S. 97
Behörde *siehe* Verwaltung
Beteiligteninterview *siehe* Experteninterview
Betroffeneninteressen 103, 106, 134
Blankenburg, Erhard 42, 60, 69
Bounded Rationality 93, 106
Bundes-Immissionsschutzgesetz *siehe* Immissionsschutzrecht
Bundesinnenminister(ium) 145, 266 ff., 270, 276 ff., 287 f., 292
Bundesländer 109 f., 287
Bundeslandwirtschaftsminister(ium) 267 f., 287 f.
Bundesumweltminister(ium) 145, 160 f., 164 ff., 168 f., 178 f., 181, 185, 194, 202, 218 ff., 222, 224 f., 228 f., 238 f., 241, 246 f., 255, 304
Bundesverkehrsminister(ium) 163, 165 f., 202
Bundeswirtschaftsminister(ium) 145, 166, 178, 183, 202, 222 f., 225, 255, 266, 287 f.

CDU 145, 163, 165 ff., 183, 192 f., 201, 203, 219, 223 f., 226, 233, 238, 255, 268, 270, 276, 296, 299, 303

CO_2-Minderungsziel 64 f.
CSU 145, 163, 168, 183, 192 f., 201, 203, 223 ff., 233, 238, 255, 268, 270, 276, 296, 299, 303

De-Thematisierung 41, 78 f., 141, 205
Deklarationen *siehe* Gesetzgebung, appellative
Deponieabgabe *siehe* Abfallabgabe
Diekmann, Andreas 137
Dissonanztheorie 126, 197
Dörner, Dietrich 123
Dose, Nikolai 31
Downs, Anthony 85, 94, 127 ff.
Druck, politischer 51, 79, 94, 124, 130, 133, 141, 184 f.
Dyllick, Thomas 130

Edelman, Murray 30, 32, 182
Effektivität / Ineffektivität 36, 38, 46, 58 ff., 68, 138 f.
– antizipative rechtsnormativ-sachliche *siehe* ARSE
– antizipative symbolisch-politische *siehe* ASPE
– antizipative vs. tatsächliche 41 f., 64
– rechtsnormativ-sachliche 138 ff.
– symbolisch-politische 142
Effektivitätsquote 62 ff., 139
Effizienz 59
Eigeninteresse 107
Eigennutzen 90
Emotionen 26, 44, 79, 182 f., 186, 276
Entsorgungsnotstand 221, 228 f., 236, 244 f., 303
Ertl, Josef 267 f.
Erwartbarkeit / Erwartung *siehe* Indikator, objektiver / subjektiver
Esser, Hartmut 40
Experteninterview 65, 77, 82, 144 ff.
Externalität 92

Fahrverbot *siehe* Verkehrsbeschränkungen
FDP 145, 162 f., 166 ff., 170, 196, 201, 203, 219, 223 f., 226, 233, 268, 276, 296, 299, 303

Festinger, Leon 126
flüchtige Kohlenwasserstoffe (VOC) 150 f., 158, 162 f., 173 f., 179, 188, 190, 192, 194, 210, 298
Formelkompromiß, dilatorischer *siehe* Kompromiß-Gesetzgebung
Frames 93, 96, 139 f.
freiwillige Selbstverpflichtungen 158, 227, 233, 269
Friedman, Lawrence 63
Funktion 38 ff.

Gebot der Abfallvermeidung *siehe* Abfallvermeidung
Geeignetheit
– materielle 68, 71 f.
Geiger, Theodor 62 f.
Geltung *siehe* Wirksamkeit; Geltungchance
Geltungchance 68, 73 ff.
Gemeinwohl 90
Gesetz
– mißglücktes 26
– Stellung in der Normhierarchie 80
Gesetzesmaterialien 69, 143
Gesetzeswirkung *siehe* Wirkung
Gesetzgeber 112
Gesetzgebung
– als politische Handlung 34 ff.
– appellative 43, 50, 178, 238
– „für die Akten" 48 f.
– Nebenwirkungen 138, 142
– rechtsnormativ-sachliche Dimension 41 ff., 54, 60, 66, 78
– symbolisch-politische Dimension 78, 43
– Zeitpunkt 81
Gesetzgebungslehre 32, 34
Gewerkschaften 97
Gratiseffekt 63, 140, 258, 291
Großfeuerungsanlagenverordnung (13. BImSchV) 49, 74, 133, 135, 145, 148, 158, 169, 177, 189, 205, 259 ff.
Grünen, Die 137, 145, 160 f., 163, 167 ff., 182 ff., 199, 201, 203, 206, 220, 225, 239 f., 255, 268, 276 f., 286, 292, 296, 299, 319

Gusfield, Joseph R. 32, 40, 46, 54, 182
Gut
- öffentliches 91 f., 100, 102
- politisches 92, 97
- privates 91

Handlungsbedingungen 87, 93
Handlungskapazitäten 126
Handlungsregel 87
Hansjürgens, Bernd 96 f., 105, 113
Hassemer, Winfried 65
Hausangestelltengesetz, norwegisches 53
Hegenbarth, Rainer 52
Helferinteressen 103, 135, 106, 253
Herder-Dorneich, Philipp 85, 94, 97
Hof, Hagen 88
Hugger, Werner 63, 68
Hypothesen 111

Immissionsschutzrecht 47, 148, 155 ff., 262, 266
- und Abfallvermeidung 207, 214, 226
Immissionsschutzrecht *siehe auch* Großfeuerungsanlagenverordnung, Ozongesetz, TA Luft
Indexbildung 76, 82
Indikatoren 67, 117
- empirische 57 f.
- objektive / subjektive 65 ff., 147
Individualismus, methodologischer 85 ff.
Industrie und Gewerbe 97, 102, 150, 158, 185, 199 f., 202 f., 219 f., 223, 227, 252, 256, 261, 264, 266, 268 ff., 285 f., 288, 290 f.
Ineffektivität *siehe* Effektivität / Ineffektivität
Informationsasymmetrie 136
Informationskosten 81, 96, 128
Informationsvorsprünge 96, 98, 101, 115
instrumentell vs. symbolisch 30, 40 f.
Intention 37
- gesetzgeberische 30, 43, 65 f., 145
- politische 147
Interessen 50, 81, 87, 97, 102 f., 112 f., 133, 135 ff. *siehe auch* Ökonomische Theorie der Interessengruppen 97
Interessendreieck 102 f., 106

issue attention cycle *siehe* Aufmerksamkeitszyklus
Ist-Zustand *siehe* Soll- / Ist-Zustand

Kausalität 38 ff., 63 f., 85
Kelsen, Hans 60
Kepplinger, Hans Mathias 131
Kern, Christine 59
Kindermann, Harald 26, 46, 51 f., 54, 65, 78
Kirsch, Guy 86
Kohl, Helmut 181, 185, 217, 219, 221, 270, 277, 292
Kollektivgut
siehe Gut, öffentliches
Kommunen 110, 221, 253
Komplexität des Regelungsproblems 81, 90, 93, 95 f., 114 f., 121, 123
Komplexitätsreduktion 96, 182, 239
Kompromiß-Gesetzgebung 49 ff., 53 f., 113, 241
Kontrolle *siehe* Normbefolgung / -einhaltung, Kontrolle
Konzentrationswerte-Verordnung (23. BImSchV) 156, 165, 196
Kooperationsprinzip 215
Koordinationsnormen 60
Kosten 90, 96, 128, 235
- einer Regelung 111 ff.
Kreislaufwirtschaft 212, 220, 229, 232, 250
Kreislaufwirtschafts- und Abfallgesetz 132, 145, 207 ff.

Lahl, Uwe 55
Land- / Forstwirtschaft 102, 153, 268, 279, 284, 286 ff.
Legaldefinitionen 60
Leitfadeninterview 146
Lösemittel 150, 162, 179, 182, 191
Lübbe-Wolff, Gertrude 26, 43, 55, 72 f.
Luhmann, Niklas 38, 40, 44, 59, 115, 127 f.

Macht 98 f, 113, 135 ff.
Makroebene, soziale 86
Markt politischer Güter 93, 94
Marktmacht 136
Massenmedien 96, 129, 131
Mayntz, Renate 37
Mehrheitsverhältnisse 137

Meinung, öffentliche 124, 179
Merkel, Angela 165 f., 168, 181, 185
Merton, Robert K. 39, 45
Meyer, Thomas 45, 80
Mez, Lutz 290
Mikroebene, soziale 86
Ministerialbürokratie 98, 101 f., 107
Müllnotstand
  siehe Entsorgungsnotstand

Nachhaltigkeit 208, 237
natürliche Ressourcen, Knappheit und Schutz 212, 217, 229, 237, 242, 248, 251, 258
Naturschutzrecht 148
Neves, Marcelo 33, 46, 51
nicht-symbolische Gesetzgebung *siehe* Symbolische vs. nicht-symbolische Gesetzgebung
Nichtentscheidungen 35
Nichtwissen 123
Niskanen, William A. 101
Noll, Peter 36, 51 ff.
Norm, Koordinations- 60
Normadressat 68, 73
Normbefolgung / -einhaltung 68
– Kontrolle 72 ff., 175, 193
Normdurchsetzbarkeit 68, 72 ff.
Normrezipient 68, 80
Normvollzug 73 f., 175 *siehe auch* Vollzugsdefizit
Nutzen 90, 96, 114, 111 ff.
Nutzenmaximierung 88

objektive Problemsituation 113, 125, 130
Öffentliche Aufmerksamkeit 112, 124, 128, 130 f., 141, 183, 201, 203, 205 f., 258, 276
öffentliche Meinung *siehe* Meinung, öffentliche
Öffentlichkeit 69, 105, 112, 131
Ökonomische Theorie der Bürokratie (ÖTB) 101 f., 285
Ökonomische Theorie der Demokratie 94 ff.
Ökonomische Theorie der Interessengruppen (ÖTI) 97 ff., 136, 201, 287
Ökonomische Theorie der Politik (ÖTP) 83, 85, 107, 111

Olson, Mancur 85, 100
Operationalisierung 66, 117
Operationalisierung *siehe* Indikator, empirischer 58
Opp, Karl-Dieter 120
Ozon 149 f., 152, 283
– Entstehung 150 ff., 162
– Grenz- und Schwellenwerte 153 ff., 159, 163 ff. 171 f., 187 f., 193, 195
– Schadwirkungen 152 ff., 162 f., 186
– und Waldschäden *siehe* Waldschäden und Ozon
– Vorläufersubstanzen 150, 152, 156, 158, 160, 163, 165, 170, 173 f., 179, 182, 188 f., 200, 205
Ozon-Index 188 f.
Ozon-Verordnungen der Bundesländer 163, 165, 168, 175, 192, 200, 206
Ozon-Verordnungen der Länder 184
Ozongesetz 51, 55, 81, 116, 132, 143, 145, 148, 205 ff.

Parteiideologie 96, 104, 108, 201, 203, 286
PDS 161, 166, 201
Politik 69, 79 f. *siehe auch* Recht vs. Politik
Politiker 69, 90, 94 ff., 107, 109, 131
Politikwissenschaft 29
Popularitätswerte 95
Präferenz 87
Präferenzen 133, 135
Presseberichterstattung 57, 68, 70, 78 f., 119, 131 f., 142, 144, 197, 282
Primär- / Sekundärnorm 68, 71, 74
Principal-Agent-Beziehung 95, 101
v. Prittwitz, Volker 102, 126, 134, 197
Privatrecht 36
Problem, gesellschaftliches *siehe* Regelungsproblem
Problembereich 122
Problemdruck 112, 124
Problemsituation *siehe* objektive Problemsituation
Produktionsbeschränkungen 157, 164
Produktverantwortung 231, 235, 237, 252, 255, 257

Raiser, Thomas 42
Rational-Choice-Theorie 30, 88 ff.

Rationalität 82, 87 ff., 95, 106
- begrenzte *siehe* Bounded Rationality
Recht vs. Politik 34 ff.
Rechtsadressat *siehe* Normadressat
Rechtsadressaten 137
Rechtsdogmatik 29, 59, 70
Rechtsfolge, Härte 80
Rechtsforschung, empirische
  siehe Rechtstatsachenforschung
Rechtspraxis 140
Rechtssoziologie 29, 32
Rechtsstaatlichkeit 26
Rechtstatsachenforschung 55
Recycling *siehe* Abfallverwertung
Regelung
- materielle 68
- prozedurale 60
Regelungsangebote 60
Regelungsproblem 66
Rent Seeking 98, 101, 136
Ressourcen 135
Ressourcen *siehe* Handlungsbedingungen; Macht
Restriktionen *siehe* Handlungsbedingungen
Röhl, Klaus F. 36
Rottleuthner, Hubert 36, 59

Sanktionierung von Normverstößen 68
Sarcinelli, Ulrich 45
„saurer Regen" 260 f., 264 ff.
Scharpf, Fritz W. 37, 88
Schmidt, Helmut 268
Schmidt, Manfred Gustav 276
Schmitt, Carl 52
Schröder, Gerhard 167, 186
Schulte, Martin 27, 42
Schulze-Fielitz, Helmuth 67
Schuppert, Gunnar Folke 36
Schwefeldioxid (SO_2) 25, 91, 118, 122, 152, 211, 259 ff., 263 ff., 270 f., 275 ff., 281, 283, 290 ff., 301
„Selbstvollzug" 74, 272 ff., 288
Simon, Herbert A. 90
Smend, Rudolf 36, 115
Soll-/Ist-Zustand 36, 61, 62 ff., 79, 119 f., 123
Sommersmog-Gesetz *siehe* Ozongesetz

SPD 145, 155, 160 f., 163 f., 166 ff., 175, 183 f., 196, 201, 203, 223 ff., 239, 241, 255, 258, 268, 276, 296, 304
Steger, Ulrich 127
Steinberg, Rudolf 112
Steuerung durch Gesetzgebung 36 ff., 60, 66, 77,
Stickstoffoxide (NO_x) 150 f., 157 f., 163, 173 f., 188, 190, 192, 194, 211, 260 f., 264, 269, 271, 273, 277, 279, 281, 283, 290, 292
Stoffstromvermeidung
  siehe Abfallvermeidung
Strafrecht 32, 45, 61 f.
Straßenverkehr 150, 155
subjektiv-öffentliches Recht 157
Symbol 26, 44 f.
- Verdichtungs- 44 f., 81, 182, 240
- Verweisungs- 44 f.
Symbolik 96, 276
symbolisch 44 ff. *siehe auch* instrumentell vs. symbolisch
symbolische Gesetzgebung
- als Problem 26, 28 f.
- Auswirkungen 115 f., 138 ff.
- Definition 49
- Entstehungsbedingungen 111 ff.
- Verfassungsmäßigkeit 26
- Verhinderungswirkung 27
- vs. nicht-symbolische Gesetzgebung 30, 47 ff.
symbolische Kreuzzüge 182
symbolische Politik 34, 45
Systemtheorie 38

TA Luft 48, 158, 169, 205, 263, 266, 271 f.
Täuschung 26
Themen-Promotoren 129
Titandioxid-Verordnung (25. BImSchV) 43, 48
Tollison, Robert D. 97
Töpfer, Klaus 161, 218 f., 222 ff., 228 f., 238, 246 f.
Transaktionskosten 98, 100, 112, 114 f., 121, 137, 256
Transformationsregeln 86 f.
Trittin, Jürgen 169
Tullock, Gordon 85, 98, 101

Umweltbundesamt 108 f., 144 f., 151, 153, 161, 168, 178, 187 f., 267, 280, 290
Umweltprobleme 25, 100, 102 f., 107, 112, 118, 125
- räumliche Skala 91, 100, 103
Umweltqualität 121, 126
Umweltrecht 25, 55, 67, 72, 92
Umweltverbände 90, 100, 106, 136, 161, 168 f., 184, 201, 220, 239 ff., 252, 254, 276, 286
Unsicherheit 123

Variable, empirische 56 ff., 66
Variablen 117
verfügbare Lösungsoptionen 103, 113, 123, 126, 130, 134
Verhalten
- normkonformes 62, 73, 193
- sozialer Akteure 85 ff., 93 f., 106, 130, 139
- strategisches 29 f.
Verhaltensänderung *siehe* Verhalten sozialer Akteure
Verhaltenseinschränkungen 112, 298
Verhaltensgeltung 73
Verhaltensnorm *siehe* Primärnorm
Verhaltenssteuerung *siehe* Steuerung durch Gesetzgebung
Verkehrsbeschränkungen 155 f., 161, 163 f., 166 f., 170, 172, 185, 192, 200
- Effektivität 162 ff., 173 f., 176
Vermittlungsausschuß 167 f., 184, 186, 226 f., 239, 241
Verordnungsermächtigung 156 f., 164 f. 214, 218, 220, 222 ff., 226, 232 f., 262
Verpackungsverordnung 233, 257, 215 f.
Verursacherinteressen 102, 114, 134
Verwaltung 72, 74 f., 175
Voigt, Rüdiger 37
Vollzug *siehe* Normvollzug
Vollzugsbehörden 108
Vollzugsdefizit 74, 175
- programmiertes 49 f, 55.
Vollzugsprobleme 115

Vorsorgeprinzip 262, 266, 269, 271
Voß, Monika 74, 79

Wähler 90, 94 ff., 104 ff., 112, 114 f.
Wahrnehmung 87, 93, 133
- von Kosten und Nutzen 96, 105, 107, 112, 285
- von Situationen *siehe* Frames
- von Umweltproblemen 112, 118 ff., 122 ff., 126 ff., 190, 194 ff., 244, 248 ff., 279 ff.
Waldschäden 91, 122, 259 ff.
- und Ozon 153, 160
Weber, Max 29, 135
Wertbekenntnis, gesetzgeberisches 49, 61
siehe auch Gesetzgebung, appellative
Wesche, Steffen 39
Wicke, Lutz 190, 279
Williamson, Oliver E. 95
Winter, Matthias 127
Wirksamkeit 59 ff., 138
Wirkung von Gesetzen 62 ff.
- direkte 139
- indirekte 139
- symbolische 140
Wirkungsmodell, natur- / sozialwissenschaftliches 66
Wirtschaftsunternehmen 97, 106 f., 136
Wissenschaft 122, 128, 202, 265, 271, 283, 288

Zeh, Wolfgang 67 f.
Ziel
- des Gesetzes 68, 71, 139, 145
- politisches 68 ff.
Zielerreichung *siehe* Effektivitätsquote
Zielhierarchie 67 ff.
Zielhierarchie, abfallwirtschaftliche *siehe* Abfallvermeidung, Vorrang der
Zielkonformität 68 ff.
Zimmermann, Friedrich 268, 270, 276 f., 292
Zippelius, Reinhold 128, 131